「辻が花」の誕生

〈ことば〉と〈染織技法〉をめぐる文化資源学

小山弓弦葉

東京大学出版会

The Birth of 'Tsujigahana' Textile Art:
A Cultural Resources Studies Perspective
on the Terminology and the Technique
Yuzuruha Oyama
University of Tokyo Press, 2012
ISBN 978-4-13-086041-3

［口絵 1］
「三十二番職人歌合」絵巻より
「桂女」図　天理本
（奈良・天理大学附属天理図書館）

［口絵 2］
「三十二番職人歌合」絵巻より
「桂女」図　幸節本
（東京・サントリー美術館）

［口絵 3］
「三十二番職人歌合」絵巻より
「桂女」図　狩野文庫本
（宮城・東北大学附属図書館）

［口絵 4］小袖屏風（千葉・国立歴史民俗博物館）
向かって右側：裂 白地石畳草花模様
向かって左側：裂 紫地桜藤模様

［口絵 5］●高雄観楓図屏風　部分（東京国立博物館）

赤子を抱いた女性

向かって右端の女性

［口絵 6］ 裂 染分地島取松皮菱襷草花模様 （個人蔵）

［口絵 7］
◎紫地段花菱円文散草花模様縫箔小袖
（静岡・平野美術館）

［口絵 8］◎胴服 染分地矢襖桐模様　伝豊臣秀吉所用　（京都国立博物館）

［口絵 9］小袖 白地檜垣亀甲松皮取雪輪草花模様（京都国立博物館）

はじめに

「辻が花」――時に「辻が花染」とも称される――とは何だろうか。

現代の日本染織史研究における辻が花とは、室町時代から桃山時代を経て近世初期に行われた、縫い締め絞りという技法［図1］を用いて紬《つむぎ》や練緯《ねりぬき》と称される平織の絹地に模様を染めた衣服のことである。辻が花の大部分はかつて衣服の形をしていたものと思われるが、現在では小さな古裂の形でしか遺されていない。実際にどのような形態であったのか、伝存品のみではその全貌をうかがうことが難しい。その一方で、小さな一片の裂であっても、古美術の市場では辻が花は驚くべき高額で売買されているのである。例えば平成十九年の古裂会[(1)]で競売にかけられた一枚の裂（後述［図4-5］）は鑑賞用に額装され、かつては京都のあるコレクターが所有していたものであった。縫い締め絞りと描絵で模様があらわされた、幅四〇センチメートル、長さ一三〇センチメートルほどの大きさの小袖裂であるが、競売価格が四五〇万円に設定されている[(2)]。薄い絹地に縫い締め絞りで模様を染め分け描絵を施しただけの素朴な模様染は、昭和初期には日本画家や古裂コレクターによって愛好され、「辻ヶ花」という名称で蒐集対象となった独特の魅力を持つ裂であった。辻が花への関心は戦後も引き継がれ、一九八〇年代には現代作家が製作するキモノのデザインにも影響し、現代では、辻が花裂を模して縫い締め絞り風の加工を施した意匠そのものを「辻が花模様」と称して呉服業界で一つの商標のように扱われている。

しかし、改めて中世の史料を読み直すと、本来「辻が花（染）[(3)]」とは、室町時代から桃山時代、江戸時代初期の史

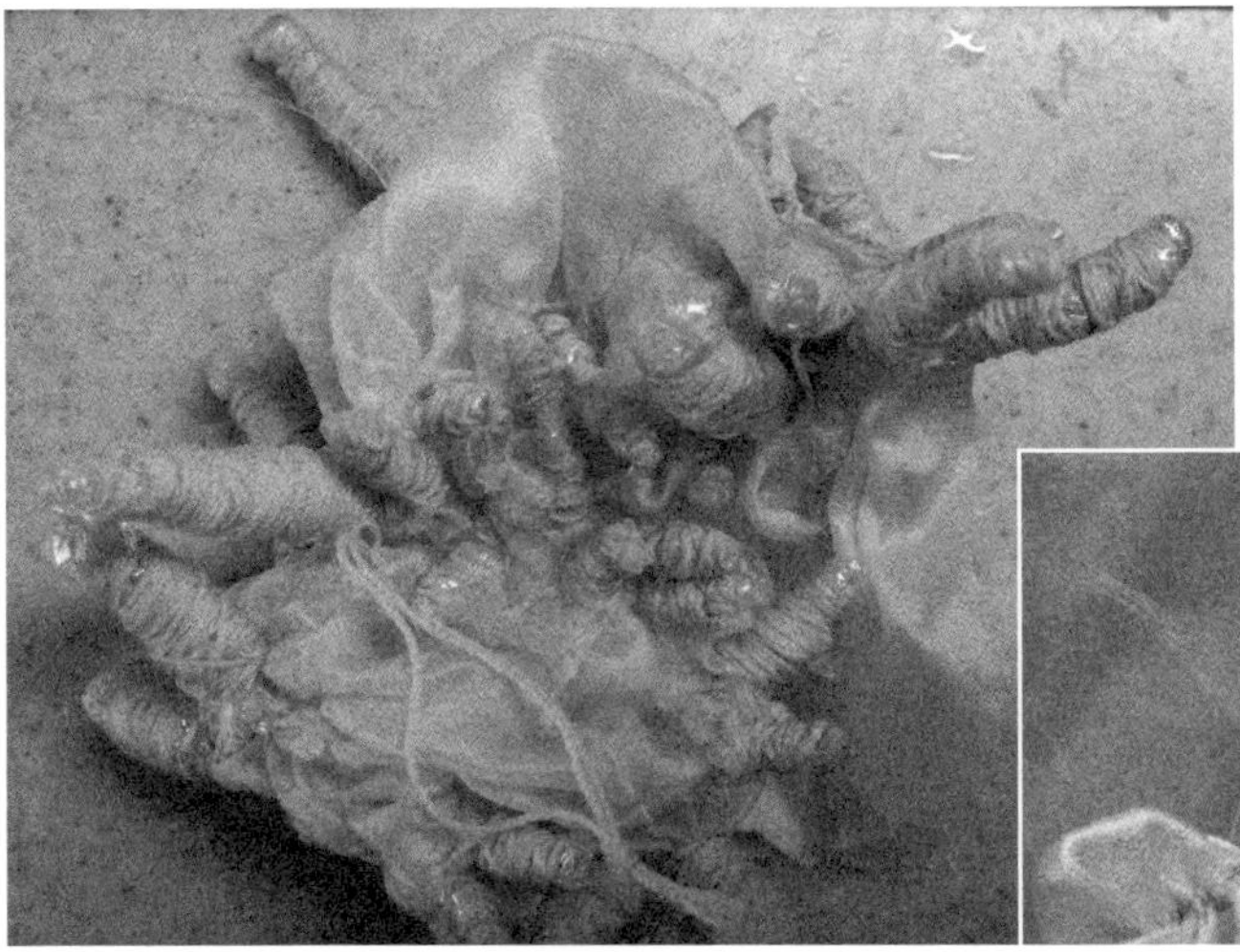
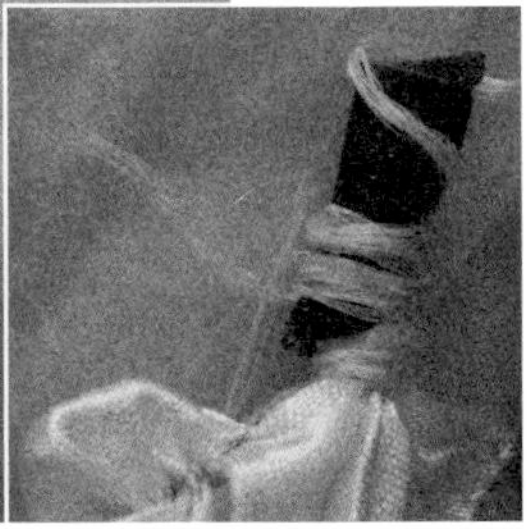

2. 糸を絞って締め括り，テルテル坊主のように突き出た頭の部分を，竹の皮で覆って麻糸で染料が入ってこないように括り（右図），その上を麻糸でぐるぐる巻きに締める．

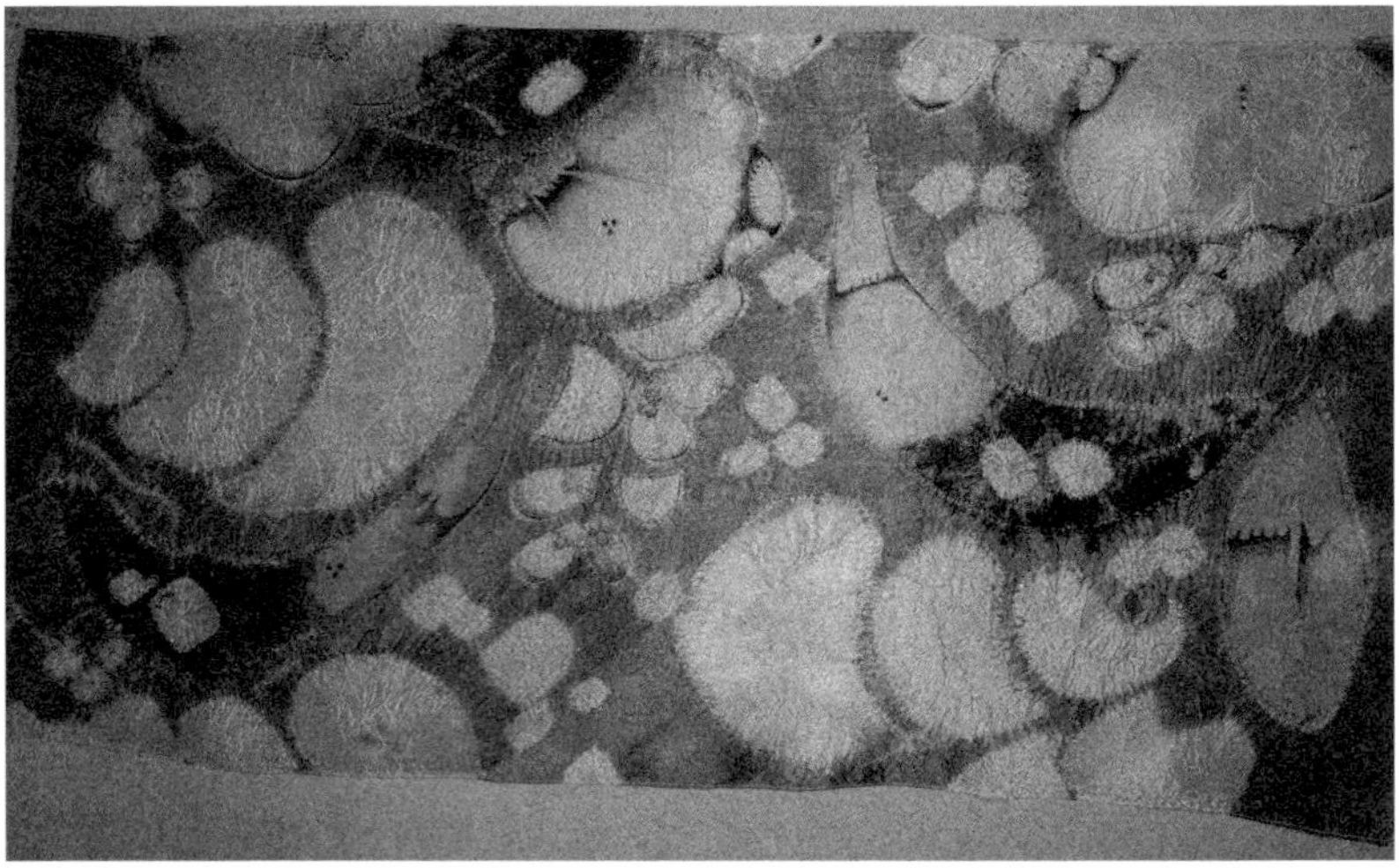

4. 並み縫いした麻糸を抜き取り，皺を伸ばしたあと，筆による細い墨線で描絵を施す．

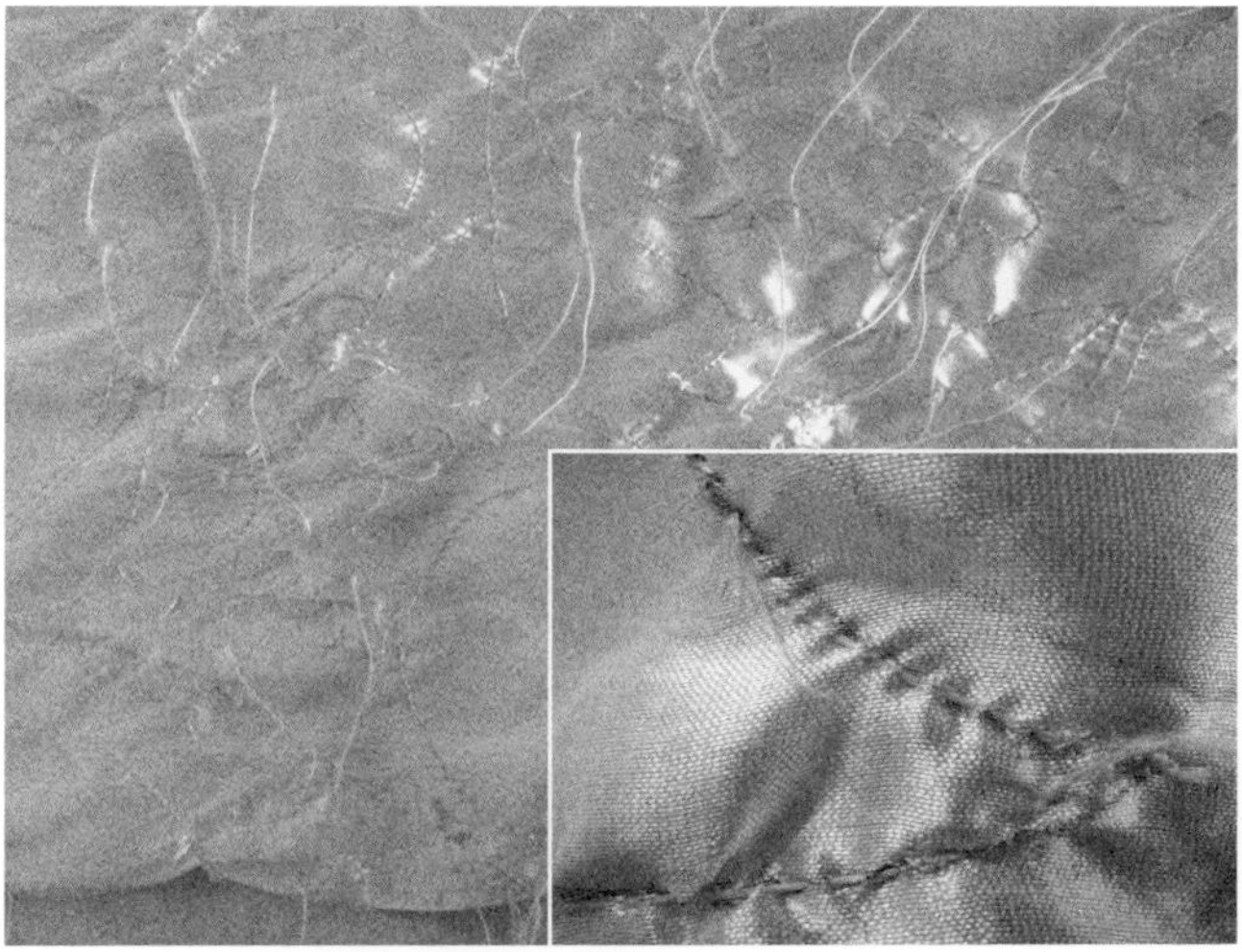

1. 青花（露草の花の汁）で下絵を描き，下絵に沿って麻糸で並み縫いする（糸入れ）.

3. 染料に浸したのち，竹の皮で覆った部分をほどくと，その部分のみ染料が行き渡らず，白く染め残る.

図 1　縫い締め絞りの技法（作成：原田ロクゴー）

料に散見されるように女性や少年に着用されていた帷子の一種であり、その技法に縫い締め絞りは用いられていなかったことは明らかである。また、中世の帷子は一般的には麻布であって生絹《すずし》のように絹地の例はあっても春秋冬の小袖に用いられる練緯の例は史料上に見られなかった。一方、現在辻が花と称される裂には生絹は一点もなく、その大部分は練緯なのである。つまり、現在辻が花と称される裂はいずれも中世に用いられていた「辻が花（染）」ではない。中世において「辻が花（染）」と称されてきた帷子は、江戸時代前期には実生活の中では用いられなくなり、本来の意味がわからなくなってしまう。そこで、江戸時代中期あたりから故実家や学者によって「辻が花」の語義を巡る考証が行われるようになるのである。本書第一章では、近現代に生まれ、進展した染織史研究における「辻が花」の研究史について述べるが、江戸時代における考証の中で現代の研究者にもっとも支持されたのは、戯作者として知られる柳亭種彦（一七八三―一八四二）が『柳亭筆記』にあげた「辻＝斜め十字形」説であった。現在の辻が花と称される裂が中世の「辻が花（染）」と本来まったく異なるものであるにもかかわらずその概念から抜け出せなかった理由は、辻が花裂の中にしばしば斜め十字や菱繋ぎといった模様が見られ、柳亭種彦の説を裏付けているように見られたからである。しかし、柳亭種彦説には、その時代背景を考慮すると問題点が見られ、「辻が花（染）」の実像から遠ざかる要因の一つとなったと考えられる。本書の第二章では、これまでも辻が花の史料として採り上げられてきた中世の史料を読み直し、本来はどのような技法を用い、どのような意匠を持つ衣服であったのかについて、従来の研究を踏まえた上でこれまでとは異なる一つの見解を示したい。そして「辻が花（染）」が実際に用いられなくなった江戸時代前期以降、「辻が花」がどのように伝えられ、考証されていったかを、その相関性に注意を払いながら概観する。

その一方で、現在辻が花と称される裂が、実際に用いられていた中世においてどのような形態を持ち、江戸時代を経て現代に至るまでに、どのような環境の下でその形態を変えつつ伝存されることになったのかを第三章において詳しく見ていくことにしたい。従来の学者の見解によれば、もともと室町時代初期に庶民が用いていた素朴な絞り模様の小袖が、やがて武家女性や元服前の少年が着用する高級品となり、さらに、桃山時代になると、有名武将が着用する絞り染め模様の小袖や胴服として完成を見る、という三段階における歴史的変遷として模様の様式が見られることが多かった。そのような見解が成立した背景にも、第二章で採り上げられる、中世から近世における「辻が花（染）」史料の編年の誤りや読み違いが関わっていると考えられる。本書では、一見、縫い締め絞りを施した雑多な裂の集合である辻が花裂をその色と模様の形態から六つの様式に分類し、単にそれを歴史的変遷としてとらえるのではなく、もともとはどのような形態を持ち、誰がどのように着用していたのかを、肖像画や風俗画といった絵画資料も参考にしつつ明らかにする。辻が花染の本来の姿を明らかにした上で、それが江戸時代を経て現代に至るまでの間に、どのような形で伝えられてきたのかを、その形態的特徴から見ていくことにしたい。

中世における「辻が花（染）」と現代における辻が花裂とがまったく異なるという問題は、「辻が花」という「ことば」と辻が花裂と呼ばれる「モノ」とが別々に室町時代から江戸時代を経て、近現代へと伝わってきたことに起因すると考えられる。それは、衣類というものの本質が人々の生活に密着した実用品であり、後世に遺すことを目的とするモノではなかったことから、年記や銘などといった文字と共に伝えられる意義がほとんど認められなかったという、染織品全般に見られる「宿命」であった。しかしその一方で、近年における研究の動向においても、中世に行われた「辻が花（染）」が具体的にどのような加飾が施された衣服であったのか、「辻が花」という言葉と中世に製作された縫い締め絞りの古裂のそれぞれが、江戸時代を経て近現代に至るまでいかに伝えられてきたのかを並行してたどる研究はなされてこなかった。近代以降に形成されたと考えられる辻が花＝縫い締め絞り裂という認識についても、単に古美術市場における価値観が先行したと捉えるのではなく、染織史研究や染織コレクションが形成される文化的・社会的環境を捉え、どのような土壌から生まれ普及していった説であるのかを検討する必要がある。第四章では、大正期から昭和初期に大きく動き始めた、風俗史研究の諸活動と古染織コレクターとの関係に注目しながら近代において辻が花の概念が「誕生」する過程を追究する。

戦後、新たに始まった染織史研究というアカデミズムにおいて「辻が花」が初めて定義されることとなった。学者たちの関心を集めた現代、どのような「学術的な」裏付けによって「辻が花」が定義されたのか、また、いかなる形態を持つ古裂を「辻が花」と称したのだろうか。近代に形成されたと考えられる「辻が花」の概念と戦後との相違をどう捉えるべきであろうか。さらに、染による鄙びた中世の小さな裂が古美術市場で高騰した理由はどこに求められるのであろうか。また、現在の文化財としての辻が花裂の染織技法やデザインを模倣したキモノが、文化財の名称と同じ「辻が花」を商標として通用することになった動因は何なのだろうか。昭和五〇年代半ばには学者たちの間で「辻が花」を再解釈する動向が生まれるが、何がその引き金となったのであろうか。「辻が花」という古語をめぐって多相的な語義が生まれた現代に立ち会った染織史研究者や政府における文化財担当者の姿勢は、どのように方向付けられていったのであろうか。第五章においては、戦後に起こった「辻が花」をめぐるさまざまな現象について、その相関性をうかがうこととしたい。

本書は、もともと中世の衣服の名称であった「辻が花（染）」という語が縫い締め絞りという染織技法を意味する「ことば」として生まれ変わり近現代を彷徨する軌跡を追うことによって、さまざまな形態の変化を伴いながらも数百年の時を越えて伝えられてきた日本の古染織が、古美術あるいは文化財として価値付けられていく過程をたどる。人が手をかけて製作し、自らの身を包む大切な衣服は、着用者が不在となって以降、いかなる過程を経て伝えられることになったのであろうか。数百年の時を経て伝えられた辻が花裂は、文化資源として認識され活用されながら、どのようにしてその語義が形成されていったのであろうか。「辻が花」という「ことば」と辻が花と称される「モノ」に付加された染織技法の意味が変容する軌跡をたどり、近代以降に形成される古美術市場と染織史研究の狭間で繰り広げられた、多義的な意味を持つ「辻が花」の実像にせまることが本書の目的である。

(1) 京都の古美術商「一壺堂」の森川潤一氏が独自のオークションシステムによって平成五年(一九九三)より経営を始めた古美術オークション企画会社。オークションの都度、対象とされる美術品を記載したオールカラーの図録『古裂会』が刊行され、下見会場でそれらの作品を見るのみならず、図録を見てファックスで入札もできる。

(2) 『古裂会』入札第三八巻(古裂会、二〇〇七年)、二一頁。

(3) 以下、現代における中世の縫い締め絞りについては単に辻が花と表記し、中世の史料に見られる言葉としてあげる場合にはカギカッコ付きの「辻が花(染)」、上記いずれの意味をも含まず単に「ことば」として引用する場合にはカギカッコ付きの「辻が花」と表記する。

凡例

・本書に記載される染織文化財の作品名称は、基本的に筆者がその作品の形態を考慮した上で、本書のために統一した表記の必要性から便宜的につけた名称である。したがって、文中において筆者がつけた名称と引用文献や重要文化財指定名称と異なり混乱をまねくおそれのある場合には、（ ）内にその旨を注記した。
・作品名称の冒頭に記載される「●」は国宝、「◎」は重要文化財であることを示す。
・引用文中の〔 〕および傍線は筆者による注記である。
・本書に記載する人名については、本書の性格上、敬省略で統一させていただいた。ここでおことわりし、お詫び申し上げる次第である。

目次

第一章　染織史研究における辻が花

一　戦前における在野の研究者による見解

『友禅研究』に見る野村正治郎の見解

染・織・繍といった染織工芸は、人々の生活の中で使用される衣服や家具を覆ったり帳のように室内に掛けたりする布帛を特殊な技法によって装飾する工芸である。機を用いて織られた大きな一枚の布は、用途に応じて裁断され、縫製され、破損すれば繕われ、さらに小さい袋物や袱紗に仕立てられ、果てには継ぎ当てへと小さい端切れになるまで用いられることから、元の完全な形で幾世紀にもわたり伝存するということが極めて難しい工芸品である。数少ない形のある伝存作品の例を見ると、神々が着用するために奉納された神服、舞楽や延年、猿楽といったような芸能を寺社に奉納することに伴って納められた装束、高名な武将をたたえるために寺社に奉納されたり、諸家で拝領品として守り伝えられてきた遺品など、特殊な事情によって日常の使用を免れたことから遺されていったものである。

ところが、近世になると、茶人が古裂を貴重視する日本独特の文化が生まれた。古くから伝来し茶の湯で重んじられてきた仕覆、すなわち、茶入を入れる袋を、使い古した後に引き解いて保管したり、風呂敷、茶掛の表具などに用いる古裂を蒐集したりし、名物裂と称して裂帖や裂箪笥に仕立てて家宝として所持するのである。茶人の愛好する裂は、主として中国から渡ってきた金襴・緞子・錦といった織物、あるいは、インドやヨーロッパから渡ってきた更紗や金銀モール・間道といった当時は珍しい舶来品であった。名物裂と称されるそれらの裂は、例えば、興福寺の帳に用いられていたという伝来を持つ興福寺金襴、あるいは、嵯峨天龍寺の開山が用いた袈裟の裂と同じ文様であるということで珍重された嵯峨金襴といったように、寺院にまつわる伝来によって一期一会の茶会に特別な意味をもたらしてきたのであった。彼らの関心は、裂そのものに美術的な価値を見出して鑑賞するというよりも、むしろ、その裂にまつわる由来や稀少価値に向けられたものである。

江戸時代、大名家は隔年交代で国許と江戸とを往来し、江戸にいる間は江戸屋敷に住むことを義務付けられた。そのような事情から大名の妻子は江戸に常住することが増え、大奥では江戸のしきたりに合わせた衣裳を着用することとなった。江戸時代後期には様式化されたデザインを持つ小袖や打掛が正装用、日常用ということで用いられるのである。ところが明治維新を迎え、廃藩置県が行われた結果、江戸屋敷に常住していた各大名家の武家女性たちは国許へ帰ることとなり、これまで使用していた様式的な打掛や小袖が不用となり、多くのキモノ(1)が持ち主の元から手放されることとなった(2)。折しも、ヨーロッパでは日本の浮世絵や工芸品が大量に輸入され、日本の美術に対する関心が高まりつつあった。キモノもまた、海外の古美術市場で人気を博し、盛んに売買されるようになった。印象派の絵画には、武家女性が江戸屋敷で着用していた様式的なデザインのキモノをガウンのように羽織った女性がしばしば描かれることとなった(3)。また、明治初期に日本に渡った外国人も、もっとも多く市場に出回っていた日本の武家女性のキモノを蒐集したのであった(4)。武家女性のキモノ以外では、大名家でお抱えになっていた能楽師がパトロンを失って手放すこととなった能装束、廃仏毀釈で困窮した寺院が質に流した袈裟類、日本では二束三文にしかならない古着のキモノなどが市場に流出し、それにいち早く美術工芸品としての価値を見出したのは海外のディーラーであった。海外で人気を博したことに伴って、来日した外国人もまた高値で購入した結果、古美術市場において、これまで古着でしかなかった江戸時代以前の染織品が、古美術品として売買の対象となっていくのである。日本・東洋の古染織品を海外に売買した古美術商として有名だった野村正治郎（一八七九―一九四三）は、海外における日本染織の評価を、京都における家業の手伝いと海外留学の経験から感じ取っていたに違いない。(5)

野村正治郎は、古染織品を売買するディーラーだっただけではなく、江戸時代の女性が着用していた小袖類の熱心な蒐集家でもあった。また、自らの蒐集品を元に古染織の研究やその出版にも早くから力を入れていた。野村が特に関心を持ったのは桃山―江戸時代の女性の小袖裂で、キモノの形では残らなかった小袖裂を「小袖屏風」と称される屏風装にしたことで著名である。(6)当時、日本の古いキモノ類の中でも特に注目を集めていたのは友禅染であった。京都高等工芸学校（現在の京都工芸繊維大学）の助教授を務め、後に鐘淵紡績株式会社に入った染織史家・明石染人（本名は国助、一八八七―一九五九）が大正六、七年（一九一七、八）に『風俗研究』という研究雑誌の中で、「友禅に就て」を上下二回にわたり連載していることからも、友禅染に対する関心の高まりがうかがえる。(7)野村が初めて出版した染織史に関する研究書もまた『友禅研究』（大正九年〈一九二〇〉刊）であった。その中で、野村は友禅染に先行する日本の模様染として「辻ヶ花染と『ぼうし』(8)」という項を設けてかなり詳しく辻が花について言及している。

彼によれば「絞染の一種なる辻ヶ花染の名は室町時代に始まる。大絞りのことで、最初は其染生地は奈良晒など麻布に限られたやうであったが、後には絹にも用ひられた」という。つまり、野村正治郎が本書を刊行した大正九年には、もうすでに辻が花は縫い締め絞りという技法に特化されたものであったことがうかがえる。縫い締め絞りであり、最初は麻布に限られていたと主張する根拠はここでは述べられていない。ただ、後に「絹」にも用いられるようになったという記述からは、現行における練緯に縫い締め絞りを施した辻が花裂を対象にした言及であることがうかがえる。辻が花の発生や語源についいては、以下のように述べている。

元来辻ヶ花染は幼稚なる大絞で、後世の羅毛氈絞りにも似たものであつたから、其初は小児の衣類等に用ひたに過なかつたが、其技術は次第に進歩して、桃山時代には防染の法として、俗に云ふぼうしが工夫せられた。寛永十八年、六條三筋町の遊郭が朱雀野の島原に移転せられた時、一郭の者は駿府二十町と奈良の木辻とへ移住して営業した。此時木辻の遊女は京の六條で華車な風俗をしてゐた余波として、辻ヶ花染の改良を促し、之を夏の帷子として用ひた。其趣味の瀟洒なる所から、一般に流行したのである。此時代の辻ヶ花染は巧みにぼうしの法を応用して、種々の図案を構成した。爾来江戸時代の縫箔模様は一変して、模様の一部に色差しをして、華美のものとなり、又鹿の子模様にも応用せらるゝに至つた。

　此のぼうしの法は先づ模様を描き、其輪郭を絲で縫ひ、引き締めた後、染めやうとする部分を残して、其所を竹の皮にて堅く包むので、其形状の帽子に似た所から此称が起つたのである。種々色差しをなすには幾度も模様或は生地に此法を繰り返すのである。後には太い竹を割つて防染の法としたる俗に竹締めと云ふものが工夫せられたが、七八年前に桶締めと云ふ便法も亦案じられて、現今専ら之を用ひる。

まず、辻が花の語源についてだが、野村は別の一節で、その語源について「辻ヶ花染の称は奈良木辻に近い辻ヶ花で染めたから名つけた」とし、京都から奈良の木辻へ移住した遊女たちが始めた帷子の模様染の名称を「辻ヶ花」という地名から取った、としている。「帷子」とは江戸時代以降は麻の単仕立の夏の小袖のことを指した。この説にしたがえば「辻が花」という名称を持つ帷子は遊女が移住した寛永十八年（一六四一）以後から用いられるようになったということになる。最初「幼稚なる大絞」で子どもの衣類にのみ用いられた縫い締め絞りの技法は、次第に進歩して桃山時代には縫い締めた部分を硬く竹の皮で覆って防染したいわゆる「ぼうし」と呼ばれる技法で染められるようになった。野村は、江戸時代以降も行われていたぼうし絞りの技法のことを辻が花と同義であるとしており、ぼうし絞り＝縫い締め絞りによって染められた模様を辻が花としている。また、後世には色挿しや鹿の子絞りなども加えられて華美になったとしている。野村の考証は松永貞徳の俳諧書『御傘』や喜多村信節の『嬉遊笑覧』などに見られる江戸時代に流布した説を紹介した上で、その語源や発生については、奈良・木辻の辻が花という地名説を採っている。実際には、奈良の木辻に「辻が花」という地名はない。後述する同時代の染織史研究家・明石染人もまた野村の木辻説を支持しながらも寛永十八年という時代の矛盾を指摘し、実際には、当初「木辻が花」と称されていたものが「辻が花」と略されるようになったのだとしている。(9) 管見の限りでは、野村の『友禅研究』における辻が花の説明が、近代以降の染織史研究において、縫い締め絞りを辻が花であると具体的に述べた最初の言説である。もっとも、野村はその前年に自らの古裂コレクションを掲載した『誰が袖百種』という画集を発行しており、各図に付された風俗研究家・江馬務（一八八四―一九七九）の解説でも「ぼうし」が「辻が花染」と同義であると述べている。(10) 同じく大正九年（一九二〇）に、江馬が『風俗研究』第二一号に執筆した「江戸時代初期の民間服飾（その五）」(11)においても「染の中特に注意するは辻が花染にして奈良の辻が花（今の木辻遊里といふ）に於て室町時代に奈良晒に始められたる絞染にして、縁を暈綱とし後世『ぼうし』といへり」と述べていることから、野村が唱えていた辻が花の定義は、むしろ、江馬が率いる風俗研究会の中で形成されていった可能性も考えられる。

明石染人の解説に見る辻が花

風俗研究という新しいフィールドにおいて日本の古い染織への関心が高まる一方で、繊維業の発達に伴い、テキスタイル・デザインの参考のために古染織を研究し、蒐集する動きもあった。鐘淵紡績会社の山科工場の工場長を務めていた明石染人は、かつて鐘紡株式会社が所蔵していた古染織コレクション(12)の選定にもっとも深く関わった染織史研究の草分けである。明石は前述したように大正六―七年には『風俗研究』に「友禅に就て」を連載するなど、日本の近世染織に関心があったが、鐘紡株式会社が自社製品の参考資料としてヨーロッパ服飾史や中世エジプトのコプト織などを蒐集するようになった経緯から、海外染織への関心が強まった。また、当時の日本における古染織の評価は日本に伝世する法隆寺や正倉院などの上代裂、中世日本に伝わった名物裂など古い染織品にあったことから、それらを中心とした染織史研究書を刊行している。しかし、大正末―昭和初期になると日本の古染織を蒐集するコレクターが現れ、岡田三郎助（一八六九―一九三九）や長尾欽弥（一八九二―一九八〇）といったコレクター、あるいは野村や山中定次郎（一八六六―一九三六）といったディーラーとの交流の中で、日本の中近世における染織も研究対象となっていったようである。岡田三郎助が編集し、昭和六―八年に発行された古裂の図版集『時代裂』では、明石がその解説を担当する。『時代裂』において最初に掲載された辻が花裂は小川勘助が所蔵する萌黄地に縫い締め絞りと描絵で椿藤杜若立波模様を表した裂であったが、「4　辻ヶ花染」と題して、明石が以下のように解説している（以下〔　〕内は筆者による）。

> 元来辻ヶ花染は絞染の一種であってもとは奈良晒の麻布に至極稚拙な方法で大柄な単純な絞を施したもので、奈良の木辻の近くで製作せられたものである。其年代は正確には判らないが鎌倉時代を降るまいと思はれる。奈良晒の麻布で出来た大形紋の衣服は主に小児や婦人の下衣に用ひられたと云ふ事であるが、さうかも知れない。四天王寺の扇面古写経の下絵に見る藤原末期の庶民の風俗画などにもそれらしいものは多数散見することが出来る。然しそれ等が辻ヶ花と称したと言ふ記録はない。たとへ品物があっても名称が伴って来なければ適確〔ママ〕にさうであると云ふ断定は下し得まい。だが辻ヶ花染と同じ方法のものがズッと古くからあった事は承知して置かねばならぬ事である。
>
> 〔略〕

奈良の木辻で染め出された辻ヶ花染は次第に発達して上流家庭の婦人の帷子に愛用され、又絹布に応用され京都の染屋にもその技術は早くから移されて絞染と他の模様染との混用などによって進歩したが辻ヶ花染の名称のつく限り独特の大手な絞風を失ふことはなかった。

以上の解説の中で、明石が奈良木辻で始まったという野村正治郎の説を全面的に支持している点に注目される。また、縫い締め絞りが古くは平安時代から行われてきた技法でありながら、その技法が「辻が花」と称されていたかどうかは定かではない、と指摘している点にも注意が必要である。明石はそれ以前に『染織文様史の研究』(一九三一年刊)において「辻が花染は『つつじが花染』の略称であると云ふ貞丈雑記の説は正しい。躑躅の花は赤きものであるから紅にて染めたものゝ花模様を紅で彩ったものを云ふのである。花形に絞って紅地に染上げたものを辻が花絞りなどゝ云ってゐる」としていた。これは中世の文献史料に基づいている点において根拠のある言説であったが、それを『時代裂』の解説では否定し、野村の説に沿う立場を取ることとなった。この認識の大きな変換の背景には何があったのであろうか。また、その素材については、当時「辻が花」と称していた古裂が全て絹製であったことから、史料との矛盾を解消するために、もともと麻布に染められたものが次第に発達して上流婦人の帷子に愛用されたり、絹地に応用されたりするようになったと歴史的な発展過程の結果としている。また、技法についても時代が下るにつれて絞りに「他の模様染との混用」がなされるようになったことを指摘している。

他の技法との混用について明石は別の解説において、大筋において辻が花を「帽子絞」つまり縫い締め絞りとしながら「普通坊間称する所の辻ヶ花染は絞染と彩画、絞染と彩画と箔置き、絞染と彩画と刺繍の併用であって、慶長末期から糊書の発達に至るまでの作品が多く、単に絞染だけで辻ヶ花染を仕上げてゐるものはそう沢山ない」(13)とより詳しく解説を加えている。この言及の裏には、当時、一般に辻が花と称されていた裂と、研究者の間で定義されてきた

「帽子絞＝辻が花」との間にずれが生じていたこともうかがわせる。

野村や明石による辻が花への言及によれば、その根拠は明らかではないものの、大正期にはすでに辻が花とは「ぼうし」＝「縫い締め絞り」という通説があったことがうかがえる。また、当時「辻が花」と称されていた古裂の多くは、縫い締め絞りに色挿し・鹿の子絞り・彩画・箔置き・刺繡といった別の技法が併用されているものであったことがうかがえる。「辻が花」の語源については奈良の木辻遊里説が通用していた。しかし、野村正治郎や明石染人は、若干の中近世の史料を認識してはいたが、それらを導入した本格的な研究には至らなかったのである。辻が花が実際に用いられていた時代の史料を網羅して詳細に分析し、史料における「辻が花（染）」と、近代以降辻が花と称されるようになった古裂との関連について述べた研究は、戦後を待つこととなる。

二　戦後の染織史研究における定義

山辺知行の定義とその展開

美術史という研究分野の枠組の中で、染織史という分野がいつから始まったのかを明確に述べることは難しい。しかし、上代から近代に至る膨大な染織コレクションをかかえる東京国立博物館において、昭和二六年（一九五一）に工芸課染織室という染織を専門に扱う部署ができたことは、美術史研究における一つの節目と言えるであろう。昭和二九年（一九五四）、染織史の研究者として初めて辻が花に関する論考を発表した東京国立博物館の初代染織室長、山辺知行は「辻が花染に対する一考察」で辻が花を以下のように定義した。

さて、われわれが今、辻が花染と称するものゝ具備する条件をあげて見ると、それは

一、室町中期、桃山、江戸初頭に行はれた一種の模様染で、
二、絞染による多色染を主体とし、
三、これに摺箔、
四、描き絵、線描、
五、色さしを加へたもので、時に
六、刺繍の加はってゐることもある。(14)

山辺の定義では、第一に時代を限定しており、以下、二から六までは技法をあげている。これらの技法のうち、三の摺箔は、江戸時代中期以降は能装束の繍箔や武家女性の腰巻以外ではほとんど行われなくなってしまったが、それ以外は江戸時代以降も広く行われていた技法である。したがって、今、改めてこの定義を読み返してみると、山辺が辻が花の定義の第一にあげた時代の区分と「主体」であるとした絞染による多色染が、辻が花を定義する上で重視すべき要項であることがうかがえる。一方、辻が花の語源については江戸時代に柳亭種彦や山崎美成が考証した「襷形の斜格子文に花模様を配した文様」という説と、江戸時代の故実家・伊勢貞丈による「躑躅が花」説とを紹介するにとどめている。研究者たちの辻が花に関する関心は山辺がこの論考を発表した昭和三〇年代初めから高まりつつあった。(15)

その語源については、昭和三一年に桜井清香が「辻が花染について」において独自の説を展開している。(16)辻が花の伝存品に豊臣秀吉・徳川家康など尾張にゆかりがある武将の遺品が多いこと、尾張の名産となる有松・鳴海絞は辻が花に見られる絞り染がヒントとなっている可能性があること、尾張の熱田が室町時代に布の産地であったと思われる絵画資料が遺されていること、熱田に「辻が花」という部落があったことなどから、熱田の辻が花部落で行われた絞り染が、その語源であるとしている。近代においても野村や明石が地名説を採っていたが、桜井の場合は、近世の史料

ではあるものの、これまで採り上げられてこなかった史料によって根拠を示した上で新たな地名説をあげている。

奈良・大和文華館の学芸員であった伊藤敏子は、山辺に続く辻が花研究の第一人者である。昭和三九年（一九六四）、同館において初めて辻が花のみをテーマとした展覧会を企画、[17] 昭和四六年（一九七一）には「〈辻が花〉と戦国の女性像」展を企画し、昭和四七年（一九七二）に大型美術本である『辻が花』（講談社）を出版した。さらに昭和五六年（一九八一）には別編の大型美術本『辻が花染』（講談社）を執筆し、その中で辻が花を以下のように分類している。

1、絞染のみのもの
2、絞に描絵、あるいは色さしを加えたもの
3、絞に描絵、摺箔を加えたもの
4、絞に摺箔、刺繡を加えたもの
5、絞に描絵、摺箔、刺繡を加えたもの

以上の5種に分けられる。5種のすべてに共通しているのは、絞染によって多色に染め分けていることで、絞って染め分けた上に描絵、摺箔、刺繡などが、適宜に併用されているのである。[18]

伊藤は辻が花を同定するには、絞りの技法が不可欠であるとし、特に絞染によって多色に染め分けている点を強調している。

以上における研究者の説に共通しているのは辻が花の裂には「絞」の技法によって「多色」に染め分けていることが不可欠であり、摺箔・描絵・刺繡・色挿しなどの技法を加えたものも含まれるという点である。極端な見方をすれば、絞りが入っていれば、その他にどのような加飾があろうとも辻が花であるということになる。辻が花の加飾技法

に関する以上のような考え方には、戦前に明石が『時代裂』の解説で辻が花の特徴について指摘した内容を踏襲していることがうかがえる。

一方、奈良国立文化財研究所の守田公夫は昭和三六年（一九六一）に『「辻が花染」試論――日本文様染研究の一環』の中でその年代を「室町中期から桃山も中期頃迄」と、先に述べた山辺の定義よりもやや、時代の下限を遡らせている。「絞り染めが施されていないものは辻ヶ花染と称すべきではないだろう」としながらも、桃山後期から慶長年間に現れるような刺繡と摺箔が併用された豪華なものについては、刺繡を併用せずに絞りと描絵を主体とした前代のものとは美的表現が異なるとし「刺繡の施された作品はとりあげない」と、先に山辺や伊藤が述べてきた定義を部分的に否定している。守田の観点は、縫い締め絞りが施された室町―桃山時代の裂であればいずれも辻が花であるとされてきた戦後の学説を一部否定する動向を示すものとして注目したい。

染織史研究において、初めて網羅的に室町時代から江戸時代の辻が花について記述された史料を整理したのは伊藤の「辻が花資料について」という論考である[19]。史料を通観すると、辻が花が人々の生活の中で用いられていたと考えられる室町時代から桃山時代にかけては「辻が花（染）」の名称が散見され、その特徴についての言説もある。この中世の史料と現代の辻が花裂との関係について、山辺の前掲論文では以下のように述べている。

つまり結論としては辻が花なる名称がその起源が如何なる所にあらうと、それは現存する、若くはわれわれがここで辻が花なる名称を冠して取り上げようとする、辻が花染との字義上の附会を試みることは一応断念しなければならない[20]。

山辺は、現代、研究者が「辻が花染」と称する裂類と、中世の史料に掲載される「辻が花」の名称とが一致しないことを指摘しつつ、その点については追究していない。辻が花の名称を室町時代中期から江戸時代初期にかけて製作されたとされる絞染の裂に用いている。

同様に、伊藤敏子の前掲論考の一節にも曖昧な視点が示されている。

現在辻が花と呼ばれている遺品は、絞り染を基調として、描絵・摺箔・刺繡などを併用したさまざまな種類のものがあり、その味わいもそれぞれ異なっている。それらの全てが本来の辻が花染か、あるいはそのなかのどれが真の辻が花であるのか、全くわからないのである。何故ならば実物遺品にそれが辻が花であることを証する記録が付随しているものは1点《ママ》もなく、また、先学山辺知行氏が指摘されているように、それらの遺品を辻が花と呼ぶようになったのは明治以降のことであり、それ以前のことがわからないからである。(21)

伊藤は現在辻が花と呼ばれる古裂の中に、文献上の辻が花と一致する資料があるという可能性を示してはいるが、「真の辻が花」については全くわからないと述べている。伊藤は前掲論考の中で山辺による「それらの遺品を辻が花と呼ぶようになったのは明治以降のことであり」という指摘を踏襲する形をとり、(22)なぜ辻が花と呼ばれるようになったのかについても曖昧に言及することとなった。ここで引用された山辺の指摘とは、『大和文華』第四二号辻が花特輯（大和文華館、一九六五年刊）に寄せた山辺の「辻が花覚え書」上での以下にあげる一節によるものであろう。

問題は既に江戸時代に実体が明らかでなく、故実家が取り上げている様なものが、何故現在はっきり一つのスタイルとして通用しているのか。今は故人となった或る狷介な老染色家が、かつて辻が花などというのは明治になってから桃山の絞りが売れ出したので裂地を扱う商人たちが辻が花という名前がいいのでいいかげんにつけたものにすぎないということを言っていたが、実際はこう言われても、これに対して正面から反論するだけの材料もないのが実状であろう。[23]

上記に述べられた風聞について「或る狷介な老染色家」とはおそらく、古裂のコレクターであった友禅染作家・三代田畑喜八（一八七七—一九五六）のことであろうと思われる。また「裂地を扱う商人たち」の一人として前述した京都の古美術商・野村正治郎があげられよう。しかし「明治になってから桃山の絞りが売れ出した」という事実はあったのだろうか、また、なぜ、明治期以降、桃山の絞りが売れ出したのだろうか。

実は、辻が花の実像に対する漠然とした姿勢は後に続く研究者も一貫している。山辺の後、東京国立博物館の染織室長に任じられた今永清士は、『國華』八八二号（一九六五年）における資料紹介「紫白染分竹模様辻ヶ花小袖」の中で、以下のように述べている。

> 辻ヶ花という語は現在ひろく人々に膾炙し、日本の染織史の上で一際光彩を放つものと考えられている程有名になつているが、それでは辻ヶ花とはと反問されると、その語源は勿論、實體すら甚だ輪郭のぼけたものになつてしまうのである。現在では辻ヶ花を室町時代の中頃から慶長時代にかけて行われた絞り染を主にし、これに色さし、描き繪、線描き、摺箔、刺繡等を加えることもある多色な模様染と一應定義ずけ〔ママ〕ている。しかしこれが文献に現れてくる辻ヶ花と附合するかどうか、實際の辻ヶ花はもつと別のものであつたかもしれないという假定も成立させることができよう。[24]

今永もまた、辻が花の実体を「甚だ輪郭のぼけたもの」と認識しつつその追究を避け、文献上の辻が花と現在辻が花と称される古裂とが別のものかもしれないという仮定を提示するままに、この名称を研究上の用語として用いている。

戦後まもなく始まった美術史を中心とする染織の文化と歴史に関する研究においては、中世における「辻が花（染）」の史料が収集・整理されながらも、

一、辻が花の技法として「（縫い締め）絞り」を不可欠とする根拠

二、現在辻が花と呼ばれる古裂と史料上の「辻が花（染）」との整合

三、現在辻が花と呼ばれる古裂が「辻が花」と称されるようになった経緯

以上、三点について追究を避けてきた。研究者たちの間ではこの三つの問題を等閑視したまま、室町時代から江戸時代初期にかけて製作された縫い締め絞りで染めた古裂に「辻が花」という名称を冠し、曖昧なままに使用し続けているという現状がある。縫い締め絞りという技法を基調としていれば、描絵・摺箔・刺繍などを併用していても、ひとからげに「辻が花」と称している。近代以降、「辻が花」は中世の史料による記述と異なるにもかかわらず、縫い締め絞りで彩られた中世の裂は「幻の染」といわれ、古美術として高く評価されることとなった。「辻が花」という名称が先行していわば名物裂のように古美術品扱いされて、わずか数十センチメートル四方の小さな古裂に膨大な値段が付けられて古美術市場に散っていったのである。なぜ、染織史研究の第一線をいく研究者たちがもっとも注目する研究対象に、このような「ねじれ」が生じてしまったのだろうか。

「辻が花」の試考・再考

以上における曖昧な辻が花の視座に対して、新たなアプローチが見られるようになったのは昭和五〇年代半ばから

であった。切畑健の「辻が花――その本質・名称・展開についての試考」[25]では、中世の史料からは一旦離れ、「辻が花」という言葉の語義を検討し、語義と現状において辻が花と称される縫い締め絞り模様の裂との接点を探る試みをされた。そこで提示されたのが、辻が花の「辻」は「旋毛（つじ）」のことで、縫い締め絞り染の過程における、麻糸を巻いて模様に沿って並んだ凸起の形状が「旋毛（つむじ）」のようであることから辻と称され、そのような技術でもって染め表した花模様を「辻が花」と称した、という説である。中世史料上の「辻が花（染）」と現代の辻が花との矛盾を放置するのではなく、中世の縫い締め絞り染の形状に「辻が花」の語義を当てはめようとする試みは、従来の研究者にはなかった独創的な発想である。

佐藤泰子の「小袖染織における『辻』の解釈について」[26]もまた、「辻が花」の語義に注目し、史料上に見られる「辻」の意味を追うことによって近世以降に服飾の名称に現れる「辻」の根拠を探る論考である。本義とは異なる語釈が一般用語として普及し辞書にも掲載されている「辻が花」について疑念を投げかけ、中世の史料比較を行いながら本来の「辻が花」の語義を検討し、さらに「茶屋辻」という言葉に用いられる「辻」の解釈についても考察されている。佐藤は中世から近世の文献に現れる「辻が花（染）」の言説に見られる「赤き帷子」という特徴や「はな染の帷子」という言葉、また一条兼良筆『連珠合璧集』（文明八年〈一四七六〉）上巻「十五　木類」に記される「躑躅とアラハ……紅そめ」という記述を根拠に、古来より伝わる「摺染」の可能性があるとした。「辻が花」の「辻」を辻商・辻占・辻説法・辻馬車などの意味に通じる「路上・道端」の意味であるとし、「辻が花とは、路傍に咲く萩・つつじ・ぼけなどの花染による赤い模様の帷子」と具体化させて結論づけている。

一九九〇年には、愛知・徳川美術館においてこれまでもっとも大規模な辻が花の展覧会が開催された。徳川美術館開館五〇周年記念の特別展「辻が花――英雄を彩った華麗な絞り染め」展である。このタイトルが明確に示すように、徳川美術館に所蔵される徳川家康所用と伝わる縫い締め絞りの衣服を中心に据えた展覧会であった。本展がその後の染織史研究に大きな影響を与えた点は、第一章の「辻が花の源流」に続いて、辻が花裂を第二章「辻が花の誕生」、第三章「辻が花の完成」、第四章「辻が花の展開」という三つに分類し歴史的変遷として捉えた点である。その具体的な根拠については本図録に寄稿された伊藤敏子の「中世の模様染『辻が花』」および佐藤（森）理恵の「辻が花――中世絞り染の終焉」にうかがえる。両氏の論点をまとめると、「辻が花（染）」を着用する桂女を描いた「三十二番職人歌合」の成立期を応永（一三九四―一四二八）頃とし、「辻が花染の名称が、職人歌合に庶民の小袖として初めて現れたことは、それが庶民のための染物として生まれたものであり、当時はまだ目新しかったものと推測される」と述べ、辻が花はまず、庶民の小袖として始まったとする。[27] 年記のある辻が花裂の中でもっとも古い享禄三年（一五三〇）銘の幡に見られるような「大きさにあまり偏りのない文様を均等に充填」した「地が粗い平絹であり縫い絞りの針目も粗く、素朴な趣きを示す」ものを「辻が花の誕生」に位置づけている。[28] そして、室町時代中期から後期にかけて現れる伊勢流故実書に記される「辻が花（染）」に関する言説から、時代が下るにつれて「辻が花染はやがて武家の衣服にも用いられ」、武家女性や子ども、若衆が用いる「華麗な高級品」であったとする。[29] その特徴は「何れも練貫で、絞り染めに墨・染料・顔料・金銀泥の描絵、摺箔、刺繡など出揃った技法のすべてを駆使」し「特筆すべきは、あらゆる文様を絞り染めで表現しようとする意欲」とする。さらに、意匠に関しては「前期のようにただ詰め込むのではなく」「草花文、幾何学文、風景文」を「松皮菱形、雲形、州浜形などの境界線を用いてうまく処理」して充塡する点を次代の特色とする。[30] その後「武家の服制が乱れて、辻が花帷は男衆たちにも用いられるようになり、「応仁の乱頃から服装が簡略化され、公武の上層の人々も日常は小袖形式が用いられたので、辻が花染が全般的に普及した」とする。[31]「辻が花の完成」に位置づけられたのが、徳川家康所用と伝わる、一連の縫い締め絞りを主体とした小袖・胴服類であった。なお、伊藤は同稿において、「辻が花」の語源について文献史料と現存遺品の両面から柳亭種彦が『柳亭筆記』で述べた「十切形文様説が、本質とも絡み合ってもっとも説得力があり、妥当な説と思われる」と述べている[32]。

以上における日本の研究者の見解は、あくまでも現在、辻が花と称される裂を「辻が花」と見做し、その本来の形態や形態の変化によって生じたモノの持つ意味について問われることはなかった。近年における画期的な研究は、むしろ、海外の研究者によってなされた。Terry Satsuki Milhaupt（以下、ミルハプト、とする）が博士論文として提出した“Flowers at the crossroads: The four-hundred-year life of Japanese textile”である[33]。ミルハプトは、現在、博物館や個人のコレクターの元に納められている同じデザインと技法を用いた十二枚の辻が花裂に注目し、それらの裂が、もともとは中世に製作された一領の絞り染のキモノで、それがある時期に仏事に使われる打敷に仕立て替えられ、その後「辻が花」の古裂としてばらばらに引き解かれて、近代期以降に別々の所有者の手に渡る四〇〇年の歴史を追いながら、一領のキモノが「辻が花」と称される古美術品として価値付けられていく過程を検証した。古美術品としての既成価値にとらわれることなく、裂の移動や形態の変化を追うことによって裂の持つ文化的な営みを浮かび上がらせた新しい視点として注目される。ミルハプトはまた、中世における辻が花の実像についても触れており、中世に描かれた細川蓮丸像、細川昭元夫人像に描かれる小袖の模様が現在辻が花と称される裂の模様と共通すること、また、中世の文献において「辻が花（染）」が女性や十三歳以下の少年が着用するものであったと記されている点から、現在の辻が花裂は、もともとは身分の高い女性か少年が着用する衣類であったとしている。また、現在辻が花と称される裂の中に、斜め十字と草花模様との組み合わせが多いことから、やはり、江戸時代後期に柳亭種彦が『柳亭筆記』で考証した説を支持し、十字街の形に花を繋げた模様が辻が花であるとしている。伊藤敏子が『辻が花』の中でやはり柳亭種彦の説を支持している点や[34]、帷子の素材には絹や生絹があったとしている点から、そのような結論に至ったのであろう。ミルハプトは、現代の辻が花の定義が形成されていったのは、十二枚の裂が分断されコレクターの元に渡っていく明治―大正期にかけてであり、当時コレクターであった画家や染色家たちによって形成されていった概念であると結論づける。「辻が花」と称される一群の裂は画家や染色家たちの嗜好にかなった古裂であったことは確かである。しかし、「辻が花」と称された当時の裂の動きをより広範囲にたどっていくと、「辻が花」を巡る人とモノの関係はより文化的・社会的な広がりを持って現れるであろう。

一方、従来知られてきた「辻が花（染）」の記述が残る中世史料に加えて、中世におけるキモノの素材を詳細に検討しながら「辻が花」の実体を追究する新たな試みをしたのが、澤田和人である。澤田は、新出の史料も紹介しながら、辻が花は糊防染による麻地の染物であるという説を発表した。[35] 古文献上の「辻が花（染）」と、現代、美術品として知られる辻が花裂との不一致に対し真摯に取り組まれた研究である。特に、従来辻が花を研究する際に参照されてきた「三十二番職人歌合」絵巻の諸本研究の再考を促したことは重要である。澤田は「衣裳復元製作の問題点——歴博第2展示室『職人と芸能』コーナーの場合」において、国立歴史民俗博物館に展示される「桂女」の衣裳の復元に見られる問題点を三つあげている。その第一の問題としてかかげられたのが「三十二番職人歌合」絵巻に描かれた桂女の衣裳の文様表現である。澤田はサントリー本（旧幸節本）、石井本（現在所在不明）、天理本および狩野文庫本を比較した結果、辻が花を語る際に常に引用されるサントリー本は「原本から逸脱し、かなりいい加減に描かれた伝本という評価が与えられる」と結論付け、原本に近い写本としては石井本が適当としている。辻が花再考に当たって澤田は第二の問題点として衣服の種類に関する問題をあげ、諸文献から辻が花は帷子であり、当時の認識からすれば帷子と小袖とを同一視することはできないとする。さらに、帷子の材質に関する問題を第三番目にあげているが、これについては同著「帷子の基礎的研究——室町時代から江戸時代初期に於ける材質の変遷について」により詳しく記されている。[36] それによれば、中世の帷子は本来麻が主流で絹は見られず、十六世紀以降、麻以外に生絹の帷子が普及したものの、現代に辻が花裂に用いられる練緯は一点も見られない。つまり、現代の辻が花裂は中世の「辻が花（染）」とは異なるという結論が導き出せる。

以上、染織史研究という立場から見た近代以降の研究者による「辻が花」研究の動向を概観した。明治期には表立って採り上げられることのなかった「辻が花」は、大正期半ばより風俗研究や、野村正治郎、明石染人といった染織史研究のパイオニアといえる在野の研究者によって言及されるようになった。これは、大正期半ばになって中世の縫い締め絞りによる小さな古裂に関心が持たれるようになったことを示しているのだろう。この時期に通説となった「縫い締め絞り」が辻が花であるという説は、以後の染織史研究においても受け継がれていく。

第二次世界大戦は、近代に芽生えた染織史研究の中断を余儀なくしたが、戦後に美術史という分野において進められていく染織史研究においても近代における辻が花の定説は受け継がれ「縫い締め絞り」が辻が花の必要条件としてかかげられた。近代における染織史研究との大きな違いは、中世から近世にかけての史料に現れる「辻が花」を忠実に追う研究姿勢が見られる点である。しかし、そのことによって、近代においては省みられることのなかった問題点——中世史料における「辻が花（染）」と現代に辻が花と称される裂との矛盾——が明らかにされながら、戦後辻が花研究に携わってきた美術史研究者の大勢は、この矛盾を省みることなく辻が花を論じてきた。その結果、現代において辻が花と称される裂がいずれも中世における「辻が花（染）」ではないにもかかわらず、辻が花裂のデザインの中に見られる襷形や菱繋ぎといった意匠から、江戸時代後期の柳亭種彦の考証によって提唱された辻が花が十字形の模様であるという説が支持されるという、さらなる矛盾をもたらすこととなった。

中世における「辻が花（染）」と現代の辻が花裂との矛盾においてもっとも避けがたい問題点は、その素材であった。中世の史料に「帷子」とある以上、その素材は「練緯」や「紬」といった平織の絹地ではありえないのであるが、現代の辻が花裂は練緯がほとんどである。この矛盾を是正するために採られた視点が、庶民から生まれ、やがて武家の間で用いられるようになり布（麻）地から絹地へと変わったという歴史的変遷の構図であった。庶民から武家社会へという流れを説明する上で重要なのが「辻が花〈染〉」が庶民の服飾として現れる「三十二番職人歌合」の成立年代であるが、近年の文学史研究によって、染織史研究者が採用してきた文安年間（一四四四―四九）や応永年間[37]（一三九四―一四二八）という成立年代は大きく下方修正され、現代では明応三年（一四九四）頃に成立したことが明らかにされている。[38]つまり、武家の服飾として中世の史料に現れる『蜷川親元日記』寛正六年（一四六五）よりも時代が下り、実際には、庶民の服飾と武家の服飾と、いずれが先行するかを論じることは難しい。

中世の史料と現代における辻が花裂の矛盾に対してより積極的に向き合う姿勢が染織史研究者の間で生まれ始めたのは、昭和五〇年代以降である。この動向は、同時期に辻が花を見直す契機が生じたことを示すものである。また、二〇〇四年以降の若手研究者における研究では、近代におけるコレクターや古美術商と辻が花との関係や、「辻が花〈染〉」の素材に関する研究も進められるようになった。

本書では、上記の研究の動向やその成果を踏まえつつ、それぞれの研究の問題点を修正しながら、改めて中世から近世における辻が花史料を読み直してみたい。中世史料に見られる「辻が花〈染〉」の記述からその実像を確認した上で、近世から近代へと辻が花という「ことば」がどのように伝えられていったのか、また、それと並行して現代「辻が花」と称される「モノ」がその染織技法によって意味づけられ、近代、現代へと伝えられていった軌跡を追いつつ、それらの裂がどのような文化的、社会的背景の下で現代における辻が花として成立していったのかを見ていくことにしたい。

（1）日本の伝統衣裳として知られる着物は、垂領で長方形の袖を持ち袖口は小さく縫い狭められた、肩から裾まで直線裁ちで一続きとなったT字形の衣服のことである。現代の着物の原型は室町時代頃から多くの階層の人々が表着として着用することとなった「小袖」であり、当時は着物とは称されていなかった。一方、着物は「きるもの」「きもの」と称され、小袖だけではなく、衣服の総称として用いられる言葉であった。着物が日常的に着られていた世代までは「着物」といえば洋服も和服も同様に「着物」であった。本書では以上のような時代的背景により現代における伝統衣裳としてのT字形の和服を歴史的な着物とは異なるという意味で「キモノ」とカタカナで表記することとする。

(2) 野村正治郎「江戸どきと御所どき」(江馬務編『風俗研究』所収、芸艸堂、一九一七年)。

(3) 海外におけるキモノの人気と、日本のキモノの形態を元に生まれたファッション・デザインについては、近年、ジャポニスム研究において詳しく紹介されている。京都服飾文化財団編『モードのジャポニズム』展図録(一九九四年)。深井晃子『ジャポニスムインファッション——海を渡ったキモノ』(平凡社、一九九四年)。

(4) 明治九年(一八七六)に来日し、東京大学医学部の教師や帝室侍医を務めたドイツの医学者エルヴィン・フォン・ベルツ博士は日本美術の愛好家でもあり、江戸時代から明治期にかけての絵画や工芸などを多数蒐集したことで知られる。そのコレクションの中にも、江戸時代後期に武家女性が礼装用に着用した小袖や打掛、帷子などが多数含まれている。拙稿「海を渡った『江戸解き』『御所解き』——流転する武家女性の小袖」(『江戸と明治の華——皇室侍医ベルツ博士の眼』展図録所収、大広、二〇〇八年)八六—八七頁。

(5) 野村正治郎前掲論文(註2)参照。野村によれば、明治の初年には、公家女性や武家女性が着用していた華やかな小袖が市場に流出し、それに眼をつけた外国人が盛んに購入したという。また、外国人にそれらの小袖を売り込む専門の商人も出、一度に何百枚もの小袖を売買したという。野村の商売は、母親から受け継いだものであるが、母親もまた、客の外国人が店頭にあった日本の風呂敷を予想外の高値で購入していったことをきっかけに古美術商を本格的に始めたという。丸山伸彦「近代の造形としての小袖屏風」(国立歴史民俗博物館資料図録2『野村コレクション　小袖屏風』所収、国立歴史民俗博物館、二〇〇二年)一八五頁。

(6) 丸山伸彦前掲論文(註5)を参照。

(7) 江馬務編『風俗研究』十一号(一九一七年十一月刊)および同十四号(一九一八年六月刊)所収。

(8) 野村正治郎『友禅研究』(芸艸堂、一九二〇年)、「二十一　辻ヶ花染と『ぼうし』」一一八—一二一頁。

(9) 明石染人「辻ヶ花染」(『日本美術工藝』一三六号所収、日本美術工藝社、一九五〇年)二八頁参照。

(10) 野村正治郎所蔵『誰が袖百種』(芸艸堂、一九一九年)。ただし、本章では昭和十六年再版を参照した。同書の図版三、十七解説を参照。

(11) 江馬務編『風俗研究』(芸艸堂、一九二〇年十二月)。
(12) 鐘紡コレクションについては鐘紡美術館監修『鐘紡コレクション』一―五巻(毎日新聞社、一九八七―八八年)を参照。しかし、現在は、東京・女子美術大学附属美術館および文化庁が購入し、保管している。
(13) 岡田三郎助監修『時代裂』(座右宝刊行会、一九三一―三三年)二四九―二五〇頁「118 蓮模様辻ヶ花染」解説参照。
(14) 『美術史』十二号(一九五四年)所収、一〇二頁下段。
(15) 第二章で詳しく見るが、貞丈の説として紹介された「つつじが花」説は、実際は、松永貞徳が『御傘』で最初に述べた説である。
(16) 『大和絵と戦記物語』(徳川黎明会、一九五六年)再録、一二一―一二五頁。
(17) 昭和三九年(一九六四)三月十七日―四月十二日「辻が花染展」於奈良・大和文華館。
(18) 伊藤敏子『辻が花染』(講談社、一九八一年)一七頁。
(19) 『大和文華』四二号「辻が花特輯」所収(大和文華館、一九六五年)。
(20) 註14参照。
(21) 註18参照。
(22) ちなみに伊藤が一九七二年に執筆した大型美術本『辻が花』(講談社)においては冒頭で「現在私たちが辻が花染と呼んでいる遺品はいつ頃からそのように呼ばれるようになったかは不明だが、それは案外新しく、おそらく明治か或いは大正の頃辻が花の美を見出した数寄者に命名されたのではないかと推測される」と述べている。「はじめに」二三八頁上段。
(23) 『大和文華』四二号「辻が花特輯」所収、二頁上段。
(24) 今永清士資料紹介「紫白染分竹模様辻ヶ花小袖」(『國華』八八二号所収、一九六五年)一頁目下段。
(25) 切畑健『ワイド版染織の美　辻が花』(京都書院、一九八三年)所収、一七九―一九四頁。この説の初出は京都書院編『染織の美』創刊号「特集　辻が花」(一九八〇年)所収の「概説　辻が花染」五三―六〇頁。
(26) 『文化女子大学紀要』十三集所収(文化女子大学研究紀要編集委員会、一九八二年一月)。
(27) 伊藤敏子「中世の模様染『辻が花』」(徳川美術館編『辻が花――英雄を彩った華麗な絞り染』展図録所収、一九九〇年)一一七頁下段。
(28) 佐藤理恵「辻が花――中世絞り染めの終焉」(徳川美術館編『辻が花――英雄を彩った華麗な絞り染』展図録所収、一九九九〇年）一四五頁下段。

（29）伊藤敏子前掲論文、一一八頁上段。

（30）佐藤理恵前掲論文、一四六頁下段。

（31）伊藤敏子前掲論文、一一八頁上段。

（32）伊藤敏子前掲論文、一一九頁下段。なお、伊藤は、本論文以前に発表した『辻が花染』（講談社、一九八一年）においても、柳亭種彦説を支持している。同書、一八二―一八三頁参照。

（33）Terry Satsuki Milhaupt, *Flowers at the crossroads: The four-hundred-year life of Japanese textile*, Washinton University, 2002, Saint Louis, Missouri.

（34）伊藤敏子『辻が花』（講談社、一九八一年）は、講談社インターナショナルから英訳が出版されている。Toshiko Ito, translated by Monica Bethe "TSUJIGAHANA The Flower of Japanese Textile Art", 1981, Kodansha International Ltd.

（35）美術史学会第五七回全国大会研究発表（二〇〇四年五月二二日　於東京・慶應義塾大学）。澤田和人「モノが語るヒトの営み　中世の模様染　幻の辻が花」（『日経サイエンス』日本版、二〇〇六年七月号所収）。同「衣裳復元製作の問題点――歴博第2展示室『職人と芸能』コーナーの場合」（『国立歴史民俗博物館　国際研究集会――韓国の民俗学・日本の民俗学Ⅱ』所収、国立歴史民俗博物館、二〇〇六年九月）。

（36）国立歴史民俗博物館編『国立歴史民俗博物館研究報告』第一二五集所収（国立歴史民俗博物館、二〇〇六年）。

（37）伊藤敏子「辻が花資料について」（『大和文華』四二号「辻が花特輯」所収、大和文華館、一九六五年）九頁。切畑健「辻が花　その本質・名称・展開についての試考」（切畑健『ワイド版染織の美　辻が花』所収、京都書院、一九八三年）一八三頁。

（38）岩崎佳枝『職人歌合――中世の職人群像』（平凡社選書一一四、平凡社、一九八七年）八五―九一頁。

第二章　本来の「辻が花（染）」とはなにか

――「ことば」に残る色とかたち

一　「辻が花（染）」を記した史料とその内容

「辻が花（染）」ということばは、衣服、あるいは染物に関する記録として中世の史料において散見される。戦後、染織史研究者によって「辻が花（染）」所出史料は整理されてきたが、伝存史料に乏しい染織史研究においては辻が花を解明する手がかりとなる記述は非常に限られている。「辻が花（染）」という名称が現れる史料については、従来の研究の中でほぼ網羅されてきたと言ってよいであろう[1]。これまで周知されてきた史料を今一度、読み解き直すことが本章の目的である。

現在確認できる史料において「辻が花（染）」という言葉が最初に現れるのは、『蜷川親元日記』寛正六年（一四六五）八月二二日条である。いつ頃から辻が花染が衣料として使われるようになったかは定かではないが、少なくとも十五世紀半ばには着用されていたことを示す史料となる。以降、「辻が花（染）」について記述された江戸時代までの史料は三八件ある。

以下、それぞれの史料を紹介し、そこに記述される「辻が花（染）」の色やかたちといったモノとしての特徴を見ていくことにしたい（以下、引用文中の〔　〕および傍線は筆者による。〈　〉内は引用文中における割書を示す）。

『蜷川親元日記』寛正六年（一四六五）八月二二日条（『続史料大成10』所収、臨川書店、一九六七年）〔史料番号①〕

御成〈御供〉細川殿〔細川勝元〕馬場桟敷犬追物〈二百疋〉今出河殿〔足利義視〕上様〔足利義政〕御比丘尼御所〈観世大夫同座者役人共祗候見物〉御宿あり馬場より一町南東酒屋也即御射手具足在之貴殿〔伊勢貞親〕備州〔伊勢貞藤〕武庫〔伊勢貞宗〕御成已前御出有御成即はしまる此御三人桟敷より南竹墻戸より打寄貴殿御馬〈鹿毛〉御すわう地かちん〈越後布〉御もん嶋におもたかぬひめつけのとをりにひろさ二寸あまりのすち一とをりあり御小はかま同上くゝり入御かたひら白御腰さしの羽きりふ御から〔糸〕二束被持之一束いとはき也皆あさき也御供〈蜷川掃部　太田　蜷川産右衛門　蜷川源三郎　蜷川助三郎　親元〉武庫御馬〈月毛〉御すわう地もんにひかきをかちんに葛のはを乱もんにもえき御小はかま例式御かたひらへにいらすの辻かはな御腰さしの羽きりふ〈御殿よりまいる〉御から糸はきもえきはすまき紅

御供〈蜷川又三郎　蜷川三郎左衛門　蜷川与三郎　野依主計允　同又次郎　少路与三郎　山脇〉

備州御馬〈黒栗毛〉御すわう地かちん尾長鳥二ぬいめつけ〈白〉御かたひらかた身かはり紅立すち御腰物かいらきさや〈金作也〉

御供〈蜷川孫右衛門　蜷川与五郎　野依修理進〉

この日記の筆者、蜷川親元（一四三三—八八）は、室町幕府第八代将軍足利義政（一四四九—七三）を養育し、その治世下において政所執事として権勢を誇った伊勢貞親（一四一七—七三）およびその嫡男貞宗（一四四四—一五〇九）の被官として、政所代を務めた室町幕府の近臣である。現存する『親元日記』は、寛正六年（一四六五）、文明五年（一四七三）、同九年、十年、十三年、十五年、十七年の一部である。江戸時代には写本および版本で広く読まれるようになったことから、江戸時代における「辻が花（染）」の考証の中でもしばしば引用される史料である。

ここで採り上げるのは、寛正六年八月二二日に催された細川家の馬場桟敷での犬追物の記述である。犬追物とは、鎌倉時代から室町時代にかけて行われた武芸の一種で、騎射の練習としてはじまり、走る犬を馬上より射かける。時代が下るにつれて規模が大きくなり、室町時代には射手三六騎、犬一五〇疋で、射手は三手に分けるのを通例とした(2)。『親元日記』における犬追物では、二〇〇疋の犬が準備されたとのことであるから、通例よりも大規模であったことが察せられる。

将軍足利義政のほか、その跡継ぎとして養子に迎えられた足利義視、その後見人である細川勝元らが犬追物を見物した。伊勢家からは、当時四八歳だった伊勢貞親、その息子で当時二一歳だった伊勢貞宗、貞親の弟で当時三三歳だった伊勢貞藤（一四三二―九一）の三手が犬追物に参加した。以下、日記にはその時の三人の服装について詳しく記されている。まず、伊勢家当主貞親は、鹿毛《かげ》（全身が鹿の毛皮のような茶色で、たてがみ・尾・足先が黒い）の馬に乗り、越後産の麻布をかいちん色（黒に近い紺色）に染め、嶋取の内に沢瀉を表した五つ所紋を染め、広さ二寸（約六センチメートル）あまりの筋を一筋染めてある。小袴も素襖の上衣と同じ模様で裾に括りがある(3)。その下に着用する帷子は白地で、腰に挿す矢羽は切斑（白羽に数条の黒褐色の斑文がある鷲の羽）である。矢筈に巻く唐糸は二束あり、一束は黄色、他は全て浅葱色（水色）である。貞親の息子、貞宗の出で立ちは、月毛（葦毛の馬よりやや赤味がかった毛色）の馬に、素襖の模様は地紋にかいちん色で檜垣文を染め、上紋には葛葉を萌黄色で乱文とし、小袴は例式通りであった。その下に着用する帷子は紅色の入っていない辻が花で、腰に挿す矢羽は切斑、唐糸は黄萌黄色（黄味の強い明るい緑色）、矢筈に巻く弭巻《はずまき》の糸は紅である。貞藤の馬は黒栗毛で、素襖の地色はかいちん色で尾長鳥が二羽染められ、ぬいめつけは白である。帷子は中央から左右に模様が分かれる片身替りで紅の竪筋がある。腰刀は、梅花皮《かいらぎ》（梅花形の硬い粒状の突起がある白色の鮫皮）張りに金作(4)の鞘である。それぞれの出で立ちを事細かに記したことからも、大舞台での特別な装ていたとも思われる。

束であったことがうかがえる。馬上では、素襖の左肩を脱ぐことから、その下に着付ける帷子の模様まで描かれているのである。これよりやや時代の下る『宗五大艸紙』（後述史料番号③参照）の「衣装の事」には「犬追物の時はちとわかく出立たるもくるしからず」とあり、また、『河村誓真聞書』（後述史料番号⑤参照）にも「犬追物の時ハ。いかやうにもわか〳〵しく出立れ候てくるしからぬ由候。但射手のやうによるへし」とあり、通常よりも若々しい格好をしていたとも思われる。

「三十二番職人歌合」明応三年（一四九四）頃成立（『新修絵巻物全集28』所収、角川書店、一九七九年）［史料番号②］

五番

左勝　　桂の女

春風にわかゆの桶をいたゝきて　たもともつしか花を折かな

右　　　鬘捻

花鬘おち髪ならばひろひをき　ひねりつきてもうらまし物を

左　わかゆの桶をいたゝきて、袂もつしか花をるといへる、かの月中の桂男よりは、此桂の女は、きよけにみゆるにや。きぬあやならぬ布のひとへきぬながら、つしか花をるとあるも、よくいひなされてきこゆ。春風こそさせるよせいなく侍れと孟郊か一日見尽長安花も侍るうへ、つしか花染はかりにては、春の心も、かすかに侍るへきにや。

右　花かつらのおち髪ならは、拾をきてもひねりつかむとはいへる、花を思ふ心はせちに侍れと、左は猶ちからいりてきこゆるにや。

「職人歌合」とは、中世に庶民の間で職業化していったさまざまな職種の人々になぞらえて詠じられた歌合文学である。鎌倉時代から室町時代にかけて編集され、後には職人絵と合わせた絵巻などが制作された。「三十二番職人歌合」は従来の染織史研究者の間では、応永年間（一三九四―一四二八）、あるいは文安年間（一四四四―四九）の成立という説が採られてきた。[5] ところが、一九八七年に国文学者の岩崎佳枝が『職人歌合――中世の職人群像』（平凡社）で「三十二番職人歌合」の成立期は明応三年頃であるということを実証した。したがって「三十二番職人歌合」絵巻に描かれる職人像は応永年間よりも約一〇〇年下る室町時代後期の風俗を描いているということになる。また、和歌を詠じ編集した「三十二番職人歌合」の編者は、岩崎の研究によれば、三条西実隆（一四五五―一五三七）、近衛政家（一四四四―一五〇五）および尚通（一四七二―一五四四）、聖護院道興（一四二九―一五〇一）とされる。[6] いずれも室町時代中期から後期に活躍した京都の公家あるいは公家出身者で、実際に当時の職人が詠ったものではない。

現存する絵巻は四本が知られる。その内、天理図書館所蔵本（以下、天理本とする。［口絵1］）、石井柳助氏旧蔵本（以下、石井本とする）、幸節静彦氏旧蔵本（現在はサントリー美術館所蔵。旧来より知られることから、以下、幸節本とする。［口絵2］）の三本は室町時代の制作として認知されている。残る東北大学図書館狩野文庫本（以下、狩野文庫本とする［口絵3］）は、巻末に「慶安二年（一六四九）」の年記があり、江戸時代前期の十七世紀半ばに、それ以前に描かれた本を元に写されたものである。いずれも原本ではなく、写本であるとされている。美術史的な観点から従来の染織史研究者の間では常に幸節本が引用されてきた。絵巻に描かれる風俗については本章第二節で触れることとして、まずは、職人歌合に詠われる辻が花の内容について見ていくことにしたい。

本歌合では、三二人の職人が登場し、前半の十六番までは「花」を、後半の十七番から三二番までは「述懐」を主題として詠じられている。その前半にあたる「花」を主題とした五番では、桂女と鬘捻が歌合をしている。桂女とは、京都の桂川で取れた鮎を桶に担いで市中に売り歩いた女性のことである。一方、鬘捻とは、鬘（かもじ・そえがみ・仮髪）を作る職人である。その桂女の歌に辻が花が詠われており、本歌合の判詞者である勧進聖は鬘捻よりも桂女の歌の方が良いと判じている。その中で「辻が花」は「辻が花染」とも述べられており、染物の一種であったことを示唆している。また、桂女が着用する「辻が花」は、絹綾ではなく布、つまり、麻布であると述べている。

『宗五大艸紙』伊勢貞頼著、大永八年（一五二八）（『群書類従22』所収、群書類従刊行会、一九二八年）〔史料番号③〕

一かたびらの事。つじがはな。はくなどは。女房児若衆などは能候。年たけたる男は尤不可然候。たゞ男は若も老たるもしろきかたびら似合候。其外は梅ぞめなど能候。せすりあぶら布など同前。但たう布のたぐひは。僧喝食になをよく候。

筆者の伊勢貞頼は、康正元年（一四五五）に生まれ、足利将軍義政・義尚・義澄・義晴の四代の将軍に仕えた故実家である。巻末に「老耄殊文盲事候間。書ちがへ又落字も可有之候。外見努々憚入候。大永八年正月日　下総入道宗五〈七四歳〉」とあり、晩年の筆である。本書の題目は貞頼の入道号である宗五にちなむ。本書は武家における立ち居振る舞い、服装のことなどを書きとめたもので、その「衣装の事」という一項に、辻が花に関する記述が見られる。「つじがはな」は帷子であり、「はく」即ち金銀箔で表した模様の帷子と同様に、女性や子ども、若衆などにふさわしく、年のいった男性にはふさわしくないとしている。

『開口《あくち》神社文書』（堺市役所編『堺市史』第四巻資料編第一、三秀舎、一九三〇年）〔史料番号④〕

念佛寺〔大阪・堺〕大回之築地修理従地下為念佛之頭斩依差大勢人数雖不有已後之例代壱貫文ツヽ、

人数次第不同

〔略〕

中　町

四郎左衛門殿〈まんさきや〉　六郎左衛門殿〈佐　藤〉

五郎右衛門殿〈こめや〉　修理進殿〈はちや〉

〈ツンボ彦子〉

源兵衛殿〈米屋〉　彦八殿〈つしかはな〉

与四郎殿〈きぬや〉　弥次郎殿〈うをや〉

孫次郎殿〈かこや〉　又四郎殿〈野島〉

同

彦三郎殿〈のとや〉　源左衛門殿〈井瀬屋　伊勢や〉

〈ツンボ彦子〉

彦左衛門殿〈こめや〉　次郎兵衛殿

彦九郎殿〈ほはし〉　彦九郎殿

以　上

〔略〕

天文四〔一五三五〕年〈乙未〉卯月廿八日年預広海

明治維新の際、神仏分離によって住吉神社に付属していた念仏寺の古文書は開口神社に移された。元々は堺にあった念仏寺の史料である。それによれば、念仏寺の築地を修理するために、その界隈の人々から一貫文ずつ寄付を募ったという。その中町にある彦八の屋号あるいは商売が「辻が花」であったと記述されている。

『河村誓真聞書』河村誓真著（『続群書類従24下』所収、続群書類従完成会、一九二八年）［史料番号⑤］

一　つしか花又はくの事。女房衆児などの被着候。男衆も着候ハん歟。十二十三まてハ男も着す。成人のほといによるへし。

故実家・伊勢貞孝（?—一五六二）の家臣であった河村誓真（生没年未詳）による聞書である。年紀はないが、同様の故実記録である『河村誓真雑々記』には「天正五年（一五七七）十二月八日」の奥書があり、あるいはその頃の記録とも考えられる。史料番号③伊勢貞頼『宗五大艸紙』に記述される内容を踏襲し、「辻が花」や「はく」つまり金銀箔で模様を表した衣服は女性や子どもが着用するものであると述べている。ただ、男性が着用する場合は、成人前であれば十二—十三歳までは着用すると述べている。

『信長公記』巻十四、太田牛一著、慶長十五年（一六一〇）奥書（近藤瓶城編『改正史籍集覧第十九冊』新加通記　第二　所収、近藤活版所、一九〇一年）［史料番号⑥］

〔天正九年（一五八一）〕八月朔日　五畿内隣国之衆在安土候て御馬揃　信長公御装束しろき御出立御笠に而御ほふこふめされ虎皮之御行縢葦毛御馬也　近衛殿其外御一門御出立下にハ白き帷上にハ或生絹之帷或辻か花染抜下にして袴ハ金襴緞子縫物色〳〵也御笠思〳〵何れも御ほふこふにて御馬めさせられ見物生便敷御事候也

弓の才能を買われて織田信長の家臣となり、本能寺の変後は豊臣秀吉に仕えた太田牛一（一五二七—一六一三）が、日々書き残した手控えを元に晩年にまとめた織田信長の一代記である。辻が花について記される部分は、天正九年八月一日に安土城で行われた馬揃えの行事である。馬揃えとは、戦に備えて馬を集めて調練を行い、馬の優劣を見定める演習である。信長は白装束に身を包み、笠に布袴《ほうこ》を着し、虎皮の行縢《むかばき》（馬に乗って狩猟を行う際、腰から腿、脚にかけてを覆う毛皮）をつけ、葦毛の馬に乗った。一方、近衞前久（一五三六―一六一二）の一門は、白い帷子の上に生絹《すずし》（経糸・緯糸ともに生糸で平織にした絹織物）の帷子や辻が花染を、右袖を脱いで着用し、袴は金襴・緞子といった舶来の織物や刺繡など、さまざまであったという。おそらく、犬追物と同様に馬揃えでも若々しく華やかな出で立ちをしたであろうことがうかがえる。

『女房故実』伊勢貞知著、文禄二年（一五九三）奥書（『続群書類従24下』所収、続群書類従完成会、一九二五年）［史料番号⑦］

一　六月一日より。ゐちこのあかきかたひら。又つしかはなすゝしもめし候。

故実家・伊勢貞知（生年不詳―一六一〇。号、友枕斎）が武家女性の立ち居振る舞いや装束付について記した書で別名「御産所記」とも呼ばれる。その「女はう〔女房〕いしゃう〔衣装〕の事」という項に、右記の記述が見られる。それによれば六月一日より越後の赤い帷子のほか、辻が花の生絹、あるいは、辻が花や生絹を着用する、とある。越後の赤い帷子が具体的にどのようなものを指すのかは不明であるが、もともと越後は麻布の産地であったことから、麻布を赤く染めた帷子と考えられる。

『太閤記』小瀬甫庵著、文禄二年（一五九二）六月二八日の条、寛永二年（一六二五）自序（『新日本古典文学大系60』所収、岩波書店、一九九六年）［史料番号⑧］

六月廿八日唐使衆大明へ可有帰朝之旨被仰出　宮笥として被遣

覚

一、生絹之摺薄尽手事無類也　帷子二重宛

一、辻か花染帷子　十領宛

一、浅黄之表紋上品之帷　廿宛

小瀬甫庵（一五六四―一六四〇）は織田信長の家臣池田家や豊臣秀次に仕えた医者である。記述は、文禄二年六月二八日に中国・明朝からの使いが明に帰国する際に下賜した衣類に関するものである。それによれば、生絹の非常に手を掛けた他に類のない摺箔（型紙で裂面に糊を置き、型をはずして金銀の箔を置き、余分な箔を払って模様を表す技法）の帷子を二重、辻が花染の帷子を十領、浅葱色の表紋、すなわち、三色以上に染めた上等の帷子を二〇領、贈ったという。(7)

『西洞院時慶日記』文禄二年（一五九三）七月九日の条（西洞院時慶『時慶記』第一巻、臨川書店、二〇〇一年）［史料番号⑨］

与九郎大坂ヨリ上候、賀茂殿ヨリ返礼在之、マキ絵ノ盃一給、女房衆方ヘツジガ花ノ帷・ハキ物・紅花ノ皿一被贈候

西洞院時慶（一五五二―一六四〇）は安土桃山―江戸時代前期にかけて活躍した公家であり、医者・歌人としても知られる。時慶が天正十五年（一五八七）から寛永十六年（一六三九）まで記した自筆の日記のうち、十七年分が遺されている。文禄二年七月九日の条に辻が花に関する記述が見られる。それによれば、前日、京都から大坂に下り賀茂殿（岡本氏女・豊臣秀吉室）に扇子二本、紅花三斤を届けた与九郎が大坂より帰京した際、賀茂殿から返礼があった。そ

の内容は、蒔絵の盃が一つ、女性たちには辻が花の帷子や履物、化粧に用いる紅花の皿を一つ贈られたという。

『言経卿記』慶長元年（一五九六）四月二九日の条（『大日本古記録　言経卿記　七』所収、岩波書店、一九七一年）［史料番号⑩］

一、西御方〔興正寺顕尊佐超室冷泉氏、言経室の姉〕ヨリ阿茶丸〔山科言緒、言経息〕へ手拭〈ツシカ花〉、一ツ被遣了、

山科言経（一五四三―一六一一）は、安土桃山―江戸時代初期の公家である。天正十三年（一五八五）―慶長二年（一五九七）の間は勅勘を蒙り、興正寺顕尊佐超夫妻の庇護を受けその一門の診療にあたりながら、有職の諮問、衣紋の奉仕などに携わり、浪々の日々を送った。慶長二年にその勅勘は解けるが、この日記が記された慶長元年四月二九日は、未だ浪人中のことである。日記によれば、興正寺顕尊佐超の室であり、言経の妻の姉である西御方から言経の息子である阿茶丸に、辻が花の手拭いが送られたという。

『西洞院時慶日記』慶長七年（一六〇二）六月九日の条（西洞院時慶『時慶記』臨川書店、二〇〇一年）［史料番号⑪］

宗珠ノ孫ヤ、ヨメ入候ニ内儀ヨリ辻カ鼻〔ママ〕ノ帷一被遣候

史料番号⑨と同じく、公家・西洞院時慶による慶長七年六月九日の日記である。それによれば、宗珠〔和泉堺の医者・半井宗珠か〕の孫である「やや」が嫁入りしたため、妻から辻が花の帷子を一領贈らせたという。

『日葡辞書』慶長八年（一六〇三）（土井忠生・森田武・長南実編訳『邦訳　日葡辞書』岩波書店、一九八〇年）［史料番号⑫］

赤やその他の色の木の葉模様や紋様で彩色してある帷子。また、その模様、または、絵そのもの

『日葡辞書』は、一五八二年に渡航した遣欧使節が一五九〇年に帰国した際、ヨーロッパから日本に持ち帰った印刷機を元に印刷された活字本、いわゆる「キリシタン版」の一つである。日本語をよく知っている在日ポルトガル人のイエズス会神父（パテレ）と、やはり日本語に通暁している何人かの日本人修道士（イルマン）によって編集された。一人の責任者によって四年以上かけて編纂されたとされるが、具体的に誰が編纂したのかは不明である。[8] 安土桃山時代の語彙を知る上で、また日本文化史研究の上でも重要な辞書であり、同時代の研究にしばしば引用されてきた。ポルトガル語訳については次節で詳しく採り上げるが、ここでは原本ではなく、土井忠生・森田武・長南実編訳『邦訳日葡辞書』（岩波書店、一九八〇年）の邦訳をあげた。それによれば、辻が花とは赤やその他の色で木の葉模様や紋様を彩色した帷子であるという。また、その模様や絵そのものも「辻が花」と称するという。

『御傘』俳諧師・松永貞徳著、慶安四年（一六五一）初刊（尾形仂・小林祥次郎編『近世前期歳時記　十三種本集成並びに総合索引』所収、勉誠社、一九八一年）［史料番号⑬］

躑躅　木也。連歌に一座一句の物なれは俳諧には二句有へし。但今一句は折をかへてきちよくとすへし。其外につじかはな又有へし。つしか花もつゝしが花といふことを中略したる名なれとも、あかきかたひらの名に成たれは春の季にならす。かたひらにひかれて夏の句に成なり。されともてきちよくには折をかふへし。つじか花植物にはきらはす。花の字には三句去也。かたひらの名なれは衣類に成也。

松永貞徳（一五七一―一六五三）は、京都に生まれた江戸時代初期の俳人・歌人である。細川幽斎に和歌を、里村紹

巴に連歌を学び、俳諧を志して貞門俳諧の祖となった。『御傘』は貞徳晩年の書で、俳諧の用語一四五〇項をいろは順に列挙し、指し合い（避けるべき関係）・去り嫌い（同季・同字や類似した言葉などを続けたり近くに持ってきたりするのを嫌うこと）を説明したものである。その第四巻「躑躅」の項で辻が花について述べている。それによれば、辻が花は「躑躅が花」という言葉を中略した名称であるが、躑躅は春の花でも、辻が花は赤い帷子の名称なので、帷子は夏に着用するものであるから、春の句にはならない、帷子に引っ張られて夏の句になる、という。赤い帷子という説明については『日葡辞書』と共通するが、ここでは新たに「辻が花」という言葉の語源についても述べている。

『増山井四季之詞　上』北村季吟著、寛文三年（一六六三）（尾形仂・小林祥次郎編『近世前期歳時記　十三種本集成並びに総合索引』所収、勉誠社、一九八一年）［史料番号⑭］

〔「五月」の項に〕

ひとへ物　〈俳〉　かたびら　〈同〉　つじか花　〈同〉

貞徳に云つしか花とハつゝじかはなといふ事也あかきかたびらの事なれば夏になる也

北村季吟（一六二四―一七〇五）は、近江出身の古典学者であり、俳人である。松永貞徳に俳諧を学び、芭蕉の師でもある。寛文三年に版本（横本二冊）として刊行された、季寄せの書である。「五月」の項に「辻が花」と記されており、師・貞徳の『御傘』を引用して、辻が花とは躑躅が花のことであり、赤い帷子のことなので、夏の季語であると述べている。

『をたまき』溝口竹亭著、元禄四年（一六九一）（尾形仂・小林祥次郎編『近世前期歳時記　十三種本集成並びに総合索引』所収、

勉誠社、一九八一年）〔史料番号⑮〕

〔「五月」の項に〕

ひとへ物　かたびら　つじか花　あかき帷子の事なり

俳諧師・溝口竹亭（一六五八―九二）が記した俳諧書である。当時の俳諧におけるさまざまな決まりや心得などを集成したもので、その「四季之詞」の部分に辻が花の語とその簡単な説明がある。やはり、辻が花は赤い帷子のことだと述べている。語順については季吟の⑭『増山井四季之詞』を踏襲し、その説明も貞徳や季吟と同様である。

『俳諧大成しんしき　全』青木鷺水著、元禄十一年（一六九八）（尾形仂・小林祥次郎編『近世前期歳時記　十三種本集成並びに総合索引』所収、勉誠社、一九八一年）〔史料番号⑯〕

〔「五月の詞」の項に〕

ひとへもの　かたひら　つしかはな　あかきかたひらといふと也

青木鷺水（一六五八―一七三三）は、京都の俳諧師である。貞門俳諧を学んだ伊藤信徳（一六三三―九八）に俳諧を学ぶ。『俳諧大成しんしき』については、元禄十一年の刊年が記される版本（半紙本一冊）が遺されている。その季寄せである「四季詞」にやはり辻が花が記されている。語順は季吟の史料番号⑭『増山井四季之詞　上』、史料番号⑮竹亭『をたまき』を踏襲する。その語義の説明についても『をたまき』と同様である。

『張州府志』尾張藩・松平君山・千村伯済共編、宝暦二年（一七五二）（今永清士著『日本の美術』一一三「辻が花染」より）

〔史料番号⑰〕
〔松皮菱文様の着物を着た子どもが描かれており〕童子の着たるハつじが花と云染やうの小袖にて候宗五〔宗五大艸紙〕
一冊に出候名目に候犬追物項にも出候これハ大人のにて紅いらぬつしか花と候〈後土御門院のころ〉〔在位一四六五
—一五〇〇〕それより後ハつしが花の内に鹿ノ子ゆひたるぞ女乃綾におほくみへて候

熱田志
坊巷
片陌　七軒陌　神戸陌　西地陌　森下陌　冨江陌　海禅院陌
中道陌　簗出陌　舟津
伝馬陌　市場陌　曾福女陌　辻花陌　下中瀬陌

松平君山（一六九七—一七八三）は、江戸時代前期に活躍した尾張藩の博学者である。藩命により宝暦二年に官撰地誌『張州府志』を編纂した。その中に、松皮菱文様の衣服を着た子どもの図が挿図としてあり〔図2-1〕、その子どもが着用しているものが、辻が花と称する染模様の小袖であるという。また、③『宗五大艸紙』を引用し、そこに出てくる犬追物の項にある辻が花は、成人用であるから紅色の入っていない辻が花であるという。しかし、その後の辻が花を見ると、辻が花の中に鹿の子絞り（布帛をつまみ、糸を巻いて締めた後、染液に浸すことによって、鹿の子の背にある斑点のように、小さく細かい白い斑点を染め出した絞りのことで、目結ともいう）が、女性が着用する綾に多く見られるという。また、熱田地区には、辻が花泊と称する集落があると記されている。ここでは、辻が花は子どもが着用する小袖、後には、女性用の綾、となっており、帷子とは述べていない。集落の名前として「辻が花」が登場するのも、この文献が初見である。

図 2-1　『張州府志』
向かって左の少年が松皮菱模様の小袖を着用する.

『俳諧通俗志』児島胤矩著、享保元年（一七一六）（尾形仂・小林祥次郎編『近世後期歳時記　本文集成並びに総合索引』所収、勉誠社、一九八四年）〔史料番号⑱〕

〔「五月」の項に〕
▲帷子　つしかはな　羅　今年竹　〔以下略〕

俳諧師・児島胤矩（生没年不詳）が記した俳諧書である。巻末に「享保丙申冬至甲子日」とあることから、享保元年の刊行とわかる。内容は去り嫌いを記した「言語」、恋の詞を集めた「婬詞」、季寄せである「時令」「古意」「句法」の五部からなる。その「時令」の中に「帷子」に続いて辻が花の語が見られる。ただし、語彙に関する説明はない。

なお、俳諧師・芦丸舎貞山（一六七二―一七四九）が元文三年（一七三八）に記した『俳諧其傘』は、『通俗志』に割注を入れたものである。貞山は、松永貞徳の末裔である松永尺山に師事し、題目にも貞徳の『御傘』の影響がうかがえる。

『万金産業袋』三宅也来著、享保十七年（一七三二）頃（田中ちた子・田中初夫編『家政学文献集成続編』江戸期第二冊所収、渡辺書店、一九六九年）〔史料番号⑲〕

染帷子。なべて辻といふ。たけ四尺より四尺二三寸まで。袖下二尺より二尺二三寸ぐらいまて。上京物。中店物。

下京物。以上三品は。上中下のしななり。屋しき風といふは。地黒。地赤。地しろ。地うこん。地浅黄等にして。龍田のもみぢ。筏に桜。菊流しの類に大きなる文字。古文字。格字あるひは行。かなもしなど入れ。縫入ぬいなし打出し鹿子にて仕あけ。その内にもまた少くゆふぜんをあしらひなどする類。如此のみにも限るべからざれとも。まづ大略は右の如し。町風といふは。ゆふぜんもやうもあつさりとして。生臙脂を色よく遣ひ。幽に至りたる風。あるひは桔梗の無地に。白の結かのこじたて。濃はな色に白上り薄に蝶。またはすみ絵素縫したて。ずいぶんと手を尽し染る事なれは。委くは書のせかたし。殊に此ころ丁子茶とび色等の至り風の染なし。時代とて重きいろの夏物涼しくは見へねと。時の物とて又にくうもあらじ。

〔略〕

此染帷子を辻といふは。そのむかし右の染かたひらといふを仕出し仕入れたる人。辻氏の何某とかやいひしにより。今に辻といふを染かたびらの通号とする。よつて俳諧の季立六月の部にも。辻がはなと出で有も。則此そめかたびらの古事によれり。

三宅也来（生没年不詳）は、京都の人であるが、その出自については全く不明である。『万金産業袋』は、当時におけるさまざまな産業物について全六巻に分けてその原材料・製法・産地・用途などを記したものである。その巻之四「夏物類」の項に「染帷子」に関する記述がある。それによれば染帷子のことを「辻」と称し、「屋敷風」つまり武家風と「町風」では、色や文様、加飾技法が異なるという。また、染帷子に関する記述の末尾に染帷子を「辻」と称するいわれについて述べている。それは、昔、帷子といわれる衣類を生産し仕入れていた人の名前が辻氏の何某という名前だったことから、その苗字をとって「辻」が染帷子と呼ばれるようになったという説である。したがって俳諧の季語の六月の部に「辻がはな」と出ているのも、このいわれに拠るのだと言う。以上によれば辻が花は染帷子の一種と解釈できる。

『改式大成清鉋』立羽不角著、延享二年（一七四五）以前（尾形仂・小林祥次郎編『近世後期歳時記　本文集成並びに総合索引』所収、勉誠社、一九八四年）〔史料番号⑳〕

〔五月の項に〕

帷子　〈つじか花　赤き色〉　今年竹　〔以下略〕

立羽不角（一六六二―一七五三）は、江戸の俳諧師であり、浮世草子の作家でもあった。貞門派の岡村不卜門にあり、門弟一〇〇〇人に及び自ら「千翁」と称した。『改式大成清鉋』の成立時期は不明であるが『続清鉋』に延享二年（一七四五）の自序があることから、それ以前の刊行と考えられる。半紙本全八冊の内、一、二巻は「四季」即ち季寄せが中心となっている。三―八巻はイロハ順に詞寄せとなっている。「四季」一巻に辻が花の語が見られる。「帷子」の語の後に割注で辻が花とあり、また、赤色であると説明が入る。

『貞丈雑記』「巻之三　小袖類之部」伊勢貞丈著、天明四年（一七八四）以前（島田勇雄校注『東洋文庫』四四四所収、平凡社、一九八五年）〔史料番号㉑〕

一【つじが花の事】つじがはなと云うは、つつじが花というを略してつじがはなと云うなり。つつじの花は赤き物なる故、紅にて染たるをつじが花と云うなり。惣をべににてそめずして所々にべにを以ていろどりそめたるをつじがはなと云うなり。ふるき絵にみえたるつじがはなは図の如し、この図は土佐が絵にあり、歌につじがはなとあり〈桂川のあゆをうる女の絵なり〉。「春風にわかゆ〈わかあゆなり〉の桶をいたたきて袂もつしか花を折かな」〈近衛信尋公御筆なり〉。〔頭書〕『貞順衣装次第』云う、つじが花と申は、下染を先べににてうすく染て扨其上をこきべににていろへたるを申候云々」。かくの如くなれどもその地色は色々あるべし。その上の染めたる形つじが花なるべし。

『職人歌合』の歌なり。甘ろ寺の『職人歌合』とは別なり。

一【目結鹿子】目結鹿子の事、一物に非ず。『伊勢貞順豹文書』に二品見えたり。目結〈俗に鹿の子と云う形の如くなるを並べて染めたるなり。総体に染むるなり。今の行儀あられの如し〉、鹿子〈俗に云うかのこの如くして所々にちらし染めたるなり。たとえばつじが花の如し〉共にくくし〈かのこ〉染なれどもこの差別あり。〔頭書〕目結をしげくそめたるをば、しげめゆいと云うなり。

伊勢貞丈（一七一七―八四）は、江戸の故実家である。室町幕府滅亡後、廃れていた伊勢家を再興し、独学で有職故実を極め「伊勢流」を成した。

辻が花について記述があるのは、「巻之三」「小袖類之部」である。その「つじが花の事」の項に、松永貞徳の史料番号⑬『御傘』を引用し、「辻が花」という言葉は、「躑躅が花」という言葉を略して「つじがはな」と称するのだとしている。貞徳は、「つじ」を「躑躅」の略語とする理由については述べていないが、貞丈はその理由についても言及している。それによれば、躑躅の花は赤いため、紅で染めたものを躑躅が花、略してつじが花だと述べている。具体的には、全てを紅に染めるのではなく、所々を紅で彩った染物が辻が花であるという。また、貞丈は江戸時代前期に活躍した公家・近衛信尋（一五九九―一六四九）が和歌の賛をしたため、土佐派が描いた史料番号②「三十二番職人歌合」の古画を実見し、描かれた桂女が着用する衣装の模様を引用している［図2-2］。

図2-2　『貞丈雑記』「ふるき絵にみえたるつじがはな」の図

また、本書にて見落としてはならないのは、「頭書」にある史料番号㉒『貞順衣装次第』の引用である。伊勢貞順（生没年不詳）は、足利第十三代将軍義輝（一五三六―六五）に仕えた故実家で、永禄二年（一五五九）の奥書がある書物を遺していることから、十六世紀半ばまで生存していたことは確かである。その『衣装次第』によれば、辻が花とは、まず、地色を紅で淡く染めて、次にそれよりも濃い紅で彩ったものを言うのだと述べている。貞丈はひとまず貞順の言説を肯定しながらも、実際には、その地色は色々あるはずだとしている。その上に、染めた模様の形が、辻が花であろうと想定している。文末にある「甘ろ寺の『職人歌合』」とは、『国書総目録』に見られる「甘露寺元長詞書、土佐光信画」と記されている絵巻のことであろう。

辻が花については「目結鹿子」の項にも記されている。目結鹿子は一つの物ではなく、『伊勢貞順豹文書』には二品あると述べる。[9] 目結と鹿子は、共に糸でくくり絞った模様であるが、その違いは、目結は「鹿の子」と称される鹿の子の背に見える斑点の形をした模様を小紋の行儀あられ文のように、全体に並べて染めた模様のことである。一方、鹿子は、「鹿の子」模様を、鹿の子の背にある斑点のように、まばらに散らして染めた模様であるという。まばらに散らした模様は、例えば辻が花と同様である、と述べている。

『類聚名物考』山岡浚明編、江戸時代中期（山岡浚明著『類聚名物考』三巻、東京歴史図書社、一九七四年）［史料番号㉓］

○鬘女　かつらめ　桂女〈女総称部に再出〉●職人尽歌合にはなし近衛信尋公の御讃狩野尚信が絵にこの図を見たり女のかもじを捻付る所有り三幅対の右にてこの左は辻が花なりその讃の歌「花かつら落かみならはひろひおきて

ひねかつきてもうらましものを、中は法師の衣きて柄長きひさく持たるを書てその上に判の詞を書れたりその詞書左わかゆの桶をいたゞきて袂もつじか花を折といへる彼月の中のかつら男よりはこのかつらめはきよけにや絹綾ならぬ布のひとへ衣なからつじが花を折とあるもよくいひなされて聞ゆ春風そさせるよせいなく侍れと孟郊か一日見尽長安花も侍るうへつじが花計にては春の花の心もかすかに侍るへきにや　右花かつらの落髪ならは拾ひ置てひねりつかんと見る花を思ふ心はせちに侍れと左は猶力入てきこゆるにや○〔夫木抄〕「かつらめや新枕するよひ〳〵はとられし鮎の今宵とられぬ

○つじが花　●同上の絵の左に額ゆへる女の衣はこえて丸き笥（桶の蓋）の上に鮎置て前にあるかその衣の色乱文の村濃なりこれ辻が花染にやあらんその歌「春風に若鮎の桶をいたゞきて袂も辻が花を折かな○今案にかつらめに二ツのわかちあり頭に着る鬘を作る女をも云ふまたは京の西なる桂川のほとりの女をも桂女といふ是は鮎を売ものなりその間違なるへし桂女はたとえは河内女難波女初瀬女のたくひなり是は画者の心得たかひにやとおもはる猶桂女の條〈女部〉参考へし

幕臣・山岡浚明（一七一二あるいは一七二六―八〇）は、賀茂真淵に師事した国学者である。考証学・地誌などのほか、和歌・狂歌・戯作なども執筆した。『類聚名物考』の執筆時期は不明であるが、出家し明阿弥陀仏と名乗る明和八年（一七七一）以降と考えられる。その巻一二一、称号部七「職業」の項に「かつらめ」および「つじが花」が見られる。

この書においても史料番号②「三十二番職人歌合」が引用され、史料番号㉑『貞丈雑記』と同様に近衛信尋が賛をしたためた三幅対の画を参照している。絵師は土佐派ではなく京都に生まれ、寛永七年（一六三〇）に江戸へ下った御用絵師・狩野尚信（一六〇七―五〇）である。その右幅には、女性のかもじを捻付ける鬘捻の図が描かれ、左幅には

辻が花を着用する桂女が、中幅には、法衣を着て柄の長い柄杓を持った判詞者・勧進聖が描かれ、その上にこの歌合の判詞が書かれているという。

本書においては特に左幅に描かれた桂女の着用する「辻が花」に注目し、描かれた辻が花染の衣の色は、乱文の村濃であるという。「村濃」とは、『貞丈雑記』によれば、何色でも地色を薄くして、所々に村雲のように地色より濃い色を染めることである。(10) また、筆者は「かつらめ」には鬘女と桂女の二つの意味があるが、「桂女」は「桂に住む女性」のことであるから、絵に描かれる鮎売りを「桂女」とするのは画家の誤りであろうとしている。この一文は江戸時代中期において、桂女がすでに鮎の行商を行っていなかったことを示すのであろう。(11)

『俳諧四季部類』勝見二柳著、安永九年(一七八〇)(尾形仂・小林祥次郎編『近世後期歳時記　本文集成並びに総合索引』所収、勉誠社、一九八四年)[史料番号㉔]

〔「衣食類」の項に〕

帷子　菖蒲帷子　菖蒲ゆかた　うすもの　ひとへもの

ひとへ羽織　辻が花　晒布　生布木平　まさらし麻布

勝見(不二庵)二柳(一七二二―一八〇三)は、加賀に生まれ、諸国行脚の後、五一歳で大坂に居を構えた芭蕉門下の俳人である。本書は春夏秋冬の四段に分けて季語を掲載し、さらに「乾坤」「植物より」「神釈」「公事」「故事」などの部に分けて、詞寄せをしている。その「衣食類」の項に見えるのが辻が花である。帷子に関連する詞を列記するが、いずれにも説明は付いていない。

『華実年浪草』三余斎麁文著、天明三年（一七八三）（尾形仂・小林祥次郎編『近世後期歳時記　本文集成並びに総合索引』所収、勉誠社、一九八四年）〔史料番号㉕〕

辻花〈貞徳云つつしが花といふ事也　赤き帷子の事なれハ夏になるといへり○犬追物秘伝抄ニ曰後土御門院寛正六年八月将軍慈照院殿犬追物見物ト云々　射手装束日記ニ云紅入ラ不辻ガ花ノ白帷子云々　然レハ紅染ニモ拘ハラ不ニヤ〉

三余斎麁文（生没年不詳）は、本名を鵜川正明と言い、京都で宮中に出仕していた従五位下の下級官人であるという。詳しいことは知られていないが、本書についてはいくつかの版が刊行され、広く読まれた。多数の文献を引用して、季語を考証している点がこれまでの俳諧書との大きな違いである。その「夏の部」に辻が花に関する考証が見える。まず、貞徳の史料番号⑬『御傘』を引用し、躑躅が花のことであり、赤い帷子の事なので、夏の季語になると述べている。また史料番号㉖『犬追物秘伝抄』[12]を引用し、史料番号①『蜷川親元日記』に記された犬追物の記事をあげる。それは『蜷川親元日記』の射手装束の中に「辻が花」が引用されているからであろう。また「紅色の入っていない辻が花の白帷子」という記述を史料番号㉗『射手装束日記』から引用し、それならば、紅染にこだわることはないとしている。

『俳諧小筌』田八悟著、寛政六年（一七九四）（尾形仂・小林祥次郎編『近世後期歳時記　本文集成並びに総合索引』所収、勉誠社、一九八四年）〔史料番号㉘〕

〔「五月　㊖」の項に〕

せうぶ〔菖蒲〕打　帷子　辻か花　照射〈火串〉〔以下略〕

〔頭書に〕

辻か花　赤き帷子也

著者の田八悟（生没年不詳）についてはほとんどわからないが、凡例の末に「南紀田城下」とあり、その師である松尾塊亭（風悟）の序文に「田辺の八悟」とあることから、紀州田辺出身であるとされる。本書は四季十二か月に季語を載せ、さらに頭書に注釈を加えた俳諧書である。雑にも季にも入るものは、○で囲って示す。五月の項に「帷子」の次に辻が花があげられ、さらに頭書に赤い帷子であると注釈している。

『墨海山筆』竹村通央著、文政七年（一八二四）奥書（伊藤敏子『辻が花』〔講談社、一九七二年〕より）〔史料番号㉙〕

〔「辻染の帷子」の項に〕

今の世にもみとぞいふなる。此くれなゐなる色もて模様を染たるをつじが花といふ。花もはな染の心なるべし云々

竹村通央（一八二四―五三）は尾張藩士であり、故実家である。その「辻染の帷子」という項において、「もみ」すなわち紅で染めた平絹について説明があり、紅絹を染めるくれない色で模様を染めたものが辻が花という模様染であって、「辻が花」の「花」とは「花染」つまり花で染めたという意味であろう、と述べている。

『道行辻花染《みちゆきつじがはなぞめ》』文政七年（一八二四）（伊藤敏郎『歌舞伎年表』岩波書店、一九五六年）〔史料番号㉚〕

文政七年六月二一日より江戸中村座では「一谷嫩軍記」および「江戸仕入団七縞」を興行。「江戸仕入団七縞」の

最終幕に行われる「大切」として、浄瑠璃「道行辻花染」と題し、常盤津小文字太夫連中による浄瑠璃があった。その浄瑠璃に合わせた舞踊は、ところてん売りでん八に扮する関三十郎とよたかおふさに扮する市川門之助による道行であった。市川門之助演じる「夜鷹」とは道端で客引きをする下等遊女で「辻君」とも称される。題目の「辻花染」は「辻君」の「辻」に掛けたと考えられる。

『阿讃茂平浮名色場　嚢褄辻花染』曲亭馬琴著、文政七年（一八二四）刊（明治大学中央図書館所蔵）［史料番号㉛］

曲亭（滝沢）馬琴（一七六七―一八四八）は江戸時代後期に黄表紙・合巻・読本などを執筆した戯作者である。甲斐国都留郡の領主・萩井胤長を、仇討ちのために命を狙う三杉不量軒墨應と、家督をひそかに狙う胤長の伯父・内栗典善武連が謀をめぐらすが、忠臣・大経寺牧弥太以春や柿塚讃内景綱父娘の活躍によって胤長の家督が守られるという物語である。胤長の妻・垣衣姫は内栗に命を狙われ、奥付の家臣である柿塚やその娘である阿讃と共に京都・北嵯峨にある「辻村」へ身を隠す。巻頭の挿図に「辻の阿讃」とあるのは、阿讃が辻村に身を隠していたからである。そこへ、胤長の近習を装いながら、実は内栗の手下であった手臺野茂平が現れ、牧弥太の婚約者であった阿讃に言い寄るのである。牧弥太を底知らずの井に落として殺した茂平の所業を知らない阿讃は、お金を借りた恩義からその想いを聞き入れ婚約するが、死んだはずの牧弥太が蘇生して阿讃の前に現れ、牧弥太を底知らずの井に落として殺したのが茂平だったことを知るのである。阿讃は敵とも知らずに茂平と取り交わした約束のために「お讃茂平が嚢棲　淫行ものよ不義ものよ」と自らを責め、入水自殺をしようと大井川に向かう。その途中、茂平に捕らえられた阿讃は、茂平の腰にあった名刀・家督丸で茂平を切り、自らも喉を掻き切ってそのうらみを晴らすのである。阿讃と茂平の関係が巻頭の挿図の中で「かさね着の汗やうらみのつぢが花」と詠われているのは、阿讃が牧弥太という婚約者がありながら、その敵である茂平と婚約を重ねた恨めしい運命を詠っているのであろう。阿讃は北嵯峨の辻村に住んではいるものの、本内容と衣服としての「辻が花」とは直接には関係が見られない。

『嬉遊笑覧』喜多村信節著、文政十三年（一八三〇）序（日本随筆大成編輯部編『日本随筆大成』別巻七—十所収、一九七九年）

［史料番号㉜］

「宣胤卿記」に辻燈籠とあるは、いかなるさまにかあらむ「日本紀」に飄風「和名抄」に颰風をつむじかぜとよめり、略きてつじかぜともいふ、旋回の義なれば辻はそのかなにて、今いふ廻りとうろう歟ともおもへど猶さにはあらじ、按るに「三十二番職人歌合」桂女が歌「春風にわかゆの桶をいたゞきてたもともつじが花を折かな　判詞云、布のひとえきぬながらつじが花もつゝじが花といふことを中略したる名なれども、あかきかたびらの名に成たれば云々、御傘の説は赤きかたびらをいひ習へるをもてつゝじが花といへるは本義にあらず、誤なるべし、目結は俗にいふ鹿子なりその目の正しく並びたるは即辻にて八十の衢あり　今の麻の葉といふ紋これ辻が花なり。〈後ながら「懐子集」七帷子「藍みての後の紅粉染や桔梗辻　これは藍と紅との色を合せて桔梗辻と工みて作りしのみならず、麻の葉といふ紋を其頃も桔梗辻といひしなるべし、その形桔梗笠の名などおもふべし。」〉辻燈籠はこのかたにて即今の切子燈籠なり、次でに云今茶屋辻といふは茶屋染の辻が花なり、越智久為の「反故染」に、茶屋染といふは昔のあしで模様なりといひし、つじが花のことは見えず、あしでには辻もあるべきなり、もと茶屋染は当世模様をいひし歟、そのかみ時行を茶と云り、茶の色は品数多き物なれば、それを染たるを茶屋といひし歟、紺屋と云ど今は諸色をそむる如く、何をも染しなるべし〈「条々聞書」かたひらの事、つじが花又はくなどは女房児若衆などは能候云々「用害記」にも、つじが花女房衆児など被着候。」〉

江戸時代後期の国学者・喜多村信節（筠庭、一七八三—一八五六）が、江戸時代に伝わるさまざまな文物・風俗について筆録し編集した事典で、全十二巻に附録一巻からなる。その巻十下「火燭」の「辻燈籠」に関する記述の中に「辻」にかけて「辻が花」に関する考証が見られる。まず、史料番号②「三十二番職人歌合」および松永貞徳の史料番号⑬『御傘』を引用し、赤い帷子であるから躑躅が花という説は誤りであろうとしている。そして『懐子集』の俳句を引用し、「桔梗辻」という帷子は藍と紅とを掛けているから「桔梗」であるということもあるが、それだけではなく、麻の葉模様のこともその頃桔梗辻と言っていたのだ、その麻の葉模様の形は、桔梗笠の形を思わせる、としている。江戸時代後期、麻の葉模様は目結（鹿の子絞り）で染めることが流行した。麻の葉形の鹿の子絞りの目が並ぶと、多くの「辻」つまり交差点ができることから、信節は鹿の子絞りによる麻の葉模様が辻が花であろうとしている。また、江戸時代前期から中期にかけて流行した「茶屋染」に関連して今の「茶屋辻」もまた、茶屋染の辻が花なのであろう、としている。

『辻花七化粧《つじがはなななつのよそおい》』天保三年（一八三二）初演（伊藤敏郎『歌舞伎年表』岩波書店、一九五六年）［史料番号㉝］

六月十八日より江戸市村座では「千本櫻」および「双蝶々廓日記」を興行。その二番目大切として行われたのが清元の所作事「辻花七化粧」である。十郎・網打・江口ノ君・田舎娘・植木うり・柱立・心猿の七役を市川羽左衛門が演じた。その内容には衣服の「辻が花」と直接の関係は見られない。

『柳亭筆記』柳亭種彦著、天保十三年（一八四二）以前（日本随筆大成編輯部編『日本随筆大成』第一期四所収、一九七五年）

［史料番号㉞］

○つぢが花

貞徳の〈御傘〉に「つじが花もつゝじが花という事を中略したる名なれども赤きかたびらの名になりたれば春の季

にならずかたびらにひかれて夏の句になるなり」とあり。按に躑躅が花の中略ならばつゝじ花とこそいふべけれ。てにをはのかの字をおきて躰のつの字を略く例ありともおぼえず、別に名義あるなるべし。〈三十二番職人歌合〉五番左。」桂の女

春風にわかゆの桶をいただきて袂もつぢが花を折かな

〈親元日記〉寛政六年八月廿二日。」犬追物の射手の装束を記しゝ条に「御すはう地白地紋にひがきかちんに葛の葉乱紋に萌黄御小袴例式御かたびらべにいらずの辻が花」と見えたり。又〈河村誓真聞書〉天文永禄中の書。」に「つぢが花又はくの事。女房衆児などの被着候男衆も着候はん歟。十二三まで男も着す。成人の程らいによるべし」と記し又同書に「犬追物の時はいかやうにも若く出立れ候てくるしからぬ由」とあり。前に引きし〈親元日記〉は男子なれども犬追物故に着したるはこゝにいふ処と合す。且べにいらずとことわるをおもへばつぢが花は赤きが本にて貞徳の説もよりどころなきにはあらねど春の歌にも詠たればかたびらにもかぎらざる歟。按に衣服に模様を摺りしも染もするは天地のことにもとづくが多し。天とは雲形霞の類なり地とは是等〔島・山路・洲崎（州浜）の図〕に対へ見ればつぢは十字街の形なるべし。此形〔斜めに交差する十字の図〕に花をつなぎて染たるをつぢが花といひ茶屋つぢ桔梗色に染たるをきゝやうつぢと云なるべし。今つぢつまのあはざるといふはつぢ風のふきめぐるより出て十字のつぢとは異なり。

柳亭種彦（一七八三―一八四二）は、江戸の幕臣であり、戯作者である。考証的な随筆も多く『柳亭筆記』もまたその一つである。生前は刊行されず、死後、一般に知られるところとなった。

辻が花については、古い史料を引用しながら、独自の説を展開させている。まず、史料番号⑬『御傘』を引用し、貞徳の説を否定している。「つつじが花」の中略ならば「つつじ花」というべきであって、「てにをは」にあたる

「か」の字を残して、本体にあたる「て」の字を省略する例は思い当たらない、と述べる。そこで②「三十二番職人歌合」、①『蜷川親元日記』、⑤『河村誓真聞書』を引用し、辻が花は女性や少年が着用するものであるが、犬追物では通常よりも若々しい格好をするとあるので、成人男性でも辻が花を着用するのである、ただし「紅いらず」と断っていることから、本来は紅が入っているのであろう、その点については貞徳の説も全く根拠がないというわけではないが、「三十二番職人歌合」の桂女の歌は春の歌であるから、辻が花は帷子だけではないのであろう、としている。

さらに、種彦は辻が花の語意について考証を行っている。従来、衣服に模様を摺ったり染めたりする場合には、天地に基づくことが多い、天とは雲形や霞の類をいい、地とは島や山路、洲崎といった形に対応するならば、「つじ」は十字街の形であろう、斜めに交差する十字の形に花をつないで染めたものを辻が花といい、茶屋辻、桔梗色に染めたものを桔梗辻と言うのであろう、当代における辻褄が合わないという言葉は、辻風が吹きめぐるという言葉から出ているのであり、十字の辻とは異なる、と述べている。

『海録』巻十五、山崎美成著、安政三年（一八五六）以前（伊藤千可良・本居清造校『海録』国書刊行会、一九一五年）〔史料番号㉟〕

六一辻が花　秋草帷衣の條云、「宗五記云、かたびらの事、つじが花又はくなどは、〈貞丈云、つじが花とは、白地に藍と紅にて、紅の花青葉を一面に染たる也、はくとは金箔にて紋を置きたるなり、〉女房兒わか衆などは能候、」〈斜め十字に花を重ねた図〔図2-3-1〕〉今本のつゝじと云は、右の如く縫にても染にてもありと云へり、〈按に、つじとは辻の謂ひなれば、××如此のつじなるべし、その傍に花あればつじが花と云る也、〉

太閤記〈巻十五廿九ウ〉、朝鮮陣のくだり、大明へ被遣候品の中に「辻の花染帷子十重宛、」とあり、

〈千梅が篗絨論云、「辻が花、赤き帷子也、つゝじが花の略語也とぞ、」美成云、此説非なり、辻が花には白きも、

地の黒きもあれば也、○俳諧一騎討後集（松月堂不角自序）下の巻十七ウ、せはしない事〳〵と云付に、左にはしり
通りあり、辻が花のもやう思ふべし、
一騎討後集の繪
敷のしの　盛過ぎ行　辻が華〉
〔二人の女性が筵の上に小袖を見る図〔図2-3-2〕〕

山崎美成（一七九六―一八五六）は、江戸の薬種商の家に生まれ、家督を継ぐかたわら、小山田与清、平田篤胤、塙保己一などに学んだ国学者である。『海録』は、文政三年（一八二〇）から天保八年（一八三七）にかけて、難解な語句や諺、街談巷説や奇聞異観などに関する言葉を集めて考証し、二十巻にまとめたものである。その巻十五に「辻が花」という項目がある。美成がいずれの文献を引用しているのかは不明であるが、「秋草帷衣の条」に史料番号③『宗五大艸紙』が引用され、さらに「つじが花」「はく」の割書として、美成自らが故実家・伊勢貞丈（史料番号㉑『貞丈雑記』参照）の文献を参照している。貞丈によれば、辻が花とは、白地に藍と紅で、紅の花青葉を一面に染めたものである、箔とは金箔にて文様を施したものである、と言う。美成が採り上げた貞丈の一文もまた、出典が明らかではないが、本書では、その引用文も「辻が花」について記述された史料番号㊱として採り上げる。ここで美成は［図2-3-1］を示し、割書して、現在、本来の「つつじ」と呼ばれるものは、この図のように刺繡でも染でもあると言う。美成の考えでは、つじとは「辻」のことであるから、斜め十字の線を横に並べたようなものがつじであろう、その傍らに花があれば「つじが花」と言うのである。「辻」を斜め十字とする説は、㉞『柳亭筆記』と同様である。ただ、柳亭種彦が示した図は、天地の地にあたる、という説により二重線による道状に描かれていたが、美成の図は一本の線である。

図2-3-1 『海録』巻十五，「六一　辻が花」の項挿図

図2-3-2 『海録』（同右）に掲載された『一騎討後集』の挿図

また、美成は⑧『太閤記』に記述された辻が花についても参考としてあげている。その上で俳人・田中千梅（七左衛門知義、生年不詳—一七六九）が記した『簑絨論』や、俳人であり浮世草子の作家でもあった立羽（松月堂）不角（一六六二—一七五三）が記した『俳諧一騎討後集』を割書で引用する。その中で『簑絨論』には「辻が花とは、赤い帷子のことである、つつじが花の略語である」とあるが、美成は松永貞徳が最初にあげた⑬『御傘』の説を否定している。その理由を、辻が花には白いものも、地の黒いものもあるからだ、と述べている。ここで不角の『俳諧一騎討後集』に記載された辻が花の句と挿図［図2-3-2］を採り上げ、この図から辻が花の模様が想像される、と述べている。［図2-3-2］には、州浜形を染めた留袖（成人女性が着用する）の女性と、筋模様の振袖（成人前の未婚女性が着用する）を着用した女性が向かい合い、莚の上に辻が花の振袖をおいて、熨している様子を描いている。熨された振袖の模様は、斜め十字らしき線が入り、牡丹のような花と葉が描かれている。本書においては、美成が引用した史料番号㊲『簑絨論』史料番号㊳『俳諧一騎討後集』も辻が花の史料として採り上げる。

以上、史料番号①—㊳の史料を概観すると、時間軸によって大きく二つに分類される。一方は、辻が花が実生活で使用されていたことを記録的に記述するもの、もう一方は、もはや辻が花が実生活の中で使用されなくなった時代の史料である。そこで、まずは、実生活の中で使用されていたことを記録する史料と伝承上の記述である史料との境界を確認することから始めたい。

編年にしたがって史料の記述を追うと、明らかに⑪『西洞院時慶日記』までは、日記の形式であり、当時の人々の生活の中で使用されたモノとして記録されている。⑫『日葡辞書』は、『西洞院時慶日記』が記録された一六〇二年からわずか一年後の一六〇三年刊行の辞書であるから、やはり実生活に用いられていたモノとしての辻が花を目にした上で編集されたと考えるべきであろう。ただし、『日葡辞書』にある記述は、ポルトガル人が見た「辻が花（染）」の語義の説明であり、ポルトガル語の訳し方によって語義が変わる。よって次節では『日葡辞書』の記述に関して、その訳し方について検討する。

⑬『御傘』はそれから五〇年余り後に編まれた俳諧書である。著者の松永貞徳はまだ辻が花が実生活の中で使用されていた『西洞院時慶日記』が記された一六〇二年、三二歳であり、辻が花の実物がどのようなものであるか見知っていたはずである。そこで『御傘』に記された辻が花に関する説明も実物に基づいて記述したと推測される。一方、⑭『増山井四季之詞　上』は松永貞徳の『御傘』の記述をほとんど何の解釈もなく引用したものとうかがえる。実物を見た記述ではなく、師・松永貞徳の知識を踏襲したのであろう。この俳諧書が北村季吟によって編まれた一六六三年は、雁金屋の衣裳見本帳(13)が記録された時代とほぼ同年代であるが、衣裳帳に見られる染の技法は「つまみ（縫い締め絞り）」や「かのこ（鹿の子絞り）」が主流であり、「辻が花（染）」という記述は見られない。おそらく「辻が花（染）」は用いられなくなっており、その実体はすでに生活の中から姿を消してしまったと見てよいのではないだろうか。同様に、史料番号⑮⑯⑱⑳㉔㉕㉘も俳諧書であるが、いずれも詳しい記述もなく季語として慣例的にあげているものと思われる。

⑰『張州府志』⑱『万金産業袋』はいずれも伝承となった辻が花染の考証と言ってよい記述である。㉑『貞丈雑記』㉓『類聚名物考』㉜『嬉遊笑覧』㉞『柳亭筆記』㉟『海録』は、筆者の立場は異なるものの、やはり辻が花染の考証とみなされるであろう。㉚『道行辻花染《みちゆきつじがはなぞめ》』㉝『辻花七化粧《つじがはななつのよそおい》』は歌舞伎の題目に使用された例で、染物とは無関係に用いられているが、江戸時代末期に歌舞伎のタイトルに、実生活の中では用いられなくなった「辻が花（染）」という言葉を復古的に使用している。それは曲亭馬琴が描いた戯作である㉛『阿讃茂平浮名色場　襲褄辻花染』についても同様である。なぜ、もはや実用品としては存在しない染物の名称を江戸町人の娯楽の演目に引用したのであろうか。文政年間（一八一八―三〇）から天保年間（一八三〇―四四）にかけて、「辻が花（染）」という言葉に対して戯作者たちがなんらかの関心を持ったことがうかがえる。あるいは、柳亭種彦や喜多村信節といった文筆家の考証の影響かもしれない。なお、『貞丈雑記』の中には、伊勢家に伝わったと思われる故実文書㉒『貞順衣装次第』が引用されている。伊勢貞順は室町時代後期に活躍した故実家であるから、『貞丈雑記』における『貞順衣装次第』の引用文は実用の辻が花に基づいた記述とすべきであろう。また㉟『海録』に引用される史料番号㊱の伊勢貞丈の記述は、『貞丈雑記』と同様、考証学的見地からの言説として捉えたい。同引用文㊲『簑絨論』㊳『俳諧一騎討後集』はいずれも俳諧書である。なお、㉕『華実年浪草』には寛正六年（一四六五）の年記がある㉖『犬追物秘伝抄』、年代は不明であるが、おそらく同時代のものと考えられる㉗『射手装束日記』が引用されている。いずれも元の史料が特定できないものの、文脈から考慮して本書では辻が花の実物に基づいた記述とみなし、補足史料として採り上げる。[14]

以上を整理すると、史料番号①―⑬、および史料番号㉒㉖㉗が辻が花を実際に使用していた時代の記述である。一方、史料番号⑭―⑯⑳㉔㉕㉗㉘㊳は俳諧の季語として、史料番号⑰⑲㉑㉓㉙㉜㉞―㊱は古語の考証という形で江戸時代に膾炙された言葉、史料番号㉚㉛㉝は戯作や歌舞伎のタイトルの中に織り込まれた例で、実生活の中では使用されなくなった時代の記述である。史料を見る限り、「辻が花（染）」という言葉は、室町時代中期頃より日常生活に用いるものとして日記上に現れ、少なくとも慶長年間までは実生活で用いられていた。しかし、十七世紀半ば過ぎには実際の生活の中で用いられた記録は全くなく、十八世紀初頭にはすでに古語として考証される言葉となっている。しかしながら、死語となって全く忘れ去られてしまったのではなく、俳諧の季語として江戸時代前期から後期にいたるまで掲載され続けた。さらに江戸時代後期には数人の識者によって考証が進められると同時に、歌舞伎の演題にも引用されている。辻が花が実際には用いられなくなって以後も江戸時代に「辻が花（染）」という言葉が伝えられていたことがうかがえる。

それぞれの史料の性格を概観したところ、史料番号①—⑬、および史料番号㉒㉖㉗の記述が、実際に用いられていた時代の史料である。以下、次節では、辻が花が実際に使用されていた時期の史料に基づいて、史料の内容を別表に整理しながらその特徴を検討することとしたい。

二　本来の「辻が花（染）」とはなにか——中世における特徴

史料の著者

史料番号①—⑬、および㉒㉖㉗の著者にはどのような特徴が認められるだろうか。表1に、史料の著者とその出自を簡略に示した。室町幕府で政所執事を務めた故実家の一族である伊勢家[15]か、その家臣による記述が四件あり（①③⑤㉒）、辻が花が武家故実に関わる染織品であったことがうかがえる。①の蜷川親元（一四三三—八八）が日記に記したのは寛正六年（一四六五）のことで、室町時代中期の記録である。③伊勢貞頼（一四五五—没年未詳、一五二九年生存）、⑤河村誓真（伊勢貞孝〈一五六二没〉の家臣）、㉒伊勢貞順（生没年未詳、一五五九年生存）はいずれも室町時代後期に活動した武家出身の故実家たちである。伊勢流故実が形成されたのは、室町時代中期以降、足利第八代将軍義政に仕え

表1　史料の著者とその出自

史料番号	史料名	記述の年代	著者・作者	著者の職種
①	『蜷川親元日記』	1465	蜷川親元（1433-1488）	室町幕府政所執事伊勢貞親・貞宗の被官で，政所代を務める．
②	「三十二番職人歌合」	1494頃	①三条西実隆（1455-1537）②近衛政家／尚通 ③聖護院道興（1429-1501）	①公家，内大臣．歌人・学者 ②公家，摂関家筆頭 ③公家の出，僧侶．近衛政家の弟で聖護院門跡．
③	『宗五大艸紙』	1528	伊勢貞頼（1455-没年未詳，1529生存）	故実家．下総守．足利義政・義尚・義澄・義晴の四代に仕える．
④	『開口神社文書』	1535	不明	不明
⑤	『河村誓真聞書』	1577頃か	河村誓真	故実家．伊勢貞孝（1562年没）の家臣．
⑥	『信長公記』	1581	太田牛一（1527-没年未詳，1610生存）	織田信長・豊臣秀吉に仕えた武士．軍記作者．
⑦	『女房故実』	1593	伊勢貞知（友枕斎）（生年不詳-1610）	故実家．
⑧	『太閤記』	1593	小瀬甫庵（1564-1640）	儒医．尾張出身．豊臣秀次・堀尾吉晴に仕え，のち加賀前田家の家臣．
⑨・⑪	『西洞院時慶日記』	1593	西洞院時慶（1552-1639）	参議・右衛門佐などを務めた公家．朝廷の中堅歌人として活躍．
⑩	『言経卿記』	1596	山科言経（1543-1611）	有職や衣紋の諮問を受け，参議などを務めた公家．
⑫	『日葡辞書』	1603	日本イエズス会	日本語に通じた数名のバテレンとイルマン（ともに「宣教師」の意）．
⑬	『御傘』	1651	松永貞徳（1571-1653）	京都出身の俳諧師．武家出身だが，近衛玖山，三条西実枝など公家との交流も深い．細川幽斎に和歌を，里村紹巴に連歌を学ぶ．
㉒	『貞順衣装次第』	戦国-安土桃山時代か？	伊勢貞順（生没年未詳，1559生存）	故実家．足利義輝に仕える．
㉖	『犬追物秘伝抄』	寛正6年（1465）8月	森川秀一か？	不明
㉗	『射手装束日記』	不明	不明	不明

た伊勢貞親、貞宗の時代とされる。次第に弱体化する足利将軍家や、天下統一を図る戦国武将たちが武家としての威儀を正すために故実を必要とし、その需要に応えて、室町時代後期、伊勢貞陸の時代以降、伊勢流故実が成立したと考えられている。(16) ①③⑤㉒の史料もまた、伊勢流故実が次第に整えられていった証といえる。

また、公家による記述も見られる(②⑨⑩⑪)。「三十二番職人歌合」は、宮廷貴族が巷の職人に仮託して詠われた歌合であり、後述するように貴族が意図的に貧しい職人に成り代わろうとする記述が散見される。この編者のうち、近衛家は㉑『貞丈雑記』や㉓『類聚名物考』に見られるように、後世に制作される絵画化された「三十二番職人歌合」絵巻(あるいは掛幅)の賛を手がけるなど、この職人歌合に積極的に関わってきた一家である。⑩「言経卿記」の著者、山科言経(一五四三―一六一一)は公家の有職にも通じた人物である。⑨⑪の著者、西洞院時慶(一五五二―一六三九)は山科言経と同時期からやや時代が下る時期に参議として活躍した公家である。

その他、⑥の著者太田牛一(一五二七―没年未詳、一六一〇生存)、⑧の著者小瀬甫庵(一五六四―一六四〇)も織田家や豊臣家に仕えた武家の出である。⑭の松永貞徳(一五七一―一六五三)は、武家出身の俳人であるが、近衛家や三条西家など、かつて「三十二番職人歌合」を編纂した公家との交流も見られる。

以上、史料の著者を概観すると、おおむね、武家あるいは公家出身者が記述していることがうかがえる。史料を書き遺す階層が限られていることから公武の間でのみ使用されていたとは限らないが、少なくとも、宮廷貴族の日常着として、あるいは武家故実に関わる生活内で使用される衣料として記述されている。

着用の季節

辻が花染は衣服の一種として史料に描写されている。衣服の多くは着用の時期や着用者、着用の場面によってその特色が表れる。表2「着用に関する特徴」では、それぞれの史料に記された着用の季節、衣服の形状、着用者、用途、

表2　着用に関する特徴

史料番号	史料名	着用の季節	衣服の形状	着用者	用　途	色
①	『蜷川親元日記』	8月20日	帷子	伊勢貞宗	犬追物の装束	紅いらず
②	「三十二番職人歌合」	春	ひとへきぬ	桂の女	鮎売りに行く際の服装	
③	『宗五大艸紙』		かたびら	女房児若衆		
④	『開口神社文書』				商売の品物あるいは屋号	
⑤	『河村誓真聞書』			女房衆児. 12, 13までの男衆（成人の程合いによる）		
⑥	『信長公記』	8月1日		近衛殿の一門	御馬揃えの行事で着用. 抜下げにする	
⑦	『女房故実』	6月1日より		女房		
⑧	『太閤記』	6月28日	帷子		明国へ帰朝の際の贈り物	
⑨	『西洞院時慶日記』	7月9日	帷	女房衆		
⑩	『言経卿記』	4月29日	手拭い	阿茶丸		
⑪	『西洞院時慶日記』	6月9日	帷	やや（宗珠の孫）		
⑫	『日葡辞書』	夏※	帷子			赤やその他の色
⑬	『御傘』	夏（春）	帷子			赤
㉒	『貞順衣装次第』					紅
㉖	『犬追物秘伝抄』	8月			犬追物の装束	
㉗	『射手装束日記』					紅いらず

※『日葡辞書』の「Catabira（帷子）」の項に「夏着るひとえの着物で，中央部（前面中央線＝前開きの部分か）が開いているもの」とある．

色を一覧にした。まず、着用の季節について見ていくと、おおむね夏で、秋から冬にかけての記述は一か所も見られない。例外的に「春」の季節に言及があるのが史料番号②⑩⑬である。

②は十五世紀末に成立したと言われる「三十二番職人歌合」である。歌合のテーマは「花と述懐」である。その「花」をテーマとする歌合において、五番目に登場する桂女は辻が花を詠んでおり、歌には「春風」「若鮎」が詠み込まれている。「春風」「若鮎」は春の風物であることから、桂女は春の季節に辻が花を着用していたということになる。歌の後に判じ文が寄せられており、その中で桂女が着用していた辻が花に関する言及が見られる。それによると「きぬあやならぬ布のひとえきぬ」とあり、夏でもないのに布の単衣、つまり裏地のない麻のきものを着用していることがうかがえる。この「ひとえきぬ」を帷子と解釈するならば、当時の上級階層においては、帷子は六月一日から着用し八月一日からは裏地のある給仕立の衣服を着用するようになっており、春には着用しない。公家が編纂したとされる「三十二番職人歌合」において、ここに登場する桂女が春にあえて「ひとえきぬ」を着用していたと記述されるのは何故だろうか。

この歌合の序文には、以下のような一節がある。(以下、傍線は筆者による)

やまと歌の道都人士女の家これをもちて花鳥のなさけをそへ　山林乞食の客なを活計の媒とするにたれり　しかあれはよきゝぬをきさるあき人もあしかをになえるわらわへも各月によせ恋になすらへて　歌をあはせ　心さしをあらはすたくひたひかさなれり　こゝに我等卅余人いやしき身しなおなしきものからそのむしろにのそみて　その名をかけさること将来多生の恨也

つまりこの歌合に登場する「あき人」つまり「商人」は良き衣《きぬ》を着ることが適わない貧しい人々であると述べている。

この歌合は職人を詠み手としているが、実際の作者たちはいずれも身分の高い教養のある公卿歌人で、おおよそ職人の生活からはかけ離れている人物である。彼らは貴族でありながら職人の立場に成り代わって和歌を詠んでいる。編者たちはまず序文において、ここに登場する商人は自分たちが着ているような上等のきものを着ることはできない人々であるということを述べている。改めて桂女の着る辻が花について考えると、桂女は身分の低い貧しい商人であるから、絹ではなく布（麻）を着用し、春であるのに夏に着用する単衣を着用している、ととれるであろう。天理図書館本（以下、天理本）［口絵1］・幸節幸彦氏旧蔵本（以下、幸節本）［口絵2］・狩野文庫本［口絵3］のいずれにおいても桂女の図は、小袖の上から「辻が花（染）」の単衣を打ち掛けて壺折とする華やかな装い[19]を描いてはいる。しかし、以上に述べた「三十二番職人歌合」の趣旨に照らし合わせてみると、「桂女」の判詞において、春に麻の「ひとえきぬ」であることを指摘した理由は、貴族ではありえない庶民の服装であることを強調するためであろう。

　史料番号⑩は公家装束の衣紋を司る山科家の言継が、四月二九日に息子に辻が花の手拭を贈ったという記述である。ここに記述された「辻が花」とは『日葡辞書』の記述にあるように「（帷子につける）模様そのもの」のことであろう。衣類ではないから、着用季節を問うことはできない。

　もう一つ、春の季節について触れているのは史料番号⑬の俳人・松永貞徳著『御傘』である。貞徳は季語「躑躅」の項で「辻が花」は「躑躅が花」の二つの「つ」が一つに詰まった言葉で「躑躅」は春の季語であるが、「辻が花」は夏に着用する帷子であるから夏の季語となる、と述べている。したがって、語源からは春をイメージするものの「辻が花」は夏の衣料である、ということになろう。

　以上、衣服としての辻が花は夏季に着用するものであると言ってよいであろう。時期は、史料を見る限り、六月一日から八月二〇日までの間で、暑い盛りである三か月あまりの期間に使用される衣料であったことがうかがえる。

形状

表2における衣服の形状を参照しながら、それぞれの史料の中に見られる、辻が花の衣服としての形状について見ていきたい。表にあげた十七件の史料のうち、形状を述べた史料は十件あるが、帷子と称する場合が八例ある。帷子とは、もともと「片枚」つまり、表地と裏地の二枚に対する片方のみの一枚という意味と考えられる。つまり、袷《あわせ》に対する単《ひとえ》の意味である。また、衣料としての意味のほか几帳や帳にかかる布帛のことも帷子（帷）と称した。江戸時代以降、帷子は麻の単仕立の小袖となったが、中世には麻製だけではなく絹製も単仕立ならば「帷子」である。⑥『信長公記』の天正九年（一五八一）八月一日の条には「辻が花」の他、「生絹の帷」を着用したと記されている。同⑦『女房故実』には「つしかはなすゝし」即ち「辻が花生絹」とあり、同⑧『太閤記』には「辻が花」の他、「生絹の摺薄（箔）の帷子」を唐使に贈ったと記されている。いずれも「生絹」とある。生絹とは、経糸・緯糸を生糸とし平織にした絹織物のことである。以上の記述によれば、少なくとも室町時代末期―桃山時代頃は帷子の素材は麻とは限らず、絹織物である生絹も用いられていたと見てよい。澤田和人は『帷子の基礎的研究』において、十五世紀から十七世紀初頭（元和年間まで）における帷子の材質を同時代の文献から抽出し、十五世紀には帷子の材質は麻布が一般的であったのに対し、十六世紀に入ると麻などの植物繊維のみならず、生絹が帷子の素材として普及し始め、十六世紀末期になると、植物繊維のものと同様に生絹の帷子が普及したことを指摘している。(20)

以上を踏まえた上で十五世紀末に成立した②「三十二番職人歌合」を見ると、その判詞には「きぬあやならぬ布のひとえきぬ」と記述されている。「布」とは植物繊維でできた麻などの織物を指している。また「ひとえきぬ」とは「単衣」と書くが、当時においては裏地のついていない単仕立の衣服のことである。通常ならば「帷子」と称していいものであるが、ここではなぜか夏の衣服である「帷子」とは呼ばずに「布のひとえきぬ」と称しているのである。ところで、「三十二番職人歌合」は、詠まれる和歌の主題を二題に分けており、前半は「花」、後半は「述懐」としている。「辻が花」が詠まれている和歌は前半の「花」である。後半の「述懐」で「桂女」は、以下のように詠まれている。

名のりのみ　あゆは上臈けたましや　よこれわらうつ　しほれかたひら

ここでは、藁で打って萎えた「帷子」が詠まれており、季節も「若鮎」から「鮎」へと、夏に移り変わっている。推測の域を出ないが、前半では「春風」「花」「若鮎」など、季題が春であったため夏の衣料である「帷子」という言葉が嫌われて用いられなかったのではないだろうか。したがって、桂女が壺折にして着用していた衣服も本来は帷子であったと考えてよさそうである。

⑩『言経卿記』においては、「手拭い〈ツシカ花〉」とある。これは「辻が花の手拭い」と考えられる。前述の「着用の季節」でも述べたように、ここに記述された「辻が花」とは⑫『日葡辞書』における「(帷子につける)模様そのもの」のことであろう。

以上、辻が花は、帷子、あるいは、帷子にデザインされる模様であったことがうかがえる。また、模様そのものも「辻が花」と称されていたということは、かなり特色のある模様であったことを示唆する。

着用した人物

表2の「着用者」の項を参照しながら、着用した人物について検討したい。武家故実に関する史料によれば、着用者は限定的である。史料番号③⑤は伊勢家の故実に基づいているが、いずれも女房・児・(十二、十三歳までの)若衆とあり、女性や幼い子ども、あるいは成人前の若い男性、つまり少年が着用するものだと記されている。ただ、若い

男性については明確な決まりがあるわけではなく、どのくらい一人前に成熟したかによるとあり、成人に達した段階で着用されなくなると言う。⑦『女房故実』でも「女房」つまり女性である。ここで、他の着用例をみると、⑨⑪では公家の女性、⑩『言経卿記』は手拭いの使用者ということになるが、やはり成人前の子どもである。以上に基づけば、一般的には成人男性は辻が花を着用しないということになるが、その例外が①『親元日記』と⑥『信長公記』である。『親元日記』において「辻が花」を着用するのは、当時二〇歳であった伊勢貞宗である。①『親元日記』の解説でも述べてきたように、犬追物の装束は通常より若々しい出で立ちとする故実であった。そこで、貞宗もまた、通常ならば十二―十三歳の少年が着用する「辻が花」を着用したのであろう。ただし「紅いらず」とあることから赤い色が入っていない。これは、本来の辻が花よりも女性的な華やかさや少年期の若々しさを抑えたものと考えられる。以上の犬追物装束を踏まえて⑥の史料を見ると、馬揃えという、やはり武士にとって晴れやかな場面での着用である。文脈からは、華麗を競って、女性が着るような鮮やかな紅色の帷子を着用していた、と想像されるし、あるいは史料番号①のように「紅いらず」の帷子であったとも考えられる。いずれにしても、武士の晴れ舞台となる華やかな行事の衣裳として、辻が花が用いられていたのであろう。着用者は近衛殿の一門とあることから、辻が花を着用したのは、当時十六歳であった近衛前久の息子・信尹（一五六五―一六一四）だった可能性も考えられる[22]。

②「三十二番職人歌合」における着用者は、女性ではあるが、武家の出ではなく、鮎を売り歩く桂女である。この史料に限って、上層階級ではない庶民女性の服装として、辻が花が描かれている。

以上を見る限りでは、辻が花と呼ばれる帷子は、通常は武家あるいは公家の女性・子ども・元服前の少年といった人々が着用する、紅が入った女性的で若々しい衣服であったことがうかがえる。しかし、元服を終えた武家男性であっても、ある程度若ければ犬追物や馬揃えなど、晴れやかな行事において着用する帷子であったことがわかる。その枠から外れるのは桂の女である。この例のみ、市井の労働者が着用するのである。

色

辻が花が実際に用いられていた時代の史料には、色の記述は決して多くはないが、それでも表2「色」の列の史料番号①⑫⑬および㉒㉗に記述があり、いずれも「紅」「赤」がキーワードになっている。当時の染色では「紅」といえば紅花で染めた赤系統の色のことである。つまり「紅」もまた赤色を意味する。⑫『日葡辞書』では「赤やその他の色」と述べている。赤以外の色も入っているとは記されているが、少なくとも「赤」はポルトガル人から見て辻が花の特色としてもっとも目を惹いた色であったことがうかがえる。⑬『御傘』の著者・松永貞徳は、辻が花は「あかきかたびら」と述べている。赤い模様なのか、それとも赤い地色の帷子なのかはわからないが、やはり赤という色が特色として述べられている。㉑『貞丈雑記』の史料で引用されている室町時代後期の武家故実家・伊勢貞順の㉒『貞順衣装次第』では「先下染を先べににてうすく染て扨其上をこきべににていろへたる」とかなり詳しく当時の辻が花について述べている。まず、地色を淡い紅色に染め、その上に濃い紅色で模様を表したものと述べており、やはり、赤色がその特色となっている。

一方①『親元日記』では「紅いらず」つまり、赤い色が入っていない、と記述されている。また、㉗『射手装束日記』でも「紅不入辻ガ花ノ白帷子」とあり、紅の入っていない白地の「辻が花」とあることから、「辻が花」は色に特色のある模様あるいは技法と捉えられる。辻が花は、紅色を大きな特徴とする模様あるいは技法であるが、「紅いらず」と言うように、紅をあえて入れないものもあったということになる。

模様

『日葡辞書』において「辻が花（染）」とは、帷子であると同時に帷子に染めた模様そのものである、と記述されていることから、かなり特色のある模様であったことがうかがえる。しかし、辻が花の模様の形状について具体的に説明した例はほとんどない。やや具体的に述べられているのは⑫『日葡辞書』のみである。実際に生活の中で使用されていた時代における唯一の言説として『日葡辞書』の記述は非常に重要である。また、絵画資料の中で、実際に用いられていた時期の「辻が花（染）」を描いた可能性があるのは②「三十二番職人歌合」絵巻である。この絵巻は残念ながら原本は現存せず、写本として知られるものが四件あり、そのうちの三件については②の解説の中で示した通りである。そこで、『日葡辞書』における辻が花の記述、および「三十二番職人歌合」絵巻に見る辻が花の表現を検討しながら、辻が花の模様について考察を深めることとしたい。

(a)『日葡辞書』が語る「辻が花」

『日葡辞書』の翻訳として現在用いられる土井忠生・森田武・長南実編訳『邦訳　日葡辞書』（以下「岩波本」と略す）では、辻が花を以下のように訳している。

赤やその他の色の木の葉模様や紋様で彩色してある帷子。また、その模様、または、絵そのもの[23]

残念ながら、この訳はそれぞれの単語の関係がぼやけていて、文脈を読み取りづらい。「赤やその他の色の」は「木の葉模様」のみにかかっているのか、それとも「紋様」にもかかっているのか、また、「模様」と「紋様」「絵そのもの」の違いは何なのか、不明瞭な訳である。

一方、岩波書店版『邦訳　日葡辞書』が刊行される以前に「辻が花の資料について」で『日葡辞書』を引用した伊藤敏子は、その中で、以下のような訳を用いている[24]（以下〔　〕内は筆者による。また、適宜句間を設けた）。

つじがはな　木の葉で色をつけたかたびら　くれないその他の色のししう〔刺繡〕その様なししう或はそめもの

岩波書店版と全く異なる訳（以下、「別訳」とする）となっているが、この別訳の方が文脈は通っている。また、ミルハプトは'Flowers at the crossroads: The four-hundred-year life of Japanese textile'の中で、『日葡辞書』の英訳を用いており、以下、引用すると、

Tsujigahana a katabira colored with the leaves of trees; embroidery in red or other colors; that type of embroidery or dyed thing.

とあり、英訳は別訳と同じである。(25) なぜ、このような意味の違いが生じたのだろうか。

ここで、今一度、ポルトガル語による「Tçujiga fana（辻が花）」について、以下表3「ポルトガル語訳対照表」の語例を参考にしながら見直してみたい。(26) 岩波本が「紋様」と訳し、別訳では「刺繡」と訳している「lavores」という言葉は、どのように訳すべきだろうか。辞書によれば「lavores」は「lavore」の複数形で「手仕事、手芸、手細工、刺繡、縫物細工、浮彫り、（金属などの）打ち出し細工、彫金」といった意味がある。別訳で「刺繡」と訳した理由は「lavore」の語義の中に「刺繡」の意味が含まれているからであろう。しかし表3の「Nuifaku（縫箔）」や「Nuimono（繡物）」の語意においても、「刺繡」の語には「bastidor」あるいは「broslado」が用いられており、「lavore」とはしていない。「辻が花」のポルトガル語訳に用いられている「lavore」には、別の語意があるように思われる。(27)

次に「lavores」の他の用例にもあたってみよう。「Nuifaku（縫箔）」の項にも「lavores」という言葉が用いられて

表3　ポルトガル語訳対照表

※『日葡辞書』にあるポルトガル語訳を抜き出し，その行下にそれぞれの語の和訳をつけ，さらに（　）内に，英語訳を参考までに付した．

Tçujiga fana :

Catabira	pintada	com	certas	folhagens,
帷子	描かれた，彩色された	～を伴う	或る	木の葉
	(painted)	(with)	(some)	(leaves)

lavores	vermelhos,	&	de	outras	cores.
細工・刺繍細工	赤い		～の	そのほかの	色
(works)	(red)	(and)	(of)	(other)	(colors)

Ité,	os	mesmos	**lavores,**	ou	pinturas.
また，さらに，同様に		同様の，同一の	細工・刺繍細工	あるいは，～や	絵画・彩色
(Then)	(the)	(same)	(works)	(or)	(pictures)

Nuifacu :

Bastidor	com	**lavores**	dourados	entre	fachados.
刺繍［枠］	～を伴う	細工・彫金細工	金箔を被せた	～の間に，～の中に	表面
(Embroidery)	(with)	(works)	(gilted)	(in)	(faces)

Suri :

Modo	de	pintar	varias	flores,
方法	～の	描く，彩色する	さまざまの	花
(Mode)	(of)	(paint)	(various)	(flowers)

&	folhagem	nos	vestidos.
	木の葉	～に	衣服
(and)	(leaf)	(on)	(clothes)

Nuimono :

Bastidor,	ou	broslado.
刺繍(枠)	あるいは，～や	刺繍，縫取
(Embroidery)	(or)	(embroidery)

Cucuximono :

Modo	de	tingir	peças
風体，様	～の	染める，染色する	部分，一片
(Mode)	(of)	(dye)	(piece)

de	seda	deixando	algúas	rosas,
～の	絹織物	残し置いた，置き忘れた	ある，どれかの	薔薇，花
(of)	(silk)		(any)	(roses)

ou	folhagem	de	varias	cores.
あるいは，～や	木の葉	～の	種々の	色
(or)	(leaf)	(of)	(various)	(colors)

おり、これは「表面に金箔を被せたlavore」を伴う刺繡であると記されている。縫箔に用いられる金箔の模様は、模様を彫った型紙を裂面に置いて糊を置き、型紙をはずして糊が乾かない内に金箔を捺す。余分な金箔を払うことによって糊を置いた部分にのみ金箔による模様が表される。現在ではこの技法を摺箔と称している。桃山時代における摺箔の伝存例としては、奈良・金春座伝来の「摺箔　紫練緯地葡萄色紙模様」(東京国立博物館所蔵)がある。この摺箔の模様の部分はすべて、型紙を裂面に置き、糊を置き、糊の部分に金箔を捺して模様を表すという技法によっている。型紙で糊を置くことによって生まれる細密な金箔の模様は、ポルトガル人にとって珍しく、また、驚くべき技法だったに違いない。その摺箔の技法を示す語訳として「lavores」をあてたことがうかがえる。つまり「lavore」を訳すとすれば「型紙で糊置きした細工」ということになろうか。いずれにしろ「lavores」の語義には、なにか特殊な技法を凝らして手工芸的に細工した装飾、といったニュアンスが含まれていると考えられる。ポルトガル人は日本人が用いる型紙や糊を用いた染色技法を特殊な細工によって模様を表す技法と捉えて「lavore」という言葉をあてたのではないだろうか。

模様について考えてみよう。その手がかりとなる言葉は岩波本で「木の葉模様」と訳された「folhagens」である。この語は「Suri(摺り)」や「Cucuximono(括し物)」にも模様の説明として出てくる単語であるが、「Tçujiga fana(辻が花)」の説明の場合のみ複数形が用いられている。「木の葉」の「folha」に対して「folhagem」には「木の葉の繁み」「全体としての木の葉」「葉飾模様」といった意味がある。「Suri(摺り)」や「Cucuximono(括し物)」の説明には「flores」や「rosas」など花の模様にも言及し、いわゆる「草花模様」と訳せるが、「Tçujiga fana(辻が花)」の説明には「花」に該当する言葉がない。また、「Tçujiga fana(辻が花)」の語訳に用いられる「folhagens」は、「pintar(英語のpaint)」の受動形である「pintada」の目的格とはなっておらず、前置詞「com」の後に続く。「Tçujiga fana(辻が花)」に用いられる「folhagens」は「木の葉模様」と訳すよりも木の葉そのものと訳し、「幾種類かの木の葉で彩色された帷子」の訳が適切と考えられる。木の葉、つまり植物を用いて直接彩色する染色技法として考えられるのは「摺り染」である。

また、色についてはまず「vermelhos（赤い）」があげられ、「outras cores（その他の色）」が付け加えられている。つまり、「赤い」という色が、この帷子の大きな特色となっていることが強調されている。この言葉は直接的には「lavores」にかかる言葉である。

ここで、もう少し詳しく「摺り染」という技法について考えてみよう。古代における「摺り染」とは「絵の具を用いたり、色素を含んだ植物の花弁や葉を布地と重ねて、杵で叩いたり強く摺り込んで花や葉の色と形を染め写す技法」であった[28]。伝存してはいないが『万葉集』には「青摺衣」「鴨頭草に衣色どり摺らめども」「杜若衣に摺りつけ」「山藍用ち摺れる衣」など、植物を直接摺り付けた「摺り染」の記述がみられる。奈良時代になると、中国から木版（凸版）に墨を摺りつけて裂をその上に置いて上から摺りこむ木版摺りが行われるようになり、正倉院に伝存例が見られる（「摺布屏風袋」）。平安時代には大嘗祭や新嘗祭などに用いられる小忌衣に、型と山藍を用いて梅枝、柳、鳥、蝶などを摺り表す技法が用いられ、それは近世にも引き継がれた。中世の例としては、木版（凸版）墨摺りで獅子や熊の丸紋を表した蛮絵装束があげられる。摺り染の一大転機と考えられるのは、木版（凸版）が中心であった墨摺りから、摺り染が可能な顔料や染料を用いて、型紙（凹版）を裂の上において摺りつける技法の登場であろう。また、それを応用した技法として、型紙で糊を置き、糊が乾いた後に色を摺り込み、糊を水で流し落としたり掻き落としたりすることによって彩色する方法も見られる。数枚の和紙を重ねて貼り付け、その表面に柿渋を塗り、撥水加工を施した台紙に模様を透かし彫りにした型紙や、小麦粉やうるち米で作られた糊を防染剤として用いる染色技法は日本独自の技法である。江戸時代に入り、摺り染に変わって模様染の主流となる小紋染[29]や友禅染[30]といった染色技法の母胎であったといえる。

江戸時代において「摺り染」がどのように考証されていたのか、参考までに『貞丈雑記』(島田勇雄校注『東洋文庫』四四四所収、平凡社、一九八五年)の「摺りの小袖」の項を見てみよう(以下( )内は筆者による)。

すりの小袖とは、絹などの表藍又は色々の花にてもようをすりたるなり。するとは、木形に草木花鳥の形をきざみたるを、右の木形の上へ絹をのせ、藍の葉又は色々の花を布につつみて絹の面をすれば、絵ようあらわるるなり、これをすりの小袖と云うなり。

〔頭書〕(略)『貞順女房衣装次第』云う、「すりの小袖とは、白きねりの上に色々の絵のぐにて絵を書候。一方をば赤く仕候也。ねりとはねりぬきなり」

以上は練緯と称される絹を袷仕立にした小袖、つまり、現代でいうキモノの原型の例であるが、摺り染による模様は単仕立の帷子にも応用できるであろう。藍や花といった植物を直接摺りつけてあらわされた模様は、先に検討した「Tçujiga fana(辻が花)」の語訳と重なる。また『貞順女房衣装次第』には「色々の絵のぐにて絵を書候」としながらその「一方をば赤く仕候也」と記されているという。その表現からは具体的なデザインをイメージすることは難しいが、「Tçujiga fana(辻が花)」の語訳に現れる「赤やその他の色の」という言い回しと重なる部分がある。「摺りの小袖」の項に見られる「木形」には別に「Cataita(型板)」という言葉がある。「Tçujiga fana(辻が花)」のポルトガル語訳に用いられている「lavores」の意味を「Nuifacu(縫箔)」で用いられる「lavores」の語義に準じて、型紙を用いた摺り染とすることも一つの解釈として考えられうる。

参考までに縫い締め絞りに相当する「Cucuximono(括し物)」には「tingir(染める)」の語が用いられる。その他の用例を見ても染料に浸して染める場合には「tingir(染める)」が用いられ「lavore」や「pintar(彩色する)」は用いられない。したがって「Tçujiga fana（辻が花）」は浸染ではない。「Cucuximono（括し物）」では色についても述べられているが単に「varias cores（さまざまな色）」とある。「Tçujiga fana（辻が花）」では特に「vermelhos（赤い）」という形容詞が付けられていることから、やはり「赤」は辻が花の大きな特色の一つであることは無視できない。

「lavores」は糊を活用した技法である可能性を先に指摘したが『日葡辞書』における語義を見る限り糊防染によらないと考えてよいだろう。中世における糊防染による浸染の例が圧倒的に藍によるものが多く、赤系の色を用いた例が見られないことからも、赤色が特色である辻が花の模様染に糊防染による浸染は適さない。しかし、糊置きした後に、浸染ではなく摺染あるいは刷毛で色を挿して染める方法を採るならば、糊を用いた可能性はある。

以上より翻訳を再検討すると、以下のようになる（以下〔　〕内は筆者による）。

つじがはな　幾種類かの木の葉によって彩色された帷子、赤やその他の色による〔型紙あるいは防染糊を用いた摺り染〕細工、また、そのような〔型紙あるいは防染糊を用いた摺り染〕細工や彩色そのものも同様に〔つじがはなと称する〕

となる。『日葡辞書』における「辻が花」のポルトガル語訳では、実は模様に関する特徴には全く言及されていなかった。そこに示された語義は、帷子という形状と、模様を染める際に用いる染料と技法、色の特徴、この三点であった。また、ポルトガル語訳の邦訳を考察した結果、型紙あるいは防染糊を用い、植物の汁によって摺り染された赤い色を特色とする帷子、あるいは辻が花と呼ばれる帷子の模様のことと考えられるのである。

室町―桃山時代における型紙を使用し直接染料を摺り染したと考えられる例としては、岐阜県関市・春日神社にある素襖の色紙模様があげられる。この素襖に染められた色紙模様は型置きの状態を観察すると、赤・黒・青系の色を用いて、型紙を裂面に置いた上から糊を置き、型紙をはずして糊が乾いた後に、色を摺りこんでいることがわかる。

仮に摺り染と解した場合、主たる色としてあげられた赤色には何を用いたのであろうか。この時代「赤」を染めるのにもっともよく用いられたのは紅花であるが、紅は浸染でしか有効には染まらない。したがって摺り染には不適である。やはり辻が花を「摺染」「花染」と解釈した佐藤泰子は、「辻」を「路上、道端」と解釈し、「路傍に咲く萩・つつじ・ぼけなどの花染による赤い模様の帷子」と結論付けた。[31] 松永貞徳の『御傘』にある「つじが花もつゝじが花といふことを中略したる名なれども」に惹かれて躑躅の花で染めたという考え方もできなくはないが、『日葡辞書』で花には触れられず「幾種類かの木の葉」と訳せる以上、花びらそのものを用いて染めたとは考えにくいであろう。また、媒染を用いずに花を摺り染にすれば、色はすぐに変色し赤色を保つことは難しい。むしろ、貞徳の主張する「つつじ」は、染料の素材を意味するのではなく躑躅の赤い色に依拠するものであろう。鎌倉時代にその様式が定まったと考えられる有職の「襲の色目」を見ると「躑躅」の色目は、紅・蘇芳といった赤系の色と萌黄・青といった緑系の色との組み合わせで表されることが通例である。[32] 組み合わされる青系の色としては、先にあげた『貞丈雑記』の「摺りの小袖」の項にもあるように「藍の葉」を摺り付けたとも考えられる。摺り染が可能な赤系の染料については染料に関する技術的な記録が遺されていない以上、具体的な染料をあげることは現状では難しい。しかし、江戸時代における例を参考にすれば、赤色の摺疋田（型紙で鹿の子絞りの模様をおこし、ステンシルのように模様を摺り染めした模様）に用いられる蘇芳があげられる。[33] より具体的な技法や染料の同定については今後の課題である。

(b)「三十二番職人歌合」絵巻による絵画表現

先述したように「三十二番職人歌合」は室町時代後期、明応三年（一四九四）頃、当時歌壇の中心的人物として知られた三条西実隆を中心とする公家が編纂したとされている。しかし、成立当時の原本は伝存せず、辻が花を着用している桂女を描いた絵巻はすべて写本である。天理本〔口絵1〕・幸節本〔口絵2〕・狩野文庫本〔口絵3〕・石井柳助氏本（以下、石井本）が知られている。その内、石井本は現在、所在不明である。天理本・幸節本・石井本は正確な制作年代が不明ながら、室町時代に制作された写本であると知られている[34]。しかし、狩野文庫本については「慶安二年（一六四九）」の年記があり、江戸時代前期、十七世紀半ばに、それ以前に描かれた本を元に写されたものであることがわかる。たとえ写本であるとしても、「三十二番職人歌合」絵巻は、辻が花が実際に用いられていた室町時代における「辻が花（染）」を描いている唯一の絵画資料であり、これを軽んじることはできない。澤田和人は「衣裳復元製作の問題点」において、サントリー本（幸節本）は石井本の画像にくらべて明らかな描写の誤りが認められると指摘された[35]。また、天理本は「曖昧な描写は時折混じる」としているが、「桂女」の図を見る限りにおいては、石井本と天理本には大きな差は見られない。そこで、本書では、現在所在不明で色を確認することができない石井本については採り上げずに同系統の写本である天理本・狩野文庫本の二本と、やや図様が異なる幸節本とを採り上げることとした。

一方、江戸時代の文献によって知られる「三十二番職人歌合」の「桂女図」は二本ある。一つは『貞丈雑記』に記される、近衛信尋が賛をしたため、土佐派の絵師が描いたもので、絵巻なのか掛軸なのかは不明である。もう一つは『類聚名物考』に書かれた、やはり近衛信尋が賛をしたため、「桂女図」の他、対となる「鬘女図」と歌を判ずる「勧進聖図」との三幅対で、狩野尚信が描いたとされる。狩野尚信が描いた桂女が着用する衣服の模様は「乱文の村濃」となっている。幸節本に描かれる桂女の衣装は、赤い牡丹の周囲に葉が描かれていたらしい黄褐色の斑点が残るが、現在はほとんど消えかかっており花や葉の模様は判然としない。「乱文の村濃」に見えるのは幸節本の図である。したがって、文献の通り二つの画が江戸時代に伝わっていたとすれば、幸節本は、狩野尚信が写した本と同じ本を写した可能性がある。一方、天理本と狩野文庫本は、非常に似通った模様が描かれており、この二つの写本が同じ原本を元に制作されたことがうかがえる。あるいは、それが『貞丈雑記』にある、土佐派によって描かれた本を元に写された可能性がある。いずれにしても、文献史料に伝わる二図には、共に「三十二番職人歌合」の編纂者に数えられる近衛政家・尚通の子孫、信尋が賛をしている点が興味深い。狩野尚信や近衛信尋が活躍した時期を勘案すれば、この二本の画像が制作された時期は江戸時代前期、一六三〇年代から一六四〇年代ということになろう。

天理本と狩野文庫本に描かれる「桂女図」は、地の部分に、白地に紅の細い横筋を入れ、赤い牡丹と、牡丹の葉を描いた衣服をまとっている。その下には淡く紅で彩色された上から雲状の模様を紅で輪郭をとり、その内部を金銀泥で彩色した、いわゆる雲箔とおぼしき模様の小袖を着用している。天理本と狩野文庫本はほぼ、同図であるが、異なる点をあげれば、天理本は膝から腰に当たる部分が白く塗りつぶされて文様がなく、この表現は肩と裾に模様を施し、腰部分には模様を入れない、いわゆる肩裾模様を表していると考えられる。一方、狩野文庫本は総模様である。また、牡丹の葉は、天理本はほとんどが緑青で描かれ、ごく一部に薄い群青が使われている。一方、狩野文庫本は緑青と群青が均等に用いられている。

興味深いのは、天理本・幸節本・狩野文庫本のすべてにおいて牡丹が描かれていることである。なぜ、牡丹模様なのだろうか。「三十二番職人歌合」では、桂女の歌を以下のように判じている。

春風こそさせるよせいなく侍れと孟郊か一日見尽長安花も侍るうへ、つしか花染はかりにては、春の心も、かすかに侍るへきにや。

文中にある「孟郊」とは中国・唐代に活躍した詩人で、科挙に合格した際にその喜びを詠った以下の七言絶句が関連する。

登第

昔日齷齪不足嗟
今朝曠蕩恩無涯
春風得意馬蹄疾
一日看盡長安花(36)

この七言絶句にある「長安花」とは牡丹のことである。(37) 唐時代、科挙に合格した者は誰でも、長安の邸宅の庭に咲く牡丹を無断で入って見ても良いという慣習があった。つまり、孟郊が科挙に合格し長安の町中を駆け回って見尽くしたという牡丹の花が「侍る」という判詞に従って、絵巻に描かれる桂女の衣裳に牡丹の花を描いたと考えられる。

実際に辻が花が牡丹の花の模様であったかどうかはわからない。しかし、現在遺された写本のすべてに牡丹の花が描かれていることから、本図様の原本が描かれた室町時代後期には「桂女」が着用する「辻が花〔染〕」は牡丹模様であったことに留意すべきであろう。桂女が着用する「辻が花」の地色が赤い筋模様で、牡丹の花が赤く描かれており、牡丹の葉が緑や青で描かれている点は、『日葡辞書』に記述される辻が花の特徴「つじがはな　幾種類かの木の葉によって彩色された帷子、赤やその他の色による〔型紙あるいは防染糊を用いた摺り染〕細工、また、そのような〔型紙あるいは防染糊を用いた摺り染〕細工や彩色そのものも同様に〔つじがはなと称する〕」に矛盾しない。室町時代の「辻が花〔染〕」を描いた唯一の辻が花のイメージの一つとして心に留めておきたい。

以上、辻が花が実用に供されていた時代の史料の記述に沿って、辻が花の六つの特徴について考察した。辻が花とは、室町時代中期頃より武家や公家の相当な身分の人々の間で公的にあるいは日常着として着用されていたものであり、武家の故実や公家の衣生活に深く関わっていたと考えられる衣料である。武家故実によれば、女性や子ども、成人前の若衆（十二、十三歳まで）が着用する、夏（六月から八月）の単仕立の帷子である。犬追物や馬揃えといった華やかな行事には通常よりも若々しい格好が認められ、例外的に年の若い成人男性も辻が花を着用するが、その場合には「紅いらず」のものを用いることがあった。一方、桂女のように庶民の労働者が着用する例は他には見出されず、むしろ例外的である。従来、辻が花は、最初は庶民が着用するものであったが、次第に武家でも着用されるようになり、身分が高くなるにしたがって麻製から絹製へと変化した、と捉えられてきた。しかし、「辻が花（染）」が実際に用いられていた中世の史料を概観する限りでは、そのような歴史的発展を見ることはできない。また、辻が花の形状は、生絹あるいは麻でできた帷子で、赤色にその特色がある。そして、『日葡辞書』の記述を見る限りにおいては、幾種類かの木の葉で彩色した模様、すなわち型紙あるいは防染糊を用いて植物を摺り染にした模様である可能性があり、赤色がその特色となっているがそれ以外の色も入る。絞り染による浸染で染めた模様は辻が花ではなく「くくし」であるから、辻が花はそれ以外の技法で染められたことは確かである。また、『日葡辞書』の「辻が花」の語義には「浸染」の意味は含まれていないため、やはり、浸染を伴う絞りや糊防染である可能性は低い。ただ、型紙で糊を置いた後に、色を挿す方法はありうる。一方、室町時代に描かれた絵画資料に見る「辻が花（染）」の模様には、赤で村濃に染めた乱文（実は牡丹の花と葉の模様）と、地を赤く染め（あるいは赤い横筋で埋め）、赤い牡丹と緑や青の葉を彩色した模様と二例が伝えられてきた。この模様については、やはり室町時代後期に活躍した伊勢貞順の『貞順衣装次第』の記述とも照らし合わせると、下地をまず、薄く紅で染めてその上に花の模様を濃い赤で染める、いわゆる村濃で染め、さらに、葉を青や緑で染めたものが「辻が花（染）」であるとしていいように思われる。このように解釈しても『日葡辞書』の記述と矛盾はしない。以上が、「辻が花（染）」が実際に用いられていた時代の文献からうかがいうる辻が花の実像である。

三　江戸時代における「辻が花（染）」――伝えられた「ことば」、新奇なる考証

俳諧の季語として伝えられた「ことば」

江戸時代は、小袖の模様が時代とともに移り変わる「流行」が生まれ、さまざまな展開を見せた時代である。[38] 町方の人々の間で小袖のデザインへの関心が高まるのに伴って、寛文期以降、一七〇種余りにもおよぶ小袖模様雛形本（以下、雛形本）が刊行された。小袖形の枠内に模様を描いた図を木版で刷った版本形式の冊子は、当時のファッション雑誌であり、デザインブックでもあった。しかし、江戸時代前期に刊行された、現存する最初の版本である『御ひいなかた』ですら一箇所として「辻が花（染）」と思われる模様を掲載した雛形本はない。また『御ひいなかた』より前に描かれた京都の呉服問屋、雁金屋の小袖の注文帳（註13参照）にも、辻が花の記述は見られない。江戸時代のごく早い時期に、「着る物」としての辻が花は姿を消してしまったのである。辻が花を「幻の染」と称する理由の一つには、「辻が花（染）」を使用した記述が江戸時代初期に忽然と史料上から消滅してしまったことがあげられる。

しかし「辻が花（染）」という「ことば」は、全く使われなくなってしまったわけではなかった。江戸時代に編まれたいくつかの書物に記載されることによって「辻が花（染）」という「ことば」が明治期にいたるまで語り継がれてきたのである。表4にあげられた江戸時代の文献は決して多くはないが、歌舞伎の演題および戯作の題目に引用された三例を除くと、大きく二つに分類することができる。

まずは、俳諧に関する文献である。表4の史料番号⑭―⑯、⑱、⑳、㉔、㉕、㉘はいずれも俳諧書でその夏の季語

には江戸時代前期から後期まで一環して「辻が花」という言葉が記載されている。また、㉟『海録』に引用されている史料番号㊲、㊳もまた、俳諧書である。「辻が花」の語が記され若干の説明のあるものはすべて五月の季語に「赤き帷子」と記されている。貞門俳諧の祖であった松永貞徳の説「あかきかたびらの名成たれば」にならって、それに続く門人や江戸時代中期以降に活躍した俳人たちが五月の季語として「赤き帷子」と記述したと考えられる。また、実際に俳諧に詠まれた例を引く㊳『俳諧一騎討後集』のような場合もある。(39) 表4でも明らかなように、いずれも「辻が花」という言葉は記載されるが、それに関する具体的な記述はほとんど見られず、一様に「赤」と「帷子」であることがうかがえる程度の記述である。江戸時代後期にいたるまで見たこともない染帷子を季語として記し、時には俳諧の中に詠まれることとなった真意は計り知れない。「辻が花」という「ことば」が持つ詩的な印象が、俳諧師の心を捉えたのであろうか。ともかく「辻が花」は、実用を離れた江戸時代にも消滅することなく特に貞門俳諧を中心に夏の季語として伝えられてきたのである。

「辻が花」考証

次に、故実や過去の史料をもとにした「辻が花（染）」の考証である。江戸時代、「辻が花」は俳諧の季語として伝えられる一方で、江戸時代中期にかかる頃から過去の産物としての「辻が花（染）」を考証する動きが出始める。それらの文献の中では、色・文様などについてもかなり詳しく考証されており、江戸時代に「辻が花（染）」という「ことば」が伝達され、近代にまで繋がる過程をうかがうことができる。

初めて中世の史料に遡って考証した文献は⑰『張州府志』である。府志では室町時代後期の史料③『宗五大艸紙』および①『蜷川親元日記』をもとに考証を進めている。ここで編者は『宗五大艸紙』の「年たけたる男は、尤不可然候」つまり年高の男性が辻が花を着用すべきではないという言葉を受けて、犬追物の項にある「紅いらずの辻が花」

史料の年代	季　節	形　状	色	文　様
1663	5月（夏）	かたびら	赤	
1691	5月	帷子	赤	
1698	5月	かたひら	赤	
1716	5月			
1745以前	5月		赤	
1780				
1783		（帷子）	紅染ニモ拘ハラ不ニヤ	
1794		帷子	赤	
江戸時代前期-中期				
江戸時代中期		帷子	赤	
1688-1704編集・1752出版		染やうの小袖		松皮菱文様の小袖・つしか花の内に鹿ノ子
1732頃	6月	そめかたびら		
1784以前			紅にて染たる／地色は色々あるべし	其上の染たる形つじが花なるべし／俗に云うかのこの如くして所々にちらし染めたるなり．たとえばつじが花の如し
江戸時代中期		衣	村濃	乱文
1824		帷子	くれなゐなる色にて模様を染たる	
1830				今の麻の葉といふ紋
1842以前				十字街の形に花をつないで染めたもの
1856以前			地色に赤白黒	
			白地に藍と紅	紅の花青葉を一面に染たる也
1824				
1824				
1832				

表4　江戸時代の文献における特徴

史料番号	史料名	著　者	著者の職種
	俳諧書に記載される例		
⑭	『増山井四季之詞　上』	北村季吟(1624-1705)	古典学者．俳諧師．松永貞徳に俳諧を学ぶ．幕府歌学方．
⑮	『をたまき』	溝口竹亭(1658-92)	江戸時代中期の俳人．
⑯	『俳諧大成しんしき　全』	青木鷺水(1658-1733)	京俳壇の伊藤信徳門下の俳人．浮世草子作者．
⑱	『俳諧通俗志』	児島胤矩(生没年不詳)	椎本才麿門下の俳人．
⑳	『改式大成清鉋』	立羽(松月堂)不角(1662-1753)	江戸の俳人．貞門派の岡村不卜門下．浮世草子作者．
㉔	『俳諧四季部類』	勝見二柳(1722-1803)	大坂の芭蕉門下の俳人．
㉕	『華実年浪草』	三余斎麁文(鵜川政明)(生没年不詳)	江戸時代後期の俳人．
㉘	『俳諧小筌』	田八悟(生没年不詳)	紀州出身の俳人カ．
㊲	『篗絨論』	田中千梅(田中七左衛門知義)(生年不詳-1769)	江戸の俳人．芭蕉の孫弟子．近江国出身の鋳物師．深川に出店を持つ．
㊳	『俳諧一騎討後集』	立羽(松月堂)不角(1662-1753)	江戸の俳人．貞門派の岡村不卜門下．浮世草子作者．
	考証される例		
⑰	『張州府志』	①松平君山(1679-1783)　②千村伯済(延美)(生没年不詳)	①尾張藩士．書物奉行．博学者　②尾張藩士．『張州府志』の校訂者．
⑲	『万金産業袋』	三宅(早水)也来	京都の人．経歴は不明．
㉑	『貞丈雑記』	伊勢貞丈(1717-84)	故実家．伊勢流を創始．
㉓	『類聚名物考』	山岡浚明(1712・1726-80)	国学者．賀茂真淵門下．考証学・地誌・和歌・狂歌・戯作など．
㉙	『墨海山筆』	竹村通央(1783-1853)	尾張藩士．故実家．
㉜	『嬉遊笑覧』	喜多村信節(1783-1856)	国学者．考証学者．
㉞	『柳亭筆記』	柳亭種彦(1783-1842)	戯作者．考証学者．
㉟	『海録』	山崎美成(1796-1856)	国学者．小山田与清，屋代弘賢，平田篤胤，塙保己一門下．
㊱	(『貞丈』云)	伊勢貞丈(1717-84)	故実家．伊勢流を創始．
	歌舞伎・戯作の演題になる例		
㉚	『道行辻花染』		
㉛	『阿讃茂平浮名色場　襲褄辻花染』	曲亭(滝沢)馬琴(1767-1848)	江戸深川出身の戯作者．
㉝	『辻花七化粧』	不明(1832年6月市村座で初演)	

は成人男性が着用する辻が花の特徴として捉えている。また府志には「辻が花」の小袖を着用する童子が描かれており、その模様は松皮菱と呼ばれる、各辺に段を入れた変わり菱を配した模様である（前出、図2-1）。松皮菱模様の小袖を着用する姿で描かれた根拠は不明だが、府志ではこの松皮菱模様を辻が花とみなしているふしがある。後述において「つしか花の内に鹿ノ子ゆひたるぞ女乃綾におほくみへて候」とあり、辻が花の内に、という記述は童子の着用する「松皮菱の内に」と解釈されるからである。女性が着用する綾に松皮菱の中に鹿の子絞りを施したものが多くあった、ということになる。綾は通常、綾組織で模様を織り出した絹織物であるから、少なくとも『張州府志』の編纂者、松平君山は、そのような模様の裂を見知っており、しかもそれが辻が花であると認識していたことになる。

⑲『万金産業袋』にあげられた「辻が花」についての記述は、積極的な考証とはいえない。ここでは「染帷子」のことはいずれも「つじ」と称するのだ、と述べ「辻が花」に関しては同様に染帷子であると記すのみである。筆者は「辻が花」を「俳諧の季立六月の部」としているが、俳諧書にある「季節」の列を見れば、実際は五月の部である場合がほとんどで『万金産業袋』の内容は正確さに欠ける。しかし、この文献では俳諧の季語について言及し、やはり俳諧の世界を通して「辻が花」という言葉が知られていたことがうかがえる。興味深いのは「辻が花」の「辻」という言葉に関する語源について考証を加えている点である。同書によれば、染帷子を辻という理由は、昔、染帷子を製作し、仕入れていた人の名前が辻氏の何某という名前であったことから、今、染帷子の通称を「辻」と言うのである、という。辻氏何某説については、その根拠が不明である。

江戸時代中期から後期にかけて活躍した故実家、伊勢貞丈は、⑬『御傘』、近衛信尋筆・土佐派系の「桂女図」（典拠は②『三十二番職人歌合』）、㉒『貞順衣装次第』、以上三つの史料を根拠に㉑『貞丈雑記』において辻が花の考証を行っている。「三十二番職人歌合」に描かれる「桂女」については、前項で詳しく検討したが[40]、残念ながら近衛信尋が関わった「桂女図」は現存しないため、貞丈の考証の軌跡を追うことはできない。しかし、ここで重要なのは、江戸時代前期に描かれた辻が花を着用した「桂女」図を貞丈は実見して、この記述をしているという点である。その絵に描かれた辻が花は「全身を紅で染めるのではなく、所々を紅で彩り染めたもの」であるという。『貞順衣装次第』については、永禄二年（一五五九）には生存していたとされる伊勢貞順の故実書が貞丈の時代にはまだ伊勢家の伝書として残っており、それを参照したと考えられる。貞丈は⑬『御傘』における「躑躅が花」が「辻が花」となったという松永貞徳説を肯定的に受け止め、紅で染めた赤い帷子を辻が花としている。その一方で地色をまずうすく赤で染め、その上に模様を濃い赤で染めたものが辻が花である、という貞順の記述を一歩退け地色はさまざまでその上に染めた赤い模様が辻が花である、と述べている。地色に関する貞順の記述を修正した根拠もまた、近衛信尋が関わった「三十二番職人歌合」の「桂女図」にある。貞丈が見た「桂女図」はおそらく地色が紅ではなく模様が紅で描かれていたのだろう。なお、山崎美成は㉟『海録』の中で貞丈の説を引用し㊱、貞丈の説は「白地に紅や藍で花や葉の模様を染めたもの」だという。この記述も近衛信尋が讃を遺した歌合の図に描かれる桂女の衣裳を根拠に貞丈が記した可能性があるが、紅だけではなく藍も含まれている点が異なる。以上をまとめると、地色を白とし、その上に紅で花を藍で青葉を染めた模様を「辻が花」という、これが貞丈の説である。ちなみに、伝存する「三十二番職人歌合」のうち、先述した幸節本［口絵2］に描かれる桂女の衣裳は貞丈の説に近く、天理本［口絵1］・狩野文庫本［口絵3］は『貞順衣装次第』に見られる貞順の説に近いと考えられる。

㉔『類聚名物考』は江戸時代中期に国学者・山岡浚明（一七一二あるいは一七二六―八〇）によって編纂された類書である。ここでは、近衛信尋が讃をした②「三十二番職人歌合」の三幅対について述べられているが、絵の筆者は土佐派ではなく、狩野尚信（一六〇七―五〇）としている。狩野尚信の活躍期は江戸時代前期であるから、彼が実際の辻が花を見知っていたかもしれないし、あるいはもうすでに人々が着用しなくなり、聞き知っていただけかもしれない。また、狩野尚信が描いた三幅対が室町時代に描かれた原本を元に写したものである可能性もある。だから、そこに描

図2-4 『新撰御ひいなかた』下巻
「ぢあかべに　ゆききくにあさのおりもん」(東京国立博物館蔵)

かれる辻が花の真正性は定かではないが、ともかくも、その図を実見して山岡浚明がこの内容を記述しているという点が重要である。その図によれば、色については言及されていないものの、乱文を村濃に染めた模様ということになろう。伝存する「三十二番職人歌合」のうち、色が落ちて文様がやや不鮮明な幸節本[口絵2]の桂女図の衣裳がやはりこの模様に近く見える。

江戸時代後期には「辻が花」の語義に関する考証が浮上する。㉜『嬉遊笑覧』、㉞『柳亭筆記』、㉟『海録』はいずれも同時代に編まれた考証学的な随筆で、いずれにも「辻が花」に関する著者それぞれの考証が示されており、それぞれに新規の視点がみられる。まず、喜多村信節は『嬉遊笑覧』において、鹿の子絞りの一つ一つの目が正しく並んでいる部分が「辻」であるとし、鹿の子絞りの目が細かく交差している部分を「辻」と称しているようである。そこで鹿の子絞りで表した麻の葉模様が「辻が花」である、としている。この説もまた、過去の文献や絵画資料との関連が見出せないが、柳亭種彦と同様に、交差する模様のことを「辻」と解釈している。麻の葉模様は平安―鎌倉時代の彫刻あるいは絵画に表される仏像の衣装に表される截金によく見られる模様である[41]。染織には古い例はなく、室町時代にまで遡る麻の葉模様の染織は伝存しない。江戸時代になると、麻の葉模様を表した小袖がデザインされるようになるが[図2-4]、もっとも流行したのが江戸時代後期である。そのきっかけは文化六年(一八〇九)三月、森田屋『其往昔恋江戸染』でお七を演じた歌舞伎役者・五代岩井半四郎(一七七六―一八四七)が浅葱縮緬に麻の葉模様鹿の子絞りの振袖を着用したことであり、その姿が江戸の女性の粋な美意識にかなって、老若を問わず流行したという[42]。

しかし、中世以前の日本の染織にも絵画資料にもキモノに麻の葉模様は見出されない。ただ、それに関連する文献としてあげておきたいのは㉑『貞丈雑記』の「目結」の項にある「鹿子〈俗に云うかのこの如くして所々にちらし染めたるなり。たとえばつじが花の如し〉」という記述である。あるいは、喜多村の説は、貞丈の鹿の子絞りについての言及を踏まえて、麻葉模様が八方より線が交差する模様であったことから、江戸時代後期に流行した鹿の子絞りの麻葉模様を「辻が花」に当てはめたとも考えられよう。

柳亭種彦は、まず、辻が花が躑躅が花の中略ならばつゝじ花と略するべきだと述べ、松永貞徳の説を否定しているのであるが、実際には、喜多村信節が『嬉遊笑覧』で指摘するように「つむじかぜ」を略して「つじかぜ」と称する例があるように、「てにをは」以外でも略される例は見られる。したがって、種彦が貞徳を否定する理由はやや、妥当性を欠くものと言えよう。種彦によれば「辻」とは十字街のことであるから「辻が花」とは、花を十字形に繋いだ模様である。十字街、つまり街路が交差する地点を「辻」と呼ぶことは『日葡辞書』にもあり、[43] 慶長年間には「辻」が交差点の意味であったことが確かめられる。「辻」についての語源説は、先の『万金産業袋』でも辻氏何某説に触れられていたが、柳亭種彦の説もまた、過去に辻を「十字街」とした考証はこれまでに例がなく新奇な説である。

山崎美成の㉟『海録』では③『宗五大艸紙』、⑧『太閤記』および出典は不明ながら貞丈の史料（史料番号㊱）を引用し、考証を進めている。また、図を二つ挿入しており、文章中に挿入された一つの図によれば、細長い×形を横に並べた周囲に花の模様を施したものが「辻が花」であるという［図2-3-1］。もう一図は江戸時代前期から中期にかけて活躍した俳人・松月堂不角の㊳『俳諧一騎討後集』に掲載される図の写しで「敷のしの　盛り過ぎ行　辻が華」という俳句の下に敷物の上に熨された小袖を眺める母子あるいは遊女と禿らしき女性が二人描かれている［図2-3-2］。辻が花の小袖を着用する時期が去り、熨してしまわれる名残を惜しむ心情を詠んだ俳句であろうか。描かれる小袖の模様は明瞭ではないが、×形の線の脇に牡丹の花と葉の絵が描かれているように見受けられ、山崎美成が描いた図と重なる。また、描かれる牡丹の花は「三十二番職人歌合」絵巻の諸本に描かれる桂女の衣裳と共通する。また、『海録』には田中千梅（生年不詳—一七六九）の『簑絨論』にある「辻が花は『躑躅が花』であるから赤い帷子である」という説が引用される。この説は、⑬『御傘』の松永貞徳の説を根拠とするが、美成はこの説にある赤き帷子を赤い地色の帷子と解釈し、その上で地色には赤だけではなく白も黒もあると述べる。赤・黒・白の地色と言えば、江戸時代後期における武家女性の正装用の小袖類や婚礼用打掛の三つ重ねに見られる配色である。当世の武家女性の服飾や晴着の地色を念頭においている点に、山崎美成の独自性がうかがえるのである。また、×形を並べるという考え方は柳亭種彦の「十字街」の説と共通し、山崎美成もまた「辻」と線が交差する十字形との関連性を重視していることがうかがえる。

以上、江戸時代後期における「辻が花」の考証では「辻」という「ことば」に対する解釈が大きな関心となっていることがうかがえる。江戸時代に行われた染織にまつわる「辻」の解釈については、すでに佐藤泰子の論文「小袖染織における『辻』の解釈について」や「染織よりみた近世帷子の考察」などで考察されているが、本章では先行研究に基づきながら、なぜ、「辻」を線が交差する十字形の模様と解釈するようになったのか、江戸時代における衣服をめぐる「辻」の語意を追いながら、その解釈について検討を行いたい。

「辻」の解釈

三宅也来が⑲『万金産業袋』で述べているように、江戸時代中期には染帷子のことを「辻」と称するようになった。しかし、室町時代に記された故実書などの史料には染帷子を「辻」と称する記述はない。また⑫『日葡辞書』の「Tçuji」にも「道の交差点」また、用例として「頭のつじ」をあげ「頭のてっぺん」とし、染帷子の語意は含まれていない。つまり、一般的には、桃山時代まで「辻」は道の交差点、即ち柳亭種彦が言うところの「十字街」の意味しかなかったと言えるであろう。

ところが『日葡辞書』と時を隔てない時期の史料である『言経卿記』慶長三年（一五九八）七月十二日の条に、次のような記述が見られる。

一、西御方ヨリ肩平二ツ北向〔言経室〕へ肩平〈ツシ〉等給了。

「肩平」とは帷子のことであるが、その割書に「ツシ」とあり、澤田の解釈によればこれも「辻が花」の可能性があるという[44]。この文脈から読み取れるのは、「辻」と呼ばれる帷子が慶長三年に存在したということである。

また、『雁金屋染物台帳』慶長八年（一六〇三）六月十五日の条には、

一、上そめつじの御地〈くもの内へにみち　あさきせんほんまつ〉
一たん　上る　卅五と申候[45]

とあり、「そめつじ」とは「染辻」つまり「染帷子」と取れる記述がある。その模様は、雲取の中に紅で道模様を染め、さらに浅葱色で千本松模様を染めている。夏季の衣料であり、帷子であろうと考えられる。

続いて『徳川秀忠大奥老女呉服注文書』「慶長十九年　ゑとさま　御あつらへふん」には、季節は不明であるが徳川秀忠正室の御服ということで、次のように記述されている。

一、ミたいさま　御つし　十たん〈御たけ三しゃく九すん五ふん〉

一、御ちくれない　色〳〵に　五つ
一、御かたすそ　三つ
一、御四つかわり　二つ
いかにも〳〵こからに(46)

秀忠の正室が、「御辻」を十反注文し、その内の五反が紅地に色々な模様、三反が肩裾模様、二反が四つ替わりの模様（キモノをその中心から十字に区分けし四つの部分に分割して、それぞれに別の模様をデザインした意匠）で、その模様はいずれも小柄な模様であったという。この「御辻」もまた染帷子を意味するならば、その内の五領が「紅地」であることも興味深い。紅（赤）色が特徴である「辻が花」が「辻」と省略されるようになった可能性を示唆するからである。

さらに時代が下り、『泰重卿記』元和七年（一六二一）七月九日条には、

和泉へ鳥目百足、同内義へ染つち薄帷子〈一ツ〉遣候。満足之由返事来也。(47)

とあり、「染辻薄〔箔カ〕帷子」という言い方がなされ「染辻」とは「染め模様」と解釈できる。桃山時代末期から江戸時代初期にかけて、おそらくは「辻が花」を省略した形で「染模様の帷子」あるいは「染め模様」のことを「辻」と称するようになったと考えられる。寛永十五年（一六三八）に刊行された俳諧書『毛吹草』巻三には「辻—染《そめ》稀《かたびら》」という記述があり、染帷子を「辻」と称することが日常化したことがうかがえる。三宅也来が⑲『万金産業袋』で「染帷子　なべて辻といふ」と述べている時代背景には、武家の時服である染帷子の名称が「辻」に一般化したことがあるのであろう。

「染帷子」を「辻」と称したことに関連して、考証文学の中でしばしば見られるようになるのが「桔梗辻」と「茶屋辻」である。その最初が喜多村信節の(32)『嬉遊笑覧』であるが、信節による「桔梗辻」の解釈に従えば「茶屋辻」は茶屋染の染帷子で、その模様もまた麻の葉模様ということになる。しかし、長崎巌「再考　茶屋染」や遠藤貴子『「茶屋染」考』で考察されているように、茶屋染は、徳川将軍秀忠家に出入りのあった茶屋四郎次郎家が始めた茶染が発展し、当時の流行色で染めた「茶屋染」と称される大柄な模様染として、寛文年間から貞享年間にかけて流行したと考えられている。その後、「茶屋染」は流行にしたがってその色彩やデザインを変えながらも、江戸時代中期には紺・浅葱・玉子色・柿色といった色を特徴とする染模様に定着していった。東京国立博物館に所蔵される「帷子　白麻地竹蔦模様」（列品番号 I-4122）の前身頃上部の裏には「御夏着　百九拾　白茶屋辻　六尺」という墨書があり、白地に藍で模様を染め、金糸や紅で刺繡を加えた帷子のことを「茶屋辻」と称していたことがわかる。おそらく、江戸時代前期には町方も着用していた「茶屋染」は、『万金産業袋』（享保十七年〈一七三二〉刊）の「茶屋染」の項に「しかし此ころは廃れり」とあるように、江戸時代中期には流行おくれとなり、武家方の夏季の服飾の中に様式化されて残されていったと考えられる。文化八年（一八一一）に刊行された式亭三馬著『浮世風呂』には、御殿女中を務めて、宿下がりをした「おさめ」が新米の御殿女中である「むす」に対して五月五日の節句に用いる総模様の衣裳には「綸子もあり、絽もあり、ちゃ屋つじもあるのさ」とし、茶屋辻のことを「さらしの惣模様」つまり、麻の晒布で縫製された総模様の帷子であると述べている。武家の大奥の衣裳付の中に、夏季の衣服として「茶屋辻」が用いられていることがうかがえる。

「茶屋辻」が武家女性の衣裳として定着したことは喜多川守貞『守貞謾稿』巻之十六「女服」の項にも見られる。守貞によれば「辻・茶屋辻」は地を染めず、白のまま（地白）で模様を染め、刺繡を加えたものであるという(48)。また、奈良晒を本とするが、越後縮も用いられ、地白が主であるものの、地黒や黒に紅を重ねた色もあり、茶屋辻は、晒麻

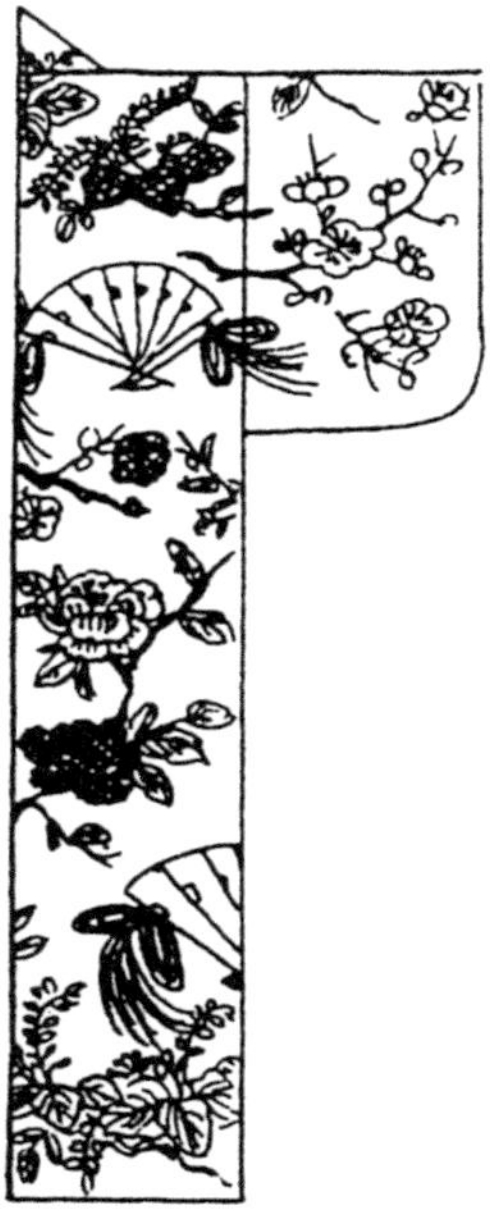

図2-5 『守貞謾稿』「辻染帷子図」

布の総模様であるとしながらも、辻と茶屋辻とは「いささか染法に差」があるという。さらに「辻染帷子図」として守貞の妻が所持していた辻染の帷子図を写している〔図2-5〕。それは、奈良晒でできた地白に染模様で花の折り枝文を表し、鹿の子絞り（おそらく伝存する武家女性の染帷子から察するに、鹿の子絞りの模様を型染で表した摺匹田模様と考えられる）や色糸や金糸で刺繍を加えた模様であるという。現存する帷子の中にも同様のデザインの帷子が見られ、これが「辻」か「茶屋辻」のいずれかであることがうかがえる。「辻」と「茶屋辻」の違いについて述べたのが安政五年（一八五八）に刊行された『奥女中袖鏡』および三田村鳶魚の『御殿女中』である。まず、『奥女中袖鏡』には、

〔御中臈以上、本式の身拵ひ〕
一地白本辻　表さらし麻　金銀のいと色糸にて惣模様　下重さらし　表袖口に紅羽二重　下重ね領心袖ぐちとも白羽ふたえ
一地黒本辻　表さらし麻　金銀の糸色糸にて惣ぬい模様　下重さらし　表袖口羽二重重ね領心袖ぐちとも白羽ふたえ
〔略〕
〔御小姓御側御次本式身拵ひ〕
一地白茶屋辻　表さらし麻　金銀の糸色糸にて惣ぬいもやう　下重ねさらし　表袖口紅羽二重　下重ね領心袖ぐち

とも白羽ふたえ
一時黒茶屋染辻　表さらし麻　金銀の糸色糸にて惣ぬいもやう　下かさねさらし　表袖口羽ぶたえ　下重ねゑり心
袖ぐちとも白羽二重

とあり、本辻も茶屋辻も模様は同様に記され、地色は白か黒で、晒麻布に金銀糸や色糸で刺繡した総刺繡の模様で表着の下に晒布の重ねを着用、表着の袖口には紅羽二重が付き、重ねには衿芯と袖口に白い羽二重が付く。ただ「本辻」と「茶屋辻」の違いは着用者の身分である。「本辻」は中臈以上であるのに対し、「茶屋辻」は「小姓・側・次」の身分である。茶屋辻の方が、本辻よりも格が落ちることを示唆している。

『御殿女中』「御殿女中の髪飾・服装」の項では、鳶魚は江戸時代末期、徳川将軍家定の正室・天璋院に仕えた御殿女中、大岡ませ子からの聞き取りをもとにしている。大岡ませ子によれば「ツジといえば二種はないのですが、茶屋四郎次郎から納めるのを茶屋辻、呉服後藤から納めるのを本辻といいました。茶屋辻は別染で、一種模様が違っていました。大紋綸子のように、丸形や亀甲の模様の間に、いろいろな花を縫ったのは、茶屋染辻の変ったところなのです。本辻はサッパリとした模様で、少しあろうございました。藍の色目は茶屋辻の方が濃くて、何となく下品に見えます」と述べている。さらに、茶屋辻は藍の色が下品だといって高級女中は着用しなかったと述べ、高級女中の部屋に勤める小僧の着衣として辻模様の帷子を図示している［図2-6］。これは、現代における染織史研究者の間で言われている「茶

図 2-6　『御殿女中』「辻模様」

屋辻」の帷子とほぼ同様であり、史実と染織史研究における見解が一致している。

以上のように、江戸時代初期に「辻が花」を略した可能性がある「辻」は「染帷子」の名称として用いられ、次第に染模様の帷子の総称となったことがうかがえる。さらに江戸時代後期になると武家女性が夏季に着用する染帷子の名称として「茶屋辻」「本辻」という分類が生じたと考えられるのである。

江戸時代後期に「辻が花」を考証した喜多村信節や柳亭種彦、山崎美成らは、当然、江戸時代後期における「茶屋辻」や「本辻」が、武家女性が着用する夏の帷子であったことは知っていたであろう。そこで、それら江戸時代における「辻」=「染帷子」の語源がどこにあるのかを追っていく段階で「辻が花」の語にいきあたったものと考えられる。当然のことながら彼らは「辻」の本来の意味である「十字街」をその語源としてあげ、「辻が花」のもともとの模様は線が交差する模様であったとしたのであるが、そこでは、中世の史料や室町時代に描かれた「三十二番職人歌合」絵巻に描かれていた「桂女図」で着用する「辻が花(染)」の図は視野に入っていない。伊勢貞丈や山岡浚明とは異なり、喜多村信節や柳亭種彦は室町時代に描かれたはずの「三十二番職人歌合」の「桂女図」を見ていなかったと考えられるのである。彼らは共に「三十二番職人歌合」を引用しているが「赤き帷子」という「辻が花(染)」の条件を省みなかった理由は、両人が参照した「三十二番職人歌合」に、彩色の図がなかったからではないか。実は、江戸時代後期には「三十二番職人歌合」の版本が流布する。文政二年(一八一九)までに、塙保己一の『群書類従』の中で「三十二番職人歌合」が発行されるが、それには図は含まれず詞章のみであった。また、江戸時代後期には冊子本仕立のものも刊行されるが、それも絵が含まれていない詞章のみでの刊行であるという。(49) もし、江戸時代後期の考証学者たちが天理本や幸節本に見られるような「三十二番職人歌合」を描いた絵画を参照していたならば、そこに描かれていない「十字街」の模様を「辻が花(染)」と解釈することはなかったと思われるのである。

以上、江戸時代の文献上に現れた「辻が花（染）」に関する記述について検討を行った。「辻が花（染）」という「ことば」は江戸時代初期に実生活の中で使用されなくなったが、同時に死語と化したわけではなかった。江戸時代にも使用される世界は限られているものの、俳諧や古風俗に関する考証学の間で膾炙し続けたことがうかがえる。特に江戸時代後期には考証が盛んとなり、世俗的な娯楽である歌舞伎の演目名や戯作にまで引用されるなど、実体がわからなくなってしまった古い時代の「ことば」を回顧する動きがあった。そのような時代背景の中で言い伝えられた「辻が花（染）」の特徴は、以下の通りである。

まず、俳諧の季語としてたびたび言及される「赤き帷子」である。この意味は果たして地色が赤色なのか、それとも模様が赤色なのか、それとも地色にも模様にも赤色が用いられているのか、といった具体的な説明は全くなされていないが、赤色が一つの特色になっている。色については、辻が花が衣服として実際に用いられていた時代の史料を検討した際にも「赤」が辻が花の一つの特色になっていることは確認した通りである。

また、江戸時代の史料には、室町―桃山時代にはあまり言及されなかった模様についての記述がいくつか見られる。つまり「辻が花」の意味を造形的に捉える傾向である。⑰『張州府志』ではおそらくは当時遺されていた古裂を参照しながら「松皮菱文様」と捉えられていた。史料番号㉑と㊱に現れる伊勢貞丈の説は、当時遺されていた「三十二番職人歌合」の桂女の図を参照したと考えられ、紅で染めた花の模様が辻が花である、また葉は藍で染めるとも述べ、白地に紅で花を、藍で葉の模様を一面に染める点が辻が花の特色としてあげられている。この記述は、『日葡辞書』にある「幾種類かの木の葉によって彩色された」「赤やその他の色による〔型紙あるいは防染糊を用いた摺り染〕細工」や「三十二番職人歌合」絵巻の諸本にある赤い花と藍や緑による葉の模様と触れ合う部分である。ただし、貞丈の㊱の説では「白地」とし、「三十二番職人歌合」の幸節本にもっとも近似する。一方、狩野尚信の絵に描かれる辻が花は「村濃の乱文」で色が濃い箇所と薄い箇所とまだらに染まる模様であったことが、㉓『類聚名物考』からうかがえた。この記述は特に「三十二番職人歌合」幸節本に描かれる桂女の衣裳と類似する表現である。

語源の考証は、「辻が花（染）」が実際に用いられなくなった証しともいえるが、その最初の言及が俳諧師・松永貞徳による『御傘』であった。貞徳によれば「つつじが花」が短縮されたものが「辻が花」であるという。この説は、他の俳諧書や伊勢貞丈の『貞丈雑記』でも支持されている。一方、江戸時代後期の考証文学の世界では、喜多村信節が「鹿の子絞りで表した麻の葉模様」、柳亭種彦が「花を十字形につないだ模様」、山崎美成が「×形を並べその周囲に花形を配した模様」という新説を出している。以上の説は「辻が花」という言葉に見られる「辻」を文字通り「十字形」と解釈した結果導かれたものである。しかし、江戸時代の染帷子における「辻」は「辻が花」に由来する可能性が高い。また、実際に用いられていた時代の「辻が花（染）」を描いた「桂女図」に「十字形」は描かれていないため、室町時代における「辻が花（染）」の「辻」に「十字形」の意味はなかった。江戸時代後期に始まったこれらの考証の中に、現代において辻が花と称される裂の模様と一致する部分があれば、彼らはそのいずれかの裂を参照して考証したということになる。それについては、次章で検討することとしたい。

（1）主要文献史料をまとめた論考としては伊藤敏子「辻が花の資料について」（『大和文華』四二号所収、大和文華館、一九五六年）、伊藤敏子『辻が花』（講談社、一九七二年）、今永清士「辻が花染」（『日本の美術』一一三、至文堂、一九七五年）が参考となる。

（2）以下、犬追物については鈴木敬三編『有識故実大辞典』（吉川弘文館、一九九五年）の「犬追物」の項を参照。

（3）『宗五大艸紙』（『群書類従22』所収、群書類従刊行会、一九二八年）「衣装の事」の項に「小袴の事。もと〳〵はふときかほそきかにて候へ。すぢならでは付候はず候つる。ながきハ足のつぶゝし〔くるぶし〕の邊迄とゞき候にくゝりを入て。犬などの時にくゝりをしめて。其上に行縢をはき候也」とあり、犬追物の際には、くるぶしまである小袴の裾口の紐通しに通した括り緒を締めるとある。

（4）『河村誓真聞書』（『続群書類従24下』所収、続群書類従完成会、一九二八年）に「一　太刀打刀作りやう。金作は御きんせいにて。金作と云ハ。おりかね。くしかた。つかくちなとも。金にてこしらへたるを。金作と申候なり」とある。

（5）第一章、註37参照。

（6）岩崎佳枝『職人歌合——中世の職人群像』（平凡社選書一一四、平凡社、一九八七年）一〇〇—一〇九頁。

（7）伊勢貞藤が文明十四年（一四八二）に記したとされる『御供古実』（『続群書類従24下』所収、群書類従刊行会、一九二四年）によれば「ひやうもんの事。すはう袴染色何にても候へ。三色にて候得バ。ひやうもんにて候。あさぎ。梅。かりやすなど此三色を一ぐの内に染たるをひやうもんと可申候。何も別々の色を三色いろどりたるをひやうもんと可申也。ちと若衆ハ不苦候。又ハ人の小者など不苦候。又ハ同朋などの事。是も沙汰に不及事候」とある。天文十七年（一五四八）一月十八日の年記のある伊勢貞順筆『貞順豹文書』（『続群書類従24下』所収、群書類従刊行会、一九二四年）にも「ひやうもんの事。梅。もへき。るり。ひは。紫にて色へたるを申候。二色を三色四色に見え候様に染あるはくるしからす候。夫は唯二色にて候間。ひやうもんにてはなく候。ひゃくもんをは不断有御きんせい」とある。また、『河村誓真聞書』によれば「惣別ひゃうもんハ。御禁制の儀候。其故へハ御はれの時。可被用ために候。ひゃうもんは。三色に色へたるを申候。又たゝす河原の勧進能の猿楽共。一日はからまき。一日ハひゃうもんを着候。猶々草木の葉色々に色とりたるを。ひゃうもんと申候なり」とある。以上より、三色以上に染めた華やかな衣服のことと考えられる。

（8）大塚光信解説『エヴォラ本　日葡辞書』（清文堂出版、一九九八年）解説、八〇七—八一二頁参照。

（9）『貞順豹文書』によれば、「めゆひの小袖」と「めゆひのかたひら」の二品について記されている。

（10）「村濃と云うは、地をば薄くして所々に村雲のごとく何色にても色を濃く染むるなり。紺むらごと云うは紺色にて村濃をしたるなり。濃き所の端々は煙のごとくはずすなり〈紫のむらごならば、地をむらさきにして所々こき紫にするなり〉」とある。

（11）桂女とは、山城国葛城郡桂（現・京都市西京区）桂川あたりに住む女性のこと。鎌倉時代には桂の里から桂川で獲れた鮎を朝廷に奉る風習があり、桂女が鮎を入れた桶を携えて里から都へ下る様が夏の風物詩だった。また、いつの頃か、産所に訪れ縁起の良い歌や舞などで安産を祈る芸能者として都に招かれるようになり、足利幕府第三代将軍義満（一三五八—一四〇八）の時代に成立したとされる小笠原流故実書『三議一統』には「白拍子・かつらなどは、何れも猿楽と同前なり」とあることからも、芸能を業としていたことがうかがえる。また、『義残後覚』には豊臣秀吉が御香宮に参詣の際、伏見の桂女が金幣で祓いを行ったとあり、出陣の際には見送ったという記述も見られることから、安土桃山時代には巫女のような役割を担っていたと考えられる。ところが江戸時代中期には三―四人の桂女が八朔（八月一日）と正月に京都所司代に参上し、八朔には果物を、正月には桂飴と称する菓子を献上する慣わしが定着し、巫女としての役割も形骸化した。以上、名取壌之助『桂女資料』（大岡山書店、一九三八年）を参照。

（12）『犬追物秘伝抄』については江戸時代前期の武芸家・広瀬親英（生没年不詳）の著書と考えられるが、断定はできない。

（13）呉服商・雁金屋の衣裳に関する台帳および小袖の雛形を描いた見本帳が、尾形光琳の次男が養子入りした小西家に伝えられた。現在は大阪市立美術館、京都・川島織物文化館・文化庁などに所蔵される。古くは慶長七年（一六〇二）「御染地之帳」があり、そのほか万治四年（一六六一）「御畫帳」、寛文三年（一六六三）「御絵帳」などが知られる。

（14）永青文庫には伊勢貞順による『女房衣装次第』が遺されており、貞丈が引用した『貞順衣装次第』に相当する可能性がある。

（15）伊勢家は桓武平氏の出自とされ、代々室町幕府足利家に仕えた、武家故実の一家である。足利義満に仕えた伊勢貞継（一三〇九―九一）より室町幕府の政所執事の座を世襲化し、殿中における礼法故実を伝授する役割を担った。足利義政の寵をうけた伊勢貞親（一四一七―七三）が、伊勢流故実の形成に大きな影響を与えた。室町幕府滅亡後は沈淪を余儀なくされた。江戸時代前期に伊勢貞衡が武家故実の名家の末裔として江戸幕府に召出されたことによって再び故実家として浮上したが、世継の早世により江戸中期には断絶の危機にあった。それを惜しんだ江戸幕府が幼少の伊勢貞丈（一七一七―八四）を名跡とし、再興した。

（16）二木謙一「伊勢流故実の形成」（『国学院雑誌』第六八巻六号所収、国学院大学、一九六七年）、および、同「伊勢流故実の成立」（『国学院雑誌』第六八巻十二号所収、国学院大学、一九六七年）を参照。

（17）中世までは「布」とは麻・からむし・葛などの植物繊維で織られた織物を意味した。江戸時代に入り、木綿が国産となり庶民にまで普及すると、木綿で作られた綿入れの袷の小袖を布子と称するようになった。なお、中世の帷子の材質については澤田和人「帷子の基礎的研究　室町時代から江戸時代初期に於ける材質の変遷について」（『国立歴史民俗博物館研究報告』第一二五集所収、国立歴史民俗博物館、二〇〇六年三月）に詳しい。

（18）伊勢貞陸（一四六三―一五二一）が記したとされている『簾中舊記』によれば「五月うちはかたびらはめし候はず候」「六月一日。あしたはいづれもあかきにてもくろきにても御かたびら」「七月一日。何れもあかきにてもこんぢしろにても御かたびら」とあり、七月中は帷子である。「八月一日。御ねりぬきのすゞしうらに」とあり、八月からは袷（裏付き）の衣服である。

（19）『看聞御記』応永二三年（一四一六）三月七日の条には、貞成親王が催した茶会が記録されており、茶会の中で二人の御所侍が桂女の仮装をする風流を演じている。その様子は「其姿美麗之小袖ニ帷ヲツホ折テ髪ヲ裹如女房作眉。桶ヲ頂此桶角桶也、絵殊勝也、源氏心心、桶中ニ鮎等種々御希納之。両人御前ニ参。御簾之内へ桶ヲ差入退出。其躰桂女ニ不相替。其興無極。是禅啓所進風流也」とあり、小袖の上に帷子を壺折に着用するのが桂女の風俗であったらしい。「福富草紙」絵巻にも鬘巻をし、肩裾模様と思われる小袖の上に白い帷子と思われる衣服を壺折にして着用した桂女が描かれる。以上の記述からは、美しい小袖の上に帷子を壺折にするとはあるが、帷子は必ずしも辻が花に限定されてはいない。

（20）第一章、十八頁参照。また、註17参照。

（21）註15参照。

（22）信尹は元服の際、織田信長から冠を受け、名前の「信」の一字を貰うなど、父の前久とともに信長と近しい関係にあった。この馬揃えにも共に参加していたと考えられる。

（23）土井忠生・森田武・長南実編訳『邦訳　日葡辞書』（岩波書店、一九八〇年）六二八頁左段。

（24）伊藤敏子は『大和文華』四二号（一九六五）所載の「辻が花資料について」（十一頁）および昭和四七年（一九七二）刊行の『辻が花』（講談社）の「本文」（二五四頁）においてこの訳を用いている。しかし、昭和五六年（一九八一）に刊行された『辻が花染』に寄せた論文においては岩波本の新訳を用いており（一八〇頁）、その「注39」において、従来用いてきた訳語は天理図書館に依頼したものであると述べている。なお、『染織の美』（創刊号、京都書院、一九七九年十月）で辻が花に関する論考を発表した切畑健もまた天理図書館の訳を引用している。その四年後に同氏が編著した『辻が花』（京都書院、一九八三年）においても、同じ旧訳を用いている。

（25）テリ・サツキ・ミルハプト "Flowers at the crossroads: The four-hundred-year life of Japanese textile", p.61. その脚注によれば、フランス語訳を元に英語に翻訳されたものである。

（26）ポルトガル語表記に関しては、土井忠生解題『日葡辞書 —— Vocabvario da lingoa de Iapan』（岩波書店、一九六〇年）および大塚光信解説『エヴォラ本　日葡辞書』（清文堂出版、一九九八年）を参考とした。また、葡和辞典は大武和三郎著『葡和新辞典』（一九六九年）、および浜口乃二雄・佐野泰彦編『ポルトガル語小辞典』（大学書林、一九七〇年）を参照した。

また、文法等については上智大学ポルトガル語学科教授トイダ・エレナ先生にご教示を仰いだ。なお、『日葡辞書』にあるポルトガル語は古語に当たるため、語句の綴りなど、現代ポルトガル語と異なる部分がある。

(27) 刺繡職人を指す「Nuimonoxi(繡師)」のポルトガル語訳には、「Broslador, ou o que com aguiha laura varias flores & s.(刺繡をする人、すなわち、針で種々の花模様などをつける人)」、「Nuimonoya(繡屋)」のポルトガル語訳にも「brosladores, ou casa óde se faz bastidor.(刺繡をする人、または、刺繡をつくる家)」とあり、いずれも「刺繡」の語には「broslado」あるいは「bastidor」が用いられている。なお、現代ポルトガル語においては「Bastidor」「Broslado」のいずれの語も「刺繡」の意味では用いられていない。「Bastidor」の現代の意味は「刺繡枠」であり、「Broslado」は「Bordado」=「刺繡」の関連用語と考えられる。

(28) 藤井健三「摺友禅染技術の歴史」(生谷吉男・藤井健三『京友禅　摺り染　歴史と技法』京都友禅協同組合、二〇〇一年)五頁。

(29) 小紋染とは、和紙を重ねて柿渋を塗った型紙に突き彫り、道具彫りといった技法で微小な紋様を彫り抜き、その型紙で糊防染した反物に染料を引き染にしたり浸染にしたりして、紋様を白く染め抜く技法のこと。室町時代の伝存例では宝尽し文や草花文などがある。江戸時代以降になると、武家の裃に専ら染められるようになり、また、男性の小袖や羽織にも好まれた。江戸時代後期以降は女性の小袖に流行し、現代においても女性のキモノに染められる。

(30) 友禅染とは、糊を筒型にいれて文様の輪郭を描き、そこに色挿しを施してさまざまな文様を染める日本独特の染色技法である。貞享年間に京都の扇絵師宮崎友禅が描く大和絵風の扇絵が流行し、それを小袖の文様に取り入れたことから、友禅染と称するようになった。江戸時代中期以降は、友禅文様を染める技法そのものを友禅染と称するようになる。明治期以降は手描き友禅の他、型友禅、写し友禅など、近代技術を生かしたさまざまな技法が生まれた。現代では、京友禅、加賀友禅、東京友禅といった産地がある。

(31) 佐藤泰子は「赤き帷子」(松永貞徳『御傘』)、「はな染の帷子」(『おあむ物語』)、「躑躅とアラハ……紅そめ」(一条兼良『連珠合璧集』)といった史料の記述から、辻が花を「花染」「摺染」と類推している。佐藤泰子「小袖染織における「辻」の解釈について」(『文化女子大学紀要』第十三集所収、文化女子大学研究紀要編集委員会、一九八二年)五四—五五頁。

(32) 長崎盛輝『かさねの色目』(京都書院)によれば、「躑躅」は「表蘇芳・裏萌黄」、「紅躑躅」は「表蘇芳・裏淡紅」である。また『満佐須計装束抄』に現れる女房装束の色は、「つゝじ」の五衣は「くれなゐにほひて三。あをきこきうすき二」、「もちつゝじ」は「すはう三にほひて。あをきこきうすきしろひとへ」である。『女官飾鈔』「くれなゐつゝじ」は「おもてすわう。うらうすくれなゐ。青きひとへ。松がさねのうはぎ。山ぶきの小袿」、「つゝじ」は「表すわう。うら青し。萌黄のひとへ。かばざくらのうはぎ。藤の小うちぎ」である。『曇華院殿装束抄』では「つゝじひとえ共／紅も心也。一朱／二同／三同／四紅梅タング／五六／六六クサシル引／七白」とあり、朱の表着、朱と紅梅、緑青（草汁を引く）の五衣がかさねられる。以上『群書類従』第八輯装束部・文筆部、続群書類従刊行会、昭和七年初版／昭和三五年訂正第三版。

(33) 蘇芳はマメ科の小高木で、心材および種子を含む莢を煎じて、古来より赤色染料として用いられてきた。明礬媒染で赤色、灰汁で赤紫、鉄媒染で紫色に染める。また、江戸時代には鹿の子絞り模様を型紙に起こして摺り染にした摺疋田が衣服のデザインに用いられるようになり、紅系の摺疋田には蘇芳が用いられた。『紺屋染之口伝書』（寛文六年〈一六六六〉）「あかべにかのこ」を参照。

(34) 岩崎佳枝前掲書（註6）、「諸本研究」二八八―二九一頁。

(35) 澤田和人「衣裳復元製作の問題点」一四一頁ならびに一四二頁。

(36) 宋蔡正孫撰『詩林廣記』寛文八年（一六六八）跋刊本（和刻漢籍随筆集18）を参照。

(37) 東京国立博物館学芸研究部列品課長・富田淳氏（東洋書跡主任研究員）のご教示による。

(38) 京都国立博物館編『花洛のモード』展図録（一九九九年）、国立歴史民俗博物館編『江戸モード図鑑』展図録（一九九九年）参照。

(39) 三田村鳶魚著『御殿女中』では話し手の元中臈、大岡ませ子が文中で、詠み人は不明ながら「鞍坪へさしてかへるやつぢが花」という俳句を引用している。その中では季語の辻が花を辻に咲いた花と誤解した作者による句と解釈されている。

(40) 本書第二章、七五―八〇頁。

(41) 板倉寿郎・野村喜八・元井能監修『原色染織大辞典』（淡交社、一九七七年）「あさのはもん」の項を参照。

(42) 近世文化研究会編『図説　浮世絵に見る色と模様』（河出書房新社、一九九五年）。また『原色染織大辞典』（前出註41）の「はんしろうかのこ」の項を参照。

(43) 『邦訳　日葡辞書』によれば「ツゥジ、または、ミチツジ（辻または道辻）道の交差点」とある。

(44) 美術史学会第五七回全国大会研究発表（二〇〇四年五月二二日、於東京・慶應義塾大学）による。

(45) 山根有三『小西家旧蔵　光琳関係資料とその研究』（中央公論美術出版、一九六二年）十八頁。

(46) 同右、二二三頁。
(47) 『史料纂集』第二巻（続群書類従完成会、一九九八年）。
(48) 江戸時代初期には「黒紅」と称されていた、茶色がかった黒色のことと考えられる。守貞は「原濃紫か」としている。朝倉治彦編『守貞謾稿』第三巻（東京堂出版、一九九二年）十九頁。
(49) 岩崎佳枝『職人歌合』二九一頁。

第三章　伝存する「辻が花裂」とはなにか
——染織としての色とかたち

一　辻が花裂とその内容

美術史の一分野として捉えられている染織史研究の間では、辻が花と称される裂《きれ》（「裂」とは「はぎれ」のように元の形を離れ、小さな裂片になった布帛のことを言う）は「（縫い締め）絞り」という技法によって識別されている（図1参照）。しかし、前章で室町時代から江戸時代における文献を詳細に見てきたように「辻が花（染）」に関する記述では、「絞り」にあたる「括《くく》し」を用いている可能性はなかった。つまり、現在辻が花と称される裂の第一の特徴とされてきた「絞り」という要素は、本来の辻が花を同定するものではない。その一方で「辻が花（染）」という名称が帷子に施された特殊な模様、あるいはそのような模様を施した帷子を言い表している言葉であることがうかがえた。本章で採り上げる裂はいずれも現代における染織史研究の観点から辻が花と称される裂であるが、おおまかにみて室町時代後期から江戸時代初期に製作された、縫い締め絞りによる模様を含んだ裂である。本章においては、従来辻が花と称されてきた裂の、素材・技法、色と文様の傾向、寸法といった特徴をとらえていきたい。さらに、それらの裂のもともとの形状、あるいは形状の変化をたどることによって、製作された時代、伝達された時代、あるいは、古美術品として蒐集された時代との関わりについて考察することとしたい。その際に検討が必要となるのが、裂の伝来やその裂の所蔵者である。本章において、伝存する辻が花裂の特徴をとらえるにあたっては、辻が花と称されてきたできる限り多くの裂のデータを集積し、傾向をとらえる必要があろう。

現代において辻が花と称される裂は、今永清士「辻が花染」(『日本の美術』一一三、至文堂、一九七五年)、伊藤敏子『辻が花染』(講談社インターナショナル、一九八一年)、および切畑健『ワイド版染織の美　辻が花』(京都書院、一九八三年)の図版としてほぼ掲載されており、重複する部分もかなり含まれている。また、上記の三冊以外にも、山辺知行著『辻ヶ花』(京都書院、一九六四年)、伊藤敏子『辻が花』(講談社、一九七二年)、田畑喜八編『色と文様　辻が花編』(光村推古書院、一九七〇年)など戦後の大型美術本の刊行によって、辻が花裂は広く美術愛好家に親しまれるようになった。一方、河上繁樹著『辻が花』(京都書院、一九九三年)は、初心者向けガイドブックとして一般にも手軽に辻が花を知ることができる廉価版で、いわば、当時の最新の見解によって見出された辻が花の代表的作例が記載されている。また、二〇〇八年に公開された松坂屋染織参考館所蔵の小袖展では、これまで一般の目に触れることのなかった辻が花裂が数多く展示され、その内容については日本経済新聞社他編『小袖　江戸のオートクチュール』展図録にまとまって記載されている。それに筆者が調査したこれまで未公開であった資料を加えた、いわば美術史的な観点から染織史研究の間で辻が花と認識されている裂を一覧にしたものが本書の末尾にまとめた「辻が花裂一覧」である。

「辻が花裂一覧」にあげた作品には形状の概略を示す名称が付されているが、これまで出版された図版集においては、それぞれ名称が若干異なっている。例えば、通番1の「表紙裂　萌黄地椿芝露草花模様」について言えば、切畑健著『辻が花』(京都書院)では「芦と椿文様裂」、今永清士「辻が花染」(至文堂)では「椿藤模様辻が花染裂」、伊藤敏子『辻が花染』(講談社)では「椿藤花模様裂」となっている。そこで、本書においては、まず、現状における色と文様を重視し、帖などの表紙になっているものについては「表紙裂」、掛軸の表具裂になっているものは「表具裂」、小袖形に屏風に貼り付けられたものについては「小袖屏風」、寺院に飾る「幡」「打敷」、もともとの形状が残っているものについては「小袖」「縫箔」「摺箔」「帷子」「胴服」「陣羽織」「鎧下着」「袈裟」などとし、現状において形状が明らかでないものについては一律「裂」とのみ称した。また、本書には「辻が花裂一覧」にあげた全ての図版を掲載していないため、可能な限りその意匠がわかるよう、色と模様を形状の後に付した。ただし、二色以上の色を用いている場合には「染分地」と記載した。さらに、他の出版物によって図版が参照できるよう、表の後方に「京」(京都書院刊『ワイド版染織の美　辻が花』)、「至」(至文堂刊「辻が花染」)、「講イ」(講談社刊『辻が花染』)、「その他掲載」に「山辺」(山辺知行著『辻ヶ花』)、「田畑」(田畑喜八編『色と文様　辻が花編』)、「松坂」(日本経済新聞社他編『小袖　江戸のオートクチュール』展図録)、「講」(伊藤敏子著『辻が花』)、「河上」(河上繁樹著『辻が花』)、「古裂」(古裂会編『特集　古染織』二〇〇五年)をまとめ、それぞれの列をもうけて掲載図版の番号を入れた。また、全資料のうち、本論を執筆するにあたって実見し調査を行った資料については、その番号と名称を太字で示した。

「辻が花裂一覧」の名称の次の列にはそれぞれの裂の地の布帛の素材を示す「材質」をあげた。「材質」の列には、調査結果、あるいは作品解説などによって明らかな材質について記載されている。つまり空欄の部分は未確認のため記載できなかった作品である。

次に「形状」の列をもうけた。形状については「名称」の列でも大略を捉えることが可能であるが、ここでは、より詳しく形状がわかるものについて記載を加えた。また、現状では裂の状態であるものの、現状からその前段階の形状がわかるものについてはその旨を記載した。例えば「小袖↓裂」とある場合は、その裂の形状が小袖の元の形の一部分を形作っていることが明らかであるような袖や衽の形状であることを示している。形状が不明な小裂については空欄とした。

次に、裂の色と模様に関わるデザイン・意匠に関する傾向を六つのタイプに分類し、①―⑥の番号で示した。①―⑥の内容は、以下の通りである。

①萌黄色の地色に草花などの描絵模様を配したデザイン
②松皮菱や島形、雲形の枠（松皮取・島取・雲取）を紅色や萌黄色に染め分け、その中を松皮菱や襷といった幾何学的模様、あるいは草花などの具象的模様で埋め尽くしたデザイン
③茶色（あるいは紫色）の地色に、段を表したり、扇面や円、短冊などを散らしたりしたデザイン
④浅葱色または浅葱色・紫・白の染め分けで地色を表し、模様を散らしたデザイン
⑤紫や茶色といった濃い地色に草花や動物・波といった模様を白く染め残したデザイン
⑥白地あるいは水浅葱地に草花などの模様を表したデザイン

辻が花裂は以上にあげた六つのタイプにほぼ分類できるが、中には、それに類するもの、あるいは、二つの傾向を折衷したような様式のものも見られる。そこで、類裂には「′」（ダッシュ）、折衷様式には「①＋②」というように番号を併記した。裂がもともと人の着用する衣服である限り、デザインの違いはそれぞれの性別・年齢・身分・職業といった別を示す傾向がある。本章では、辻が花と称される裂からうかがえるデザインの特徴を考察することを目的の一つとしている。そこで「辻が花裂一覧」のリストは、以上のような目的に沿って便宜を図るため、①から⑥のデザインの傾向に従って作品を並べている。

また「寸法」の項には、調査結果やこれまでの図録等に掲載されている裂の寸法を記載した。不明のものについては空欄である。寸法は基本的に縦の最大幅および横の最大幅を「縦×横（単位＝センチメートル）」で示している。寸法を概観してもわかるように、衣類の形で残っていないものの大部分は五〇センチメートル四方に満たない小裂である。一つ一つの裂は、それぞれを一つの作品として見る限りにおいては、中世に製作された縫い締め絞りの辻が花裂

としてとらえられるが、裂の形状、伝来、共裂、あるいは、コレクターたちの関連をうかがうことによって別の意味を持ってくる。それを次節以降で検討していくこととしたい。

「所蔵者」の項では、公開されている所蔵機関、あるいは所蔵者の名称を記載しているが、それ以外の個人所蔵者については空欄としている。また「辻が花裂一覧」を作成するにあたり主として参考とした三つの図版集に記載されている作品のうち、所蔵機関が現在と異なるものがある。それについては例えば通番5のように「東京国立博物館↓国立歴史民俗博物館」と移動がわかるように記載した。また、所蔵者とは別に、それらを使用した人物、あるいは拝領によって家宝となったもの、コレクターの間での移動など現代にまで伝わった経緯といった作品の伝来がわかるものについては「伝来」の項に記した。現在公的な所蔵機関に入っているものでも、過去に個人コレクターのものであった作品についてはこの「伝来」の項を参照することとしたい。

また、今回、筆者が改めて調査した作品については、その形態的特徴について、画像とともに記録し、さらに詳しい調査データを作成した。そのデータの概略をまとめたものが表6「辻が花裂調査データ」(後掲)である。本データは調査番号にしたがって所蔵者別にあげている。「名称」については「辻が花裂一覧」と同様であるが、「材質」は実見して確認しているため、よりその傾向がわかりやすい。また、それぞれの材質を構成する経糸・緯糸の一センチメートルあたりの本数(糸込み)を示し、絹の織り密度を比較する目安とした。当時の織物の特徴をとらえるために、糸込みのデータは重要な意味を持ってくる。辻が花裂と称される裂にはまず、縫い締め絞りが用いられているが、それ以外にも描絵・刺繡・摺箔といった技法が用いられている。どのような技法で模様が構成されているかも一覧に示した。辻が花裂において縫い締め絞りを行う際、染める色を指示する墨書があったり、縫い締め絞りに用いられる麻糸が抜きとられずに残存していたりする場合が見られる。それは辻が花裂の特徴の一つとしてしばしば指摘されるところであり、どの辻が花裂にも見られる特徴とは言えないが、どのくらいの頻度で現れるものなのかをうかがうため

表5　文字記号表　＊「調査番号」は表6に準拠する

色	調査番号	文字	色	調査番号	文字	色	調査番号	文字
浅葱	3	ろ,判読不可	黄	4	ツ	鶸色	5	ひ
	16	ろ		33	ツ		32	ひ,にカ
	22	ろ		49	わカ　ろカ		33	ひ
	28	ひカ		56	ラ		49	ひ
	33	ろカ　あカ		58	ツ		50	ひ
	37	つ		63	ツ		51	ひ
	56	あ,ろカ		65	ツ		56	ひ
	57	ろ		88	ひ		57	ひ,とカ
	59	う	萌黄	4	トカ		78	ひ
	61	つカ　○カ		32	ト,うカ　と		84	ひ
	65	ろ		37	こ		86	ろカ
	71	ろカ　あカ　わカ		49	ニ		89	ひ
	82	判読不可		55	ニ		93	い
	83	あカ　ろカ　わカ		59	つ	紫	3	判読不可
	84	ろカ　わカ		63	判読不可	紅	4	う
	86	ろカ		65	ハカ　うカ	紅	34	○
	87	ろ		72	ちカ	淡紅	63	う
	89	ろ		84	判読不可	紺	27	と
	91	ろ		88	うカ	白(描絵)	55	ヲ
	92	ろ				(家紋の背中心)	74	ろカ　わカ
	93	ろ						

に、参考までに「墨書文字」「縫い締め絞りの麻糸」の列を設けた。ちなみに本調査で得たデータで見る限りでは、墨書文字が現れる確率は約三八・五パーセント、縫い締め絞りに用いられる絞りの麻糸が残存する確率は六三・五パーセントである。江戸時代以降の縫い締め絞りでは絞りに用いられる糸が残存することはほとんどないが、辻が花裂においては取り除かれずに残っていることが少なからずあったことがうかがえる。なお「墨書文字」に関しては参考までに表5において文字内容を記載した。

以上のように「辻が花裂一覧」は、従来辻が花裂と称されてきた裂を、ほぼ網羅的に集積した基礎データである。次節以降では、「辻が花裂一覧」においてうかがえる形態の傾向から、「技法と材質」「色と文様」における「モノ」としての特徴を見ていくことにしよう。

二　技法と材質の特徴

縫い締め絞り

現在辻が花と呼ばれている模様染の特色は「絞り」、特に縫い締め絞りをしている点である。この技法は模様の形に沿って裂を並み縫いにし、その後、糸を引っ張り絞ることで裂が寄せられて強く締められる。絞った模様の部分を竹の皮（現代ではビニール）で覆って浸染することによって、模様の部分のみ染液が浸透せずに模様が白く染め抜かれる、絞染の一種である（前出、図1）。この技法は『日葡辞書』に記載される「Cucuxi（括し）」において「染物をする際に、種々の模様を糸で固く締め付け、それを寄せ集めて竹の皮（原文では葉）の中に入れる」と説明されており、この辞書を編纂したポルトガル人宣教師がその製作過程を実見したことをうかがわせる記述となっている。さらにこの技法の特色は裂を縫い絞る糸にかなり太い麻糸を用いる点である。麻糸が用いられた理由は、室町―桃山時代、日本において木綿は生産されておらず、木綿糸は手に入りにくかったこと、縫い締め絞りには強く絞りあげるために強い糸を必要とするが、絹糸と麻糸とでは麻糸の方がそれに適していたためである。伝存する裂の中には、縫い締めた麻糸が抜けきらず、そのまま残されているものが少なからずある。括られた模様の部分には、細い墨線で色を指定したと考えられる文字や記号が見られる。例えば浅葱色の部分に「あ」や「ろ」、鶸色の部分に「ひ」や「と」といったように小さく文字が書き入れられている。時にその文字は、背の縫い合わせ部分などの合印になっている場合もある［図3-1-1・2］。文字記号の一覧は表5の通りである。色別に同じ文字記号が用いられる傾向が見られる。したがって、文字記号は職人同士で共有していた合言葉であり、絞りそのものが職人による技術によって分業されていたことを示すのであろう。

刺繡

刺繡とは、さまざまな色に染めた絹糸や金糸・銀糸を用いて、針で模様を縫い表す技法である。刺繡技法は国や時

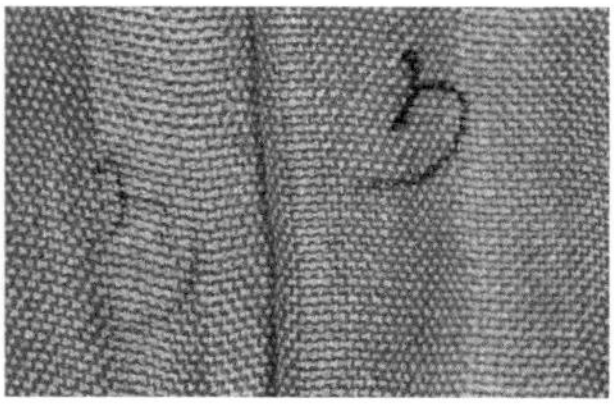

図 3-1-1（右）
◎胴服 染分地銀杏雪輪模様
（東京国立博物館蔵）
図 3-1-2（左）
同上，合印・色指定の文字記号

代によって特徴ある傾向を示す。例えば、飛鳥時代における法隆寺裂には強撚糸を用いた返し繍、奈良時代前期には中国・漢―唐時代の影響を受けた鎖繍、奈良時代後期（美術史でいう天平時代）の正倉院裂には両面が同じ文様になるように工夫された強撚糸による継ぎ針繍や現在のサテン・スティッチにあたる刺し繍という技法が主として用いられる。鎌倉時代になると、平糸（撚りのない絹の練糸で釜糸とも称する）による刺し繍が主流となるが、室町時代後期から桃山時代になると、渡し繍という技法が好まれるようになる。渡し繍もまた、中国・明代の刺繍の影響を受けている。その特徴は、裂面に表された模様の輪郭に沿って平行に平糸を長く渡すのであるが、裏面には糸を長く渡していないため表面から見ると両端に張力がかからず、ゆったりと糸が渡る。これが江戸時代になると、平繍という技法に変わり、裏にも糸が渡るようになる。渡し繍の利点は、絹糸を長く渡すため、中国産の練糸に見られる艶やかな絹の光沢が効果的に現れる点である。また、裏に糸を渡さないため、当時貴重だった絹の練糸が節約できるという利点もある。表6における刺繍技法を用いた割合を見る限りでは、調査資料一〇四件中十八件に刺繍が見られ、現代辻が花裂と称される室町―桃山時代に製作された裂には、縫い締め絞りに刺繍を加えた文様が表される場合が少なからずあり、そのほとんどが渡し繡を用いている。

摺箔

摺箔とは、金銀の箔を用いて、裂面に加飾する技法である。中国では「印金」と称し、木版で裂面に接着剤を捺し、その上に金箔を貼る。その後、余分な箔を落とすと接着剤が付いた部分にのみ模様が残るという技法である。ところが日本では、金箔で模様を表す技法として、木版ではなく型紙を用い、模様を彫り出した型紙を裂面にあて、糊を塗った後に型紙をはずし、糊が乾く前に金箔を置いて余分な金箔を払うという技法が採られた。この工程を見る限りでは金箔を「摺る」という過程はなく、室町時代の文献においても「はく」「はくゑ」「くもはく」[1]という表現はあっても「摺箔」とは称していない。「摺箔（薄）」の語が用いられるのは桃山時代と考えられる。[2]また、金銀を用いた加飾には、型紙で模様を置く技法の他、模様の輪郭の内側を金銀の泥で塗ったり、刺繡などで模様を施した後、模様の背景にある空白の部分を敷き詰めるように金銀の箔や泥を施したりする方法をも「摺箔」の範疇に入れる場合がある。金銀を用いた文様も奈良時代後期の正倉院裂に見られる。室町―桃山時代には金彩で衣服を彩る技法として摺箔の技法が主として用いられたが、江戸時代に入ると、金箔を貼った和紙を細く裁断した平金糸を糸芯にコイル状に巻いた撚金糸が、刺繡に多用されるようになり「金紗」と称された。摺箔の技法はこの「金紗」に採って代わられるようになり次第に用いられなくなる。江戸時代中期になると、能装束の縫箔や武家女性の腰巻といった中世の型を引き継ぐ装束類以外にはほとんど用いられなくなった。摺箔の技法もまた、渡し繡と同様に中世的な加飾技法といえるだろう。

表6における摺箔を用いた割合は調査資料一〇四件中三三件見られ、辻が花裂において縫い締め絞りに加えられることがしばしば見られる文様表現の技法である。

材質	経糸込 本/cm	緯糸込 本/cm	刺繡	摺箔	描絵	墨書文字	縫い締め絞りの麻糸
練緯(諸羽)	44	40	○	○	○	×	×
練緯(諸羽)	38	42	×	×	○	×	○
練緯(諸羽)	44	40	○	○	○	○	×
練緯	42	35	×	×	○	○	○
練緯	40	40	×	×	×	○	○
平絹	46	40	×	×	×	×	○
練緯	48	35	×	×	○	×	○
練緯	44	34	×	×	○	×	○
練緯	40	28	×	×	○	×	○
練緯	44	48	×	○	○	×	×
平絹	40	34	×	×	○	×	○
練緯(諸羽)	40	40	×	○	○	×	×
練緯	44	48	○	○	×	×	×
練緯	42	35	×	×	×	×	○
練緯	41	38	○	○	×	×	×
練緯	41	40	×	×	○	○	○
練緯	41	42	×	○	○	×	×
練緯	41	38	○	○	×	×	×
練緯	40-41	36-37	×	×	○	×	○
紗綾	53-54	30	×	×	×	×	×
紗綾	53-54	35	×	×	×	×	×
練緯	45	40	×	×	○	○	○
練緯(諸羽)	40	45	○	○	×	×	×
練緯	45	35	×	×	×	×	○
練緯	40	46-48	○	○	○	×	×
練緯	43-44	40	○	○	○	×	×
平絹	36-37	36-37	×	○	×	○	○
綸子	120	25	○	○	×	○	×
練緯	43-44	43-44	○	○	○	×	×
練緯	43-44	50	×	○	○	×	×
練緯	50	50	○	○	○	×	×
練緯	45	40	×	×	○	○	○
練緯(捺文)	未	未	○	○	×	○	×
練緯	40	35	×	×	○	○	○
練緯	44	38	×	×	○	×	○
練緯	未	未	×	×	○	×	○
練緯	未	未	×	×	○	○	○
練緯	40	45	×	×	×	×	○
練緯	40	45	×	×	○	×	○
平絹	45	30	×	×	×	×	×
練緯	40	35	×	×	○	×	○
平絹	未	未	×	○	○	×	○
練緯	未	未	×	○	×	×	×

表6　辻が花裂調査データ（表の凡例については巻末の「辻が花裂一覧」を参照のこと）

調査番号	名称	所蔵者
1	裂 白地扇面葵唐花唐草模様	ロサンジェルス・カウンティ美術館
2	小袖屏風 白地葡萄松皮菱模様	千葉・国立歴史民俗博物館
3	裂 白地扇面葵唐花唐草模様	千葉・国立歴史民俗博物館
4	裂 染分地松皮菱石畳草花模様	埼玉・遠山記念館
5	裂 染分地松皮菱山形草花模様	埼玉・遠山記念館
6	裂 紫地花菱模様	埼玉・遠山記念館
7	裂 染分地島取松皮取桐草花模様	
8	裂 萌黄地椿草花模様	
9	裂 染分地石畳椿藤模様	京都市立芸術大学
10	裂 白地霞草花風景模様：雁と御所車模様	京都市立美術大学
11	裂 青緑地草花模様	
12	摺箔 紅白段立涌檜垣草花模様	岐阜・春日神社
13	裂 白地花籠雉羽模様	ボストン美術館
14	裂 白地蓮花葉模様	ボストン美術館
15	裂 茶地段扇草花模様	鐘紡株式会社→女子美術大学
16	裂 白地菱葡萄模様	鐘紡株式会社→女子美術大学
17	裂 茶地連珠円文松皮菱模様	鐘紡株式会社→女子美術大学
18	裂 紫地梅花模様	鐘紡株式会社→女子美術大学
19	裂 染分地石畳花藤模様	鐘紡株式会社→女子美術大学
20	裂 染分地鋸歯段草花模様	鐘紡株式会社→女子美術大学
21	裂 白地洲浜形目結模様	鐘紡株式会社→女子美術大学
22	裂 白地草花紅葉亀甲模様	鐘紡株式会社→女子美術大学
23	裂 白地扇面葵唐草唐花模様	鐘紡株式会社→女子美術大学
24	裂 白地蓮花葉模様	鐘紡株式会社→女子美術大学
25	裂 茶地竹菫菊鞠挟模様	鐘紡株式会社→女子美術大学
26	裂 茶地丸紋散し模様	鐘紡株式会社→女子美術大学
27	裂 白地立木模様	鐘紡株式会社→女子美術大学
28	裂 白地雲菊鉄線花唐草模様	鐘紡株式会社→女子美術大学
29	裂 茶地藤女郎花遠山丸紋散し模様	鐘紡株式会社→女子美術大学
30	裂 白地霞草花風景模様	鐘紡株式会社→女子美術大学
31	裂 茶地段扇面短冊草花模様	鐘紡株式会社→女子美術大学
32	裂 白地松皮菱草花短冊模様	鐘紡株式会社→女子美術大学
33	裂 染分地蜻蛉獅子草花模様	奈良・大和文華館
34	裂 水浅葱地丸紋散模様	奈良・大和文華館
35	裂 染分地丸紋散幾何学形模様	奈良・大和文華館
36	裂 白地草花水玉扇面散模様	奈良・大和文華館
37	裂 白地扇面散模様	奈良・大和文華館
38	小袖屏風 染分段椿桔梗模様	千葉・国立歴史民俗博物館
39	小袖屏風 浅葱地草花唐草雲文扇面散模様	千葉・国立歴史民俗博物館
40	小袖屏風 紫地桜藤模様	千葉・国立歴史民俗博物館
41	小袖屏風 染分地石畳草花模様	千葉・国立歴史民俗博物館
42	幡 紺地紅葉筏水玉模様	
43	裂 萌黄地藤波桶模様	

材質	経糸込 本/cm	緯糸込 本/cm	刺繍	摺箔	描絵	墨書文字	縫い締め絞りの麻糸
練緯	未	未	×	○	×	×	×
①練緯	① 40	① 44	×	×	○	×	①○
②紬	② 40	② 30					②×
練緯	40	40	×	○	×	×	×
練緯(諸羽)	43-44	50	×	×	×	×	○
練緯(諸羽)	46-48	40	×	×	○	×	×
練緯	46-48	43-44	×	×	×	○	○
練緯	46	43	×	×	○	○	○
練緯	40	36	×	×	×	○	○
練緯	43	36	×	×	×	×	○
練緯	43	36	×	×	×	×	○
練緯	46	43	×	×	○	×	○
練緯	46	43	×	×	○	○	×
練緯	46	36	×	×	○	○	×
練緯	43	30-31	×	○	○	○	○
練緯	40	40	×	×	○	○	○
練緯(諸羽)	40	48	×	×	○	○	○
練緯(諸羽)	42	32	×	○	○	×	×
練緯	40	40	×	×	○	○	○
練緯	40	45	×	○	○	×	○
練緯	44	29	×	×	○	○	○
紬	22	14-20	×	×	○	×	○
練緯	44	38	×	×	○	○	○
平絹	40	32	×	×	×	×	○
練緯	44	45	○	○	○	×	×
練緯	44	41	×	○	○	×	×
練緯	41	40	×	×	○	○	○
練緯	41	36	×	×	×	○	×
平絹(捺文)	44	40	×	×	×	○	○
練緯	44	38-39	×	×	○	○	×
練緯	44	40	×	×	○	×	○
練緯	44	40-41	×	×	×	○	○
平絹	40	38	×	×	○	×	○
平絹	40	38	×	×	○	×	○
平絹	44	52	×	×	○	×	○
練緯	44	38	×	×	○	○	○
練緯	44	40	×	×	×	×	○
平絹	44	42	×	×	×	×	○
練緯	44	44	×	×	○	×	○
練緯	39-40	44	×	×	○	○	○
平絹	40	40	×	×	○	○	○
平絹	40	34	×	×	○	○	○
練緯	48	44	×	×	×	×	×
平絹	44	38	×	×	×	○	○

調査番号	名称	所蔵者
44	幡 萌黄地藤波桶模様	
45	幡 ①白地紅筋模様 ②紺地楓竹模様	
46	裂 萌黄地藤波桶模様	
47	胴服 白地桐矢襖模様	京都国立博物館
48	胴服 白地若松模様	鐘紡株式会社→文化庁(京都国立博物館寄託)
49	胴服 染分段丸亀甲丁子模様	島根・清水寺(京都国立博物館寄託)
50	小袖 白地檜垣亀甲松皮取雪輪草花模様	京都国立博物館
51	鎧下着 浅葱地桐模様 三つ葉葵紋付	京都国立博物館
52	鎧下着 紫白藍段模様	京都国立博物館
53	幡 染分段椿桔梗模様	京都国立博物館
54	裂 染分地島取松皮菱襷草花模様	
55	裂 染分地松皮取島取椿桐紅葉扇面模様	京都国立博物館
56	裂 染分練緯地松皮取草花模様	
57	打敷 赤白段海貝扇楓桐紅筋模様	ドイツ・リンデン博物館
58	表紙裂 萌黄地椿芝露草花模様	山口県立博物館
59	裂 紅白段花菱若松竹雪輪模様	奈良県立美術館
60	裂 白地松皮菱雪持柳檜垣菊椿模様	千葉・国立歴史民俗博物館
61	裂 染分地柳蔦団扇模様	東京・根津美術館
62	裂 染分地椿藤模様	東京・根津美術館
63	裂 染分地松皮取石畳椿藤女郎花模様	東京・根津美術館
64	裂 青緑地波藤葵模様	東京・根津美術館
65	裂 染分地雲取草花松皮取波桐菊模様	東京・根津美術館
66	裂 青緑地唐花円露芝模様	東京・根津美術館
67	裂 白地扇面葵唐草唐花模様	東京・根津美術館
68	裂 茶地雲楓桐樹模様	東京・根津美術館
69	裂 白地扇面桐芝模様	東京・根津美術館
70	裂 白地丸草花模様	東京・根津美術館
71	胴服 紫地葵葉模様 三つ葉葵紋付	愛知・徳川美術館
72	小袖 水浅葱地扇地紙模様 三つ葉葵紋付	愛知・徳川美術館
73	小袖 水浅葱地葵紋散模様	愛知・徳川美術館
74	小袖 染分地腰替葵紋散模様 三つ葉葵紋付	愛知・徳川美術館
75	小袖 水浅葱地楓重模様 三つ葉葵紋付	愛知・徳川美術館
76	小袖 水浅葱地雪持笹模様	愛知・徳川美術館
77	小袖 水浅葱地花重模様 三つ葉葵紋付	愛知・徳川美術館
78	小袖 紺地槍梅葵紋散模様	愛知・徳川美術館
79	裂 濃茶地葵紋波兎模様 三つ葉葵紋付	愛知・徳川美術館
80	裂 濃茶地葵紋千鳥模様	愛知・徳川美術館
81	裂 濃茶地葵紋松葉松毬模様	愛知・徳川美術館
82	裂 茶地葵紋松葉松毬模様	愛知・徳川美術館
83	裂 金茶地葵紋雁模様	愛知・徳川美術館
84	裂 濃茶地葵紋輪宝模様	愛知・徳川美術館
85	裂 茶地葵紋千鳥模様	愛知・徳川美術館
86	裂 濃茶地葵紋双葉葵散模様	愛知・徳川美術館

材質	経糸込 本/cm	緯糸込 本/cm	刺繡	摺箔	描絵	墨書文字	縫い締め絞りの麻糸
練緯	44	36	×	×	×	○	○
練緯	40-44	36-40	×	×	○	○	○
練緯	44	40	×	×	×	○	○
練緯(諸羽)	40	37-43	×	○	○	×	×
練緯(諸羽)	46	46	×	×	○	○	×
平絹	36-37	26-27	×	○	○	○	○
練緯(捺文)	46	36-37	×	×	○	○	○
練緯(捺文)	40	40	×	×	×	×	○
練緯	40	36-37	×	×	○	×	○
練緯	40	40	×	×	×	×	○
練緯	43	33	×	×	×	×	×
練緯	40	37	○	○	○	×	×
練緯	47	43	○	○	○	×	×
練緯(捺文)	43	40	○	○	×	×	○
練緯(捺文)	47	37	○	○	×	×	×
練緯	47	43	×	×	○	○	○
練緯	40	47	○	○	○	×	○
練緯	44	40	×	×	○	○	×
			18/104	33/104	66/104	40/104	66/104

描絵

描絵とは、墨や染料、顔料などを用いて、裂面に直接、模様を描く技法である。古いものでは正倉院に「麻地朝顔図襪《しとうず》（靴下の一種）」がある。襪のような小物にすら描絵で模様が施されていたのであるから、おそらく奈良時代前期には衣服にも描絵模様があったと想像される。平安時代には、宮廷文学の中に描絵模様と思われる記述が見られる。『栄華物語』には「絵所・造物所にて、女房の裳・唐衣に絵書き、つくり絵などいみじくさせ給」「かへさには村濃にて、袴・表著も、裳・唐衣も薄物にて、文にはかねをし縫物どもをし、心心に絵など書きたれば、涼しげになまめうおかし」（長元六年〈一〇三三〉賀茂祭）と記され、絵所（宮廷で絵画制作を担当し、屏風絵や障子絵など、宮廷内の装飾画や絵巻物などの鑑賞画を担当する機関）で衣服に模様を描かせたことが記されている。『布衣記』にも「（童装束の）次葛袴は、中程よりもすそをかちんに染、こしの下よりすそまで色々の絵具にて絵をかく也。時々の季の文、草木の花紅葉也」と、彩色豊かに絵具で四季折々の草花を描いた葛袴についての記述が見られる。宮廷装束における描絵表現

調査番号	名称	所蔵者
87	裂 金茶地葵紋双葉葵散模様	愛知・徳川美術館
88	裂 紅筋白段鶴草花桐藤模様	大阪・藤田美術館
89	裂 白地蓮葉模様	大阪・藤田美術館
90	小袖 染分地洲浜形水辺花鳥模様	東京国立博物館
91	小袖 白地松皮菱竹模様	東京国立博物館
92	胴服 白地銀杏雪輪模様	東京国立博物館
93	胴服 水浅葱地蔦模様 三つ葉葵紋付	東京国立博物館
94	裂 白地松皮菱花菱雲模様	東京国立博物館
95	裂 茶地霞丸紋散草花模様	東京国立博物館
96	裂 浅葱地紅筋竹雪輪模様	東京国立博物館
97	裂 水浅葱地円文散花模様	東京国立博物館
98	裂 黒地秋草雲扇面模様	東京国立博物館
99	裂 茶地段扇面短冊草花模様	東京国立博物館
100	裂 紅地雲襷松皮菱薄花丸模様	東京国立博物館
101	裂 黄地丸紋散模様	東京国立博物館
102	打敷 染分地雲取松皮取菊片輪車模様	
103	縫箔 紅地島取草花色紙散模様	東京国立博物館
104	陣羽織 白紫段三つ葉葵紋散模様	東京国立博物館
	全調査資料における割合	

の伝統を伝えるのが、熊野速玉神社に神宝として遺された海賦模様の裳・袴（室町時代）である。

辻が花裂には、大きく分けて三つのタイプの描絵が見られる。一つは、赤系・茶系の顔料を用いて花鳥模様を描いた例［図3-2-1］で、澤田和人はこれが中世の文献に見られる「紅絵」であろうと指摘している。(3) このタイプの描絵は中世の女性の肖像画にも見られるが、伝存例としてはこの一点のみである。二つめは、やや太めの墨線で花や病葉の輪郭線を描き、赤系の顔料で彩色や暈しを加えたものである［図3-2-2］。これもまた「紅絵」の系統に含まれるもので、慶長期の女性の肖像画にしばしば見られ、伝存例も多い。三つめは、細い墨線で梅・薔薇・藤・菊といった四季の草花を密に描き、やはり墨で暈しを加えたものである［図3-2-3］。このタイプの描絵が辻が花裂の中では一番多く見られる。ミルハプトは、辻が花裂に特徴的なこの細い墨線による描絵表現が、室町時代に流行した白描画と近似し、小袖に施される描絵そのものも白描画を得意とした土佐派が手がけた可能性があると指摘している。(4)

表6を見ると、調査資料一〇四件中六六件に描絵が見ら

れ、辻が花裂の中でも、特に縫い締め絞りの他に加えられることの多い技法であることがうかがえる。

図 3-2-1　描絵の例①

図 3-2-2　描絵の例②

図 3-2-3　描絵の例③

地の材質

表6の材質の列を概観すると、ほとんどの辻が花裂に「練緯《ねりぬき》」が用いられていることに気付く。調査資料だけでも一〇四件中八五件が練緯である。辻が花裂の地に練緯が用いられることが多いという特徴は従来の研究においても指摘されてきたが[5]、なぜ、練緯ばかりが用いられるのか、使用される練緯にはどのような傾向が見られるかについてはほとんど触れられてこなかった。表6の調査データを参考にしながら、室町時代後期から桃山時代にかけてもっとも人の衣服に身近であった練緯について詳細に見ていくことにしよう。

練緯とは、江戸時代以降は武家女性が夏季に着用する腰巻以外にはほとんど使われることがなくなってしまった平絹の一種である。そういう意味では辻が花裂の製作された時代、小袖に使用される地質として表れ、辻が花裂が実生活の中で使用されなくなるとともに消えてしまったかのようにすら見られる、やはり中世に特有の絹地である。「練貫」とも記されるが、経糸（たていと）に生糸（繭から引き出されたままの、精練されていない糸）、緯糸（ぬきいと・よこいと）に練糸（精練し、生糸の表面に付着したセリシンと称するタンパク質を除去した絹糸。しなやかで光沢がある）を用いて平織された絹織物という語義から、本来は「練緯」と称すべきであろう。現在では、無地以外のものに対して「練緯」とは記さない場合が多いが、江戸時代以前には練緯は無地だけではなく、しじら（縅）・のしめ（熨斗目）・おり筋（織筋）・こうし（格子）・すじみす（筋御簾）・紅梅・ぬき白（緯白）・くれない筋（紅筋）など、経糸や緯糸に先染めにした糸を織り入れて、格子や筋の模様を織り出したり、織色をつけたりしたものなど多様であった。[6]そのような織模様のある練緯の裂はほとんど遺されていないが、例えば、後述する［図3-19］の幡に仕立てられた縁に見られる紅白の筋の入った裂は、経糸に紅染の生糸、緯糸に白と紅の練糸を用いて平織にし、紅色の横筋の模様をつけている。いわゆる「くれない筋」の練緯とは、このような裂を称したのであろう。また、練緯は中世には「ねもじ」（「ね」文字。練緯の頭文字をとったもの）、「ねり」とも称している。[7]『貞丈雑記』には唐の織物に対し、ただの織物とは練緯の格子・紅格子のことである、とも述べていることから、練緯はもっぱら日本で織られた絹織物であったことがうかがえる。

室町時代における織物業の実態は不詳であるが、室町時代後期には、応仁の乱以降の戦乱によって瓦解した京都の織物業にも復興の兆しが現れたようである。京都・西陣における織物業に関する古文献を収集した『西陣天狗筆記』（『西陣――美と伝統』所収、西陣五〇〇年記念事業協議会、一九六九年）によれば、永正年間（一五〇四―一二一）には大舎人座と練緯座の二つの座が織物業をなし、大舎人座は「厚板物」と呼ばれる綾織物を、練緯座は「薄板物」と呼ばれる筋や格子の織物を織るように分化されていたことがうかがえる。練緯を織る専業の座があったことからも、この時代における絹の平織物の中心が練緯だったことは明らかである。

表6（以下、最初列の調査番号で作品を示す）は、第一節で述べたように、辻が花と称される裂のうち、調査を行った資料についてまとめた裂に関するデータである。大半を練緯が占めるが、緯糸の糸込み（一センチメートル幅に入る糸の本数）は機の打ち込みによってばらつきがある一方で、機に最初にセッティングされる経糸の糸込みはほぼ四〇本前後に安定している。(8) これは、練緯の製法や工房がかなり限定されており、規格に従って織られていたことをうかがわせる。室町時代に練緯が京都・西陣の練緯座で専業的に織られていたことを裏付ける特徴とも言える。

練緯の形態上の特徴には、均質な練緯の他、二つの際立った特徴を持つ練緯のタイプがある。一つは、隣り合う二本の経糸が接近して織られるタイプで、緯糸を打ち込む筬《おさ》の一目に二本の糸を一度に通す「諸羽」によって生じる。この諸羽タイプは岐阜県郡上郡の白山神社神宮寺に永禄九年（一五六六）に寄進された「小袖 白地洲浜形水辺花鳥模様」（東京国立博物館所蔵／後掲、図3-6／調査番号90）、豊臣秀吉（一五三七—九八）所用と伝わる天正十八年（一五九〇）拝領「胴服 白地桐矢襖模様」（京都国立博物館所蔵／口絵8／調査番号47）や天正年間（一五七三—九二）拝領「胴服 白地若松模様」（旧鐘紡コレクション／東京・文化庁所蔵／調査番号48）にも用いられており、時代による傾向とは言えない。製作した工房における工法に関する特徴と言えるだろう。もう一つのタイプは練緯の表面に卍字形（紗綾形）と思われる捺文を施し、浅い凹凸が見られるものである。この捺文は何を意味するのだろうか。この疑問について検討する前に、この練緯の特徴と関連があると思われる練緯以外の裂を用いた例について触れることとしたい。

表6の調査データ上に現れる練緯以外に用いられている裂は、平絹がもっとも多く十五例、紬《つむぎ》が二例、紗綾《さや》が二例、綸子《りんず》が一例である。平絹とは経糸・緯糸ともに練糸を用いて平織にした絹織物で、経糸・緯糸ともにほぼ同じ太さである。練緯との大きな違いは、練緯には経糸の生糸から生まれる張りがあるが平絹にはなく、柔らかな風合いである。また、練緯の場合は生糸が細いため経糸と緯糸が重なる面積が小さく薄手で緯糸に用いられる練糸の光沢が映えるが、

平絹は一様に柔らかい光沢が見られる。幅一センチメートルあたりの糸込みは経糸・緯糸ともにおおむね四〇本前後と平均的であるが、これは練緯と共通する特徴である。徳川家康所用と伝わる「胴服　紫地葵葉模様　三つ葉葵紋付」（調査番号71）は、本調査では例外的であるが、平絹に練緯と同様の捺文が見られる。

紬とは、屑繭や真綿をつむいだ絹糸で織り上げた平織の絹織物で、手紡ぎのため糸の太さが均一ではなく、織物の表面に節が現れるのが特色となっている。表6では幡の幡身に用いられる「②紺地楓竹模様」（調査番号45）や「裂　青緑地波藤葵模様」（調査番号64）であるが、他にもいくつか例が見られる（「辻が花裂一覧」の「地」の列を参照）。

紗綾とは、平地に経四枚綾で文様を織り出した織物で（調査番号20）、江戸時代中期まで中国から舶載された絹織物である。時代によって綾文に傾向が見られ、江戸時代前期までは卍字形を織り出した紗綾が数多く輸入されたことから、その模様を「紗綾形」と称するようになったが中国では回文と称する。今回調査した裂に用いられていた紗綾の模様は二例あり、一つは卍字繋ぎに蘭と六弁花と椿と菊折枝文を織り出した紗綾（調査番号20）で、中国から輸入された紗綾である。もう一例は四つの唐花文を菱形に集めた花菱文を等間隔に互の目に散らした有職風の織文（調査番号21）である。中国からの輸入裂であるか日本製であるかにわかには判断しがたい。

綸子は繻子地にその裏組織で模様を織り出した織物で、経五枚繻子地（経糸五本緯糸五越を一つの単位とする組織で、表面に長く絹糸が浮くために、絹の光沢が映える。サテンと同義）や経八枚繻子地が多く見られるが、小袖に用いられるものは経五枚繻子地がほとんどである。江戸時代初期までは中国から舶載された絹織物で、明時代における繻子地の特色は緞子と同様、五枚繻子が三越二飛である点である（調査番号28）。織文は卍字形に花の折枝文を散らした模様が一般的な傾向となっており、江戸時代中期以降、日本で織成されるようになってから、日本製は卍字繋ぎ文に蘭と菊の折枝を散らした模様が通例となっている。表6では「裂　白地雲菊鉄線花唐草模様」（調査番号28）に用いられる綸子の一例のみであるが、「辻が花裂一覧」の「裂　花籠藤草花模様」（京都・株式会社一ノ橋所蔵）（通番134）にも用いられている。織文は卍字繋ぎ文に八弁花に唐草模様と五弁花の折枝文が散してあり、中国・明時代の繻子組織の特色である三飛二越の繻子である。以上、当時、用いられていた日本産の練緯・平絹以外は、中国で生産された織文のある絹織物が用いられている。

以上のように、辻が花裂には少ないながらも綸子や紗綾など中国産の紋織物が用いられており、それには卍繋ぎ模様が織り出されている。一方、先述した一部の練緯に施されている捺文もやはり卍字繋ぎ模様である。これは、当時輸入されていた綸子や紗綾に施される模様を日本製の練緯に加工することによって、まだ日本で織る技術を持たなかった綸子や紗綾の織文の代用としたとも考えられる。桃山時代末期から江戸時代初期にかけて、日本では卍繋ぎ模様を表した紗綾や綸子が輸入され小袖などの衣類に使用される頻度が増えてくる。いわゆる慶長小袖と称される地無小袖においては、中国産の卍字繋ぎ文綸子を用いる傾向が強い。そのことを踏まえると、卍繋ぎ模様を捺文とした練緯の使用は、その需要が高まった桃山時代末期から江戸時代初期とみなしたいところである。

室町時代後期、練緯は、応仁の乱以後荒廃を余儀なくされた戦国の世から復興を見せる京都の西陣で、人々の衣料の中心的存在であった小袖の素材として、練緯座と呼ばれる専業集団によって製作された。中世における縫い締め絞りによる模様染にもっとも用いられた裂ではあるが、当時、日本で供給できた白地染用の絹織物としては他に選択の余地なく練緯が用いられたのであろう。それは、当時の小袖における別の加飾方法である摺箔や縫箔にも練緯が多用されていることからも明らかである。日本でもっともよく織られていた薄板物の絹織物がほとんど練緯だったから、練緯を用いるしかなかった。その一方で、日本産では経糸・緯糸ともに練糸を用いた平絹や紬糸を用いた平織物である紬、輸入織物では綸子や紗綾といった織文のある素材も若干であるが用いられた。織文のある絹織物への憧れから、卍字繋ぎ文の捺文が入った練緯なども用いられるようになったが、基本的には桃山時代までの日本では、染めや刺繍、摺箔などの加飾を施す小袖の素材として、その大半は練緯を用いるしか選択肢がなかったのである。

それでは、室町時代から桃山時代にかけて、「ねもじ」「ねり」とも称されていた練緯は、どのような服飾に用いられていたのであろうか。小袖形の衣服を中心に見ていくと、『殿中以下年中行事』（享徳三年〈一四五四〉）には、

〔正月二日〕御小袖は御随意也。御袋様以下御装束定事ナシ。紅隔子〔格子〕ハ御三臺様。上臈様ノ外ハ不召。其外ハ摺絵書。縫物。織物。以下可為御随意。但臙粉入等之織物。香地朽葉。魚龍貫白。薄色之練貫。青練貫。黄練貫。朽葉練貫等女房被召事ナシ。尼公ノ御衣裳也。男ハ何ヲモ可為。次練貫之廣小袖。公方様。御女房様可被召。

いずれも小袖、即ち、袷仕立の綿入りである。同じく『殿中以下年中行事』に、

一或説ニ。公方様白小袖白綾也。御袷衣ハ加賀絹。又説ハ。ハダ小袖。面ハ生衣。ウラハ練貫。
一奉公中。白小袖白練。ウラハ生衣也。袷ウラ面一匹。絹也。

とある。ここで「生衣」と記されているのは「生絹《すずし》」のことである。それによれば、将軍の肌小袖には表が生絹で裏が練緯の袷仕立の小袖が用いられる。一方、奉公衆が用いるのは表が練緯、裏が生絹の白小袖である。伊勢貞藤『御供故実』（文明十四年〈一四八二〉）には（以下、傍線は筆者による）、

一あはせの事。何も不苦候。こうばい。ぬきじろ。ねりぬきなどは。男ハ十四五まで可有着用。白小袖は斟酌候。

とあり、練緯は十四、五歳までの男性が着用する袷仕立の小袖に用いられる。伊勢貞陸が日野富子（一四四〇—九六）

のために記したとされる故実書『簾中舊記』による、季節ごとの女房衣裳を見ると、

一　正月めし物の事。朔日朝こそでそめ物。ひるの御いはひおり物。

一　二日朝小袖何にても。ひるはおり物。三日朝小袖何にてもひるははくゑ〔箔絵〕。七日あさこそで何にても。ひるぬひ物。十五日あさ小袖何にても。ひるはおり物。

一　正月のきりには二小袖一ゑりにめし候。こうばひのたぐひめし候人は。はだこうばひのたぐひめし候。ねもじもめし候。さりにはひとつびとつのゑりをそろへてはめし候まじく候。

一　四月には。ぼうたんと申物めし候。ねもじにはくゑぬい物などして。うらあかくしてめし候。ぼうたん廿の御としまでめし候。

一　五月一日。あさ小袖何にても。こうばいめし候人は紅ばい。ひるはゑぬひ物のすゞしうら。五日あしたの小袖何にても。ひるはすゞしのおりもの。すゞしのうらのねりぬきめし候。五月うちはかたびらはめし候はず候。御臺さまめし候へば。わたくしにてもめし候。

一　六月一日。あしたはいづれもあかきにてもくろきにても御かたびら。何にても御すゞしの御こしまき。

一　七月一日。何れもあかきにてもこんぢしろにても御かたびら。七日御すゞし。うらは何にても。

一　八月一日。御ねりぬきのすゞしうらに。そめつけ御臺さまはませにすゝきばかり御もんに御つけ候。わたくしは秋の野を心々に御つけ候。

一　九月一日。ねりうらのねもじに御小袖めし候。何にてもめし候。九日御染物。きくのもんをおなじくば御付参らせられ候。

一　十月一日。あさ小袖何にても。ひるおり物。此月はむらさきをほんにめし候。

一 十一月一日。何にてもめし候。こうばいのたぐひめし候人は。こうばいたぐひめし候。

一 十二月一日。何にても御心々にめし候。廿六日には御所々御さいまつの御禮に成り候時は。ゑぬひものめし候。

以上を見る限りでは、練緯は正月の小袖や、四月に着用する金箔や刺繡で模様を施し赤い裏地のついた「ぼうたん」と称される小袖の表地に用いられる。五月になりやや気温が上ってくると、裏に生絹を用いた練緯の小袖となり、六月から七月の間の暑い時期には練緯は用いられない。八月に入り、再び袷の小袖が着用されるようになると、生絹の裏地がついた練緯の小袖となり、さらに涼しくなると表裏ともに練緯を用いた袷仕立の小袖となる。以上の記述からは、練緯は、夏季の単仕立の帷子には用いられていないことがうかがえる。同様の記述は故実家・伊勢貞知の『女房故実』（文禄二年〈一五九三〉）にも見える。夏季の衣裳において例外的に練緯が用いられるのは、武家女性が夏季に帷子を着用の際、諸肩を脱いで腰下に着用する「腰巻」の例のみである(10)。以上より、室町時代中期から桃山時代にかけて、武家の故実書に見る限りでは、練緯は袷仕立の小袖に用いられるものであることがうかがえる。したがって、ほとんどが練緯を地の素材として用いている辻が花裂もまた、衣類であるならば、本来は袷仕立の小袖だったとするべきであろう。

三 色と模様の特徴

辻が花として知られる中世から近世初期の染模様裂にはさまざまな模様が染められ、デザインは多様である。それらが辻が花という名称で分類される定義は「絞り染」、しかも実際には同じ絞りでも鹿の子絞りのような糸で結う絞りは含まれず、縫い締め絞りであることが条件とされてきた。したがって、縫い締め絞りが含まれていれば、辻が花の範囲が際限なく広がることとなる。

実際には、当時、模様を染めるための手段としては鹿の子絞りなども含めた絞り染、糊置きによる型染、摺り染、板締め、描絵などがあり、縫い締め絞りと複合的に用いられることも多く、縫い締め絞りを施した中世の裂がすべて辻が花であるという現代の定義では、辻が花の実体がつかめなくなるのも当然であろう。前章において中世の史料に記される「辻が花（染）」を見てきたように、記された「ことば」に見る辻が花の特徴は、技法ではなく、むしろ衣類としての形状（帷子）および色と模様であった。人が着用する衣服が表現する色や模様の様式は、歴史的にはその人物の年齢や性別、身分を象徴する。したがって、「縫い締め絞り」という広範囲にわたって辻が花と称されてきた裂もまた、技法による分類ではなく、色と模様のデザイン様式による分類を試みることによって、その用途や使用者の傾向が見えてくる。本章の最初に述べたように、現在における辻が花裂には、色と模様に大きく分けて六つの傾向が見られる。もちろん、色と模様とは同じ傾向を持ちながらその類型とした方がよいデザインも見られる。そのような類型に関しては「〃」（ダッシュ）を付し、二つの傾向の折衷的なデザインには「＋」（プラス）を用い「辻が花裂一覧」では、色と模様の傾向を①―⑥に分類し①から順に並列している。本節では、色と模様に注目した六つの傾向のそれぞれにおける特徴について述べていきたい。

萌黄色の地色に草花などの描絵模様を配したデザイン［タイプ①］

このデザインは萌黄地に極細の墨線で繊細に草花模様を描き、墨の暈しを効果的に用いる点に特色がある。タイプ①のデザインは伝存するほとんどの裂が小さい裂であるため、もともとの形態が何であったのかはにわかには判じ難い。その中で、元の形が小袖だとわかる例が小袖屏風に仕立て替えられて伝存する「小袖裂 白地石畳草花模様」（千葉・国立歴史民俗博物館所蔵。以下、歴博と略す）（口絵4、向かって右側）である。歴博の小袖裂を見ると、この小袖はタイプ①とは別の幾何学的な模様である石畳模様を同じ裂面上に縫い締め絞りにしている。

幾何学的な模様とタイプ①のデザインとを組み合わせた例は、肖像画にも見られる。京都・南禅寺聴松院に所蔵される「細川蓮丸像」［図3-3］は、一方は襷、一方は萌黄地菊紅葉模様の縫い締め絞りと描絵を施した片身替の肩裾小袖を着用した裃姿の少年像である。この少年は丹後田辺城主細川幽斎の子で、天正十五年（一五八七）七月に十二歳余りで亡くなった。早世を惜しんだ両親が奉納し、南禅寺第二六四世・梅谷元保が「天正十五年小春中浣」と賛を記した、少年が死んでまもなく描かれた肖像である。前髪を残した元服前の姿で、裃の下に着用する小袖は振袖である。没した直後に描かれた肖像という点から考えても、おそらく、実際に蓮丸が着用していた小袖の一領を写したと考えられるのではないだろうか。前述した歴博の［口絵4］（向かって右側）の裂は段模様となっているが、この肖像では片身替となっている点が異なる。しかし、白地にタイプ①のデザインと幾何学的な模様を組み合わせたデザイン構成は共通する。「童子像」［図3-4］の表具にもタイプ①のデザインと斜め格子模様や松皮菱模様を段に染めた裂が用いられている。描かれる童子は薄物でできた肩衣に小紋の袴を着用し、肩裾模様の振袖には、紅筋が染め出され、金箔で模様が施されている。前髪を残した元服前の少年で、肖像の足元に描かれた脇差と扇子は、武士の出であることを示している。やはり、供養のための肖像であろう。この表具裂も元はこの少年が着用していた小袖であった可能性が高い。

風俗画の中にも同様の片身替の小袖を着用した女性が描かれる。狩野元信（一四七六―一五五九）の息子である狩野秀頼筆「高雄観楓図屛風」（東京国立博物館所蔵）に描かれた赤子を抱いた一人の女性は、一方は紅筋、一方は萌黄地縫い締め絞りに描絵の片身替小袖を着用する［図3-5-1］（［図3-5-2］については後述）。

片身替の小袖について『貞順豹文書』によれば、十四、五歳までの若者が着用するものだとしている。しかし実際

図 3-3　細川蓮丸像（京都・南禅寺聴松院）

には相模国小田原城主を描いた「北条氏康像」（神奈川・早雲寺所蔵）も直垂の下に片身替の小袖を着用している。「妙然尼像」（東京国立博物館所蔵）のように女性でも着用する。桃山時代から江戸時代初期の風俗を描いたと考えられる「輪舞図」（奈良・大和文華館）には、片身替の小袖を着流しにした女性が数多く描かれている。したがって、年齢や性別ではにわかには判断し難く、時代による差異もあるかもしれないが、ここであげた幾何学的模様と具象的模様を組み合わせた片身替の小袖は少年か女性が着用する傾向があったと考えられるのである。斜め格子や襷、石畳、筋文や松皮菱といった幾何学的な模様と具象的な模様の組み合わせは片身替や段模様のような、模様の際だった変化は華やかで、いかにも女性や初々しさの残る少年にふさわしい意匠である。その一方で、文禄二年（一五九三）の賛がある「松井与八郎像」（京都・宝泉寺所蔵）のように、肩裾模様であるが、片身替ではない例も見られる。元服を済ませた月代を剃った十六歳の肖像で、小紋の袢姿である。袢の下に着用する小袖に、肩裾模様と思われるデザインで、このタイプのデザインが染められている。肖像画に記された賛によれば、松井与八郎は細川忠興の家臣・松井康之（一五五〇―一六一二）の息子で、父に伴い朝鮮出兵に出陣した際、病をわずらい佐賀・名護屋へ戻ったもののそのまま亡くなったという。まだ若い息子の死を悼んで描かせたのであろう。以上によれば、タイプ①のデザインは武家社会における若年男性が着用する小袖の模様や、身分の高い若い武家女性の小袖の模様として好まれ、片身替や段模様にすることによっていっそう華やかに仕立てられたデザインであったと考えられる。天正―文禄年間に流行ったデザインであることが、肖像の年代から推定される。

本紙

図 3-4　童子像（個人蔵）

松皮菱や島形、雲形の枠（松皮取・島取・雲取）を紅色や萌黄色に染め分け、その中を松皮菱や襷といった幾何学的模様、あるいは草花などの具象的模様で埋め尽くしたデザイン［タイプ②］

辻が花と称される裂の中でも、もっとも多く見られるデザイ

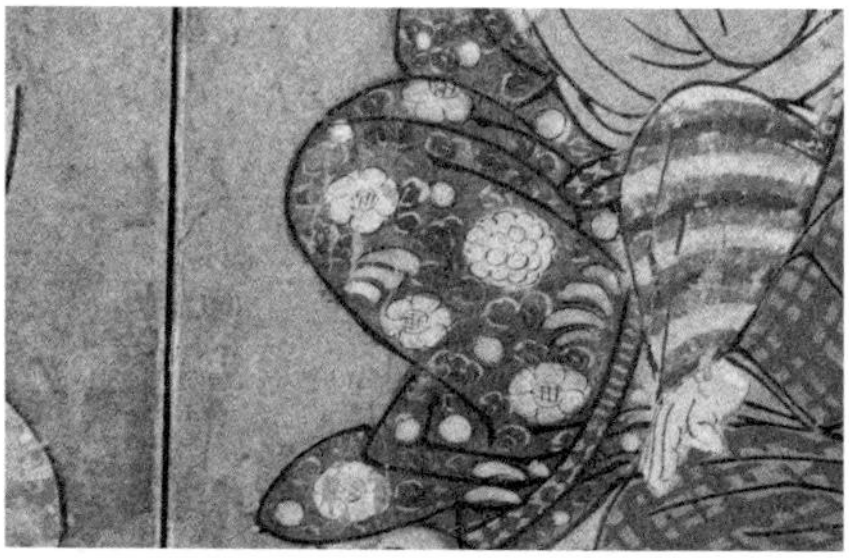

図 3-5-1　●高尾観楓図屏風［口絵5］（部分，東京国立博物館蔵）
赤子を抱いた女性

図 3-5-2　同上
向かって右端の女性

ンである。その特色は松皮菱や島（洲浜形）に区切った枠の中を、それぞれ松皮菱・襷・石畳といった幾何学的な模様、あるいは具象的な草花模様で埋め尽くす、様式化されたデザインとなっている。このタイプは、基本的に縫い締め絞りと描絵が主流であるが、時に金銀泥や摺箔といった加飾がなされる場合もあり、技法は不定である。年記のある古い例としては、「小袖 白地洲浜形水辺花鳥模様」［図3-6］が挙げられる。この小袖は、肩と裾に洲浜形を縫い締め絞りにして紅色で染め（ただし、その紅色は変色と褪色により、赤茶色に見える）、その内を雲取にして白く染め抜いて道明きとし、赤系統の染料あるいは顔料で花鳥図を描いている。裏地にある墨書銘によれば、岐阜県郡上郡の白山神社神宮寺に永禄九年（一五六六）に寄進されたもので、芸能衣裳として用いられてきたものである。

秀吉の養子であった秀次（一五六八—九五）の妻たちが着用していた小袖裂で調製されたという伝承のある表具の天地に用いられている裂［図3-7］はタイプ②の典型的な例である。この裂は紫と萌黄に染め分けられているが、萌黄の部分にタイプ①のデザインと同様の細い墨線による具象的な描絵の模様が施されている点において、①と②の折衷様式といえる。タイプ②のデザインにも片身替があり「ふしみとの」の墨書が入った裂［口絵6］の復元小袖［図3-8］によってその全容をうかがうことができる。この裂には紅地の片身部分に襷や松皮菱、菱繋ぎ文といった幾

図 3-6（右上）
◎小袖　白地洲浜形水辺花鳥模様（東京国立博物館蔵）
図 3-7（左上）
表具裂：天地の部分，染分地松皮取菊桔梗椿藤模様（京都・瑞泉寺蔵）
図 3-8（下）
「裂 染分地島取松皮菱襷草花模様」［口絵 6］による復元小袖（大阪・丸紅株式会社蔵）

何学的な模様が縫い締め絞りで染められ、さらに太めの墨線で輪郭がとられている。紅地と紫地の違いがあるものの、模様の様式は［図3-7］と同様であり、同時期のものと考えてよいであろう。「ふしみとの」とは伏見城に住んでいた秀吉の側室・淀殿（生年不詳—一六一五）のこととされてきたが、近年、その説は揺らいでいる。(11)

タイプ②のデザインの小袖を着用した肖像が、石川・妙法寺所蔵の「圓智院（篠原一孝夫人）像」［図3-9］である。この肖像画に描かれた女性は加賀藩の家臣・篠原出羽守一孝の夫人で、前田利家の弟良之の娘で利家の養女となり篠原家に嫁いだ。慶長三年（一五九八）に没し、この肖像画には慶長三年中秋晦日の賛がある。描かれた女性が着用する打掛には、全身を松皮菱に島取りし、紅地には地無し風に四つ菱・亀甲・綾杉・霞文といった幾何学的な模様の金

図3-9　圓智院（篠原一孝夫人）像（石川・妙法寺蔵）
供養のために描かれた肖像で，その前に供物が描かれている．中廻しにも同じ②のタイプの裂が使われている．

箔模様と沢瀉文や藤などの草花の刺繍を施し、白地に草花や橘・海賦文を描絵で表した総模様の小袖を着用する。同様の小袖に白い打掛をはおった「瑞松院像」（京都・真珠庵所蔵）の例がある。なお、タイプ②の様式においては［図3-7］のように紅色を用いず紫色で地色を染め分けた「紅無《いろなし》」と［口絵6］［図3-8］のように紅色で地色を染め分けた「紅入《いろいり》」のタイプの二種類に系統づけられ、圓智院が着用するのは紅入である。

一方、風俗画においても、タイプ②のデザインに類似した小袖を着用した例が見られる。福岡市博物館所蔵「洛中洛外図屏風」左隻には、二人の女性がこのタイプを着用している。子どもを抱いた若い女性は、萌黄色の松皮取の中に水玉模様の縫い締め絞りをし、白地の部分に紅色で藤や花の模様を縫い締め絞りにしたような小袖を着用する。扇屋の女性は白地を松皮取にし、その内部に赤い花菱模様を縫い締め絞りにした小袖のようである。いずれも町方の女性であるが、武家女性の肖像に描かれる模様を比較すると、描かれた表現で用いられた技法まで推測するのは難しいところであるが、描絵や刺繍といった細密な加工で地を埋め尽くすデザインではなく、より簡素である。

以上のようにタイプ②のデザインは芸能衣裳の例もあるが、遺品や肖像画などから文禄—慶長期における相応の身分の武家女性が着用したデザインであると言える。「圓智院（篠原一孝夫人）像」に用いられる表具の裂［図3-9］には、中廻しに紅で色紙・扇面・州浜形や波や藤の模様を縫い締め絞りし草花の描絵を施した裂が用いられ、その裂は②のデザインと次に述べる扇面模様を散らすタイプ③のデザインとの中間的な様式にあたり、肖像画の表具に像主の小袖裂（ただし、描かれている裂とは別の小袖裂であるが）をそのまま用いたことをうかがわせる。また、青森・長勝寺所蔵「満天姫像」でも、肩裾模様であるが松皮取や州浜取に草花の模様を配した小袖を着用し、扇形模様を散らしている点ではタイプ③のデザインへ移行する中間的な要素を持つ。その上には一方に立涌に桜花、一方に草花と海松貝を散らした模様をあしらった摺箔と思われる腰巻を着用し、夏季における武家女性の正装姿である。描かれた女性は家康の養女で福島正則の嫡子正之に嫁ぐが、その後、津軽二代藩主信牧に再嫁し、寛永十五年（一六三八）に没した。

図3-10 ◎胴服 紅地雪持柳模様／衿裂 染分地島取松皮菱柳扇面模様（山形・上杉神社）

武家女性に該当しない例としては、上杉神社に伝わる胴服の衿の部分にやはりタイプ②と③のデザインの折衷様式の裂が用いられる［図3-10］。この胴服については、上杉謙信所用説を疑問視する声があり、(12) 模様の様式、寸法の小ささなどから、その養子で後継となった上杉景勝が少年時に用いた可能性があると指摘されてきた。(13) しかし、色と模様から見る限り、森理恵が別の論考で指摘したように、(14) 本来は武家女性が着用する一つの様式としてあったと考えてよいのではないか。胴服の衿に用いられた裂は、「圓智院（篠原一孝夫人）像」の表具裂に用いられる墨の太い線で松皮菱や襷模様を描くデザインや扇面や色紙を散らすデザイン、「満天姫像」の満天姫が着用する小袖に表された松皮取の中に扇面を散らすデザインと同様で、後述する③の様式に引き継がれる模様であることなどから、年代的には慶長年間を遡ることは難しい。ミルハプトの指摘にもあるように、(15) 上杉家にあった武家女性の小袖の裂を形見として胴服の一部に用いたとするのが妥当と考える。

茶色（あるいは紫色）の地色に、段を表したり、扇面や円、色紙や短冊などを散らしたりしたデザイン［タイプ③］

このデザインには、当時の形を遺した「紫地段花菱円文散草花模様縫箔小袖」（重文指定名称）［口絵7］がある。段や扇面や円・短冊といった単純な形状を縫い締め絞りし、紫色が変色したとも考えられる茶地の部分には金箔で型紙によって草花や幾何学的な模様を施し、縫い締め絞りで染め分けた段や扇面や円・短冊の内部に、刺繍で草花などの

図 3-11　裂 茶地雲扇団扇草花模様，九条袈裟の田相・条部分（福岡市美術館蔵）

図 3-12　後藤徳乗夫人像

模様を施す。襷模様など、タイプ②と共通するモチーフも見られるが、②よりも縮小して用いられ、色彩は暗色化し、模様の主体は描絵ではなく刺繍による草花模様である。［口絵7］は、頭に巻く桂包と共に、京都の桂女[16]の一家に伝わったとされる。福岡市美術館に所蔵される九条袈裟の田相・条部分には「裂 茶地雲扇団扇草花模様」が用いられる［図3-11］。裏地の墨書には奉納に際し供養した人物の名が記され、秀次事件の際に連座して追放された羽田正親長門守の妻のために寄進したのではないかという説がある。[17] そうだとすれば、袈裟に用いられた裂は、武家女性の衣料だった可能性がある。

肖像画では「後藤徳乗夫人像」［図3-12］に描かれる茶地扇散らし模様縫箔打掛がタイプ③のデザインに属する。後藤徳乗（天文一七年〈一五四八〉―寛永八年〈一六三一〉）は幕府の大判座の役人で代々室町幕府に仕える彫金師の家柄で、秀吉に重用された。その夫人の肖像に慶長十五年（一六一〇）に没したという賛が入る。いずれも武家女性で慶長年間の例である。タイプ③のデザインを辻が花とは認めないとする研究者もいれば、[18]「末期辻が花」と称することもあるが、[19] 技法としては刺繍と金箔で模様を表した縫箔と呼ばれる慶長年間の衣裳である。現在では黒・紅・白で複雑な染め分けを施し、吉祥模様を主題とする細かい刺繡模様と金摺箔による模様で地を埋め尽くすように模様を表した江戸時代前期の地無小袖を「慶長小袖」と称する慣例があるが、本来はこのデザイン様式こそが慶長期の武家女性が着用した縫箔の様式であり「慶長小袖」と呼ぶにふさわしいものであろう。やはり、武家女性の服飾に見られるデザイン様式である。また、タイプ②のデザインの中には、タイプ③のデザインへと移行する中間的な様式のデザインが散見され、慶長期が武家女性の服飾デザインの転換期にあたることがうかがえる。タイプ③のデザインの裂には表5で示したような［図3-1-2］のような染める色を指定する文字記号が入った例が見られない。つまり、縫い締め絞りによる色分けによって表される模様が主ではないことを示しているのであろう。縫い締め絞りは地色と白地の区画を染め分けるための手段へと退化しており、模様の主要な部分は刺繡と金箔が構成しているという点において、他の縫い締め絞りとは模様表現の上で区別されるのである。

浅葱色またはそれに紫・白の染め分けで地色を表し、模様を散らしたデザイン［タイプ④］

「秀吉・家康タイプ」と称してもいいデザインである。「辻が花裂一覧」の形状の列を見ても明らかなように、衣料として完全な形で残される場合が多い。豊臣秀吉、あるいは徳川家康から家臣が拝領したというケースが多く、その結果、家宝として扱われてきたために良好な状態でその形をとどめたことが考えられる。④はまた、徳川家に伝来する家康の遺品に見られるものである。一貫して縫い締め絞りを主とし［口絵8・図3-1-1］、「胴服 水浅葱練緯地蔦模様」（東京国立博物館所蔵／列品番号I-四二七〇）のように細い墨線による草花模様の描絵が加えられる例も見られる。形状は胴服か綿入りの小袖である。しかし、豊臣秀吉や徳川家康といった当時の最高権力者の所用ではない例もいくつか見られる。小袖屏風に仕立てられた「小袖屏風 浅葱地草花唐草雲文扇面散模様」（千葉・国立歴史民俗博物館所蔵）および「小袖屏風 白地葡萄松皮菱模様」（図3-13、向かって左側、千葉・国立歴史民俗博物館所蔵）のデザインなどはタイプ④の傾向に該当する。これらの裂の所用者や元の形状は不明である。伝存例からいくと、限られた階級の武家男性が着用した小袖および胴服が多い。したがって、タイプ④のデザインは、桃山時代から江戸時代初期にかけて豊臣家や徳川家といった上層の武家男性が着用した胴服や小袖の様式とみなされるだろう。

紫や茶色といった濃い地色に草花や動物・波といった模様を白く染め残したデザイン ［タイプ⑤］

図3-13　小袖屏風（部分，千葉・国立歴史民俗博物館蔵）
向かって左側：白地葡萄松皮菱模様

国立歴史民俗博物館には小袖屏風に仕立てられた例として「紫地桜藤模様裂」（口絵4、向かって左側）がある。また、すでに大破しているものの、徳川美術館には茶地にタイプ⑤の模様を表したデザインの小袖が九領余り所蔵されていたことが、遺された裂の残欠からうかがえる（「辻が花裂一覧」通番208—216）。それらはすべて、徳川家康所用と伝わるものである。

このタイプは、肖像画や風俗画にもしばしば見られる。風俗画の例としては前述した「高雄観楓図屏風」［口絵5］

の髪を結い上げた女性が紫地に縫い締め絞りで藤の花房を白く染め抜いた小袖を着用する〔前掲、図3-5-2〕。肖像画では和歌山・成慶院所蔵「伝武田信玄像」〔図3-14〕に描かれる、武田信玄（一五二一―七三）と伝えられる男性が、素襖の下着として露芝と草花を縫い締め絞りしたらしき濃茶地の小袖を着用する。ただし、この男性が着用する小袖には白く染め抜いた模様の一部にさらに色が挿してある。「徳川市姫像」（京都・清涼寺所蔵）〔図3-15〕に描かれる童女は、産衣の下着として、紅地ではあるが、露芝と藤の花房を縫い絞って白く染め抜いた小袖を着用する。家康の五女として生まれ、わずか四歳で夭逝し、肖像画には慶長十五年（一六一〇）二月十二日の賛がある。「玉泉院（前田利長夫人）像」（東京・前田育徳会所蔵）に描かれる女性は織田信長の五女で、天正九年（一五八一）加賀藩主前田利家の嫡男利長の元に嫁ぎ、元和九年（一六二三）に五〇歳で没した。白小袖の下に濃い紫色（あるいは茶色）の地の縫い締

図3-14　◎伝武田信玄像，長谷川等伯筆（部分，和歌山・成慶院蔵）

図3-15　徳川市姫像（京都・清涼寺蔵）

め絞りらしき小袖を一つ前に着ており、やはり、下着の小袖である。以上のように絵画資料にあたっていくと、このタイプは、下着として描かれる場合が多い。「高雄観楓図屏風」に描かれる女性は表着として着用するが、遊楽でくつろいだ姿で描かれ、肖像画とは性格が異なる。普段着には表着として用いられることがあっても、正装した姿ではおおむね下着として着用される。また、このデザインはタイプ②の幾何学的模様の代わりに用いられることもあった〔図3-7、3-8〕。年代は十六世紀後半から江戸時代前期まで比較的長く用いられ、上層の武家階級が着用する例しか見出されない。茶系は男性用、紅や紫は女性用という地色の傾向はあるが、男性でも女性でも、また、若年でも成人でも使用したデザインであることがうかがえる。

白地あるいは水浅葱地に草花などの模様を表したデザイン〔タイプ⑥〕

タイプ⑥については、デザインの様式的傾向というよりはむしろ、タイプ①—⑤に該当しない、白地（あるいは水浅葱地）に模様を縫い締め絞りにしたものの雑多な集合である。完全な小袖形をしたものに京都国立博物館所蔵「小袖　白地檜垣亀甲松皮取雪輪草花模様」〔口絵9〕がある。肩裾を松皮取にして紅・黄・淡萌黄・浅葱・白などで染め分け、細かく描絵などを施したデザインである。亀甲文や檜垣文に区切られた肩裾の部分にはタイプ②や⑤のデザイン様式で見てきた図様が小文様化して用いられている。紅を多用した装飾的な肩裾模様のデザインは若い女性用と考えられるが、所用者については不明である。前述した「後藤徳乗夫人像」〔図3-12〕の打掛の下には、白地に紅と萌黄色および浅葱色で鞠挟み模様を縫い締め絞りにした風の小袖を着用し、慶長年間に、縫い締め絞りのみで模様を染めた簡素なデザインの小袖を間着として用いていたことがうかがえる。

素材と技法、色と模様に着目し、現在辻が花と称される裂の「モノ」としての特徴について見ていくと、現在辻が花と称される裂がどのような特徴を持ち誰がどのように用いてきたのかが、おぼろげながら浮かびあがってくる。まず、地の素材についてであるが、第二章で史料に記された「辻が花（染）」を見てきたように中世における帷子には練緯を素材とするものは見られなかった。一方、本章で検討したように、中世において練緯は袷仕立（表地と裏地がある）の小袖に用いられるものであった。麻か生絹のいずれかの素材でできた単仕立の帷子として中世の史料に記述される「辻が花（染）」は、練緯ではありえない。一方、先に見たように伝存する辻が花裂のほとんどに「練緯」が用いられているので、伝存する辻が花裂は、実はいずれも例外なく史料上に記されてきた「辻が花（染）」ではないのである。

第二章においては史料に見られる「辻が花（染）」の技法についても検討し、浸染を伴う「括し（絞り染）」でないことを確認した。しかしその一方で、本章において六つのデザイン様式に分けた辻が花裂には、タイプ⑤のデザイン様式以外は「括し（絞り染）」以外にもさまざまな技法を用いて草花の模様を表した例を見てきた。また、伝存する裂のうち、タイプ④⑤以外は、武家の女性あるいは若年が着用した例が多く見られることも確認し、⑤については、紅無の茶色地が成人男性、紅や紫などの地色が女性や若年に用いられていた。実は、タイプ①②③のデザイン様式については おおむね武家の若年あるいは女性が用いており、中世において「辻が花（染）」を着用した階層や年齢層、性別などが重なる。現在、辻が花と称される裂が、中世の史料とのズレを指摘されながらも辻が花と呼ばれ続けた理由の一つには、中世の史料にも女性や若い少年が「辻が花（染）」を着用すると記されていたことに引き寄せられたとも考えられるだろう。また、タイプ①②③のデザイン様式の中では、それぞれのモティーフを共有している部分があり、小袖のデザイン様式の歴史的な変化と流れを示していると考えられる。つまり、天正―文禄年間に見られる①のデザインにおいては、地色を萌黄にした具象的な草花の描絵模様と、襷・松皮菱といった幾何学的な模様が片身替や段といった直線的な区画の中に対照させて均等に配分されていた。しかし、文禄―慶長期前半に見られる②のデザインにおいては、地色は紅（あるいは紫）と萌黄の対比で用いられ、島取・松皮取といった複雑な幾何学形に区画された中に、具象的な草花の描絵模様と幾何学的な襷・松皮菱といった模様が充塡されたデザインへと変化している。②のデザインにおいては、地色は紅色であるが、縫い締め絞りが具象的な模様から地色と色紙・扇面・短冊といった窓枠を白く染め分けるための手段へと退行する③のデザインを折衷した様式が見られる。一方、慶長期後半に見られる③のデザインにおいては、襷・松皮菱といった幾何学的な模様が円文や雲文の中に縮小して用いられ模様の中心は刺繡や摺箔に移行するが、刺繡や摺箔によって表される草花模様もまた、小模様化し、色彩も暗色が好まれるようになるのである。紅や萌黄といった明るい色彩から茶・紫といった暗い色調への変化は秀吉が支配した桃山時代から家康の江戸時代初期への移行期に見られる傾向で、例えば唐織のデザインにも顕著に表れている。時代の変化とその流れがデザインの流動的な変化にも影響していることがうかがえるのである。

六つの傾向に分けられる色と模様のデザインのうち、江戸時代における考証と遺された中世の染模様裂との整合性について確認しておきたい。残念ながら綾地に松皮菱模様を表した室町―安土桃山時代の例は見られないが、『張州府志』における「辻が花（染）」を「松皮菱模様」と解釈した説に相当する裂はタイプ②のデザインであろう。②の裂の中には松皮菱のうちに鹿の子絞りをした裂も実際に見られる。一方、喜多村信節が『嬉遊笑覧』で述べた「鹿の子絞りで表した麻の葉模様」や、柳亭種彦が『柳亭筆記』で述べた「花を十字形につないだ模様」の裂は現在の辻が花裂には見られないことから、江戸時代に伝存した古裂を参照した考証ではないのであろう。山崎美成による「×形を並べその周囲に花形を配した模様」［図2-3-1］は、襷模様の周囲に草花の模様をあしらった［口絵6］の向かって右側の裂のようなデザインの裂を参照した可能性がある。

四　形状の改変と伝来

辻が花と称される裂には、現在でも袷仕立の小袖形をとどめている作例があるが、「辻が花裂一覧」の寸法の欄を通観すると、辻が花裂の大部分は衣類の形をとどめず小さな裂として残っている。一方、衣類の形が残っているものの大半は、有名な武将が所用していたと伝えられるものである。

しかし、衣類の形をとどめている作例の中には、武将に由来しない例があり、その形状からは、武将たちの衣服が守り伝えられてきた意図とは異なった価値観がうかがえる。また、小さな古裂の中には、特殊な形状を持って伝えられてきたものがある。ここでは、辻が花裂が伝世したことと深く関わると考えられる形状とその変化といった特徴について見ていくこととしたい。

衣類としての形をとどめたもの

表7は、小袖、胴服、陣羽織、鎧下着など、衣類としての形をとどめた状態で現在に遺された辻が花裂である。小袖とは袖口を小さくし肩から足元までを覆う衣服のことで、表地に裏地が付く袷仕立であり、表地と裏地の間には薄く綿が入る秋から冬、春にかけての衣服である。胴服は武家男性が陣中において鎧の上から着たり、普段着に小袖の上に着用したりする現代の羽織のような上着、陣羽織は鎧の上から着用する上衣、鎧下着は鎧の下に着用する綿入りの下着で、いずれも武家男性の服飾である。これらのうち、豊臣秀吉所用と伝わる胴服が三領、徳川家康が所用していたという伝来のある衣服が十八領ある。

豊臣秀吉所用と伝わるものは、いずれも胴服で、秀吉から配下の武士が拝領し、諸家で大切に守り伝えられたもの

表7　小袖・胴服・鎧下着・陣羽織一覧

No.	名称	形状	所蔵者	伝来
1	◎小袖 白地洲浜形水辺花鳥模様	小袖(芸能・延年)	東京国立博物館	裏地にある墨書銘によれば,岐阜県郡上郡の白山神社神宮寺に永禄9年(1566)に寄進されたもの.
2	小袖 茶地段草花円梅模様	小袖→能装束の縫箔		京都・高津古文化館旧蔵
3	小袖 紅地島取草花色紙散模様	小袖→能装束の縫箔	東京国立博物館	毛利家伝来
4	◎摺箔 白地桐桜沢瀉模様	小袖(能装束の摺箔)	岐阜・春日神社	
5	◎小袖 白地肩裾模様(蜀江狩衣裏)	小袖→能装束の裏地→小袖	山形・黒川能保存会	
	◎小袖 茶地段円草花模様	小袖		
6	◎小袖 茶地流水扇散模様	小袖(能装束の摺箔か)	鐘紡株式会社→女子美術大学	長尾美術館旧蔵
7	◎小袖 水浅葱地花重模様 三つ葉葵紋付	小袖	東京・徳川黎明会	徳川家康所用
8	◎小袖 水浅葱地楓重模様 三つ葉葵紋付	小袖	東京・徳川黎明会	徳川家康所用
9	◎小袖 染分地腰替葵紋散模様 三つ葉葵紋付	小袖(熨斗目)	東京・徳川黎明会	徳川家康所用.慶長4年(1599),家臣の佐枝種長に与える.
10	◎小袖 紺地菊唐草紋散模様 三つ葉葵紋付	小袖	茨城・水府明徳会	徳川家康所用
11	◎小袖 染分地葵梶葉散模様 三つ葉葵紋付	小袖	神奈川・明長寺	徳川家康所用.元和元年(1615),大坂の役で戦功を立てた結城秀康の家臣・萩田主馬が家康より拝領の御肌着とある.子孫幸之助が延享5年(1748)に大師河原村の百姓となり,家宝を明長寺に預けた(『明長寺文書』『萩田主馬助覚書』).
12	小袖 水浅葱地花菱亀甲散模様 三つ葉葵紋付	小袖		徳川家康所用.由緒書に「一　権現様御代大坂御陣前慶長九辰年〔1604〕国友四人之／年寄共駿府江被為　召　御免見被　御付難有／御諚共其上御呉服一重宛頂戴仕」.国友家は鉄砲鍛冶の家柄である.
13	帷子 染分斜段短冊散模様	帷子		裂端に墨書「文禄癸巳〔2年,1593〕秋寄付／高松月照尼」上坂伊賀守拝領.
14	◎胴服 白地桐矢襖模様	胴服	京都国立博物館	豊臣秀吉所用と伝わる.天正18年(1590)に,秀吉の小田原征伐の際,南部信直の家臣,松斎北左衛門尉信愛が主命により鷹50羽,馬100頭を秀吉の陣中に贈ったときに拝領.

No.	名称	形状	所蔵者	伝来
15	◎胴服 白地若松模様	胴服	鐘紡株式会社→女子美術大学	豊臣秀吉所用と伝わる. 秀吉の家臣古田大善大夫重治は天正年間(1573-91)に戦功を立て, 秀吉からこの胴服を拝領する. 重治は元和元年, 石見国に封じられた. 浜田城の造営にあたった際, 功績を立てた今村一正にこの胴服を与えた. 一正はのち高松藩につかえ, 以後, 子孫である今村一俊の時代まで, 家宝として伝えられた(『讃岐名勝図会』). 長尾美術館旧蔵.
16	胴服 紫地円模様	胴服	奈良県立美術館	伝豊臣秀吉所用. 吉川観方旧蔵
17	◎胴服 染分地銀杏雪輪模様	胴服	東京国立博物館	徳川家康所用. 慶長7年(1602), 石見銀山の見立師・吉岡隼人が家康から拝領(『吉岡家文書』).
18	◎胴服 染分段丸亀甲丁子模様	胴服	島根・清水寺	徳川家康所用. 慶長8年(1603)8月5日, 伏見城にて石見銀山の見立師・安原伝兵衛が家康から拝領(『石見銀山文書』『東照宮御実記』). 貞享元年(1684)銀山の代官より拝領品差し出しのお触れがあり, その翌年代官由比長兵衛が清水寺(大田市大森町)へ奉納.
19	◎胴服 紫地葵葉模様 三つ葉葵紋付	胴服	東京・徳川黎明会	尾張徳川家4代吉通(正徳3年〈1713〉没)が幼少時に着用していたと伝えられるが(『御大切御道具帳』明和4年〈1767〉), 慶長初期の家康のものか.
20	◎胴服 白地檜草花模様 三つ葉葵紋付	胴服	茨城・水府明徳会	徳川家康所用
21	胴服 浅葱地葵散模様 三つ葉葵紋付	胴服	茨城・水府明徳会	徳川家康所用
22	胴服 淡紅地 三つ盛三つ葉葵紋付	胴服	茨城・水府明徳会	徳川家康所用
23	胴服 紫地桐紋散模様 三つ葉葵紋付	胴服	東京・上野東照宮	徳川家康所用
24	胴服 白地蝶模様 三つ葉葵紋付	胴服	松坂屋染織参考館→愛知・松坂屋	伝徳川家康所用
25	胴服 水浅葱地蔦模様 三つ葉葵紋付	胴服	東京国立博物館	鷹師・荒井源左衛門威忠が徳川家康より拝領.
26	鎧下着 紫白藍段模様	鎧下着	京都国立博物館	
27	鎧下着 浅葱練緯桐模様 三つ葉葵紋付	小袖 or 胴服→鎧下着	京都国立博物館	天正18年(1590), 徳川家康が関東へ入国の際, 直臣に加えられた稲垣長茂が家康から拝領.

No.	名称	形状	所蔵者	伝来
28	鎧下着 染分段模様	鎧下着	鐘紡株式会社→女子美術大学	長尾美術館旧蔵
29	陣羽織 紫白段葵紋散し模様	小袖→陣羽織(半身)	東京国立博物館	徳川家康所用.越後高田藩の家臣前島祐徳が徳川家康より拝領.

である。例えば、表7、No.14の「胴服 白地桐矢襖模様」［口絵8］は、天正十八年（一五九〇）に、秀吉の小田原征伐の際、南部信直の家臣、松斎北左衛門尉信愛が主命により鷹五〇羽、馬百頭を秀吉の陣中に贈ったときに拝領したという伝来があり、もともとは盛岡の南部家に伝わったものである。この伝来の根拠となっている南部信直の家臣・松斎北左衛門尉信愛が書き残した『北松斎手扣』によれば、拝領したのは「から織の御羽織」つまり、縫い締め絞りの染物ではなく唐織であったと記されており、本当のところは、秀吉から拝領したものかどうか定かではない。[20] No.15「胴服 白地若松模様」については天保五年に刊行された『讃岐名勝図会』の中で、その縮図とともに伝来が紹介されている。それによれば、秀吉の家臣古田大善大夫重治が天正年間（一五七三—九二）に戦功を立て、秀吉からこの胴服を拝領した。その後、古田重治は元和元年（一六一五）、石見国に封じられ、浜田城の造営にあたった際、功績を立てた今村一正にこの胴服を与えた。一正はのち高松藩につかえ、以後、子孫である今村一俊の時代まで、家宝として伝えられたという。No.16の「胴服 紫地円模様」はコレクターによって秀吉拝領と書き付けられているのみで、背中に縫い締め絞りで大きな円文を白く染め抜いた大胆なデザインであるが、伝来の根拠は不明である。そのような書付とともに伝来した秀吉の衣服は他にもあり、[21] 伝来の根拠は明らかではない。しかし、秀吉から拝領したという伝来があってこそ、衣類の形をとどめて現代に伝えられたものと考えられる。

徳川家康所用と伝えられるものの大半は、尾張徳川家・水戸徳川家が初代将軍の遺品として大切に守り伝えてきた小袖・胴服である。一方、家康から拝領し徳川家以外で家宝として伝わったものの多くは、胴服や陣羽織、鎧下着といった衣服である。例えばNo.17「胴服 染分地銀杏雪輪模様」［図3-1-1］は、慶長七年（一六〇二）、石見銀山の見立師・吉岡隼人が家康から拝領したと文書によって知られるものである。同様の伝来が島根・清水寺に所蔵されていたNo.18「胴服　染分段丸亀甲丁子模様」にもあり、慶長八年（一六〇三）八月五日、伏見城にて石見銀山の見立師・安原伝兵衛が家康から拝領したと言われる。No.25「胴服　水浅葱地蔦模様　三つ葉葵紋付」は、鷹師・荒井源左衛門威忠が徳川家康より拝領と伝わる。また、鎧下着や陣羽織も、功績によって家康より臣下の者が拝領した例である。胴服、鎧下着、陣羽織といった服飾品は、家臣に下賜する衣服としての一面があったことがうかがえよう。以上に見る豊臣秀吉や徳川家康といった武将の衣服の伝来にはやや曖昧なものもあるが、秀吉や家康といった歴史に名高い武将の着用した衣服であるという由来があってこそ、こうして衣類の形をとどめて現代に遺されたのである。

有名武将の衣服以外にも衣服の形をとどめたものがある。延年や能装束など、芸能に使われた装束である。No.1［図3-6］は、岐阜県郡上郡の白山神社に伝えられた小袖で、裏地の背中に墨書銘が残されている。「修正延年之為上衣奉寄進所也／若ソンシツ仕人者過銭三百疋可被出者也／永禄九年丙寅正月吉日　施主院主／阿例〔名〕院上人」と記された内容によれば、永禄九年（一五六六）に白山神社に附属していた阿名院の院主が奉納した延年という芸能に用いられる表着であることがわかる。また、当初のまま残っているのではなく、江戸時代の能装束の形態に合わせて作り変えられた作例もある。その一例は、東京国立博物館に所蔵されるNo.3の縫箔［図3-16］である。

この縫箔は、三種類の裂を継いで能装束に仕立て替えられたものである。［図3-17］のように、Ⓐ紅地雲取松皮菱襷色紙雪持柳桜菊模様裂（辻が花裂）Ⓑ紅地桜紅葉模様裂（Ⓑ白浅葱染分地格子菊花桐模様裂はⒷと同じ一続きの裂である）Ⓒ紅地松皮取波松栗桐模様裂（縫箔）の三種が細かく縫い合わされている。縫い締め絞りで模様を表したいわゆる辻が花裂はⒶにあたり、これは前節で述べた六つの様式のうち、タイプ②に相当するが色紙を散らしたデザインはタイプ③との折衷様式にあたる。能装束の縫箔は、両肩を脱いで腰巻として着付けることが多いが、着付けた際に目立たない腰周り（腰明き）の部分にⒷの裂が用いられ、Ⓐと類似した紅色のⒷは、Ⓐの裂の欠損を補う部分に用いられている。桃山時代の袖幅の狭い小袖の様式から江戸時代の袖幅の広い小袖の様式に仕立て替えられているが、全体としてはⒶとⒸの片身替という、桃山時代の古いデザインの様式に作り変えられている。この縫箔は毛利家伝来で、縫いつけられた紙札には「第拾八番／縫箔／紅地古代縫切交セ」と書かれている。江戸時代のある時期に、桃山時代の古い形態を持つ衣裳を継ぎ接ぎにして当代の形態に合わせて仕立て替えて使用し続けたことが「古代縫切交セ」ということばの中にうかがうことができる。

時代が変わっても新しい装束を製作するのではなく、古い時代の装束を仕立て替えて使用する傾向は、特に能装束においてしばしば見られる。その例を奈良・金春座が用いていたと伝えられる小袖形の唐織に見てみることにしよう。

現在、東京国立博物館に所蔵される金春座伝来能装束には、仕立て直された能装束が相当数含まれ、金春座が全盛期を迎えた桃山時代から近代において弱体化し昭和初期まで細々と伝世の能装束を使用し続けてきた歴史を物語っている。能装束の中でも特に重要視されるのが鬘能を演じる際に用いられる唐織である。元禄期を過ぎる頃から、唐織には金糸がふんだんに織り込まれ現在の絢爛豪華な金唐織が主流となった。金春座に伝来する唐織の特徴は、金唐織が流行する以前の様式である金糸の織り込まれていない唐織が相当数含まれており、それらを仕立替えをして使用し続けている点である。仕立替えされる前の状態に復元された形態を推定すると、いずれも袖幅が二〇センチメートルあまりとなっており、桃山時代までの中世における小袖の特色を示している。[22] 江戸時代に入ると、袖幅は三〇センチメートル、さらに三六センチメートルあまりに広がり、現代の小袖形の能装束の形態に変化を遂げる。金春座伝来の能装束がこのように袖幅を広げて使用されるようになった理由は、江戸時代以降も桃山時代の唐織を使用し続けたい事情があったからである。

金春座が桃山時代の唐織を江戸時代以降も使用し続けた理由の一つとして考えられるのが、金春座の長い歴史と古

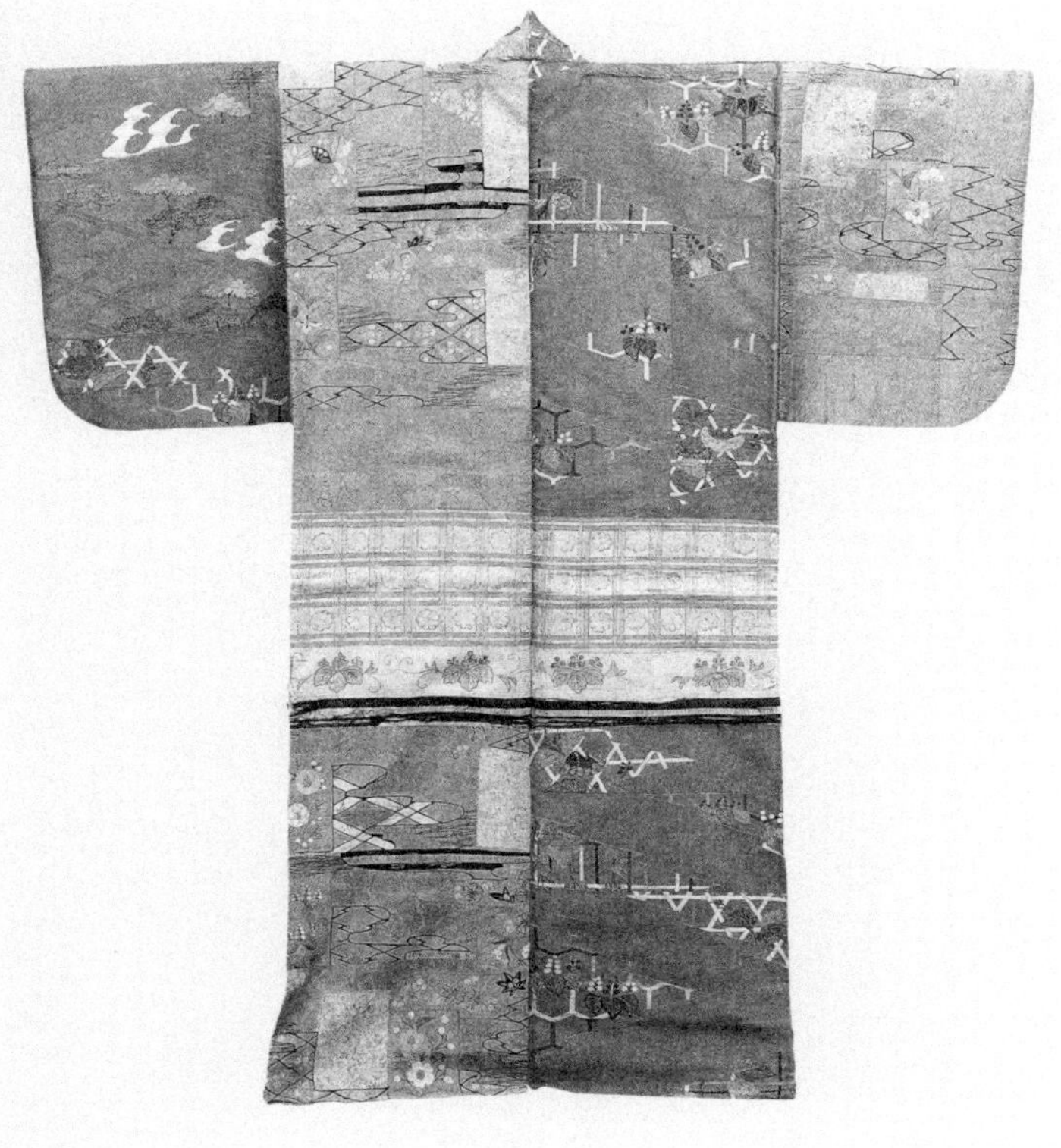

図 3-16 縫箔 紅地島取草花色紙散模様，背面（東京国立博物館蔵）
縫箔裂との片身替に仕立てられており，やや褪色した紅地の部分（図3-17 のⒶの部分）が，タイプ②と③の折衷様式に分類される．

格を重んじる芸風である。そのことを端的に示す記録が宝暦四年（一七五四）に紀州藩のお抱え能役者であった徳田藤左衛門隣忠が伝えた能伝書『隣忠見聞集』に遺されている。それは、金春禅竹から数えて金春大夫第九代にあたる即夢（元信、一六二五―一七〇二）が演能した様子を伝える逸話である（以下、傍線および〔　〕内は筆者による）。

元禄十年〔一六九七、一説には元禄七年〕公方様〔徳川第五代将軍綱吉〕御筆を殿様対君〔紀州徳川家二代光貞〕御拝領遊ばされ、その御祝儀御老中御招請遊ばされ御

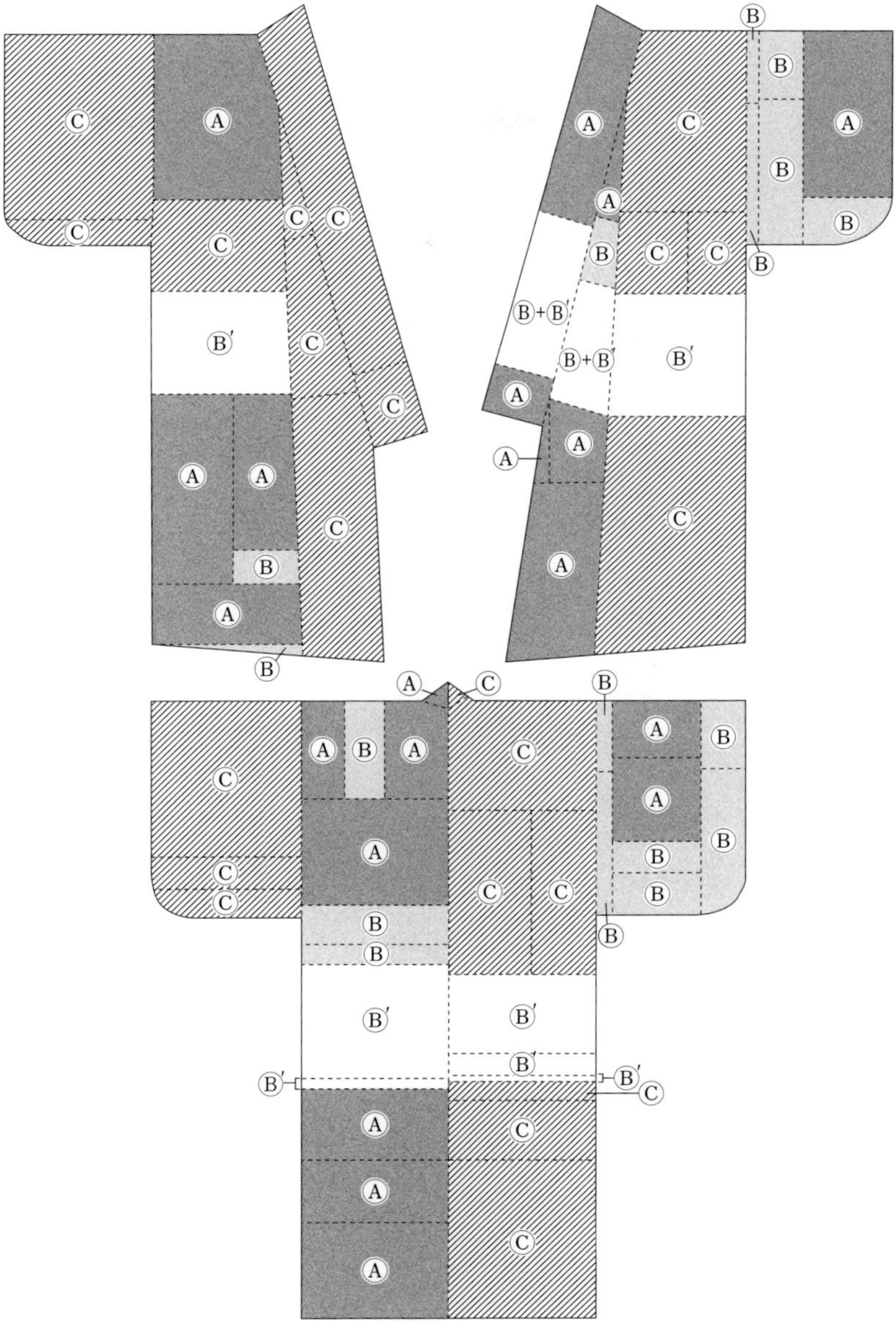

図 3-17　縫箔 紅地島取草花色紙散模様［図 3-16］の縫い合わせ構成図

能あり。三番目は江口にて今春《ママ》太夫《ママ》なり。先ず喚掛の諷、木を切り投げ出しゝ如く色つやなく、もぎどうなる謡にて、上着唐織をみれば、黄地に草花を織たるに、袖両方共に共色の唐織にて竪に継ぎたり、模様は同じ模様なれど新古の替りハッキリと分りあり、〔中略〕今日の上着など当時の唐織ばかり見覚えては興もさめるも理り也、あれは大太夫〔金春安照〕太閤〔豊臣秀吉〕より御手づから下されし拝領の上着と聞く、御筆御拝領の御祝儀能故に、たしなみの衣裳を着したるなり。当時の太夫《ママ》は結構の上にも又美を尽し飾りたる時に、古風を専らとする事今春《ママ》ならで外に無し。

以上の記録によれば、金春座はもともと古風を重んじていたために、金春即夢は豊臣秀吉から拝領した時代遅れの古めかしい唐織を、袖幅を継ぎ足して広く仕立て直して着用したとある。仕立て直された唐織の形態からは、その史実を裏付ける仕立直しが行われていることがうかがえるのである。そこには、拝領だからこそ簞笥の奥にしまわれて大切に守り伝えてきた徳川家康の胴服や小袖とは全く異なった価値観がある。拝領だったからこそ、そのことをアピールするために仕立て替えて使用し続ける必要があったのである。

能装束において時代の古い装束を用いる傾向は、実は、金春座に限ったことではない。桃山時代から江戸時代初期に活躍した能楽師・下間少進が記した能の型付『童舞抄』によれば謡曲「関寺小町」に登場する年老いた小町には「かづら帯、いかにもふるしき可然也。但色はなにゝても不苦。白衣。小袖もふるきよろし」、謡曲「黒塚」には「小袖の結構なるはわろし」、謡曲「藤門」にも「小袖の結構なるは不似合」と記される(23)。役柄によっては古びた能装束で演じる方が似つかわしいという考え方が能にはあった。「紅地古代縫切交セ」という札がついた毛利家伝来の能装束にもまた「古代縫切」を継ぎ合わせて桃山時代の能装束をあえて使用し続けた能という芸能が持つ特質がうかがえよう。役柄に応じて新しい装束よりも古いものが好まれた能の趣向によって、年月を隔てた古い時代の衣裳が尊重され使い続けられて現代にまで伝わることとなったのである。

表具裂

辻が花裂の中には、かつて書画などの表具裂として使用され、現在でもそのままの状態で残っているものが少なからずある。それらをまとめたものが表8である。形状は大きく分けると、現在も掛軸の表具や帖の表紙に用いられている裂、もともとは表具に用いられていたが、現状では本紙からはずされて、裂のみが残されているものの二つに分けられる。京都・瑞泉寺にある掛軸の表具裂は（表8、No.4、図3-7）、京都・瑞泉寺に祀られている豊臣秀次の妻妾たちが着用していた小袖の一つと伝えられてきた。謀反の疑いで秀次は高野山で自害させられ、その妻子たちは、文禄四年（一五九五）三条河原で処刑された。それを哀れんだ角倉了以が慶長十六年（一六一一）瑞泉寺を建立し、彼女たちが着用していた小袖の裂で遺詠の和歌を表装して奉納し、彼女らを祀ったと伝えられる。［図3-7］の書跡は遺詠の和歌ではないが、その伝承には表具に奉納された死者の小袖裂を用いることによって、霊を弔う意味が込められている。

「圓智院（篠原一孝夫人）像」［図3-9］は、慶長三年（一五九八）に没した夫人の供養に描かれた肖像画である。肖像の前には、経典や数珠を置いた経机の他、栗・石榴・蜜柑といった供物を載せた三方が置かれた図が描かれ、供養像としての性格を強く打ち出している。一方、夫人像は、亡くなった晩夏の時をそのままを写したかのように、団扇を手にした姿で描かれ、穏やかな表情をたたえ豊かな長い髪と紅入の華やかな小袖によって若さと美しさが強調されている。この肖像の表具裂（No.6）には、二種類の小袖裂が用いられている。一つは、紅地に草花模様を刺繍で縫い取った縫箔裂で、表具の天地に用いられている。もう一つは、紅と白の染め分けを縫い締め絞りで表し色紙や扇形の模様を散らして描絵を施したタイプ②と③のデザイン様式を折衷した辻が花裂で、中廻しに用いられている。肖像画

表8　表具裂一覧

No.	名称	形状	寸法	所蔵者	伝来
1	表紙裂 萌黄地椿芝露草花模様	裂帖の表紙	24.0×38.5	山口県立山口博物館	毛利家旧蔵(毛利輝元の衣裳裂と伝えられる). 昭和 27 年(1952)に毛利家より一括寄贈された歴史資料の 1 つ.
2	表紙裂 萌黄地椿芝露草花模様	裂帖の表紙	29.3×39.6	山口県立山口博物館	毛利家旧蔵(毛利輝元の衣裳裂と伝えられる). 昭和 27 年に毛利家より一括寄贈された歴史資料の 1 つ.
3	裂 染分地草花襷松皮菱模様	表具裂(軸装)			「童子像」の表具裂
4	裂 染分地松皮取菊桔梗椿藤模様	表具裂(軸装)	41.5×62.5	京都・瑞泉寺	京都・瑞泉寺に祀られている豊臣秀次の妻妾たちが着用していた小袖の 1 つと伝えられる. 文禄 4 年(1595)三条河原で処刑されたが, 慶長 16 年(1611)に角倉了以が瑞泉寺を建立し, 彼女たちが着用していた小袖の裂で婦女の遺詠の和歌を表装して奉納し, 彼女らを祀ったと伝えられる.
5	裂 萌黄地枝垂桜桐模様	表具裂(軸装)	91.0×38.6		
6	裂 紅白染分地色紙扇面散草花模様	表具裂(軸装)		石川・妙法寺	肖像画「圓智院(篠原一孝夫人)像」の表具裂の中廻し.
7	裂 白地薄葡萄藤丸模様	表具裂(軸装)	39.0×39.0	神奈川・円覚寺	円覚寺所蔵「後土御門天皇綸旨」「後醍醐天皇綸旨」「官宣旨」の表装裂の天地に, この裂と同じ裂が用いられている.
8	裂 白地島取草花模様	表具裂(軸装)			
9	裂 白地桐花模様	表具裂(軸装)			大道弘雄旧蔵
10	裂 染分地草花松皮菱模様	表具裂(軸装)		京都・松坂屋染織参考館→愛知・松坂屋	
11	裂 紅地草花模様	表具裂(軸装)		京都・松坂屋染織参考館→愛知・松坂屋	
12	裂 染分地松皮取草花桐模様	(元)表具裂	47.0×18.6		入江波光旧蔵
13	裂 斜格子草花模様	(元)表具裂			

No.	名称	形状	寸法	所蔵者	伝来
14	裂 染分地松皮取雪持柳檜垣菊椿模様	(元)表具裂	① 61.0×7.4 ② 58.4×7.5 ③ 15.1×7.5 ④ 20.4×7.5 ⑤ 21.6×7.4 ⑥ 25.8×7.4 ⑦ 7.3×32.2 ⑧ 7.5×22.0 ⑨ 24.5×22.6 ⑩ 9.6×7.4	千葉・国立歴史民俗博物館	
15	裂 青緑地松皮取斜格子草花立波模様	(元)表具裂			前田青邨旧蔵
16	裂 白地草花水玉扇面散模様	(元)表具裂		奈良・大和文華館	
17	裂 染分地松皮菱草花模様	(元)表具裂	① 42.8×13.2 ② 37.2×3.2 ③ 39.6×3.0 ④ 37.5×4.9		
18	裂 萌黄地椿草花模様	(元)表具裂			
19	裂 青緑地草花模様	(元)表具裂			
20	裂 茶地連珠円文松皮菱模様	(元)表具裂	43.5×5.3	鐘紡株式会社→女子美術大学	神奈川・長尾美術館旧蔵
21	裂 紫地梅花模様	(元)表具裂	① 26.5×2.2 ② 26.6×3.7	鐘紡株式会社→女子美術大学	神奈川・長尾美術館旧蔵
22	裂 白地草花紅葉亀甲模様	(元)表具裂	縦 32.5×横 ①2.7, ②2.7, ③3.9, ④3.0, ⑤3.1, ⑥3.4, ⑦ 3.0	鐘紡株式会社→女子美術大学	神奈川・長尾美術館旧蔵
23	裂 濃萌黄地松皮取草花貝模様	(元)表具裂			
24	裂 萌黄地菊藤露模様	(元)表具裂			
25	裂 染分地島取松皮取桐草花模様	(元)表具裂			
26	裂 染分地松皮菱草花模様	(元)表具裂			前田青邨旧蔵
27	裂 染分地松皮菱桔梗草花模様	(元)表具裂			前田青邨旧蔵

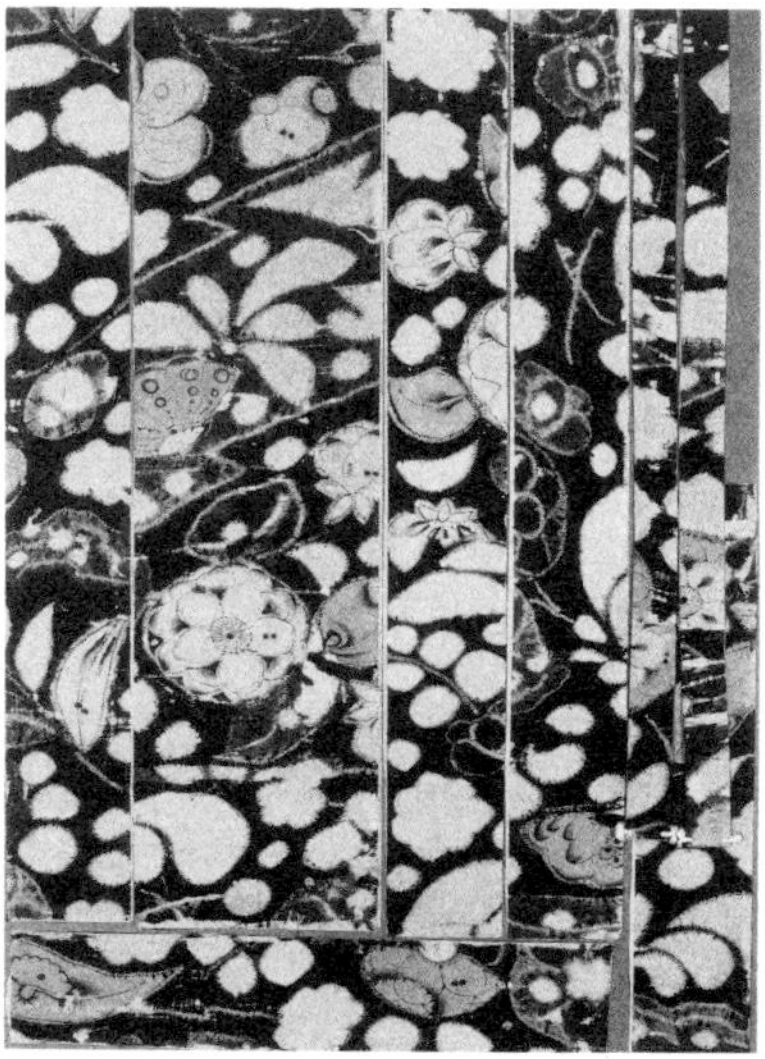

図3-18　裂 濃萌黄地松皮取草花貝模様
（個人蔵）

の本人が着用していた小袖裂を用いて死者の供養としたことをうかがわせる。

「童子像」［図3-4］の表具裂（No.3）にもタイプ①のデザイン様式に分類された辻が花裂が用いられている。前節で詳しく見てきたようにタイプ①の裂は幾何学的な模様と組み合わせて片身替や段などの小袖に用いられ、少年や若い女性に用いられたデザインである。前髪を残した元服前の少年が太鼓を叩く姿をスナップ写真のように写し出している。少年の足元には閉じられた扇子と脇差が置かれ、武士の出であることを示している。幼少で亡くなった少年が得意としていた太鼓を打ち鳴らす図を表し、本人が着用していた小袖裂を用いて表装することによって供養としたと想像される。

毛利家に伝わった有職裂などを貼り込んだ裂帖の表紙にもタイプ①のデザイン様式に分類される辻が花裂が用いられている（No.1―2）。毛利輝元が使用していた小袖裂を表具裂に用いたと伝えられているが、そうだとすれば、輝元が若年の料ということになるであろう。裂帖に貼られた裂は、必ずしも輝元の時代のものとは限らないが、毛利家で用いられてきた装束の裂を貼り込んだ裂帖に輝元の幼少時の小袖裂を選んだ点には、藩祖・輝元の記憶を裂帖の表紙にとどめておこうという想いが感じられる。このように、現存する数例の資料では、着用した人物を供養し、その人物に深い関わりのある衣服を表具裂として用いる傾向が見られる。

その一方で興味深いのは、一度表具に仕立てられた裂を再び表具からはずし解体した裂を台紙に貼り付けて保管されている例が少なからず遺されている点である（No.12―27）。いずれも掛軸の表具裂である中廻しや上下（天地）、ある

表9　幡・打敷・袈裟

No.	名称	形状	寸法	所蔵者
1	幡 萌黄地藤波桶模様裂	幡	83.0×32.0	
2	幡 紅筋模様裂(紺地楓竹模様裂)	幡	83.0×32.0	
3	幡 紺地楓竹模様裂	幡	93.0×33.0	
4	幡 紺地楓竹模様裂	幡		
5	小袖屏風 染分段椿桔梗模様裂	(元)幡→小袖屏風	丈 131.0	東京国立博物館→千葉・国立歴史民俗博物館
6	幡 染分段椿桔梗模様裂	幡	80.0×24.3	京都国立博物館
7	幡 染分段椿桔梗模様裂	幡		
8	裂 染分段椿桔梗模様	(元)幡		埼玉・遠山記念館
9	袈裟 茶地雲扇団扇草花模様	袈裟の田相	丈 135.0	福岡市美術館
10	打敷 染分段海松貝扇楓桐紅筋模様	打敷(引解)	56.7×72.8	ドイツ・リンデン博物館
11	小袖 白地檜垣亀甲松皮取雪輪草花模様	(小袖→打敷→)小袖	丈 127.7 裄 55.9	京都国立博物館
12	打敷 染分地雲取松皮取菊片輪車模様	打敷		
13	打敷 紅地松皮取島取松枝垂桜亀甲花菱唐草模様	打敷	42.2×35.0	京都・大雲院
14	打敷 白地草花模様	打敷		京都・大雲院

いは風帯などに用いられ、細長く裁断されていて、元の模様に復旧させても鑑賞には適さなくなっている［図3-18］。それにもかかわらず、台紙に貼り付けて保管されているのである。これらの表具裂も、もともとは中世に生きた人々の肖像画や表装された書と深く関わりがある人物が着用していた小袖裂を用いていた可能性がある。それが後のある時代に掛軸から辻が花裂を取り保管することとなったらしい。もはや鑑賞に堪えなくなった切れぎれの裂が、台紙に貼られコレクションの対象となる例は辻が花裂でなければ見られない現象である。

幡、打敷、袈裟など、寺院で使用する形状をしたもの

室町時代後期から桃山時代を経て江戸時代初期にかけて製作された辻が花裂の中には、江戸時代以降、寺院に奉納されて再利用されたと考えられるものがある。それをまとめたものが表9である。幡とは、寺院の内装を飾り、荘厳するために作られた旗状の美しい裂の飾りで、通常、堂内の柱に垂らすものである。［図3-19］は表9のNo.1―4と同時期に製作されたもので、四種類の共裂

図 3-19（左下）　幡 紺地楓竹模様（縁：紅筋の練緯）（個人蔵）
図 3-20（左上）　小袖屏風（部分，千葉・国立歴史民俗博物館蔵）
向かって左側：染分段椿桔梗模様裂
図 3-21（右上）　幡 染分段椿桔梗模様裂（京都国立博物館蔵）

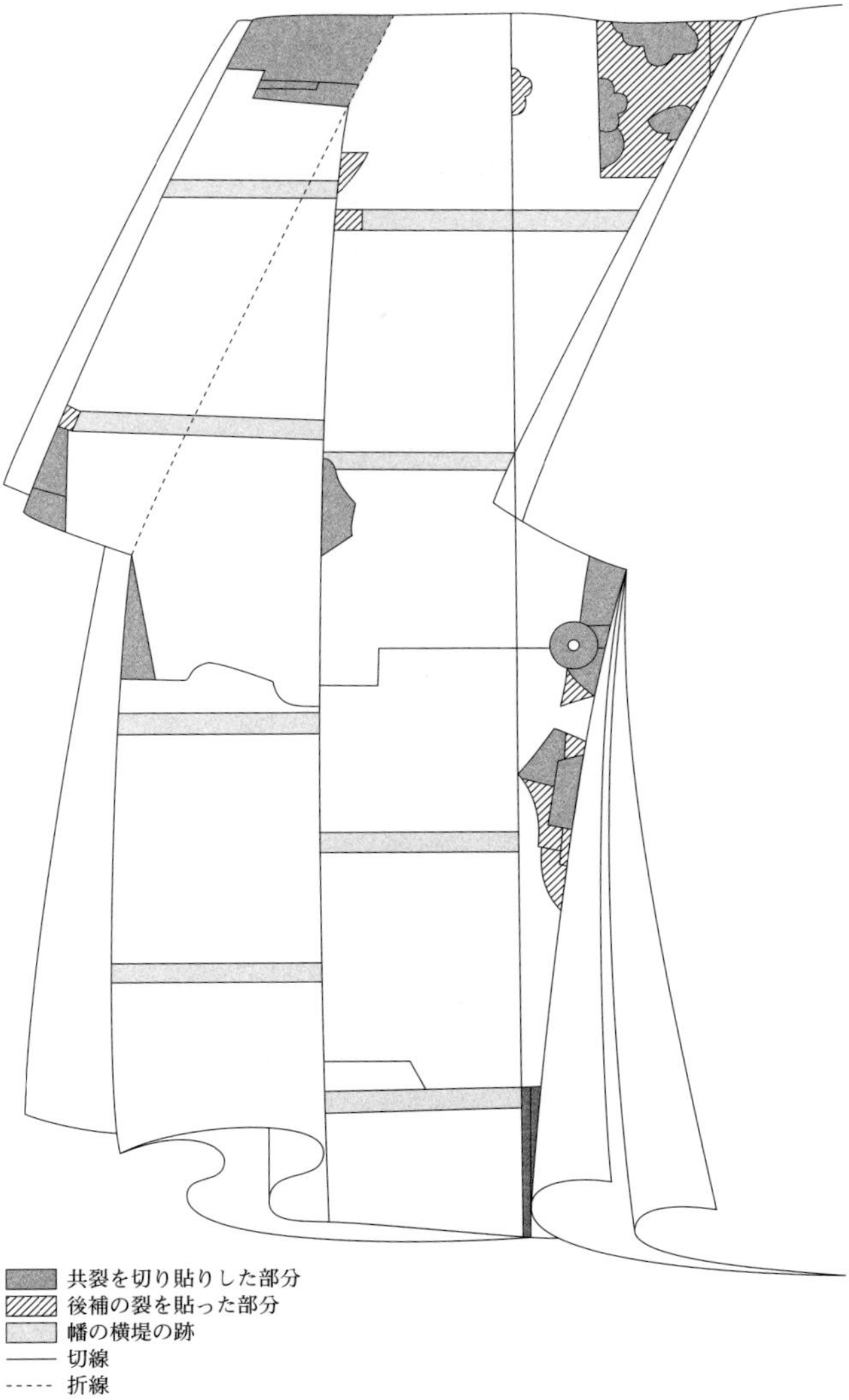

図 3-22 「小袖屏風 染分段椿桔梗模様裂」小袖裂貼り付け図

を用いて作られた幡のうちの一つである。したがって紺地楓竹模様を表した辻が花裂の部分も、もともと大きな裂であったが幡を製作するために分断されたことがうかがえる。また、［図3-20］は現在、小袖屏風の形状であるが（No.5）、［図3-22］を見ると、小袖のようにきれいに形作られている小袖屏風が実は、継ぎはぎや後世の補修がかなり加えられていることがわかる。しかも、小袖屏風に貼られた裂には、一定間隔で紅色の褪色による横筋が見られ、これは幡の横堤の跡であった。幡身に共裂を用いた五―六旒の幡を解体して小袖屏風に作り変えたらしい。幡の形で現存する例（No.6・7、図3-21）が二例、幡が解体されて裂の状態でコレクションとなっている例が一例（No.8、後述図

図3-23　打敷 染分段海松貝扇楓桐紅筋模様（ドイツ・リンデン博物館蔵）

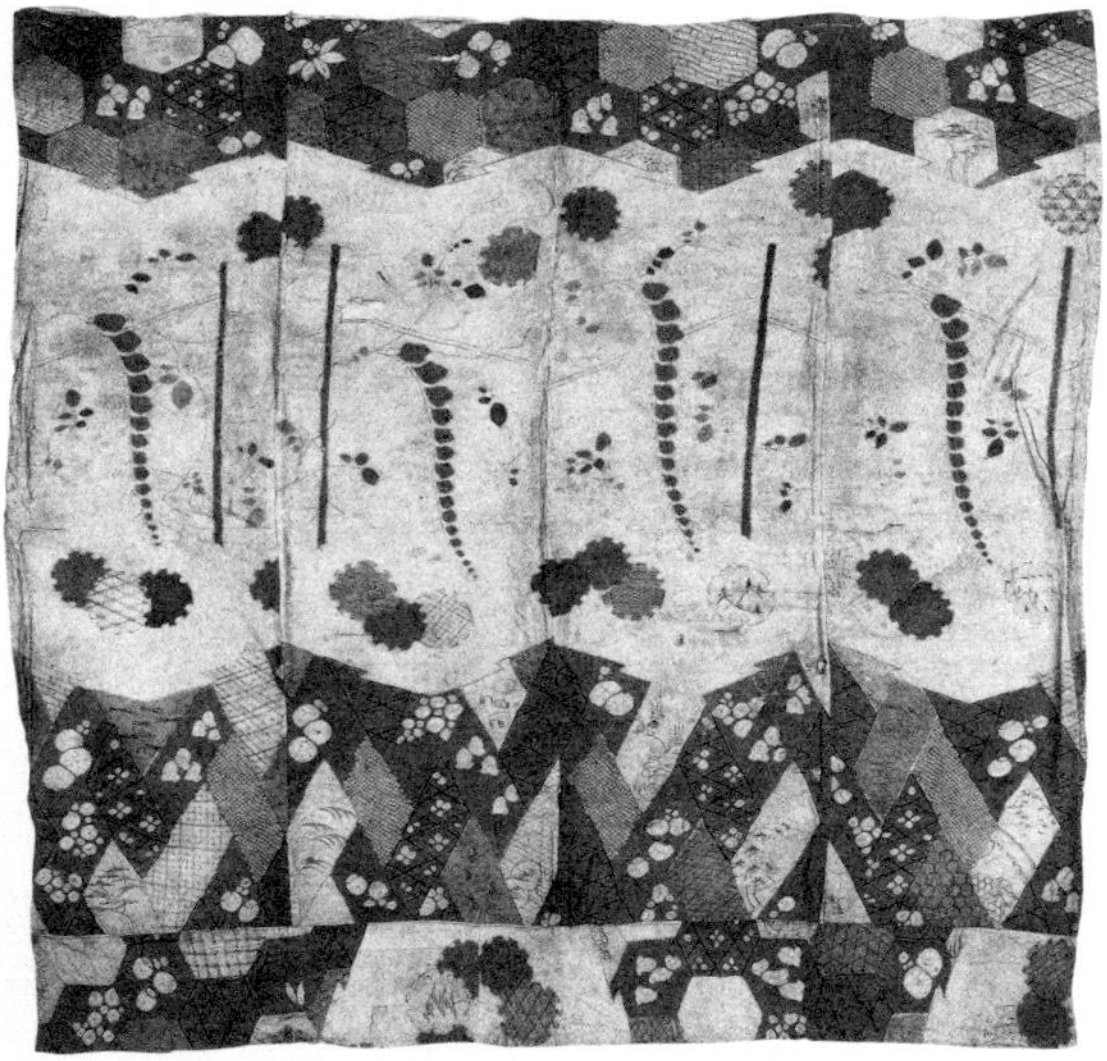

図3-24　小袖 白地檜垣亀甲松皮取雪輪草花模様［口絵9］（京都国立博物館蔵）の元の形．打敷になっていた．

4-7）あることから、本来は共裂で作られた少なくとも八旒の幡が、ある寺院に奉納されていたことがうかがえる。模様の形式からは、もともと小袖であったと考えてよいだろう。小袖のまま寺院に奉納されたのか、幡に仕立てられて奉納されたのかはわからないが、いずれも死者の霊を弔うために遺品の小袖を用いた可能性が高い。それらの幡が、近代以降、寺院から古美術市場に流れてコレクターの手に渡ったと考えられる。

No.10—14に見られる打敷もまた、寺院に奉納されたものである。打敷とは、仏像を奉る手前の壇上に仏具や供物を置くための敷物である。「打敷 染分地雲取松皮取菊片輪車模様」（No.12）は、もともと二種の錦を額仕立とした裂と辻が花裂との袷仕立の打敷として奉納された。ところが、辻が花裂は裏側を表にして用いられていた。そこで、おそらくは辻が花裂の表を見るために錦裂と辻が花裂とを別々に引き解き、現在ではこの打敷の大きさと同じサイズの桐箱に収めている。近年、古美術として市場に流れた際に、辻が花裂のためにそのような桐箱が誂えられたのであろう。辻が花裂は五枚をはぎ合わせて色と模様は前節における六つのデザイン様式のうちタイプ②のデザインに相当する。辻が花裂は五枚をはぎ合わせており、その一部は形状から小袖の衽であったとうかがえる。やはり、死者の小袖裂を用いて製作し、供養としたと考えられるものである。No.10の「打敷 染分段海松貝扇楓桐紅筋模様」［図3-23］は、裏地が剝ぎ取られており、さらに小裂が切り取られたらしく、同じ模様の小裂が別の所蔵者の手に渡っている。No.11「小袖 白地檜垣亀甲松皮取雪輪草花模様」（口絵9、京都国立博物館所蔵）は、博物館で展示するために小袖の形に戻されたが、もともとは打敷であった［図3-24］。やはり、女性の小袖を打敷にして寺院に奉納し、霊を弔ったものと考えられる。

また、伝存する例としては一例のみであるが、［図3-11］の九条袈裟のように、袈裟に仕立てられたものもある（No.9）。この袈裟の田相・条・縁の一部に用いられる裂は茶地に団扇や扇面を散らし、刺繡や縫い締め絞り、金銀の摺箔で模様を表した縫箔である。タイプ③のデザイン様式にあたる。裏地には墨書銘があり「寄進羽田筑後守殿御内室、為□世□黄路通、正蓮社伝与（花押）」とあることから（註17参照）、もともとは武家女性の小袖だった可能性が高い。

以上のように、寺院で用いられる幡・打敷・袈裟といった法具の裂地は、奉納された小袖で作られることが多い。いつ頃からそのような慣習が生まれたのかは確かではないが、法隆寺や正倉院に伝来した上代の幡や袈裟類にはそのような傾向は見られない。袈裟とは本来、布施によって貰い受けた古裂を継いで作られたもののことである。しかし、上代においては、あたかも古布を継ぎ合わせたかのように作られた糞掃衣（衲衣）や犍陀穀糸袈裟はあっても、実際に古布を継ぎ合わせたものではなかった。しかし、仏教の信仰がより広く社会に浸透するに従って、衣服を奉納するという行為が帰依の証と捉えられるようになった。南北朝時代の猿楽師・観阿弥（一三三三―八四）が創作した「自然居士」の中に描かれる、少女が自らの身を人買い商人に売りその代金で小袖を買って両親の供養のために寺院に奉納するという逸話は、衣服が寺院にとって有用な財産であり衣服を奉納することが金銭以上に死者の供養となったことを裏付けている。江戸時代になると、特に死者が生前に用いていた衣服を奉納することによって供養が行われたことが、残された打敷や袈裟に伴う墨書銘などからうかがえるのである(24)。辻が花裂で製作された幡や打敷、袈裟といった形状の染織品は、当時の人々が死者を弔うために持ち主が遺した衣類を奉納したという宗教的な営みを映し出す。さらに、後世に伝えられた際に生じた形状の変化は、近代になって困窮した寺院が財産を手放した結果、古美術市場に流出したものがコレクターの手に渡っていった内情をも示唆するのである。

共裂が各所に分蔵される例

辻が花裂と称されてコレクターの手に渡った裂の中には、同じ模様の裂（共裂）が別々の所蔵者の手に渡っている例が少なからず見られる。表10はそれらの裂と所蔵者および伝来を一覧にしたものである。共裂を一つのまとまりとして番号「№」を付している。そのうち、№4の「裂　染分地松皮取石畳椿藤女郎花模様」に関しては、もともとは

表10　共裂リスト

No.	名称	形状	寸法	所蔵者	伝来
1	裂 萌黄地藤波桶模様		35.5×17.0		入江波光旧蔵
	裂 萌黄地藤波桶模様		39.0×16.0		
	幡 萌黄地藤波桶模様	幡	83.0×32.0		
	幡 紅筋模様裂(紺地楓竹模様裂)	幡	83.0×32.0		
	幡 紺地楓竹模様裂	幡	93.0×33.0		安田靫彦旧蔵
	裂 紺地楓竹模様		73.1×41.0		
	幡 紺地楓竹模様	幡			
	裂 紺地楓竹模様				安田靫彦旧蔵
2	小袖屏風 紫地桜藤模様裂	小袖屏風	丈 110.0	東京国立博物館→千葉・国立歴史民俗博物館	野村正治郎旧蔵
	裂 紫地桜藤模様		① 32×12.1 ② 32.5×12	田畑家コレクション	三代田畑喜八蒐集
	裂 紫地桜藤模様		① 18.5×18 ② 8×10 ③ 2×47		大道弘雄旧蔵
	裂 紫地桜藤模様			京都・松坂屋染織参考館→愛知・松坂屋	
3	裂 染分地椿藤模様		46.6×35.6	東京・根津美術館	野村正治郎旧蔵
	小袖屏風 染分地石畳草花模様	小袖屏風	丈 110.0	東京国立博物館→千葉・国立歴史民俗博物館	野村正治郎旧蔵
	裂 染分地石畳花藤模様			京都・松坂屋染織参考館→愛知・松坂屋	
	裂 染分地石畳花藤模様			鐘紡株式会社→女子美術大学	長尾美術館旧蔵
4	裂 染分地松皮取石畳椿藤女郎花模様		36.6×22.7	田畑家コレクション	安田靫彦旧蔵
	裂 染分地松皮取石畳椿藤女郎花模様		38.2×32.5 (他計5枚)		安田靫彦旧蔵
	裂 染分地松皮取石畳椿藤女郎花模様		29.3×23.2	東京・根津美術館	野村正治郎旧蔵
	裂 染分地松皮取石畳椿藤女郎花模様		22.7×68.5	埼玉・遠山記念館	岡田三郎助旧蔵
	裂 染分地松皮取石畳椿藤女郎花模様		24.5×27.2 (他計2枚)	京都市立芸術大学	
	裂 染分地松皮取石畳椿藤女郎花模様			ハワイ・ホノルル芸術大学	長尾美術館旧蔵 Robert Allerton 旧蔵

No.	名称	形状	寸法	所蔵者	伝来
5	裂 染分地松皮取短冊草花模様		73.8×39.0	京都府立総合資料館	小野竹喬旧蔵
	裂 白地松皮取草花短冊模様		縦 38.7	鐘紡株式会社→女子美術大学	長尾美術館旧蔵
6	裂 染分地松皮取桜菊芒模様		14.2×31.0	京都市立芸術大学	
	裂 松皮菱雪持柳檜垣菊椿模様	(元)表具裂	① 61.0×7.4 ② 58.4×7.5 ③ 15.1×7.5 ④ 20.4×7.5 ⑤ 21.6×7.4 ⑥ 25.8×7.4 ⑦ 7.3×32.2 ⑧ 7.5×22.0 ⑨ 24.5×22.6 ⑩ 9.6×7.4	千葉・国立歴史民俗博物館	
7	裂 染分地島取松皮菱襷草花模様	(小袖の)衿	55.0×16.5		
	裂 染分地島取松皮菱襷草花模様	(小袖の)衿	69.7×16.3		入江波光旧蔵
	裂 染分地島取松皮菱襷草花模様	(小袖の)前身頃	133.8×39.2	大阪・丸紅株式会社	伝淀殿所用
8	小袖屏風 染分段椿桔梗模様	(元)幡→小袖屏風	丈 131.0	東京国立博物館→千葉・国立歴史民俗博物館	野村正治郎旧蔵
	裂 染分段椿桔梗模様	(元)幡		京都・松坂屋染織参考館→愛知・松坂屋	
	裂 染分段椿桔梗模様	(元)幡		埼玉・遠山記念館	岡田三郎助旧蔵
	幡 染分段椿桔梗模様	幡			安田靫彦旧蔵
	幡 染分段椿桔梗模様	幡	80.0×24.3	京都国立博物館	金島桂華旧蔵
9	裂 白地蓮花葉模様		50.0×38.0	旧鐘紡コレクション	大道弘雄旧蔵→長尾美術館旧蔵
	裂 白地蓮花葉模様		① 88.5×14.0 ② 36.0×33.2 ③ 18.0×14.0	田畑家コレクション	三代田畑喜八蒐集
	裂 白地蓮花葉模様	(小袖の)衽		京都・松坂屋染織参考館→愛知・松坂屋	
	裂 白地蓮花葉模様		110.7×38.5	ボストン美術館	Cherls B. Hoyt 旧蔵

No.	名称	形状	寸法	所蔵者	伝来
10	裂 染分地柳蔦模様 裂 染分地柳蔦団扇模様		33.0×15.3 34.9×16.2	 東京・根津美術館	稲垣稔次郎旧蔵
11	裂 白地松皮菱花菱雲模様 裂 白地松皮菱花菱雲模様 裂 白地松皮菱花菱雲模様	 （小袖の）衽	① 46.1×32.2 ② 8.5×32.5 33.0×32.2	東京国立博物館 京都・株式会社一ノ橋	 前田青邨旧蔵
12	裂 白地霞草花風景模様（紫陽花と山里） 裂 白地霞草花風景模様（流水と鶺鴒） 裂 白地霞草花風景模様（雁と御所車）		32.0×29.0 17.8×16.8 27.0×21.5	鐘紡株式会社→女子美術大学 田畑家コレクション 京都市立芸術大学	長尾美術館旧蔵 三代田畑喜八蒐集
13	裂 水浅葱地円文散花模様 裂 水浅葱地円文散花模様		61.5×37.0 30.0×37.5	東京国立博物館 東京・根津美術館	
14	裂 茶地段扇面短冊草花模様 裂 茶地段扇面短冊草花模様 裂 茶地段扇面短冊草花模様 裂 茶地段扇面短冊草花模様		58.5×38.7 70.2×38.5	東京国立博物館 鐘紡株式会社→女子美術大学 京都・松坂屋染織参考館→愛知・松坂屋	 長尾美術館旧蔵
15	裂 染分段扇海松貝桐紋散模様 裂 染分段扇海松貝桐紋散模様 裂 染分段扇海松貝紅筋模様 打敷 染分段海貝扇楓桐紅筋模様	 打敷（引解）	48.0×30.0 16.0×26.0 他5片 56.7×72.8	鐘紡株式会社→女子美術大学 京都・松坂屋染織参考館→愛知・松坂屋 ドイツ・リンデン博物館	長尾美術館旧蔵 大道弘雄旧蔵 山中定次郎旧蔵
16	裂 黄地丸紋散模様 裂 黄地丸紋散模様		78.0×40.5 56.5×40.2	 東京国立博物館	京都・高津古文化館旧蔵
17	裂 染分地蜻蛉獅子草花模様 裂 染分地蜻蛉獅子草花模様		幅各 34.0	奈良・大和文華館 川島織物研究所	

No.	名称	形状	寸法	所蔵者	伝来
18	裂 紅地松皮島取と草花模様		73.0×38.0		
	裂 紅地松皮島取と草花模様		14.1×47.2	京都・株式会社タクマ本社	
	裂 紅地松皮島取と草花模様		7.1×47.2	京都・株式会社タクマ本社	
19	裂 白地扇面葵唐花唐草模様		60.8×40.2	京都・株式会社一ノ橋	
	裂 白地扇面丸葵散模様				
	裂 白地扇面葵唐草唐花模様		33.8×27.3	東京・根津美術館	
	裂 白地扇面葵唐草唐花模様		66.8×37.6	ロサンジェルス・カウンティ美術館	野村正治郎より購入
	裂 白地扇面葵唐草唐花模様		56.8×27.3	千葉・国立歴史民俗博物館	野村正治郎旧蔵
	裂 白地扇面葵唐草唐花模様		9.1×39.7	鐘紡株式会社→女子美術大学	長尾美術館旧蔵
	裂 白地扇面葵唐草唐花模様			田畑家コレクション	三代田畑喜八蒐集
20	小袖屏風 白地葡萄松皮菱模様	小袖屏風	丈 107.0	東京国立博物館→千葉・国立歴史民俗博物館	野村正治郎旧蔵
	裂 白地葡萄松皮菱模様		92.5×40.5	田畑家コレクション	三代田畑喜八蒐集
	裂 白地葡萄松皮菱模様		① 20.5×41.5 ② 23.5×22.0 ③ 20.5×21.0	鐘紡株式会社→女子美術大学	長尾美術館旧蔵
	裂 白地葡萄松皮菱模様				前田青邨旧蔵
	裂 白地葡萄松皮菱模様		① 8.0×41.0 ② 13.0×15.0		大道弘雄旧蔵
	裂 白地葡萄菱模様				
21	裂 浅黄地紅筋竹雪輪模様			京都府立総合資料館	
	裂 浅黄地紅筋竹雪輪模様				小野竹喬旧蔵
	裂 浅黄地紅筋竹雪輪模様		37.8×53.0	東京国立博物館	
22	裂 白地花籠雉羽模様			鐘紡株式会社→女子美術大学	
	裂 白地花籠雉羽模様		92.5×36.2	ボストン美術館	

No.	名称	形状	寸法	所蔵者	伝来
23	裂 白地扇面桐芝模様 裂 白地扇面桐芝模様		37.8×16.0 ① 18.0×20.0 ② 7.5×2.5	東京・根津美術館	 大道弘雄旧蔵
24	裂 茶地竹草花鞠挟模様 裂 茶地竹草花鞠挟模様			鐘紡株式会社→女子美術大学	長尾美術館旧蔵 入江波光旧蔵

小袖であったものが打敷に仕立て替えられ、さらに分断されてコレクターの手に渡ったことが報告されている[25]。No.7に関しては、伝存する裂を元に小袖が復元されている[26]［図3-8］。

以上のように、現在、別々のコレクターによって所蔵される裂は、もともとは一続きの裂であった。それがわざわざ、ある時期にばらばらにされて古裂蒐集家の手に渡ったらしい。近代以降、有名な平安中世の和歌巻子が分断されて、古筆を愛好するコレクターたちの手に渡った経緯と相通じる動向と言える。表10に示した共裂が別々の所蔵者に渡る例は、そのほとんどが小さな裂であるが、大きな裂を所有することよりも小さく裂を分け合って所有することに辻が花裂を蒐集することの意義がうかがえるのである。

辻が花裂のコレクターには、著名な画家が名を連ねているのが目にとまる。日本画家・入江波光[27]（一八八七―一九四八）、小野竹喬[28]（一八八九―一九七九）、金島桂華[29]（一八九二―一九七四）、前田青邨[30]（一八八五―一九七七）、安田靫彦[31]（一八八四―一九七八）、洋画家・岡田三郎助[32]（一八六九―一九三九）などがあげられる。三代田畑喜八[33]（一八七七―一九五六）や稲垣稔次郎[34]（一九〇二―六三）といった京都出身の染色作家のほか、民藝運動に賛同した染色作家・芹沢銈介[35]（一八九五―一九八四）は裂の蒐集のほか辻が花裂に描かれる模様の図案を収めた「ゑほん」と題された小冊子（雛形）の所有者でもあった。また辻が花裂を含む古染織を古美術として蒐集したコレクターも、実は限られている。現在、国立歴史民俗博物館にコレクションが保管されている古美術商・野村正治郎[36]（一八七九―一九四三）、旧鐘紡コレクションに蒐集品が収められた製薬会社の創業者・長尾欽弥

（一八九二—一九八〇）・よね[37]（一八八九—一九六七）、根津美術館の収蔵品で知られる根津嘉一郎[38]（一八六〇—一九四〇）、戦前より古裂コレクターとして著名であった大道弘雄などである。また、画家とコレクターとの中間的な存在に、日本画家であり風俗研究家であった吉川観方[39]（一八九四—一九六九）がいる。また、染織産業に関連する企業のコレクションもある。川島織物文化館や松坂屋染織参考館などである。[40]それらのコレクターはまた、辻が花という中世の古裂に対する共通の価値観を持って共裂を共有していたことをうかがわせるのである。

現在、中世の縫い締め絞りとして知られる辻が花裂であるが、中世の史料において「辻が花（染）」は帷子であった。その素材は麻か生絹であり、現在辻が花と称される練緯を主とした絞り（「括し」）による模様そのものは「辻が花（染）」ではない。辻が花と称される裂の中には、中世で実際に用いられていた「辻が花（染）」に該当する裂はなく、その意味ではまさに「幻の染」である。

江戸時代前期には着用されなくなった辻が花であるが、「辻が花（染）」という言葉は、俳諧の季語を通して江戸時代にも細々ながら用いられていた。一方、伝存する辻が花裂は本来は辻が花ではなかったものの、さまざまな要因によって現代に遺されることとなった。上杉謙信や豊臣秀吉、徳川家康といった有名武将が所用したと伝えられる衣服は家宝として大切に守り伝えられた。また、室町時代の伝統を重んじる能の世界では古い時代の能装束が仕立て替えられながら用い続けられた。着用主を失った死者の衣服は、表具に仕立てられ、寺院に奉納されて幡や打敷、袈裟などに仕立て替えられた。そうして江戸時代以降も用い続けられることによって、中世の染模様裂は形を大きく変えながら伝えられ、古風俗を考証する江戸時代の文士たちの目にとまり、考証の対象となることもあった。江戸時代後期には「辻が花（染）」という言葉に対する関心が強く見られ、新説を含めた考証の他、町人の娯楽でもあった歌舞伎の演題にも唱われるようになったのである。しかし、江戸時代には縫い締め絞りで模様を表した裂を特に「辻が花」と称していたわけではなかった。

近代に入り、古美術として蒐集されることとなった中世の縫い締め絞り染の裂の多くは、江戸時代に仕立て替えられ、本来の衣服としての形態を失ってしまった小さな古裂である。その中には、表具裂をわざわざはずして台紙に貼り付けたような形態のものも含まれている。また、共裂を複数の別のコレクターが所有する例が見られ、もともと一連のものであった打敷や幡、小袖裂などが分断されて古裂蒐集家の手に渡っていったことをうかがわせる。わずか数十センチメートル四方の鄙びた中世の染め裂が、特別な価値観をもとに共有されて各所に散在することは、近代における古筆切の蒐集に通じるものがある。コレクターたちは、なぜ再生不能になってでも小さな古裂を所有することに執心したのだろうか。辻が花という裂に対する価値観を、コレクターたちはいつ、どこで共有することになったのだろうか。

それらの小裂を蒐集するコレクターの層を見ると、近代画壇で活躍した画家や染色家、染織業界に携わる企業や古美術商あるいは風俗研究家など、実はごく限られた圏内である。江戸時代には「ことば」との一致がほとんどみられなかった中世の染模様裂が、近代に古美術として価値付けられ、本来は「辻が花（染）」でなかった「モノ」が辻が花として蒐集されるようになった理由もこれらのコレクターの交遊圏の中にあると考えられるのである。

（1）例えば『簾中舊記』「女ばういしゃうのこと」に「四月には。ぼうたんと申物めし候。ねもじにはくゑぬい物などして。うらあかくしてめし候。ぼうたん廿の御年までめし候」、「くもはくは十五までめし候」、「とおしはくぬひ物。これもうへ〳〵ばかりめし候。久しきは下々の人き候」とある。

（2）『太閤記』に「生絹之摺薄」という記述が見られる。本書第二章三三―三四頁参照。

（3）澤田和人「中世の模様染　幻の辻が花」（『日経サイエンス』二〇〇六年七月号所収、日本経済新聞社）六九頁。

（4）テリ・サツキ・ミルハプト "Flowers at the crossroads: The four-hundred-year history of Japanese textile", pp. 80-85.

（5）同右、七四―七九頁。

（6）『貞丈雑記』巻之三「小袖類の部」参照。

（7）『簾中舊記』（室町時代十五世紀後半、『群書類従第二三輯　武家部二』所収）「女ばういしやうの事」〈正月めし物の事〉〈四月には〉〈九月一日〉、『女房故実』（一五九三年奥書、『続群書類従第二四輯』下巻所収）「女はういしやうの事」〈八月一日より〉〈九月九日より〉、以上の項に「ねもし」（ねもじ）が見られ、主として女房言葉であることがうかがえる。また、「ねり」の語例としては『殿中以下年中行事』（享徳三年〈一四五四〉、『群書類従第二二輯　武家部一』所収）に将軍が直垂の下に白小袖に「ネリノ大口」を着用のことや弓袋に「白練。黄練」を用いたこと、『女房進退』（『続群書類従第二四輯』下巻所収）に小袖の上には「練之帯」をするのが本義であると述べ、練緯が小袖以外にも用いられていたことがうかがえる。なお『貞丈雑記』巻之三「小袖類の部」の【ぼうたんと云う事】には「ねもじとは練貫の事なり」とある。

（8）一つの織物を織機にかける際、経糸は一度機にかけると一幅に入る糸の本数は変わらないが、緯糸は、織る際の打ち込み加減によって、ある一定の幅における糸の本数が変わってくる。同じ一反の織物であっても、場所によって緯糸の糸込みが変わってくるのは、打ち込みが一定でないためである。

（9）吉田雅子「伝直江兼続所用の胴服に関して——緞子の文様と織技を中心に」（『美術史』一五四号所収、美術史学会、二〇〇三年三月）の指摘によれば、中国の緞子は経糸が緯糸四越分浮き一越分沈む四越一飛ではなく、三越二飛である。ただし、中国・元時代や明時代中期の繻子地金襴には四越一飛の繻子が見られることから、三越二飛の繻子組織は明時代も十六世紀に入ってからの傾向と考えられる。

（10）『女房進退』に「なつのかたひらのこしまきにも。おりすし。おり物。はくゑ。くもはく。ぬい物。おりかうはい。ぬき白。うすたて。しろくれなひ。又はねりなとも。こしまきにする物に候」とある。

（11）河上繁樹「『ふしみ殿』銘辻が花裂をめぐって」（『美学論究』十七編所収、関西学院大学文学部美学研究室、二〇〇二年三月）、同「《研究余滴》『淀君の小袖』顚末記——『ふしみ殿』は誰か」（『服飾美学』四五号所収、服飾美学会、二〇〇七年九月）。

（12）伊藤敏子『辻が花染』（講談社、一九八一年）一八九頁。

（13）森理恵「上杉神社所蔵『雪持柳模様胴服』の制作時期と着用者をめぐる考察」（『美術史』一四八号所収、美術史学会、二〇〇〇年三月）一九六頁。

（14）森理恵「雁金屋『慶長七年御染地之帳』にみる衣服の性別」（『風俗史学』九号、一九九九年）では、段替りや雲取で区画を作り、その中に草花模様を充填するデザインは女性にしか見られないと指摘している。

(15) テリ・サツキ・ミルハプト前掲、一〇〇―一〇一頁。

(16) もともとは、京都の桂に住み、市中に桂川の鮎を売り歩いた女性のこと。平安時代、天皇に鮎を献じたことを契機に、正月・婚礼・出産・出陣などの祝い事に訪れ、花嫁に付き添ったり祝言の祓をしたりする、巫女の一種としての役割をになうようになった。頭に桂包と呼ばれる白い布を巻く。桂姫・桂御前とも称され、ここの名主は明治年間まで女系存続を守ったという。また、桂女については本書第二章註11参照。

(17) 伊藤敏子によれば「羽田筑後守殿」とは豊臣秀次が謀反の疑いをかけられた事件の際に連座して追放された羽田正親長門守と同一人物の可能性がある（伊藤敏子『辻が花』一五八頁）。この袈裟は文禄―慶長年間にその妻の遺品の小袖を袈裟に仕立てて、奉納したと考えられる。

(18) 守田公夫「『辻ヶ花染』試論――日本文様染研究の一環」（『大和文化研究』六巻九号、一九六一年）三頁および十三頁。

(19) 展覧会図録『小袖――江戸のオートクチュール　松坂屋京都染織参考館』（東京・サントリー美術館他、二〇〇八―二〇〇九年）一八七頁、二〇七番解説参照。

(20) 山内麻衣子「染織担当新人研究員の日々――雛まつりと、届かなかった鷹五十居」（清風会編集・発行『清風会報』所収、二〇〇八年七月）、同「桃山武将の伊達なる装い――天正十八年と下賜された辻が花」（京都国立博物館監修・新潟県立近代美術館編『京都国立博物館収蔵品による「国宝との出会い」』展図録所収、二〇〇八年）十八頁。

(21) イギリス・大英博物館に所蔵される鳥毛的《まと》模様陣羽織にも、裏地に貼り付けられた紙札に「COAT OF HIDE-YOSHI TAIKO-SAMA」と記されるが、その伝来の根拠は不明である。

(22) 拙稿「初期唐織の編年に関する考察――金春座伝来能装束を中心に」（『MUSEUM』五八五号所収、東京国立博物館、二〇〇三年）六七―七五頁の作図を参照。

(23) 古川久校訂『下間少進集Ⅱ』（法政大学能楽研究所編『能楽資料集成3』わんや書店、一九七三年）所収。

(24) 寺院における染織品の奉納については二〇〇八年に国立歴史民俗博物館で開催された企画展示『[染]と[織]の肖像――日本と韓国・守り伝えられた染織品』展図録、およびその掲載論文である澤田和人「[染]と[織]の肖像――日本と韓国・守り伝えられた染織品」および山田慎也「奉納される死者のキモノ」が参考になる。また、山川曉「つなぎとめられた縁――円照寺蔵　葡萄棚文様小袖地打敷からみる世界」（『皇女たちの信仰と御所文化　尼門跡寺院の世界』展図録所収、産経新聞社、二〇〇九年）を参照。
(25) テリ・サツキ・ミルハプト前掲、三六―五九頁。
(26) 『復元　淀君乃小袖――四〇〇年の時を越えて』（丸紅株式会社編集・発行、二〇〇〇年）。また、註11参照。
(27) 日本画家。京都出身。竹内栖鳳に師事。国画創作協会同人。仏教的主題の作品を得意とする。京都市立絵画専門学校教授。代表作「南欧小景（聖コスタンツァ寺）」。
(28) 日本画家。岡山出身。竹内栖鳳に師事。村上華岳・土田麦僊らとともに国画創作協会を結成。京都市美術専門学校（現在の京都市立芸術大学）教授。日本美術院会員。文化勲章受章。代表作「奥の細道句抄絵」。
(29) 日本画家。広島出身。竹内栖鳳に師事。文展・帝展で活躍。京都市立美術工芸学校教授を務める。日本芸術院会員。代表作「画室の客」。
(30) 日本画家。岐阜出身。日本美術院の画家として活躍。歴史画・人物画を得意とした。東京芸術大学教授。文化勲章受章。代表作「洞窟の頼朝」。
(31) 日本画家。東京出身。日本美術院の画家として活躍。歴史画を得意とした。東京芸術大学教授。文化勲章受章。代表作「黄瀬川の陣」。
(32) 洋画家。佐賀出身。フランスに留学し、ラファエル・コランに洋画を学ぶ。日本人独特の感性で描く女性像を得意とした。東京美術大学教授。文化勲章受章。代表作「あやめの衣」。
(33) 田畑家は五代二〇〇年にわたって続く、京都の友禅作家。古裂や時代衣裳の蒐集は、三代目田畑喜八（一八七七―一九五六）による。三代目田畑喜八は重要無形文化財保持者（人間国宝）に指定された。
(34) 染色作家。京都出身。富本憲吉とともに新匠美術工芸会を結成し、型絵染技法を用いた制作を開始。京都市美術専門学校（現在の京都市立芸術大学）教授。一九六二年重要無形文化財保持者（人間国宝）に指定。
(35) 染色作家。静岡出身。柳宗悦が率いた民藝運動に共鳴し、型紙による絵模様を裂に染める型絵染を創始した。古裂のコレクターでもあり、そのコレクションは静岡市立芹沢銈介美術館で見ることができる。
(36) 京都・縄手通り新門前に店を構えた古美術商。明治・大正期には古美術コレクターのコレクションの対象としては例外的であった古染織資料に早くから関心を持ち、国内外で古美術を売買する傍ら、小袖や古裂などの蒐集に力を注いだ。コレクションの中でも、完全な形を伴わない小袖裂を誰が袖図屏風のような様式で小袖形に貼った「小袖屏風」二曲一隻一〇〇隻余りが有名。現在、小袖および小袖屏風のコレクションは国立歴史民俗博物館に所蔵される。

(37) わかもと製薬の創業者、長尾欽也とその妻、よね。昭和四年に滋養剤「わかもと」をビールの酵母菌を原料に開発。折しも戦時下の、戦地における栄養補助として爆発的に売れ、巨万の富を成した。世田谷区に広大な庭園を持つ邸宅を所有し、政界や文化人など交遊は広かった。長尾よねは古美術に関心が深く、ジャンルを問わない蒐集品は鎌倉山の別荘に集められ「長尾美術館」と称した。戦後は事業不振により、古美術品の多くは売却された。現在静岡・MOA美術館に所蔵される野々村仁清作「色絵磁器藤文壺」(国宝)も旧蒐集品の一つであった。

(38) 政治家・実業家。山梨出身。東武鉄道など鉄道会社の設立や再建に尽力し「鉄道王」と称された。茶道をたしなみ、その財力を日本東洋美術のコレクションに投資した。死後、財団が設立され、そのコレクションは根津美術館で公開されることとなった。

(39) 京都出身。日本画家を目指し、京都市立絵画専門学校で竹内栖鳳の下で日本画を学ぶ。同じ頃、江馬務主宰の風俗研究会に参加し、風俗研究家としても活躍した。絵画専門学校を卒業後は、松竹合名会社に入社し舞台意匠顧問となる。また、故実研究会を創立し、自ら蒐集した浮世絵や時代衣裳などを元に、さまざまな風俗研究活動を展開した。それらの膨大なコレクションは現在、京都府立京都文化博物館、奈良県立美術館、福岡市博物館に所蔵されている。

(40) 古裂のコレクションを持つメセナ的な美術館は他に根津美術館、藤田美術館などがあるが、いずれも、染織に関心があったわけではなく、古美術蒐集の一環として裂帖や裂を台紙に貼り付けた桐箱入のコレクションを一括でまとめ買いしたようである。一方、川島織物文化館、松坂屋染織参考館、高島屋史料館、丸紅、千總といった、織物や呉服の業界が投資した古染織コレクションは、近代産業のデザインの参考品として蒐集されたものである。

第四章　辻が花「誕生」の近代

一　明治期の古染織蒐集と「辻が花」

古美術における古染織の位置付け

三田村鳶魚が編集した『御殿女中』「御殿女中の髪飾・服装」の章にある一文は、幕末の御殿女中から聞き出した「辻が花」に関する言及として貴重である(1)。

中臈は、式日に綸子、夏はツジ模様、春の末は絹縮、真夏(盛夏)には越後(縮)を着ます。誰の句ですか、「鞍坪へさしてかへるやつぢが花」というのは、ツジを植物と思って句作したものでしょうが、ツジが花は模様なのです。ツジは縫入りもありますが、摺箔はありません。すべて摺箔というものは用いないのです。ツジといえば二種はないのですが、茶屋四郎次郎から納めるのを茶屋辻、呉服後藤から納めるのを本辻といいました。

以上によれば、辻が花とは模様のことだと言う。また、続けて柳亭種彦が『柳亭筆記』で述べた説を引用し、辻が花は枝や茎が交錯して十字形になっているのだ、とも述べている。第二章で見てきたように、本来の「辻が花(染)」

は、枝や茎が十字形に交差する模様ではない。しかし、右の言及の限りでは、辻が花は「夏のツジ模様」という武家女性の服飾の一つとして認識されており、「辻が花」＝縫い締め絞りという認識が少なくとも幕末期にはなかったことは確かである。

現在「辻が花」と称される染織品は文化財指定の際には「美術工芸」の一つとされている。実はこの分類はすでに帝国博物館時代に形成された伝統的な分類であった。明治九―十年頃、内務省管理であった博物局では「天産」「農業（農業山林）」「工芸（工芸機械）」「芸術」「史伝」「教育」「法教」「軍事（陸海軍）」の八掛（課）で作品を管理していた。明治十四年（一八八一）に農商務省に管理替えされた際にも若干の組織変更はあったが、大きく変わるのは明治二二年（一八八九）に帝国博物館とされた時であった。「歴史部」「美術部」「美術工芸（工芸美術）部」「工芸部」「天産部」の五部に改め、「美術工芸部」に対する「工芸部」とは「工業」の意味で用いられた(2)。つまり、古美術品に相当する歴史的価値を認められた工芸品については「美術工芸部」、近代化の促進や諸産業の発達など、日本の経済発展に直結する分野として「工芸部」が置かれたのである。

明治期、「工芸」は日本美術を研究するアカデミズムの間では「応用美術」として絵画や彫刻など「純正美術」との差別化が進められた。「応用美術」とは、実用的な文物に意匠や図案、装丁などを施すことによって実生活の中に装飾性やデザイン性を取り込むことであり、応用美術は屏風絵や襖絵、欄間、陶磁器やキモノの模様など、日本における美術の本質であった。そうした実用に供した美術のあり方から離れ、当時のヨーロッパ諸国における「純正」と「応用」とを分別する考え方に同調しようとしたのである。その一方で、西洋人の間では日本における「応用美術」的特質をむしろ利点として推奨する動きがあった(3)。例えばアーネスト・フェノロサは明治十九年（一八八六）に京都を訪れた際に祇園の中村楼で演説を行い、京都は美術工芸の有名なところであるから、京都の画家はその技術を工芸のデザインに実用化すべきであると述べ「日本近世に於て日用器械と美術は全く分類するの感あり」「これ時世の変革によつてその嗜好の目的を誤りしに拠れり」と結論づけている。また『國華』第一号（明治二二年十月）にビゲローが寄せた「日本工藝家の注意」では、日本の工芸品は実用品であろうと、海外では装飾品にしかならないような工芸品であっても、良質の素材を用いて贅を極めた奢侈品であっても、日本の伝統的な手技をもってすれば、海外では高く評価され、需要が期待されることを説いた。日本美術による以上のような考え方は、ヨーロッパから日本を訪れた文化人なら少なからず受ける印象だったと思われる。一八六二年のロンドン博覧会のために日本美術品を収集したラザフォード・オールコックもまた、一八七八年に記した『日本の美術と工藝』において、日常生活における日本の手仕事から生まれたあらゆる工芸品の芸術的効果を高く評価しているのである。(4) こうした海外における日本の工芸に対する評価を背景に、明治二〇年代になるとこれまで流出するままになっていた古美術的な工芸作品も国粋主義的な考え方から「美術工芸」として保護する方向へと向かった。明治二一年（一八八八）九月、宮内省に臨時全国宝物取調局が開設、明治三〇年（一八九七）六月には古社寺保存法が公布され、博物館においては国宝出陳の受け入れが明治三三年（一九〇〇）より始まった。

この年、帝国博物館は帝室博物館に改称される。東京帝室博物館では「工芸部」が廃止され「歴史」「美術」「美術工芸」「天産」の四部に改められる。染織については、名物裂や更紗、コプト裂などは「美術工芸」に区分されるが、明治十年に頒布された正倉院裂は歴史部第三区「奈良時代の遺物」に、装束や小袖類といった服飾の形態を持った古染織は歴史部第六区の「服飾」に分類されてきたように「美術工芸」としては認識されなかった。美術工芸部の第四区に織製品があり、第一類・紋綾、第二類・刺繡、第三類・友禅、印花、纐纈《こうけち》と分類されている。「辻が花」は第三類の纐纈にあたるが、当時、中世における縫い締め絞りは一点も収蔵されてはいなかった。博物館に今の辻が花にあたる中世の縫い締め絞り裂が初めて購入され、列品に加えられたのは昭和十六年のことである。(5) 博物館に残された記録からは、個人の所蔵者から購入したことはわかるが、誰がどのような経緯で購入を決めたのかは不明である。記録には「草花車模様描絵絞裂」とあり、時代は桃山時代に設定されている。技法及び模様の特徴について記されているが、その中に「辻が花」という言葉は含まれていない。したがって、桃山時代の裂に対する関心はうかがえるものの、それが「辻が花」として購入されたのかどうかはわからない。しかしながら、桃山時代の一片の小袖裂が博物館蒐集品として購入の対象となったことの意義は重要である。

近代における国の文化財保護政策の中で染織はどのように位置付けられてきたのであろうか。旧国宝を例に見てみることにしたい。現在の文化庁による国宝・重要文化財指定の制度が始まる昭和二五年以前に旧国宝に指定された工芸品は、指定年月日が確認できるもので計九八八件になるが、そのうち、染織は以下の十件である。

「刺繡獅子吼文大法被（神奈川・總持寺）」
「刺繡普賢十羅刹女図額（滋賀・宝厳寺）」
「刺繡阿弥陀三尊来迎図額（滋賀・宝厳寺）」（以上、明治三三年）
「刺繡釈迦如来説法図（奈良帝室博物館）」（明治三五年）
「花文刺繡打敷（和歌山・全光院）」（明治四一年）
「葡萄唐草文染韋（奈良・東大寺）」（昭和五年）
「四宮祭月宮殿山飾毛綴（滋賀・上京町月宮会）」
「四宮祭鯉山飾毛綴（滋賀・太間町竜門会）」
「長浜祭鳳凰山飾毛綴（滋賀・長浜鳳凰組）」
「長浜祭翁山飾毛綴（滋賀・長浜翁山組）」（以上、昭和二四年）

以上にあげた古染織の中で、衣服の形をしたモノは一点もない。

大正十一年から昭和十三年にかけて発行された日本国宝全集刊行会発行・文部省編集『日本国宝全集』に掲載され

た旧国宝を概観すると、二一二件あまり掲載された工芸品のうち、金工がもっとも多く九六件、次いで漆工が四九件（その他、木工八件）、刀剣・甲冑といった武具が二五件、陶磁が二〇件である。染織はわずか三件しか掲載されておらず、「天寿国曼荼羅図（奈良・中宮寺）」「獅子狩模様錦（奈良・法隆寺）」（以上、飛鳥時代）「染革（奈良・東大寺）」（天平時代）に過ぎない。やはり、衣服の形をしたモノは含まれていない。他の工芸と比較すると、染織が国宝として認定されることが少なかったことが歴然とする。その理由として、以下の点が考えられよう。まず、もっとも多く指定されている金工と比較した際、金工は仏教や神道に関わる鎌倉時代までの作品を中心に指定されている。その大半は当時の形をとどめており、中には年紀が刻まれたものが少なくない。つまり、制作年代が明確である。しかし、染織には制作期が明記された全形をとどめた作品がまずほとんどないといってよい。その上、大抵はいくつかの工程を分業で行うという制作上の事情から作者も不詳である。これが、指定されにくかった理由の一つである。しかし、漆工や武具などと比較してみると、必ずしも年代が特定できるかどうか、あるいは仏教美術であるか否か、鎌倉時代以前の作品であるかどうかが、国宝に指定される条件ではなかったとも思われる。明治末期から大正期に入ると、高台寺の蒔絵調度や豊臣秀吉ゆかりの妙心寺の武具類など桃山期の工芸が国宝に指定されている。桃山期に入れば染織の分野においてもほぼ完全な形をとどめた衣服形の伝存作品があるにもかかわらず、染織に関しては全く視野に入れられていないのである。以上のような指定の傾向は、染織品の多くが「服飾」すなわち歴史資料と考えられてきたことから、博物館や文部省が管理してきた文化財の中では、美術工芸として認識されていなかったことを示すものであろう。

関保之助の日本服飾研究活動

明治二二年に発刊した『國華』第一号の冒頭文「國華」には、歴史的な服飾研究を促す上で、重要な主張がなされた。本邦においてもっともその発達が遅れているのが「歴史画」であり、国体思想の盛り上がりと共に「歴史画」の振興が必要であるというものである。[6]この「歴史画」とは、日本古代神話や尊皇的な「寓話」をドラマチックに描いた絵画群である。『國華』によって提唱された「歴史画」に必要とされた課題が、歴史画に登場する人物像の服飾や武具の着装の仕方といった風俗考証であった。その主張を受けて『國華』では第一号より第四九号まで、断続的ではあるが日本画家・川崎千虎（一八三七―一九〇二）によって「本邦武装沿革考」という武家故実の連載が長期間にわたり掲載されることとなった。また、明治二五年から二八年までは岡倉天心の依頼により、川崎千虎は東京美術学校で武装に関する講義を担当した。岡倉天心が主動的な役割を果たした日本画壇において「歴史画」が重視されていたことの証左である。歴史画を得意とした日本画家・小堀鞆音（一八六四―一九三一）が甲冑のコレクターでもあったことは、「歴史画」において実物を観察し研究することが不可欠であったことをうかがわせるが、当時における画家や研究者たちの時代風俗考証の要請に答えたのが、有職故実研究家・関保之助（一八六八―一九四五）であった。

もともと関保之助は、川崎千虎や小堀鞆音といった歴史画家を目指して東京美術学校の絵画科に籍をおいていた。しかし、乱視のため絵画の道に入ることを断念し、東京美術学校を卒業後は、武家故実を研究するようになったという。[7]明治二八年（一八九五）より東京帝室博物館美術部で資料の調査、蒐集にあたり、その一方で自らも武具・甲冑類を蒐集した。明治三九年以降は小石川原町の自宅で装束着用写生研究会を定期的に催し、歴史画家や歴史家・風俗史家たちに供したのである。関とその研究会に参加する一派は、その活動の拠点を冠して原町派と呼ばれるようになった。関は、大正八年（一九一九）からは、京都恩賜博物館、奈良帝室博物館に勤務し、昭和八年（一九三三）まで関西を拠点に有職故実の研究に専念した。昭和八年には再び東京帝室博物館の学芸委員に赴任し、東京に戻った。関の研究活動は、実物資料の蒐集を基として資料やその復元品を実際に着用するといった、扮装を基礎とした風俗史研究のスタイルを東西に広めることとなった。関のコレクションは、昭和二年および同八年の売り立てによって散逸するが、その売立目録には、武具・甲冑ばかりではなく、銅鏡や銅矛といった考古のほか、采女装束・御所女中の服飾・狩衣・袍といった宮中の服飾も含まれており、関保之助の研究が武家のみならず有職の着装も含んだ統合的な内容であったことがうかがえる。(8) また、関は服装史にも積極的に関わっており、例えば、東京国立博物館に所蔵される歴史風俗を表した生人形の監修などによってもうかがえる。(9) 関西在住期には、平安神宮の時代祭（明治二八年〈一八九五〉—）、染織講社の染織祭（昭和六—十五年〈一九三一—四〇〉）など京都の祭礼における風俗考証の指導にも携わっていた。

歴史的な服飾や調度に関する研究は歴史画にとってのみではなく、宮廷の行事や服飾・調度に関する有職研究にも必要であった。明治維新によって急速な欧化が進められた宮廷であったが、その後、伝統的な儀式の復興が求められることによって有職研究の必要を迫られたのであった。特に大正・昭和における即位大典の考証などを経て研究が重視されるようになったのである。有職の復興と伝統の継承に努めたのは、東京では桜井秀（一八八五—一九四二）や河鰭実英（一八九一—一九八三）、京都の猪熊浅麻呂（一八七〇—一九四五）や出雲路通次郎（一八七八—一九三九）であった。彼らは、京都の帝室博物館の学芸委員やその事業に関わる中で、有職に関する調度・服飾類の展示や解説に携わることにより資料に即した有職研究に傾倒していったと考えられる。猪熊浅麻呂は京都絵画専門学校で有職や風俗史の講義も持っており、関と同様に、京都の時代祭や染織祭における時代行列の扮装考証にも携わっている。

日本国家思想の形成、いわゆる国粋主義という政治的な枠組みの中で進展した有職故実研究において、その対象となるのは歴史の表舞台に現れる公儀の男性が対象であった。女性や子どもなど政治的・歴史的な行事や儀式に重要な役割を担ってこなかった人物は研究対象として大きく採り上げられることはなかった。そのような動向を象徴的に表すのが、明治二八年（一八九五）より平安神宮の完成とともに始められた京都の時代祭の内容である。草創期の時代祭における扮装行列は延暦文官参朝式・延暦武官出陣式・藤原文官参朝式・城南流鏑馬式・織田公上洛式・徳川城使上洛式で構成され、女性は一人も参列しなかったのであった。

帝室博物館では、セントルイス博覧会で出品された歴代服装人形の寄贈を受けて、明治三九年より生人形師・三代安本亀八が制作した実物大の人形に時代衣裳や復元衣裳を着せ付けた展示が行われた。十四体のうち、十体が男性で女性像は「藤原時代女官」「徳川時代御殿女中」「明治時代娘」「明治時代少女」と数が少ない上に、そのうちの二体が当時の現代風俗に充てられており展示内容に偏りが見られる。(10) この人形の考証にあたったのが関保之助であった。博物館の歴史部が中心となって進めてきた服飾研究においては、女性の服飾に関する研究が男性に比較してまだ注目されてはいなかったことが、この展示内容からもうかがえよう。

小袖コレクションの先駆け——友禅染作家・野口彦兵衛の蒐集

明治期は武家や公家の男性を対象とした有職故実研究が主流であったが、女性を対象とした服飾研究が全くなかったわけではなかった。例えば、幕末より明治期前半にかけて活躍した国学者・生川正香（一八〇四—九〇）は天保末期に『近世女風俗考』をまとめ、柳亭種彦に託したという。その原稿は刊行されないままに種彦の弟子・四方梅彦に渡され、さらに古書店を流浪して、明治二八年、ようやく東陽堂より木版で刊行されることとなった。この刊行を東陽堂に勧めた大槻如電（一八四五—一九三一）もまた江戸時代の女性風俗に関心があり、明治三一年（一八九八）には三越呉服店の依頼で「江戸の風俗衣服のうつりかはり」という講演を行っている。(11) アカデミズムから離れた立場ではあるものの、女性の服飾に次第に関心が向けられつつあったことがうかがえる。

江戸時代の女性が着用していたキモノは当時まだ「古着」の扱いであったが、それらを熱心に集め出したのが野口彦兵衛（一八四八—一九二五）である。野口は、明治七年（一八七四）、老舗の呉服商・大黒屋（大幸）の養子となり、翌年、別家となって日本橋で大彦と称する呉服問屋を開業した。東京ならではの染を生み出すことを目標に、小石川に友禅染の工場を持つ友禅染作家でもあった。明治三二年には「友禅染には三種があり、高島屋は西京流、三井は東京四分、西京二分、大彦は東京一本立」といわれ、高島屋や三井に並ぶ呉服問屋として知られていたという。(12)野口が蒐集した古物は、武具や人形、古書など多岐にわたっていたが、キモノデザインの参考品として江戸時代の小袖を蒐集したのが明治二〇年から三〇年にかけてという。(13)現在、東京国立博物館に所蔵される野口のコレクションには、その裏側に紙札が付され、野口自らが記したと考えられる墨書が遺されている。紙札には、それぞれの小袖が何年頃に製作されたか、どのような意匠であるかが書き込まれ、野口がただ、キモノのデザインの参考資料として集めたのではなく、その研究にも携わっていたことをうかがわせる。(14)野口の蒐集は、古裂の蒐集家であった金子佐平という大家の老人に指導を受け、先に述べた大槻如電や有職家・村田直景、考古の大野雲外、歴史の和田千吉などとともに、衣裳に取り囲まれた部屋でその年代や製作者や技術のことなどを語らっていたという。横山大観・下村観山・寺崎広業といった画家もまた、彼の蒐集した小袖を写生したという。明治三五―三七年にかけては東京彩霞会(15)が主催する研究会で同会の顧問であった野口は自らのコレクションである小袖の展覧もたびたび行った。明治三五年(一九〇二)の十月七―八日には、東京日本橋の常盤木倶楽部で、彩霞会が主催する女性向けの裾模様キモノの図案の公募作品が披露され、併せて野口の「慶長寛文頃よりの衣服」が七二点展示されたことが読売新聞に掲載されている。野口のコレクションは、当時、キモノを製作する「専門家」たちの「参考品」として展示されたのであった。(16)その代表的作品の一つとして展示されていたのが、家康が鷺流狂言師・鷺正次に拝領したという文書が附属する、縫い締め絞りに描絵が施された練緯の小袖〔図4-1〕であった。読売新聞(東京版)明治三五年十月九日第四面には、挿図入りでこの小袖が紹介されている〔図4-2〕。当時は「辻が花」とは称されず、縫い締め絞りの技法は上代裂の絞りに用いられる「纐纈」という用語で説明されている。(17)野口は、同記事において小袖を蒐集し始めた頃の状況を語っている。「今から十年二十年前にハ随分中通りに曝してあった品です。併しもう此後十年経てバ欲しいと云った所で決して御座いませぬ、それで丹精して此れ丈集めたのです」という言葉からは、明治十年代二〇年代には古着として市場に出回っていたが、明治三〇年代に入ると江戸時代の女性が着用していた小袖が古着の市場には出回らなくなったことを示している。それはまた、蒐集家にとって江戸時代の衣裳が「古着」ではなく「古美術」として認識されるようになってきたことをうかがわせる。

一方、帝室博物館においても、女性の風俗に対する研究が欠けているという認識が表れるようになった。関保之助が監修した明治三八年（一九〇五）に東京帝室博物館に展示された「歴代服装人形」の陳列には、女性風俗を復元した染織が男性風俗に比較して少なかった。そこに注目したのは白木屋呉服店の大村彦太郎であった。「婦人の時代参考人形は陳列さるゝ運びに至らざりし」を「非常に遺憾に」思った大村は、店内に五体の女性の時代参考人形を展示し、明治四〇年に帝室博物館に寄贈した。(18) その内容は「天平時代貴紳女子盛装体」「藤原時代女子体座像」「豊臣時代

図 4-1　◎小袖 白地松皮菱竹模様，三つ葉葵紋付（東京国立博物館蔵）
徳川家康が鷺流狂言師・正次に下賜したと伝わる．

図 4-2　読売新聞（東京版），明治 35 年 10 月 9 日，第四面

少女体鋸像」「徳川時代辰巳芸者体」「束髪立姿　明治令嬢体」の五体である。有史時代の女性風俗をカバーしようとする意図が読み取れる。明治四四年に帝室博物館で開催された特別展「徳川時代婦人風俗ニ関スル絵画及服飾器具」展は、時勢の流れを受けてようやく博物館においても女性風俗研究に関心を向け始めた動向の一つといえよう。女性風俗への関心は、明治期の後半より、大槻如電や如電と交流のあった友禅染作家の野口彦兵衛、白木屋の大村彦太郎といった呉服業界を取り巻く層から次第に高まってきた。そのような動向の背景には、呉服店の百貨店化や女性の経済的・社会的進出が関わっていたことがうかがえるのである。

二　辻が花コレクションの誕生

野村正治郎の小袖コレクション

明治維新以後、歴史画の流行や皇室儀礼の必要性から武家故実や有職を中心に進められた男性重視の服飾史研究に大きな変化が生まれたのは、大正期のことである。京都絵画専門学校で風俗史の講座を持ち風俗史研究会を主催していた江馬務（一八八四—一九七九）が、再興した風俗研究会の会誌『風俗研究』において、従来の有職故実研究に加えて江戸の庶民の風俗に関する小論を発表し始めるのは大正五年（一九一六）のことである。[19]同時に、風俗研究会では、関保之助の原町派が定期的に行っていたような風俗資料や復元衣裳をモデルに着用させて実見させる扮装写生会・時代風俗扮装研究会を始めるようになった。有職や武家の故実研究の他、江戸庶民の風俗やその伝統を引く京舞妓といった庶民文化に属するテーマへの関心が高まるに伴い、風俗研究会においても江戸時代の女性の風俗を再現するような趣向が生まれてくるのである。その扮装写生撮影会において自らのコレクションである衣裳を提供したのが京都の古美術商・野村正治郎（一八七九—一九四三）であった。[20]

野村は、明治十二年、京都に生まれた。野村の母はもともと呉服商の娘であったが京都の茶道家の養女となり、結婚後は、京都の鴨川沿いで東洋趣味の小物を売る美術商を営むようになった。当時の京都は多くの外国人が出入りし、野村の母が経営する店も西洋人相手に繁盛したという。風呂敷の売値を、十銭のつもりで両手を広げると、西洋人の客は十円を払って出て行ったというエピソードは、日本の染織が西洋人によって美術品として評価されていたことをうかがわせる(21)。その母の意志を受け継いで、野村もまた英語を取得するために十七歳でアメリカへ留学、二〇代前半には日本美術のディーラーとして、アメリカを中心に活躍するようになった。野村が商品として扱ったものは、浮世絵版画や仏像のほかあらゆるジャンルのものが含まれていたというが、なかでも関心が深かったのは染織品であった。アメリカやヨーロッパでの取引を中心としていた野村は、海外で日本のキモノがもてはやされていたことを早くから認識していた。彼が『風俗研究』第七号（江馬務編、芸艸堂、大正六年三月）の中で発表した「江戸どきと御所どき」という小文の中では、海外における日本のキモノ人気について詳しく触れている。それによれば、最初に日本のキモノが商品として価値を持ったのは、開国や明治維新によって役職を解かれた諸藩に仕える御殿女中のキモノであったという。江戸屋敷を引き払い本国に帰る際、大奥に仕えていた女性たちは不要になった小袖や打掛を市場に売り払ったという。市場に出された小袖類は裏地と表地、中綿がそれぞれ別々に売り出されるため引き解かれる。そこで元の持ち主の由来から、武家屋敷から出たものを「江戸解き」、公家から出たものを「御所解き」と称するようになったという。明治初期に市場に大量に流出したこれらの小袖は精巧な刺繡や染が施された「結構な」小袖であったが、当時の日本では着用する人もなく、日本では価値のないものであった。一方、外国人にとっては「目新しいばかりでなく、染色縫模様などが如何にも優美である」ことから盛んに買い出されることとなった。一度に何百枚もの数を取引し、明治七、八年頃神戸・横浜などの外国商館へ売り込んだ際にはその相場が四円から四円五〇銭であったという。以上のような大規模な取引を背景に、フランスの印象派たちが描くジャポニスム絵画には、しばしば江戸解きや御所解きのキモノを着用した女性が描かれてきたのであった。また、明治期に日本を訪れた海外の日本美術コレクターのコレクションの中には、江戸解き御所解きと称される武家女性のキモノが多く含まれている。[22] 野村はまた「今日きものと云ふ言葉は世界的のものとなりまして、京都から美しい染や縫入のきものが盛んに海外に賣れて行きます」と述べ、野村が商売を始めた明治三〇年代から大正期においても日本のキモノが人気商品として海外に輸出されている様子がうかがえるのである。以上のように、明治期には、日本のキモノは浮世絵と同様に日本国内よりも海外に人気のある商品であった。

野村がいつ頃から小袖のコレクションを始めたのか正確なところは不明であるが、最初に近世の小袖を購入したのは、野村が十三歳の時であった。[23] 十七歳でアメリカへ留学し、帰国後は、古美術商として海外を中心に活動を始めた野村は、アメリカを中心にその足跡をたどることができる。例えば、ニューヨークのメトロポリタン美術館には大正三年（一九一四）に中国や日本の錦のコレクションが収められている。[24] また、購入年は不明ながら、ボストン美術館に所蔵される小袖裂の中には野村から購入した辻が花裂も含まれており、すでに大正期には、海外において辻が花裂を含む日本の小袖裂が古美術として売買の対象となっていたことをうかがわせる。しかし野村は本当に自分の手元に置いておきたい小袖裂やキモノのほとんどを、自分のコレクションに充てていたようである。日本においては、当時の常識的な価値観からは古美術コレクションの対象とならなかった日本女性のキモノを蒐集した理由は不明である。あるいは、海外での古美術売買の経験によって、日本人があまり眼をつけなかった日本女性のキモノの古裂に価値を見出したとも考えられる。大正期にはすでにそのコレクションの大要は形成されており、随一の日本女性のキモノを中心とする古染織コレクターとなっていた。

風俗研究家の江馬は、風俗研究会発足当時から、古いキモノのコレクションを持つ野村との関係を大切にしていたようである。風俗研究会に多額の寄付をした野村は同研究会の名誉会員となり、[25] 以後、寄稿したり同研究会が主催する扮装写生会に自分のコレクションを貸与したりするようになった。さらに、大正八年には江馬務を解説者に迎え『誰が袖百種』という小袖裂を集めた画集も出版している。江馬の解説の中に「菱の紋は俗称『ぼうし』即ち辻が花染なり」(三番)、「所々に『ぼうし』即ち辻が花染の方法によりて、赤、白に染め分けたり」(十七番)と記され、遅くとも、大正八年には縫い締め絞りが辻が花染であるという認識があったことをうかがわせる。ただ、江馬の解説にある「辻が花」は、江戸時代前期に流行した「地無小袖」いわゆる慶長小袖の解説の中で、単に「ぼうし」と称される縫い締め絞りの技法の名称として用いており、どの程度、中世の染物として理解していたのかは疑問である。それよりもむしろ、翌年、野村が出版した『友禅研究』という研究書の中で「辻が花染と『ぼうし』」という章を立て史料を元に詳しく辻が花を解説する文章の方が[26]、より具体的な説明となっている。江馬の解説は野村からの受け売りだったかもしれないが、膨大な染織コレクションを持ち、独自の研究書も出していた野村から、江馬が古裂についてさまざまな知識を教授されていたことはむしろ当然のことかもしれない。いずれにしても、縫い締め絞り=辻が花という説が、少なくとも京都の風俗研究者の間では定着していたことをうかがわせる。大正期も半ばを過ぎる頃より、ようやく「辻が花」は歴史的な染織資料として採り上げられるようになったのである。

野村の染織コレクションの中には辻が花裂がいくつか含まれているが、それらの大半は「小袖屛風」と称される小袖裂を小袖形に貼り付けた屛風に仕立てられている。昭和十三年、芸艸堂から刊行された『時代小袖雛形屛風』の目次には、

一　左　地白練絹熨斗目取辻ヶ花御裲襠　天文頃［図3-20］

三　地水色加賀絹辻ヶ花御裲襠　天文頃

四　左　地白練絹辻ヶ花御裲襠　永禄頃［図3-13］

六　右　地白練絹熨斗目辻ヶ花御裲襠　永禄元亀頃［口絵4］
　　左　地紫練絹辻ヶ花御裲襠　永禄元亀頃［口絵4］

以上、五件の裂を「辻ヶ花」と称している。いずれの裂も「裲襠」つまり打掛と称しているところに特色がある。打掛は、絹の袷仕立で中綿が入る寒い時期の表着である。当時の野村には、中世の史料に見られる「辻が花（染）」＝「帷子」という認識はなかったことがうかがえる。全ての裂に縫い締め絞りが入り、そのうち三件に描絵が施されている。時代は天文（一五三二―五五）・永禄（一五五八―七〇）・元亀（一五七〇―七三）に限定されており室町時代後期、戦国時代の作とされている。

日本画壇と古裂コレクション

京都の古美術商、野村正治郎による古染織コレクションは、海外へのディーラーとして活躍していた野村だからこそ生まれた着眼であり、当時、キモノ製作の参考資料として小袖を蒐集した野口彦兵衛のようなコレクターは別として、国内で日本のキモノや小袖裂をいわば「古美術品」として好んで蒐集するコレクターは稀有であったといえる。しかし、大正期も後半になると、野村のコレクションと同種の江戸時代の小袖や小袖裂を蒐集するコレクターが現れ始めた。野村と親しかった京都の風俗研究家・吉川観方（一八九四―一九七九）もその一人である。

吉川観方が風俗研究を始めた契機は、京都絵画専門学校に在籍していた大正六年（一九一七）に、江馬務が主催する風俗研究会に「風俗研究会編輯局同人」として参加したことである。そこには、年紀のある有名な辻が花裂のコレクターとなった先輩の日本画家・入江波光（一八八七―一九四八）も名を連ねていた。吉川はその在学中に松竹合名会社が興行する芝居の衣裳考証などを行うようになっており、また雑誌『風俗研究』の挿画も担当するなど、風俗研究会の主要なメンバーとして台頭する。しかし、大正十二年頃からは、江馬が中心となって活動していた風俗研究会を離れ、独自に写生会を主催するようになった。この写生会とは、かつて関が小石川原町の自宅で行っていたものと同様、江戸時代に使われていた衣類や道具類を実際にモデルが着装し、歴史画や風俗画を描く画家や研究者たちに写生をさせる勉強会であった。その写生会に必要な資料蒐集を始めたのである(27)。吉川のコレクションは野村のものとは異なり、日本女性のキモノだけではなく、有職故実や武家故実に関する服飾・武具・甲冑、また、履物や調度、玩具、浮世絵や肖像画といった絵画資料をも含む。辻が花裂もまた、蒐集の対象であった。

吉川が蒐集した辻が花裂の一つ［図4-3］には、台紙に本人による墨筆で「足利時代小袖裂　辻が花染といふ　白練ぬき地　若まつに笹龍膽　花かたもやう　墨繪入絞結染」と記されている。「絞結」とは「纐纈」の当て字であろう。また、本人が辻が花と認識していたかどうかは不明だが、紫地に縫い締め絞りで大きな輪の模様を白抜きに染め出した豊臣秀吉所用と伝わる胴服を所蔵していた(28)。昭和六年（一九三一）に刊行された吉川観方編『衣服と文様』（野村正治郎賛助、原色版印刷社刊）には「辻ヶ花」として辻が花裂が四点掲載される。そのうちの一点は前述の［図4-3］、もう一点は、観方コレクションとして特に知られていた小袖裂であった(29)［図4-4］。また、別の二点［図4-5、また本書カバー図参照・図4-6］は吉川観方コレクションの中にはない作品である。同書の賛助として名を連ね

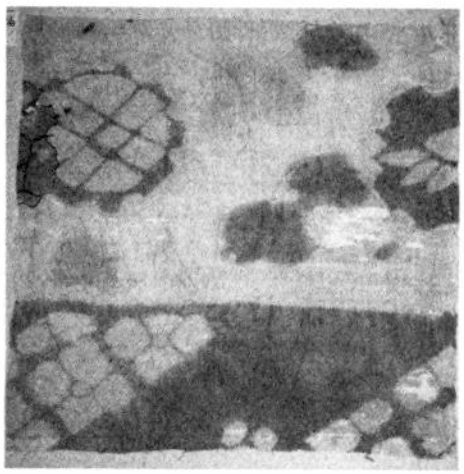

図4-3　裂　紅白段花菱若松竹雪輪模様（奈良県立美術館蔵）

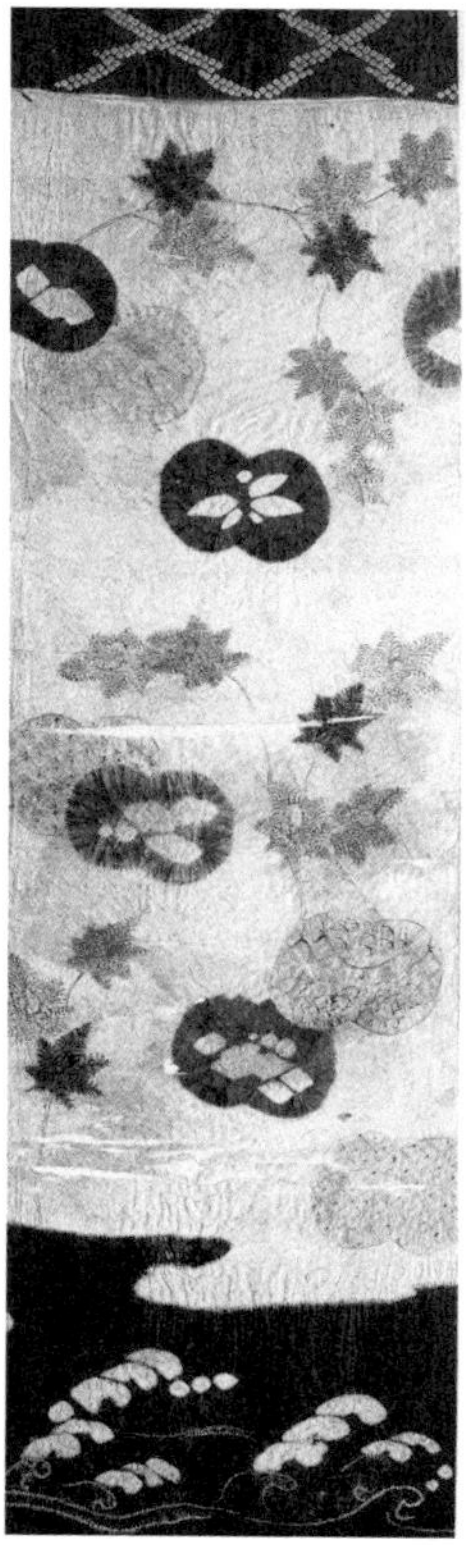

図4-4　裂　白地波松皮菱団扇梶葉模様

図4-5　裂 染分地松皮取石畳椿藤女郎花模様（東京・根津美術館蔵）

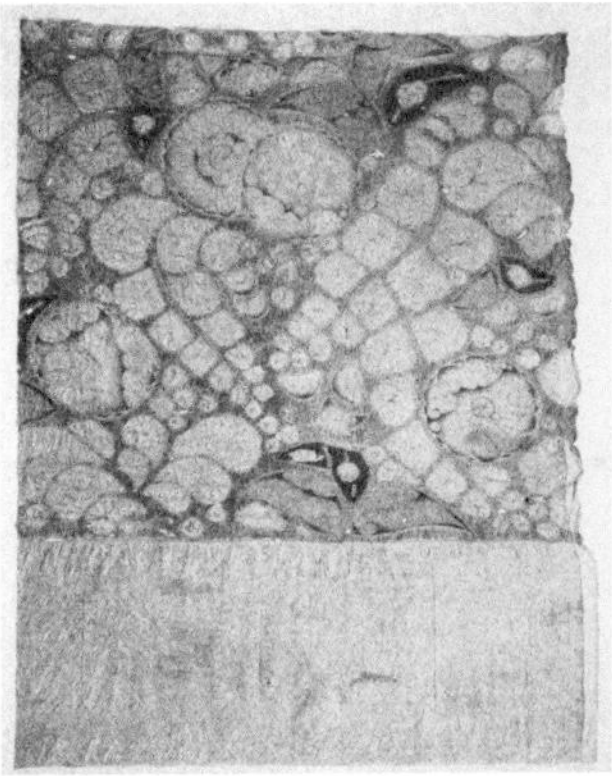

図4-6　裂 染分地椿藤模様（東京・根津美術館蔵）

る野村正治郎が、吉川の出版に資料を提供したと考えられる。この二点は現在、根津美術館に所蔵されている。根津美術館所蔵品は、東武鉄道社長ほか鉄道会社の重役を歴任した実業家・根津嘉一郎（一八六〇―一九四〇）が蒐集した古裂コレクションである。この出版以降に、根津が野村から購入したか、あるいは、別の古美術商を介して入手した可能性が考えられる。

吉川は本来画家志望であり、その志向や風俗研究活動は関保之助が行った原町派に通じるものがあった。ただ、大きく異なる点は、吉川が目指す日本画は歴史画ではなく、江戸時代、町方で行われていた浮世絵の復興にあった。関のコレクションに通じるような公家服飾も蒐集してはいたが、吉川が特に力を入れていたのは、風俗画を中心とする近世日本絵画や上方浮世絵のコレクションである。また、吉川が画家として活動していた時期に自ら浮世絵版画を制作していたことからもコレクションの傾向がうかがえよう(30)。実は、江戸時代における浮世絵、特に美人画の復興は、大正期における画壇の傾向でもあった。明治期には歴史画一辺倒の傾向にあった展覧会に、舞妓やキモノを着用した女性、あるいは、当世風俗を描いた洋装の女性が描かれるようになるのが、大正期から戦前にかけてである。

考現学・生活学を提唱した今和次郎（一八八八―一九七三）は「日

本人の生活の中の装い」の中で、明治二〇年代になると「国粋主義」の名のもとに江戸末期の服装が再生されたと述べている。それまで洋装化が唱えられ、上着とスカートという二部式の洋服を着用していた東京女子師範学校の学生も、国粋思想となってから和服と袴姿に変わってしまったという。[31] 当時、キモノはすでに労働や活動に不便でその改良が国粋主義者の間からも唱えられていた。[32] それにもかかわらず女性がキモノを着用する傾向は戦前まで続くのである。今和次郎の調査によれば、関東大震災の翌々年、一九二五年に銀座通りでモダンな洋装姿の婦人が何人歩いているかを数えたときにも、いくら数えても一〇〇人に一人の割合でしかなかったという。ところが、スカートの丈が長くなり始めた一九三〇年代には、銀座通りで数えてみると一〇〇人のうち三五人までが洋装になり、それとともに、パーマネントが流行したという。大正末期から昭和初期にかけては、女性の服装が都市を中心に和装から洋装へと変化しつつあった時代であった。野村正治郎は昭和七年に自らのコレクション図録『小袖と振袖』の序文の中で、日本女性の洋装化を嘆き発刊の動機を「漸く忘れられていく日本衣裳の優美さと、祖先が如何に美的関心の中に衣裳を投じ生活していたかに就て、今一度社会の注意を惹起せんとした事に外ありませんでした」と述べている。日本画壇において、キモノ姿の女性と洋装姿の女性が拮抗するかのように描かれる理由には、洋装讃美者と和装讃美者とが互いに主張する女性風俗の変化期があったと考えられる。そのような時代を背景にキモノ姿の女性を好んで描いた画家の一人が岡田三郎助（一八六九―一九三九）である。岡田はキモノを描くだけではなく、その熱心な蒐集家でもあった。

岡田三郎助が自ら蒐集した江戸時代の小袖をモデルに着用させ、キモノ姿の女性像を描きはじめたのは、大正八年（一九一九）頃のことである。その後、有名な「アヤメの衣」を含むキモノ美人を晩年の昭和十二年（一九三七）頃まで描いている。大正期後半には、日本の古染織を蒐集していたと考えられる。岡田のコレクションは五百点余りあったと言われ、日本の古裂だけではなく、コプト裂や中国の古裂など、諸外国の古裂も含まれた大規模なコレクションであった。[33] 昭和六―八年には岡田三郎助の監修で日本だけではなく諸外国の古裂を収録した『時代裂』（座右宝刊行会)、昭和十一年には『時代裂拾遺』が発行される。そこには、自分の所蔵品だけではなく他家の所蔵品も多数掲載されており、岡田の古裂への深い関心がうかがえるのである。本書の解説を担当したのは鐘紡株式会社の京都・山科工場長であった明石染人と美術研究家・大隅為三であった。明石は大正五年に『風俗研究』に「友禅について」という小論を載せており、野村と並ぶ染織史研究のパイオニアの一人といえるが、昭和初期に関心を持っていたのは鐘紡のコレクションの中心をなすコプト裂や、名物裂・上代裂であった。[34] 再び桃山から江戸にかけての小袖裂に関心を持ち始めるのは、岡田や長尾欽弥(後述)といったコレクター、コプト裂の購入を通して知り合った山中定次郎(後述)との交流であり、あるいは学識者としての要請を受けたことが契機となったと考えられる。

『時代裂』において最初に掲載された辻が花裂は小川勘助が所蔵する萌黄地に縫い締め絞りと描絵で椿藤杜若立波模様を表した裂(第三章による色と模様による六つの分類では①のタイプである)であったが、「4　辻ヶ花染」と題して、明石が解説している。第一章の研究史で紹介したが、明石はこの解説を書く直前に記した『染織文様史の研究』(一九三一年刊)の中では、奈良の木辻を「辻が花」の発祥とする説には全く触れていなかった。[35] 逆に『時代裂』の解説の中では否定している松永貞徳の説を肯定している。実は、明石は奈良木辻説を大正五年に『風俗研究』に発表した「友禅に就て」の中で茶屋(辻)染の起源に関する記述の中ですでに引用していた。[36] ところが、『時代裂』の解説の中で、明石は野村が『友禅研究』で述べた「辻が花(染)」が奈良木辻で始まったという説を全面的に支持しており、もともと麻布に染められたものが次第に発達して上流婦人の帷子に愛用されたり、絹地に応用されたりするようになったと解釈している。さらに興味深いのは、同解説による次の一節である。

辻ヶ花染の名称は足利時代に始まったであらう事は明白である。桃山時代に盛行した桃山絞染は辻ヶ花染が絹布に応用され、絞染の進歩と改良によって生まれたものである以上は、又寛永十八年に所謂六條新地の遊郭が取拂はれ、遊女達は島原新遊郭に移され、あるものは奈良の木辻に移った時、都会仕込みの華美な遊女たちの好みに刺戟されて辻ヶ花染が躍進的な技巧の改善に努めた結果は、描画と辻が花染、又は縫箔と絞染併用によって友禅染の先駆をなした事も明かである以上は「嬉遊笑覧」に言ふが如き麻の葉や鹿の子の目の正しく並んだ集合点を指して辻と言ったと言うこじつけ説に耳を藉すことは出来ない、懐子集の桔梗辻と言へるのは桔梗色の辻ヶ花染と言ふべきを俳句の約語に縮めたのに過ぎないであろう。「御傘」一派の躑躅が花説も穿ち過ぎた話で、紅染が多かったゞけで他の色が無かった譯ではなく、後世考へついた名義考に過ぎないであらう。

以上の解説では、実は先にあげた野村の『友禅研究』における「辻ヶ花染と『ぼうし』」の一節に影響されていると言ってよい。野村もまた、同書の中で以下のように記しているからである。

貞徳の御傘に「つじが花、もとつゞじが花といふことを中略したる名なれども、あかき帷子の名に成りたれば云々」とある。嬉遊笑覧には、之に就いて、「目結は俗にいふ鹿子なり、その目の正しく並びたるは、即ち辻にて、八十の衢なり、今の麻の葉といふ紋これ辻ヶ花なり」、又懐子集の「藍みての後の紅粉染や桔梗辻の句を引用して、「これは藍と紅との色を合せて桔梗辻とよみて作りしのみならず、麻の葉といふ紋其頃も桔梗辻といひしなるべし、その形桔梗笠の名など思ふべし」などと御傘説を打破してゐるが、鹿の子と辻ヶ花染とを同一に考へたのは誤で鹿の子と辻ヶ花とは其系統を同うしてゐるが、全然別殊のものである。こんにち絞業者間に麻の葉など線の集合した處を指して、辻とは云ふが、決して辻の花とは云はぬ。桔梗辻とは藍と紅を交へて染たる桔梗色の辻ヶ花染を略したのである。此辻ヶ花染には種々の色があつたので、中には絞りの處を二度染した美しいものもある。

この一連の言説からうかがえるのは、『時代裂』が刊行された昭和六年から八年の間に、「辻が花(染)」について本来別の見解を持っていた二人の染織史研究家、野村と明石との関係が急速に接近したことであろう。しかも、辻が花や桔梗辻といった日本の小袖裂に関しては、ほとんど全面的に野村の意見が尊重されていた事実が浮かび上がる。別の解説(一一八番)の中では、明石は以下のように述べている。

普通坊間称する所の辻ヶ花染は絞染と彩画、絞染と彩画と箔置き、絞染と彩画と刺繡の併用のものであって、慶長末期から糊画の発達に至るまでの作品が多く、単に絞染だけで辻ヶ花染を染上げてゐるものはそう沢山はない。勿論小断片又は残欽は相当の数はあるが、その様式は殆ど同曲異巧である。その発生時代の足利末期のものには、こうした簡素な辻ヶ花染がないでもないが、それは主として麻布になされてゐた。絹布には極く例が少ないのである。後世の辻ヶ花には帽子絞りが多いが、色に紫が多く使われてゐる。併し辻ヶ花の本来は赤と藍とが主として行われてゐた。

「辻ヶ花染」の多くが「絞染」と「彩画(描絵)」に「箔置き(摺箔)」や「刺繡」のいずれかを加えたものであると述べている。縫い締め絞りのみではなくそれに描絵を併用したものが辻が花の特徴としてあげられていることに注目したい。また「主として麻布になされていた」という記述には「帷子」に言及する中世の史料にある記述を意識した言及であることがうかがえるが、実際には伝存する裂の中に麻布に縫い締め絞りで模様を染め出したものはほとんど残されていない。『時代裂』の解説の中で岡田三郎助が、「辻が花(染)」に対して、特に、

辻ヶ花染(奈良染) こゝに載せられた辻ヶ花模様は紬に加工されたるものである故、今日残って居る辻ヶ花染と言

ふものには私共が見たもの丶中には、二通りある事を知って居るのみで、前申した紬と平絹に加工されたものとの二つでこの平絹の方が今日我々の目に多く触れて居る。

と補足説明をしているのも、元来は「麻布」であったという言及がなされながらも、実際には紬や練緯（この解説では「平絹」と記される）しかなかったという矛盾に対する弁明であろう。「後世の辻ヶ花には帽子絞りが多いが、色に紫が多く使われてゐる」という一文は、『時代裂』に紹介されていた「辻ヶ花染（紫染）」のことであろう。また、「本来は赤と藍が主として行われていた」という一文も、第二章で採り上げた山崎美成の『海録』（史料番号㉟）に記された伊勢貞丈の言葉に基づくもので、中世における「辻が花（裂）」と近代以降辻が花と称された裂との相違について述べている。以上の『時代裂』の解説からは、当時より、中世の史料と近代における辻が花の概念である「ぼうし」＝「縫い締め絞り」という考え方との間の矛盾を岡田や明石が認識していたことも示している。

『時代裂』には「辻ヶ花絞染」「辻が花染」などと称される裂が四点、『時代裂拾遺』には一点掲載され、それぞれに一点ずつ岡田三郎助のコレクションが掲載されている。『時代裂拾遺』に掲載された裂は、野村正治郎が小袖屏風［図3-20］に仕立てた幡裂と共裂で［図4-7］、おそらくは野村正治郎から購入したものであろう。また、岡田のコレクションとして知られるもう一点の辻が花裂［図4-8］は、前述した吉川の『衣服と文様』に掲載された野村のコレクション［図4-5］と同じ模様で、やはり、野村から購入した可能性がある。岡田は大正十四年（一九二五）に雑誌『中央美術』第十一巻二号に発表した「裂の蒐集に就いて」というエッセイの中で大正十二年頃に初めて野村正治郎の裂の入札に参加し、それ以後も、二、三回と野村の所へ通って裂を蒐集したことを綴っており、野村から裂を購入していたことがうかがえる。[37]『時代裂』は会費を請け負った会員にのみ頒布される会員制であり、その中には、原三渓、根津嘉一郎といった古美術蒐集家や十四人の画家が名を連ね、風俗研究家の江馬務の名もある。また『時代裂』

に掲載された蒐集家たちのコレクションを展覧する会も催されている。このような交流を通して、古染織に関する関心が高まると同時に、古裂に対する共通認識も生まれたと考えられる。特に、画家たちの間では、日本や東洋の古美術蒐集が一つの流行のようになっており、その一つとして古裂の蒐集を好む傾向があった。それは、必ずしも絵の参考資料として集められたのではなく、竹内栖鳳の更紗裂コレクションのように、自身の描く絵画とは全く関係のないところで蒐集されたコレクションもある。また、入江波光のように京都絵画専門学校の教授を務め学生たちの参考資料として古美術の選定に従事する傍ら古染織や古人形を蒐集した例もある。[38] 入江コレクションの中には、年紀のあることで有名な辻が花裂の幡裂が含まれている。入江波光は江馬の主催する初期の風俗研究会の会員でもあったから、その交遊の中で、古裂や古人形の鑑識眼が生まれたのかもしれない。コレクションは入江の描く日本画に直接には関係せず、やはり絵の参考資料というよりは個人的な関心から蒐集したと言った方がよいであろう。

安田靫彦（一八八四―一九七八）や前田青邨（一八八五―一九七七）もまた古裂の蒐集家であった。安田靫彦の場合は古裂ばかりではなく、特に東洋古陶磁の蒐集に熱心で、援助を受けていた原三渓の影響で大正五年頃から古陶磁の蒐集を始めたという。[39] 安田靫彦が蒐集したコレクションには辻が花裂が十数点含まれているが、それもまた古物蒐集の一環としてなされたようである。［図4-5］［図4-8］と共裂である「裂 染分地松皮取石畳

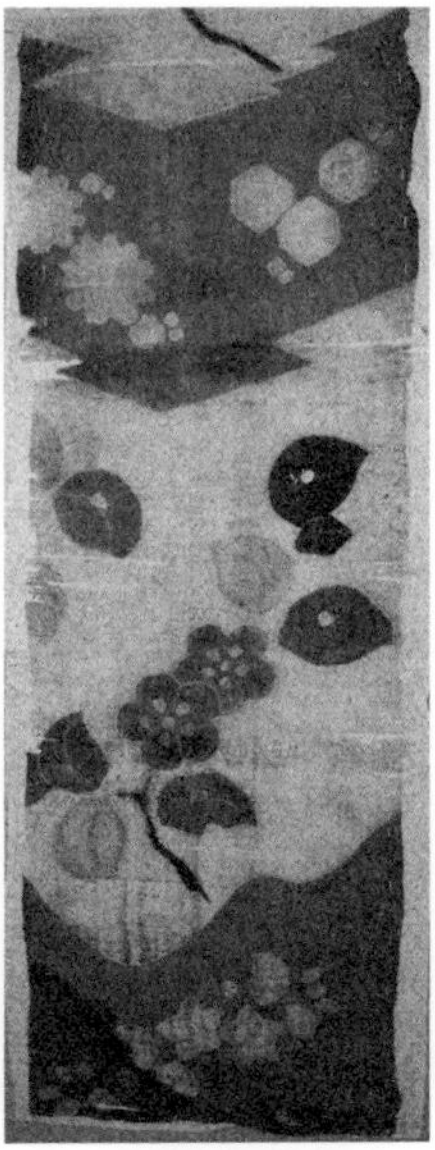

図4-7　裂 染分段椿桔梗模様（埼玉・遠山記念館蔵）

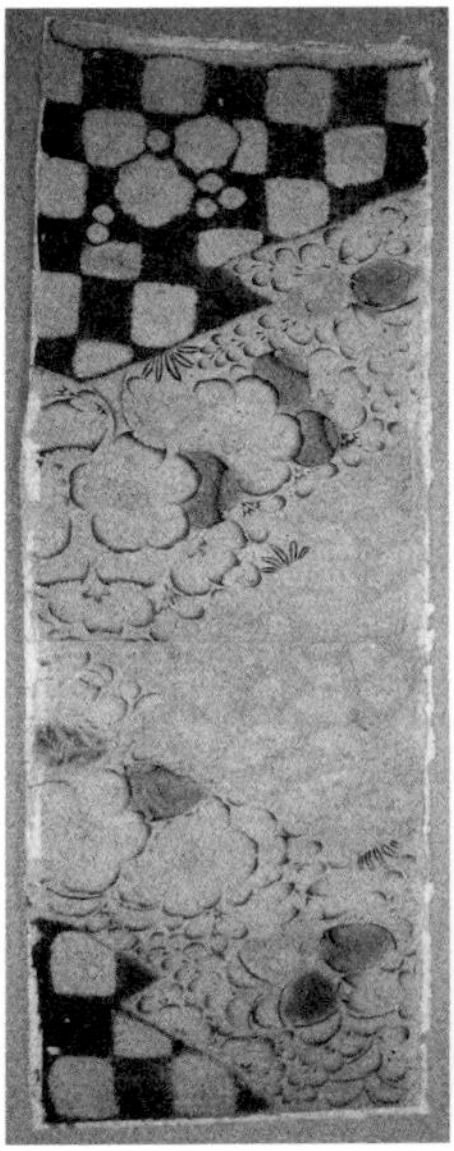

図4-8　裂 染分地松皮取石畳椿藤女郎花模様（埼玉・遠山記念館蔵）

椿藤女郎花模様」を安田はかつて七枚所持していたが、野村正治郎から購入した可能性がある。[40] その友人であった前田青邨もまた辻が花裂を十数点蒐集している。その中にも、野村正治郎が小袖屏風に仕立てた裂〔図3-13〕と共裂である「裂　白地葡萄松皮菱模様」があり、野村から端裂を入手した可能性が高い。前田青邨は、若い頃、京都の経師家にあった辻が花裂を持ち帰り、後年、その代わりにといって、その子女のために雛人形の絵を送ってよこしたという。[41] 前田が辻が花裂を愛好していたことを物語るエピソードである。前田青邨の場合も、埴輪や勾玉といった出土考古品を蒐集しており、特に古裂のみに執心していたというわけではなかった。[42] 安田靫彦は特に豊臣秀吉を題材とする歴史画を好んで描いたことがその画業からうかがえるが、[43] 戦前に描いた絵画には、辻が花裂を参考にした衣服は描かれていない。この二人の画家が、当時、この裂を当初より辻が花裂と意識して蒐集したかどうかは定かではないが、岡田三郎助の『時代裂』の賛助会員であった二人には、自分のコレクションが「辻が花」と呼ばれる裂であったことは認識していたはずである。しかし、それらは歴史画の資料として蒐集されたとは必ずしもいえないようである。[44]

古美術愛好家と古裂コレクション

日本古美術の海外ディーラーとして野村以上に著名であった山中定次郎（一八六六―一九三六）は、明治十三年（一八八〇）、十三歳で古美術商・山中吉兵衛家の店員となり、同二二年に山中家に養子入りしてその長女と結婚した。明治二七年にアメリカ・ニューヨークに渡り、翌年、ニューヨークに店を開く。明治三二年にはボストン、同三三年にはイギリス・ロンドンにも支店を開き、明治三八年にはパリにも代理店をおくなど、海外での販路をつぎつぎに拡大していった。山中も日本・東洋のあらゆる古美術品を扱っていたが、古染織を商品とするようになったのは、大正末期から戦前にかけてのことである。最初は、日本の裂ではなかった。大正十三年（一九二四）、フランスの地質学者フーケ博士が蒐集したエジプトのコプト裂のコレクションを一括入手し、大阪美術倶楽部で展覧会を催したことが

（「埃及希臘波斯支那古代美術展観」）、確認できる最初の古裂の紹介である。(45) このコレクションは、鐘淵株式会社の社員であった染織研究家明石染人の目利きによって購入することとなった。山中は昭和元年（一九二六）にも「古代染織工藝品展覧会」を大阪美術倶楽部で開催するが、どのような染織品を扱っていたのかは定かではない。昭和九年（一九三四）にはアメリカ・メトロポリタン美術館で開催された「能衣裳展」を山中商会が取り仕切るようになっていた。昭和十年、山中定次郎が没する前年には自ら蒐集した日本の小袖裂一〇〇種を図版入りで紹介する『時代裂名品集』（芸艸堂）が刊行されたが、これはおそらく、野村正治郎が刊行した『誰が袖百種』（芸艸堂）を強く意識したものであろう。(46) 本書には、山中自身による序文が寄せられており、その中で次のように述べている。

近時この時代染織裂はこれ等研究、愛好家の間に珍重され、年々に其價を昂めゆくにも拘らず、漸次、佳品の佛底を告ぐるに至れるは、寔に驚くべく、また、理由ありといふべし、かゝる状態なれば、其意匠圖案色彩等に於て卓越せるものは、眼に触れるに従ひ、蒐集し置くに非らざれば後日再びこれを手に入れ難きは勿論、終にはその断片すら見る事を得ざるに至るべきは、火を睹るよりも明かなりと信ず。

本書に収録される一〇〇図の古裂は、一枚のみ中国・清朝の裂が含まれている以外は、いずれも室町時代から江戸時代末期にかけての日本の古裂で、小袖や能装束の断片である。序文からは、研究者やコレクターの関心が、日本の中近世における小袖や能装束といった古裂に広がり、古美術市場で価値が上がってきたことがうかがえる。

『時代裂名品集』は、京都の書肆芸艸堂の申し出で、編集したのは、新聞記者であり古裂のコレクターでもあった大道弘雄であった。本書に掲載された「辻ヶ花」裂は七図である。解説はなく、時代順といったような系列がうかがえる編集にはなっていないが年代は明記されており、室町時代、桃山時代、慶長期に設定されている。そのうちの第五図は現在、ドイツ・シュトゥットゥガルトのリンデン博物館に所蔵されている［図3-23］。リンデン博物館が所蔵したのは近年のことであることから、山中商会から海外へ売られ、いずれかのコレクターの手に渡ったものが入ったと考えられる。また、第二図の共裂がボストン美術館に所蔵されている。(47) 第七〇図は、野村正治郎が小袖屏風［図3-13］に仕立てた小袖裂の一部で、野村から山中が購入した可能性が高い。その後、友禅染作家である三代田畑喜八の手に渡った。また、第一四図・第七六図・第八四図は現在、根津美術館の所蔵である。根津嘉一郎が山中商会から購入したのであろう。(48) 根津嘉一郎が所蔵する古裂は一括して透漆塗りの桐箱に収納され、その箱裏には「慶長桃山足利古裂」という付箋が添付されている。この記述からは、慶長・桃山・室町という時代の裂が、次第に古美術品として価値付けられるようになったことをうかがわせる。

滋養剤「わかもと」で一財を成した実業家・長尾欽弥（一八九二―一九八〇）が、その古裂コレクションを『桃山慶長纐纈精華』として刊行したのも山中が『時代裂名品集』を刊行したのと同時期にあたる昭和十一年（一九三六）のことである。(49) 長尾が古美術を蒐集しはじめたのは、自らの起業によって一財を成した昭和六年頃からであった。その蒐集の中には、後に重要文化財に指定されることになる日本の古染織も含まれており注目される。本書は、蒐集した日本の古裂二〇枚をカラー印刷し、厚紙に一枚ずつ貼付した図版集で、その中に「辻ヶ花染」と称される裂が三図掲載されている。そのうち「第壱図　桃山　菊藤花文様辻ヶ花染裂」は、戦後から昭和四四年までのある時期に、前田青邨の手に渡っている。(50)「第拾図　桃山　桐桜石畳模様辻ヶ花裂」もまた、野村正治郎が所有し、のち根津の手に渡った裂［図4-5］と共裂である。また、岡田三郎助や安田靫彦も共裂［図4-8］を所有している。この図版集も『時代裂』と同様に明石染人が編輯しており、その冒頭文「桃山・慶長時代の纐纈を頌ふ」では、同時代の絞り染を「桃山絞り」「慶長絞染」とし「辻ヶ花染」については以下のように述べている（以下、傍線は筆者による）。

通念的に慶長時代模様染の内、奈良木辻の遊女が古法を傳へて作り出したと傳へられるが故に『辻ヶ花染』と呼ばるゝものは桃山絞の手法を應用したもので、手法から云へば帽子絞と称するもので地染は紫又は黒である。帽子絞りを施し地染を行ひ、絞った白の部分に細線で繪、文様を描いたもので謂はゞ描繪と絞染の結合である。慶長の末期になるとこの上に刺繡が施され一層技巧的進展を示して来るのである。

「奈良木辻の遊女」が製作を始めたとする説は、最初に野村が『友禅研究』で述べた説で、『時代裂』の解説と同様に明石が依然として野村の説を支持してきたことがうかがえる。その一方で、実際に掲載される辻が花裂は、地色が紫でもなければ黒でもなく、明石の述べる辻が花の色についての記述はやや混乱している。岡田三郎助が編集した『時代裂』の解説では、明石は「絞染」と「彩画（描絵）」に「箔置き（摺箔）」「刺繡」を加えて仕上げたものを辻が花と称していたが、ここではより明確に「描繪と絞染の結合」としている点は注意すべき点であろう。近代における「辻が花」イメージの形成に明石が成した大きな役割は、縫い締め絞りと描絵という二つの技法を辻が花裂の特徴として掲げた点にあった。

当時、辻が花と称されていた裂の特徴を表11にまとめた。全て衣服の形をしてはおらず、裂の形状である。元の形状を記している場合は小袖かあるいは裲襠（打掛）とされ、帷子は一点もない。素材は平織の絹（平絹・練絹・練緯）であって、生絹や麻はない。いずれにも縫い締め絞りが用いられており、縫い締め絞りが辻が花の要件であったことは確かである。この中で「描絵」が用いられていないのは六件のみで、そのうちの一件は代わりに刺繡や摺箔が施されている。縫い締め絞りのみで模様を表しているのは「蓮模様辻ヶ花染」（No.7）、「椿模様辻ヶ花染」（No.8）、「地白練絹熨斗目取辻ヶ花御裲襠」（No.19）、「地紫練絹辻ヶ花御裲襠」（No.23）、「蓮文様辻ヶ花染裂」（No.24）で、No.7とNo.24、No.8とNo.19はそれぞれ共裂である。縫い締め絞りが辻が花であるという考え方が定着する一方で、実際に「辻が花」

摺箔	刺繡	制作年代	所蔵者	その後の所蔵者	備　考
		室町時代中期頃（大略450年前）	野村正治郎	根津嘉一郎	
		室町時代中期頃（大略400年前）	吉川観方		
		室町時代中期頃（大略400年前）	野村正治郎	根津嘉一郎	岡田三郎助・安田靫彦・長尾欽弥に共裂
		室町時代後期頃（大略380-390年前）	吉川観方		
		足利時代	安田靫彦		岡田三郎助・根津嘉一郎・長尾欽弥に共裂
		桃山時代	岡田三郎助		
		桃山時代初頭	小川勘助		大道弘雄，ボストン美術館に共裂
		桃山時代	岡田三郎助		
○	○	桃山時代	山中定次郎		ボストン美術館に共裂
○		室町時代	山中定次郎	ドイツ・リンデン博物館	
		慶長	山中定次郎	根津嘉一郎	野村正治郎に共裂
○	○	慶長	山中定次郎		
		慶長	山中定次郎	田畑喜八	前田青邨・野村正治郎に共裂
		慶長	山中定次郎	根津嘉一郎	
○		慶長	山中定次郎	根津嘉一郎	
		桃山	長尾欽弥		
		桃山	長尾欽弥	Robert Allerton	岡田三郎助・安田靫彦・根津嘉一郎に共裂
		桃山	長尾欽弥		田畑喜八に共裂
		天文頃	野村正治郎		岡田三郎助・安田靫彦に共裂
		天文頃	野村正治郎		
		永禄頃	野村正治郎		山中定次郎・前田青邨に共裂
		永禄・元亀頃	野村正治郎		山中定次郎（→根津嘉一郎）に共裂
		永禄・元亀頃	野村正治郎		大道弘雄に共裂
			大道弘雄	長尾欽弥	小川勘助・ボストン美術館に共裂

表11　戦前における辻が花裂一覧

No.	掲載書	刊行年	名　称	絞染	描絵
1	『衣服と文様』	昭和6	小袖裂　辻ヶ花,白平絹地絞り染かき繪扇に桐紋散らし模様	○	○
2			小袖裂　辻ヶ花,練緯地,紅綟花菱雪輪に若松,墨絵入色々絞模様	○	○
3			小袖裂　辻ヶ花,白地朽葉に紫松皮菱絞櫻に藤文様	○	○
4			小袖裂　女用小袖の前身の部分.辻ヶ花,白練緯地,肩紫絞松皮文,裾藍絞波文,腰墨繪入色々絞團扇に樹枝文様	○	○
5	『時代裂』	昭和6-8	辻ヶ花染(紫染)	○	○
6			胡粉摺文辻ヶ花染(平絹)	○	○
7			蓮模様辻ヶ花染	○	
8	『時代裂拾遺』	昭和11	椿模様辻ヶ花染	○	
9	『時代裂名品集』	昭和11	辻ヶ花花生文様小袖裂	○	
10			辻ヶ花摺箔小袖裂	○	○
11			平絹地辻ヶ花染裂地	○	○
12			憲房色平絹藤丸に橘梅鉢等辻ヶ花小袖裂	○	○
13			平絹地松皮菱葡萄文様辻ヶ花染裂	○	○
14			平絹地梅文様辻ヶ花染裂	○	○
15			憲房染平絹紅葉辻ヶ花染裂	○	○
16	『桃山慶長纐纈精華』	昭和11	菊藤花文様辻ヶ花染裂	○	○
17			桐櫻石畳模様辻ヶ花裂	○	○
18			秋冬風景文様辻ヶ花染小袖裂	○	○
19	『時代小袖雛形屏風』	昭和13	地白練絹熨斗目取辻ヶ花御裲襠	○	
20			地水色加賀絹辻ヶ花御裲襠	○	○
21			地白練絹辻ヶ花御裲襠	○	○
22			地白練絹熨斗目辻ヶ花御裲襠	○	○
23			地紫練絹辻ヶ花御裲襠	○	
24	『東京帝室博物館復興開館陳列目録服飾・染織』	昭和13	蓮文様辻ヶ花染裂	○	

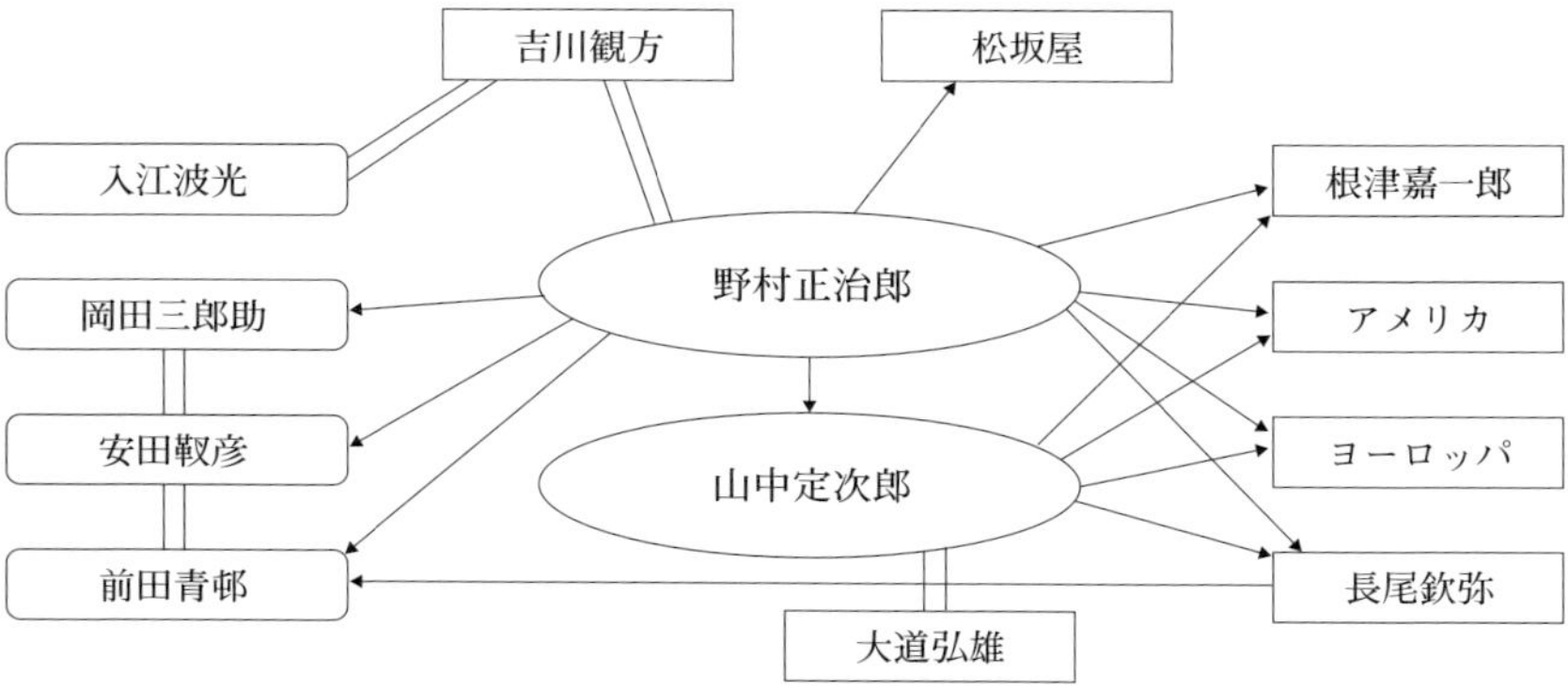

図 4-9　コレクターの交遊（→はモノの移動，═は人的交流を示す）

と称されていた古裂のほとんどには縫い締め絞りのほかに描絵が施されていた。明石が『桃山慶長纐繡精華』の解説にあげた「描繪と絞染の結合」は、当時「辻が花」と称された裂に即した説明内容であったといえる。

明治期に民間で始まった江戸時代の女性風俗への関心と小袖の蒐集は、大正期半ばより、おそらくは海外での評価とともにその価値を認めることとなった古美術商の間でコレクションの充実が図られた。女性が着用していた小袖裂への関心は、日本の画壇における美人画の流行とともに高まった。大正期後半における女性風俗に対する新たな関心の高まりによって、風俗研究家や画家、古美術蒐集家の間に、これまで染織の分野では重視されてこなかった桃山・慶長といった中世末期の小袖裂や江戸時代の女性が着用した小袖類の小裂の蒐集が広まっていったのである。その関心は、昭和五・六年頃から十二年頃にかけて相次いで出版された「時代裂」の豪華図版集の出版からもうかがえる。また、元は一続きであったと思われる共裂が古裂コレクターの間で分断されて所蔵されるようになったのもこの時期であろう。辻が花裂を通した交遊については、［図4-9］の通りである。野村正治郎から岡田三郎助・安田靫彦・前田青邨といった、コレクターでもある画家たちに辻が花裂が渡り、その共裂が参考品として古染織を蒐集した松坂屋のような呉服店や根津嘉一郎・長尾欽弥のような古美術コレクションの趣向を持った実業家の手にも渡っている。また、野村は同業者である山中定次郎にも裂を売っていた軌跡が見られる。野村や山中は、アメリカやイギリス・フランスなどヨーロッパ各国にも販路があり、日本の小袖裂を輸出している。その一部がボストン美術館やロサンジェルス・カウンティ美術館に所蔵されている。また、直接的な裂のやり取りの軌跡は見られないものの、辻が花裂のコレクターであった入江波光と吉川観方、野村正治郎は風俗研究会を通して交流があり、同じく裂のコレクターであった大道弘雄は野村とは直接的な関係は見られないものの、山中とは『時代裂名品集』の解説者として繋がりを持っている。おそらくは野村正治郎によって発信された「縫い締め絞り（ぼうし）」が辻が花であるという概念は、昭和初期に現れた裂のコレクションをめぐる交流を通して「絞りと描絵の結合」という共通認識を蒐集家たちの間に根付かせることとなったのである。

三　活用される辻が花——復元・模造・展示・写し

吉川観方の風俗研究活動

古裂コレクターの一人、吉川観方が、故実研究会を立ち上げたのは、大正十二年（一九二三）のことである。最初は写生会としてスタートし、毎月テーマを決めて、江戸時代の衣裳をモデルに着用させて画家や風俗研究家にスケッチさせていた。そのテーマは「日本女子風俗」「武家風俗」「公家風俗」「法体風俗」「民間風俗」などに分かれ、不足の資料については模造も用いられていた(51)。

吉川が製作した模造の中に、辻が花を模造したと考えられる小袖が一領遺されている［図4-10-1］。白練緯地に藍と紫の濃淡で縫い締め絞りをし、島取を施した中に花や松皮菱の模様を染め出している。藍の色斑がなく発色が鮮やかなことから化学染料で染めたのであろう。縫い締め絞りに用いられた絞り糸も中世の縫い締め絞りで用いられるよ

図 4-10-1　小袖 白地島取秋草模様（奈良県立美術館蔵）

図 4-10-2 「いを売りの女」

うな麻糸ではなく、強く撚った木綿糸である。さらに、この小袖には細い墨線で藤袴・撫子・薄らしき花が描かれ、撫子・藤袴については、当時、大道弘雄が所持していた辻が花裂を参考にしている[52]。用いられた練緯はやや緯糸の糸込みが甘いが経糸は細く中世の練緯の風合いを再現している。暈しを加えた墨絵による描絵の表現は当時辻が花と称されていた裂の特色であり、袖幅が二一センチメートルと狭いこと、褄下が短く、衿幅が広い点など、中世の小袖の形態を調査した結果に基づいて考証された復元である。この小袖は、吉川の著書『日本女装史』などに室町時代の「いを売りの女」[図4-10-2]としてモデルに着用させた姿で掲載されており、室町時代の庶民風俗として用いられていることがうかがえる。桂巻をし、頭に桶を担いだ姿からは「三十二番職人歌合」絵巻に描かれる桂女[口絵1・2・3]を彷彿とさせる。同歌合絵巻を元に考証された風俗であろう。

当時、吉川の主催する扮装写生会には、上村松園、その息子松篁、梶原緋佐子、伊藤小坡、林司馬、三谷十糸子、中村大三郎といった京都の画家が会員となり、常連であった。(53) 昭和十四年（一九三九）には京都絵画専門学校が団体で故実研究会に入会し、昭和十五年には伊東深水、児玉希望といった東京の画家も会に加わっている。以上にあげた画家は、歴史画・風俗画、特に美人画を描いた画家たちで、扮装写生会が画材を供給する画家たちのサロンであったことを示している。伊東深水は吉川が編集した『日本の女装　きもの編』（昭和四五年）に序文を寄稿し、以下のように述べている（以下〔　〕内は筆者による）。

いわんや江戸時代、鎌倉時代等の姿となると画家の貧しい風俗知識や時代考証では覚束ない。こうした時に、私はいつも吉川観方さんのあの貴重な資料図録やその刻明（ママ）な解説にどれだけ助けられたか判らない。又吉川さんは生来、日本画家であるから、その蒐集品も単なる好事家のものではなく、一つ一つ厳しい画家の審美眼を通されている。その点まことに有難いことであり、この様な厖大な資料がどうして吉川さん一人の手で蒐められたかは人間の想像を絶している。全く美の執念とでも云う他はない。

日本画家でもあった吉川は、画家たちの意図を汲み取った写生会を催すことができたのであろう。吉川観方の研究会に参加した画家の絵にはしばしば、吉川の小袖コレクションが描かれているが、(54) その中に、吉川の辻が花裂を用いて描かれた画が二点確認できる。一つは昭和十五年（一九四〇）、二千六百年奉祝美術展覧会に出品された伊藤小坡「一豊の妻」である［図4-11］。戦国時代の武将・山内一豊の妻が、母から譲り受けた鏡箱に忍ばせてあった金子を夫の出世のために差し出そうとするしぐさを画題とし、妻が着用する小袖は吉川の辻が花裂［図4-4］を元に描かれている。ここでは、辻が花裂は、戦国時代の武将の妻が着用する小袖として描かれる。もう一点は昭和六年（一九三一）の第十二回帝国美術院展覧会に出品された梶原緋佐子「いでゆの雨」（京都市美術館）［図4-12］である。この絵では

図4-11　伊藤小坡「一豊の妻」，昭和15年

蛇の目傘を広げ軒下にたたずむ女性が描かれ、羽織の下に着用したキモノが吉川の辻が花裂［図4-3］を元にデザインされている。描かれた女性は昭和初期の女性と考えられ、辻が花裂が単に時代風俗の参考とされただけではなく、同時代風俗にも利用されたことは興味深い。断片でしか遺されていない辻が花裂を画家が興味を持って描いた様子がうかがえる。

　実際、吉川の写生会には図案家や装束店関係者のほか、松坂屋のデザイン部などが参加し、吉川が主催する研究会や展覧会のスポンサーでもあった。また、吉川は自らの蒐集品を京都だけではなく各地の百貨店の展示に出品したり、展覧会を主催したりといった活動も積極的に行っている。蒐集された古染織はまた、当代のキモノデザインの参考資料ともされたのであろう。辻が花が具体的にこの時代のキモノに影響を与えたのかは不明だが、例えば、京都の染色作家であった小倉建亮は、専属であった伊藤呉服店（後の松坂屋）から、友禅染に絞りを交えたキモノを作るように注文を受け、友禅染に絞り染を二〇パーセントほど交えたキモノを製作したところ、その珍しさもあってよく売れたという[55]。松坂屋もキモノの意匠の参考資料として、江戸時代の小袖や能装束、辻が花裂を含む古裂類の蒐集をしており[56]、それらを参考にキモノを発注していたとも考えられるエピソードである。国粋主義のもとに「派手好み」な「元禄調の衣装の復活を企て」たとされる三越百貨店の「元禄小袖」[57]、同じく三越百貨店による尾形光琳顕彰と「光琳模様」の流行[58]も、呉服店の衣装部が、江戸時代の風俗研究に関わりながら江戸時代の小袖の意匠を参考にキモノのデザインを考案していたことをうかがわせる。風俗研究活動の一面には、キモノを商品の主力として捉えてきた呉服店・百貨店との密接な関わりがあったのである。

染織祭（染織講社）における歴代服装行列

昭和六年（一九三一）から八年（一九三三）にかけて京都で行われた染織祭は、風俗史研究にとってまさに時を得た祭礼であった。関保之助・猪熊浅麻呂・出雲路通次郎といった有職故実研究の第一人者が勢ぞろいし、江馬務と吉川観方が拮抗する風俗研究に活気あふれた京都で、女性の風俗を再現させた時代行列が挙行されたのである。

図 4-12　梶原緋佐子「いでゆの雨」，昭和６年（京都市美術館蔵）

京都は、平安時代以来の機業地である。応仁の乱によって一時衰退するが、室町時代後期には徐々に復興し、江戸時代以後は京都・西陣を中心に絹織物の生産が栄えた。江戸時代後期になると地方における地場産業の活性化や技術の拡散、幕府の贅沢禁止令や物価の高騰などによって次第に衰退を余儀なくされる。明治維新以後、工部省が機業の伝統がある西陣の工業化を推進し、京都府もまた、海外に留学生を送り、染織業の近代化に力を入れ、その質的向上に尽力した。京都の染織業は政府や京都府の援助によって明治二〇年代には近代化すなわち洋式機械化を果たした。伝統産業から近代産業への脱皮は一応成功したといえるであろう。しかし、大正末年から昭和初期にかけては経済的な不況によって京都の染織業の振興が図られた時期でもあった。その顕著な例が一九二九年の大恐慌を受けて、昭和五年(一九三〇)一月に京都府知事が会長となり、京都市長、京都商工会議所会頭、機業家、卸問屋、百貨店業界代表者、学識経験者を委員として発足した西陣振興調査会である。本調査会では六か月の審議が行われ、十四の項目にわたって答申が行われた。染織祭の計画も、昭和五年(一九三〇)秋、官民有力者によって提唱された(59)。一見、華々しくのどやかにも見える京都の染織祭の背景には、実は、不況下における染織産業の振興という課題があったのである。

染織祭は、京都府・市・商工会議所が中心となって京都の主産業の一つである染織業に携わる人々によって組織された染織講社が主催であった。「諸祖神の宏大無辺なる神恩に深き感激を覚え」「天棚機姫神、天羽槌雄神、天日鷲神、長白羽神、津咋見神、保食神、栲幡千々姫命、呉織女、漢織女の九柱」を祀り「大に斯業の改善研究を図り益々染織都市としての声誉を高める覚悟」で催されることとなった官民あげての大規模な事業であった(60)。その一番の眼目は平安時代に於ける被支配者階級である町人百姓の風俗を見せる「大衆行列」を再現することであった。これは、明治二八年(一八九五)より毎年平安神宮で開催された時代祭の時代扮装行列が支配階級の男性陣で構成された時代行列であったことから、それに対抗するという意図で計画されたのである。扮装行列が着用する衣裳に、当時、京都にあった染織技術を結集しようという試みである。風俗考証を委託されたのは武家故実研究家の関保之助、有職故実研究家の猪熊浅麻呂・出雲路通次郎、京都絵画専門学校の教諭・猪飼嘯谷である。その他、装束の調製に京都の荒木装束店、高田装束店、松下装束店が参加し、野村正治郎や吉川観方もその風俗考証に参加して衣裳復元のための資料を提供した。初年度、次年度は調査期間にあてられ、男性のみの扮装行列であった時代祭に対して「大衆行列」を企画していたが、昭和八年に実現した行列は女性のみの扮装行列に変更された(61)。京都にある染織技術を十分に生かすには、意匠を凝らした西陣織や友禅染を着用してこなかった町人百姓の大衆行列では不十分であったのだろう。

染織祭の行列は、次のような構成と概要で行われた（以下は『歴代服装図録一　染織祭篇』を参照）。

①上古時代　「機殿参進の織女」

倭文の帯・摺絵の衣・綂などの裳

はにわを元に考証

②奈良朝時代　「歌垣」

正倉院裂を元にした唐衣裳

薬師寺の吉祥天像・正倉院の樹下美人図を元に考証

③平安朝時代　「やすらい花踊」

有職織物による袙・単・下衣

年中行事絵巻の服具を元に考証

④鎌倉時代　「女房の物詣」

型染・描絵・絞り・有職織物などによる袿に小袖姿

絵巻をもとに考証

⑤室町時代　「諸職の婦女」

辻が花・摺箔・刺繡などによる小袖・打掛

職人尽絵や伝存する小袖裂を元に考証

⑥桃山時代　「醍醐の花見」

縫箔・摺箔・唐織の小袖

伝存する桃山時代の能装束や小袖を元に考証

金銀箔	刺繍	丈	裄	衿幅	立褄	衽下り	衽幅	袖丈	袖幅	前幅	後幅
		143.3	60.1	14.5	35.3	11.0	23.8	35.0	21.0	37.7	39.0
	○	139.5	60.6	14.5	35.0	11.5	24.1	35.5	22.4	38.5	38.5
		137.0	61.5	14.3	35.3	11.5	24.0	36.5	22.5	38.0	38.5
○	○	141.0	60.5	14.5	35.0	11.5	24.0	35.3	22.0	38.0	38.5
		140.2	60.8	14.4	35.0	10.7	23.5	36.3	22.8	37.2	38.0
		140.5	60.5	14.6	35.0	11.5	24.2	35.5	22.2	38.0	38.2
	○	144.5	60.5	14.5	35.5	13.0	24.0	35.5	22.1	38.0	38.5
○		139.2	60.7	14.4	34.7	11.7	23.6	36.7	22.0	38.0	38.7
		145.7	60.7	14.3	39.0	11.5	24.0	35.7	22.2	38.5	38.5
		138.0	61.0	14.0	35.0	10.5	23.7	36.5	24.5	37.0	36.5
		145.0	61.0	14.5	35.5	11.0	23.3	35.7	22.5	37.0	37.6
		143.0	59.0	14.6	36.0	11.6	23.7	36.0	24.5	35.5	35.0
		139.5	60.5	14.0	43.0	10.5	24.0	36.0	24.0	36.5	36.5
	○	140.0	60.0	14.2	35.0	11.0	23.7	36.0	21.0	38.0	39.0

⑦江戸時代前期「小町踊」
　絞り・刺繍・友禅染などによる振袖
　伝存する小袖裂や小袖を元に考証

⑧江戸時代後期「京女の晴着」
　刺繍・友禅染の小袖・打掛
　伝存する小袖裂や小袖を元に考証

以上八列で、その行列に参加した一三四人の女性はすべて京舞妓であったという。その衣裳を見れば、奈良時代には正倉院裂、平安時代には有職織物、桃山時代には奈良の諦楽舎という有志の団体が管理していた金春座伝来能装束の唐織や縫箔・摺箔、あるいは、京都の寺社に伝来する縫箔などを元に復元模造が行われ、当時の京都における染織技術の高さと活力がうかがえる。また、興味深いのはその行列の人物構成である。①は宮廷官女、②③は宮廷貴族、④は武家女性、⑤は職人、⑥は武家女性、⑦は町方の富裕層の少女、⑧は公家・武家・町方のそれぞれの女性となっており、最下層の庶民を対象としているのは⑤の「室町時代　諸職の婦女」のみである。その職人たちが着用する小袖や打掛に、辻が花の意匠が採用されているのである。『歴代服装図録』によれば、室町

表12　染織祭「室町時代　諸職の女」一覧

No.	扮装役名	名称1	名称2	表地	裏地	縫い締め絞り	描絵
1	扇売	打掛	玉子地扇地紙模様	羽二重	萌黄平絹	○	○
2	薫物売	打掛	茶地源氏香模様	羽二重	浅葱平絹	○	
		小袖	白地雲取露模様	羽二重	桃色平絹	○	
3	帖紙売	打掛	淡紫地帖紙模様	羽二重	桃色平絹	○	○
4	白い物売	打掛	茶地花雲模様	羽二重	桃色平絹	○	○
5	帯売	打掛	紅白段花雪輪若松模様	羽二重	淡紫平絹	○	○
6	綿売	小袖	淡茶地繭蛾模様	羽二重	淡紫平絹	○	
7	組師	小袖	染分地雲取芝露模様	羽二重	桃色平絹	○	
8	白布売	小袖	玉子地鱗形模様	羽二重	黄平絹	○	
9	機織	小袖	白地松皮菱扇梶葉波模様	練緯	桃色平絹	○	○
10	鮎売	小袖	染分地丸紋散肩裾楓模様	羽二重	淡茶平絹	○	
11	紺掻	小袖	染分段松皮菱模様	練緯	桃色平絹	○	
12	絞師	小袖	染分地石畳草花模様	練緯	萌黄平絹	○	○
13	繡物師	小袖	焦茶／鶯色地片身替格子草花模様	羽二重	縹平絹	○	○

時代の扮装は七十一番職人歌合や職人尽の絵画を元に、染織関係の職人を主として十三人で構成されている。表12は現在京都染織文化協会に所蔵されている染織祭衣裳のうち「室町時代　諸職の女」の表着を実際に調査しまとめたデータである。それぞれの職人の名称、表地および裏地の素材、用いられている技法（縫い締め絞り・描絵・金銀の摺箔・刺繍）、主な部分の寸法を一覧に表した。技法の列を概観すると、そのすべてに縫い締め絞りが用いられ、縫い締め絞りのみで模様を表したものは四例ある。残りの九例は描絵、刺繍、摺箔を適宜加えた小袖・打掛類で華やかではあるが、職人という庶民層を表現するべく八つの行列のうち、もっとも素朴な印象を与える行列となった。小袖類は、袖幅が二二センチメートル前後、衽下りが十一センチメートル前後と短く、前幅と後幅がほぼ等しいなど、中世に特有の小袖形態を持っている。辻が花の資料はすべて小裂でしか残っていないため、伝存する中世の縫箔や摺箔の寸法を参考として製作されたことがうかがえる。興味深いのは中世の小袖を復元する上で用いられた裂地の素材である。『歴代服装図録』では「地質は布類をも交ふべきであるが、体裁上練緯、平絹、節絹などを用ゐた」

図4-13（右）　染織祭復元「機織の小袖」着装姿
図4-14（左）　染織祭復元「紺掻の小袖」着装姿

と記され、職人の衣裳であるから本来は「布類」すなわち麻製のものが含まれるべきであるとしながら、実際には扮装行列としての体裁を保つために、練緯・平絹・節絹といった平織の絹織物を用いたというのである[62]。麻製のものも含むべきであるとした点は、中世における帷子としての「辻が花（染）」を意識した言及である。一方、練緯・平絹・節絹（紬のことであろう）は、中世の縫い締め絞りとみなされた当時の辻が花裂に用いられていた素材である。そのうち、「機織」「紺掻」「絞師」に用いられた練緯は、やや糸込みが密で室町─桃山期に用いられた練緯の風合いに近い[63]。この三領については、伝存する辻が花裂を元にかなり忠実に復元模造されたことが練緯の構造からもうかがえるのである。

室町時代風俗の考証に実際に関わったのは、吉川観方であった。吉川の昭和八年の日記によれば、一月二二日から二四日にかけて集中的に「室町時代物売女小袖下絵」「室町職女下絵」を描き、それを二六日に荒木装束店に渡していることが記されている[64]。さらに二月五日には「町家女下絵」を高田装束店に渡したと考えられる記述が見られる。染織祭の扮装行列のうち「室町時代　諸職の婦女」および「江戸時代後期　京女の晴着」の町家女性の扮装は、実質、吉川が考案したらしい。一月の下旬から四月の染織祭まで二か月あまりの短期間で製作されながら、中には非常に手の込んだ作品も見られる。製作された小袖・打掛の中には吉川が所蔵していた辻が花裂［図4-4］［図4-3］を元に復元された小袖［図4-13］［図4-14］が見られる。野村正治郎が当時所持していたと考えられる辻が花裂［図4-8］を元に製作された小袖［図4-15］については、近年、ミルハプトの調査・研究により伝存する裂をパズルのようにはめ込んで画像復元された小袖形によって、その模様配置［図4-16］が明らかとなった。染織祭で復元された［図4-15］はミルハプトが復元した肩裾模様とは全く異なる模様構成であったが、吉川の下絵によるものと考えられるデザイン力には驚かされる。

図4-15　染織祭復元「絞師の小袖」

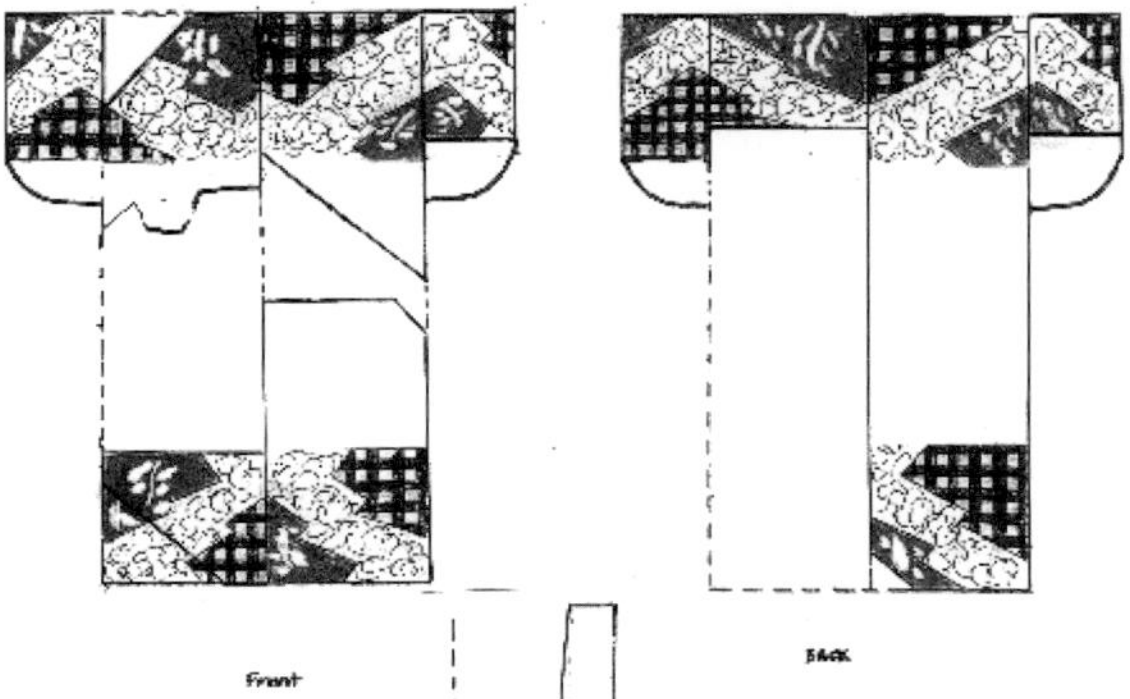

図4-16「裂 染分地松皮取石畳椿藤女郎花模様」12枚を繋ぎ合わせて復元した図（作成：テリ・サツキ・ミルハプト）

「室町時代　諸職の婦女」において製作された小袖・打掛類にはすべて縫い締め絞りが用いられているが『歴代服装図録』の解説によれば、縫い締め絞りをそのまま「辻が花」とは称していない。その解説はかなり厳密に縫い締め絞りに描絵を施した意匠を辻が花と称しており、かつて野村が唱えていたように縫い締め絞り（ぼうし）＝「辻が花」とはなっていない。むしろ明石染人が長尾欽弥コレクション『桃山慶長纐纈精華』の解説で述べたような「絞り」と「描絵」の二つをあわせ持った模様という枠組が反映されていることがうかがえる。もう一点、注意しておきたいのは、辻が花の形態と着用する階層である。この扮装行列では間着の上に羽織る「打掛」か、キモノのように帯を締めて着用する「小袖」に限定されており、職人のような庶民層が着用するものとされているのである。第二章第二節「着用した人物」で述べたように「辻が花（染）」が実際に用いられていた時代の史料において、庶民である職人が着用した例は「三十二番職人歌合」のみであった。吉川や野村が深く関わったと考えられる染織祭の辻が花復元模造は「三十二番職人歌合」を軸に展開されていることがうかがえるのである。

展示

古裂の展覧会は、江馬務の風俗研究会、吉川観方の故実研究会においてもしばしば催されたが、残念ながらどのような作品が展示されたのか、具体的な記録は残っていない。

一方、東京帝室博物館における展示の具体的な内容は、関東大震災で崩壊した旧本館を建て直し、昭和十三年（一九三八）現在の本館が完成した際に行われた復興開館陳列の目録にうかがえる。昭和十二年、新館完成に伴い、東京帝室博物館では新館（現在の本館）が建設されたのを機に組織が改められ、列品課・学芸課・庶務課を創設、列品課が絵画・書蹟・彫刻・金工・陶瓷・漆工・染織・考古の八区に分けられた。さらに、染織の展示は「染織」「服飾」「近代」の三つに分類された。「近代」は表慶館、「染織」「服飾」は新館に展示されることとなった。『東京帝室博物館復興開館陳列案内』によれば、新館第四室染織には飛鳥、奈良、鎌倉・室町・桃山、江戸の各時代、および支那・印度、コプト、ペルシャなどの裂が陳列されている。その中で注目したいのは、博物館における桃山の服飾の扱いである。

服飾を展示した新館第三室には十函の展示ケースがあり、第一―三函が鎌倉時代、第四―五函が室町時代、第六―八函が桃山時代、第九―十函が江戸時代の服飾を衣桁にかけて展示している。桃山時代の展示には館蔵品が一例もなく、すべて社寺や個人などから借用した作品で構成されている。その中に「奈良・諦楽舎蔵」とする能装束が二領あるが、これらは東京帝室博物館からの出品勧告を受け、奈良に二五〇領あまりあった能装束のうち、約半数が選択されて東京へと移送されたものの一部である。(65)

現在、東京国立博物館および奈良に保管されている金春座伝来能装束は、もともと、幕末まで奈良を拠点に活動を続けてきた大和猿楽四座の一つ、金春座が所持していたものである。明治維新により能楽師たちは将軍家や大名家の庇護を失い失業に追い込まれ、金春座が所持していた能面・能装束も大半は売却されたと言われている。(66)しかし、その一部は、春日大社で毎年十二月十七日に挙行される春日若宮おん祭りができなくなるという理由で、春日大社が引き取ることとなった。その中には、豊臣秀吉から拝領した装束や本面と呼ばれる貴重な能面も含まれていたと、幕末の金春太夫光太郎の弟・栄次郎が述懐している。(67)実際、東京国立博物館に所蔵される金春座能装束には桃山時代の特徴である袖幅が狭い形態を持つ能装束が七領含まれている。さらに、仕立替されているが本来は袖幅が狭かったことが確認できる装束が十五領あり、合計二二領の能装束が桃山期の作例であった。金春栄次郎が述べた「豊臣秀吉から拝領した装束」とは、それら桃山時代の装束を指しているのであろう。中には秀吉の家紋である菊桐紋や、徳川家の家紋である三つ葉葵紋を織り出した桃山期から江戸初期の唐織や厚板が含まれ、秀吉や徳川家康に庇護を受けてきた金春家の歴史がうかがえる。

図4-17　裂 白地蓮葉模様（神奈川・女子美術大学美術館）

買い取られた能装束は、最初は春日大社がその装束の管理を行っていたが、それが負担になったため、遅くとも明治二四年には奈良の有志を募って設立された諦楽舎という管理団体の手に渡る[68]。それらの装束は奈良帝国博物館（明治三三年からは奈良帝室博物館）に預けられ、諦楽舎はそれらの装束を資本として株式管理し、配当金として、各株主に配分していたと思われる記録が装束や当時の書簡に残されている。桃山期の装束の中には子方の装束が十二領あり、そのすべてが着付け用のキモノであったことから、春日若宮おん祭りでの使用は能のみにとどまらず、稚児行列にも用いられていた可能性が高い。また、狂言に桃山期の縫箔を着用していた写真記録も残されている。こうして、桃山期の能装束として完全な形を留めているにもかかわらず、それらは文化財として認識されず、春日大社で行われる春日若宮おん祭りの装束として使用され続けたのである。ようやく文化財として認められ、出品勧告を受けて博物館へ移送されたのは、昭和十年代のことであった。そのまま昭和二五年に東京国立博物館が買い取ることになり、現在に至っている。以上のような経緯は、桃山時代の服飾が昭和十年代に入ってようやく文化財として認知されることになったことを示す一例と言える。

博物館の新館第四室は裂類の展示が行われた。第一函には明治十五年に博物館に移送された法隆寺献納宝物の一部が展示され、第二―三函は明治十年に頒布された正倉院裂を中心とした展示である。第四函鎌倉・室町・桃山時代の展示では、九枚の裂が展示されている。いまだ帝室博物館には「辻が花」という名称で呼ばれる列品は収蔵されていなかったが、展示された九枚のうち二枚は、当時、コレクターたちの間で辻が花裂と言われていた作品である。ところが、目録を見ると、辻が花と称されている裂は大阪の大道弘雄が所蔵する「蓮文様辻ヶ花染裂」一枚のみである[69]

［図4-17］。同じ展示室には日本画家・安田靫彦所蔵の「絞入描繪草花文裂」が展示されており、吉川観方の『衣服と文様』で「辻ヶ花」と記された野村正治郎所蔵裂、岡田三郎助の『時代裂』で「辻ヶ花染（紫染）」、また長尾欽弥が所蔵していた『桃山慶長纈繡精華』でも「辻ヶ花裂」と紹介されてきた裂（［図4-5］［図4-8］を参照）と共裂で、もともとは野村正治郎からそれぞれのコレクターに渡ったと考えられる裂である。それにもかかわらず辻が花とは称されていない。大道と安田の裂にはいずれも縫い締め絞りで模様が表され、大きな違いは描絵があるかないかである。そこから類推する限り、描絵のあるものは当時の博物館では「辻が花」とは称されていなかったことがわかる。博物館においては昭和十三年の展示においても、大正期に野村正治郎が唱えたように、縫い締め絞りのみで模様を表した裂が辻が花である、という厳密な態度がとられていた。大正十二年（一九二三）の関東大震災以降、しばらく中近世の染織が展示されることのなかった博物館においては、関西を中心とする染織史・風俗史研究の間で定着していった、描絵と絞り染で模様を表した裂が辻が花であるという考え方は反映されなかったのである。

写し・贋作

辻が花についてはこれまでも古美術市場に贋作が出回っていると言われてきた。京都に明治期より店を構える古裂を扱う骨董屋の初代店主が丁稚時代、古裂市場には辻が花裂の贋作が山のように積み上げられていたという[70]。丁稚奉公に出ていた店の主人は、将来、それらの山積みになった辻が花裂が本物の顔をして市場にでてくるに違いないから、今のうちにちゃんと見て記憶しておけ、と注意したという。この記憶に基づくならば、明治期には、辻が花裂が古美術市場で人気を呼んでいたということになるが、果たしてそうであろうか。これまでの経緯を見る限り辻が花裂に関心が高まり蒐集の対象となったのは大正期後半から昭和十年代と考えられるからである。

表具用に作られた辻が花裂の「写し」と称される裂が京都の老舗の経師家に遺されている[71]。それは、当時の客の好みに応じて表具裂用に作らせたと伝えられ、古い無地の平絹に当時の職人が辻が花裂の模様を再現したものである。表具裂は江戸時代より中国・インドなどから輸入された裂が好んで用いられ、茶の湯に用いられる軸の表装には名物裂と称される茶人好みの古裂やそれを模して織られた裂を用いる伝統があった。経師家では、表具用の古裂の在庫が必要不可欠であったことから、近代に入って以降旧加賀藩前田家が所蔵していた名物裂を購入し、その一部は表具に用いられるようなこともあったという。(72) 辻が花の写しが作られたことは、中世に製作された辻が花裂がすでにごく小さな端裂でしか遺されていないため、伝存する裂では表具に用いるのに十分な大きさがなかったという事情があるが、辻が花裂が名物裂と同様に写される対象となっていたことの意味は見逃せない。この裂の写しがいつ製作されたのかはっきりした記録はないが、現在、昭和十五年（一九四〇）に発行した新聞に巻かれた状態で保管されており、それが製作時期の下限である可能性が高い。だとすれば、丁度、古美術商や画家、研究者たちの間で辻が花裂の蒐集に関心が高まっていた時期に一致する。

遺された写しの裂は七種あり、そのうちのいくつかは、何を写したのかを明確に示すことができる。例えば、当時山中定次郎が所有していた［図3-23］の裂や、野村正治郎が所持していた［口絵4］（向かって右側）と［図3-13］（向かって左側）の「写し」である。かつて京都の日本画家・小野竹喬（一八八九―一九七九）が所有し現在京都府立総合資料館に所蔵される辻が花裂（「辻が花裂一覧」通番46番）を元にした作例もある。遺された写しには、実際に表具裂として用いるために切り取られた形跡があり、表具裂として需要があったことが確かめられる。野村や山中のコレクションを直接観察して製作したのか、それとも、画集や写真をもとに写したのかはわからないが、いずれの裂も縫い締め絞りだけではなく描絵も加えられた作例である。当時の趣味人が好んだ辻が花裂の傾向が縫い締め絞りに描絵を加えた作例であることが、これらの「写し」からもうかがえるであろう。「写し」は、古手の絹を用いて故意に古裂を装っている。しかし、模様が白く染め抜かれずに染まってしまった部分を胡粉で白く塗りつぶしたり、描絵の線に乱れがあったりなど、技術的には稚拙で本物とはその風合いが大きく異なり、一目で「写し」とわかるものであり、それ自体は贋作とはいえない。当時の京都で、染織祭に見るような高い技術で製作された復元模造がある一方で、一見して古裂とは異なる風合いのものが「写し」として作られており、辻が花裂の製作に必要な技術が容易には模倣し難いものであったことがうかがえる。

贋作とすれば、果たしてどの程度のものであったのかはわからないが、古裂として市場に売り出された贋作は、当時の価値観に照らし合わせてみると縫い締め絞りに細い墨線で描絵を施したものであった可能性が高い。縫い締め絞りのみを施した古裂に描絵を加えて売り出すということもあったかもしれない。昭和初期には、辻が花裂が数寄者の間でも人気が高まりつつあったことを「写し」は物語っているのである。

「日本美術」という枠組が形成されつつあった明治期、日本の伝統文化である「応用美術」としての染織は、上代裂や名物裂、有職故実が特に注目されてきた。「辻が花」はもちろんのこと、桃山時代以降の女性を対象とした小袖類については、アカデミックな研究においてほとんど言及されることがなかった。漆工や甲冑などでは桃山時代が評価されつつあった明治末期にも、染織の分野においては全く文化財的な価値を認められていなかった。むしろ、大手呉服店を母胎とする百貨店やその周辺で活躍をしていた在野の研究者やコレクターの間で、日本女性の歴史的な風俗研究に関心が出始めた。ところが、大正期半ば頃より、京都を中心とする風俗研究の中で女性風俗の歴史的研究に関心が高まり、これまで蒐集の対象とされてこなかった江戸時代の女性の小袖や、桃山・慶長期の小袖裂が古美術蒐集の一環としてコレクションに加えられる動向が生まれた。職人尽絵に見られるような中世における庶民女性の服飾として辻が花裂への関心が高まり、コレクションの対象となっていく過程を見てきた。

風俗研究において女性の服飾に関心が高まった理由の一つは、日本画壇における美人画のジャンルが台頭してきたことである。風俗研究家や画家たちの古裂愛好の傾向は、実業家として経済力を持った一部の古美術愛好家の間でも広がり、大正末期から戦前にかけて、日本の女性が着用していたキモノやその小裂が古美術品コレクターたちの蒐集の対象となるに伴って、辻が花裂もコレクションの対象となる。昭和十二年に刊行された長尾欽弥コレクション本のタイトルが『桃山慶長纈繍精華』であること、また、根津嘉一郎が所蔵する古裂の入った木箱の裏に貼付された「慶長桃山足利古裂」という付箋からは、特に「桃山慶長」という時代に対する評価が、ようやく古染織においても見られるようになったことがうかがえるのである。おそらく、小袖裂に対する関心は、この昭和初期にピークを迎えていたのではないだろうか。小袖裂のコレクションを持つ実業家コレクターは、この昭和初期に急成長を遂げた企業家である場合が多いからである。茶の湯を軸にコレクションを形成していった実業家コレクターにとって、茶の湯とは無関係の小袖裂に特別な関心があったとは思えない。ただ、古美術品としての価値が上がったから、まとめて入手したと思われるのである。

大正期後半から昭和初期にかけて流通した辻が花裂の軌跡は、実は、ごく限られた範囲で巡っている［図4-9］。古美術商の中でも、古裂に関心を持ったのは海外との売買を重視していた野村や山中であった。この二人が、海外における日本染織の評価を日本に逆輸入したとも言えるであろう。しかも、野村の場合は、自らの蒐集品の中から小袖屛風に仕立てた残りの端裂や小袖裂の一部を分売していたことがうかがえる。昭和十二年頃における共裂の所有例を表した図式を［図4-18］に示した。「裂 染分段椿桔梗模様」［図3-20、3-21、4-7］、「裂 染分段石畳椿藤模様」（口絵4／向かって右側、図4-6）、「裂 染分地松皮取石畳椿藤女郎花模様」［図4-5、4-8］といった裂を、古美術商の野村正治郎、画家の岡田三郎助・安田靫彦・金島桂華、画家との関わりが深い京都市絵画専門学校（現・京都市芸術大学）、実業家コレクターの根津嘉一郎・長尾欽弥、昭和初期に江戸時代を中心とする小袖や小袖裂を集中的に集めた松坂屋などの間で、もともと一つにつながっていた、あるいはまとまって伝存していたと考えられる裂を分断し

裂 染分段石畳椿藤模様
- 根津嘉一郎
- 長尾欽弥
- 野村正治郎
- 松坂屋

裂 染分段椿桔梗模様
- 野村正治郎
- 松坂屋
- 岡田三郎助
- 安田靫彦
- 金島桂華

裂 染分地松皮取石畳椿藤女郎花模様
- 安田靫彦
- 根津嘉一郎
- 岡田三郎助
- 京都市芸術大学
- 長尾欽弥

図 4-18　共裂共有の例

て所持していたことがうかがえる。これは、たとえ分断されたとしてもその一部を辻が花裂として所持することに価値があったことを意味している。一つの作品を分断し諸家で所有することは、当時のコレクターたちによる古筆切にも見られ、かつては大大名、公家といったごく限られた階級の私有であった古美術が、より広範囲の社会層が共有しうる財産として認識されていったことをうかがわせる。辻が花裂も、古美術としての扱いを受けるようになったことにより、その一部は、小袖裂、打敷、幡といった歴史的「役割」を離れ、端裂であっても売買され鑑賞される「モノ」へと変化していったのである。

コレクターが博物館の展示に自らのコレクションを提供する動向も、辻が花裂が古美術品として認識されていったことの一つの指標であろう。画家たちによる古裂の蒐集は、自らの絵画に積極的に描いた岡田三郎助のような例もあるが、多くは当時における一部の画家の間で行われた古美術蒐集という嗜好の一つともいえる。辻が花裂を蒐集した安田靫彦も前田青邨も歴史画家であるが、戦前の制作に辻が花を描いた例は一つも見られない。それは、京都の日本画家・入江波光についても同様である。むしろ、制作の中に辻が花裂を積極的に取り入れていったのは、京都で吉川観方が主催する故実研究会の扮装写生会に参加した、美人画を描く画家たちであった。風俗考証があって、初めて辻が花裂は形あるキモノとしての姿を表し得たのである。

野村正治郎や吉川観方など、京都における風俗研究に近しかったコレクターの蒐集品は、風俗考証のための資料として積極的に活用された。風俗研究における辻が花裂の概念形成には、実は、野村や吉川による考証が大きく関わっていた。「ぼうし」と称される縫い締め絞りの技法が辻が花であるという説は野村が大正八年に発表した『友禅研究』の中で早くから述べられ、その説は江馬務、明石染人（国助）といった当時の風俗史・染織史研究者にも受け入れられる。しかし、昭和初期に入り、辻が花裂が「桃山慶長裂」という価値観の下に古美術品として認識されるようになってくるに伴い、単に縫い締め絞りのみの作品を称するのではなく、細い墨線による繊細な草花模様を施した描絵を加えたものが辻が花であるという考え方が定着していくのである。その傾向は昭和八年の染織祭において、縫い締め絞りに描絵を加えた「辻が花」と称される復元小袖にも明確に表れている。当時の辻が花裂の価値は細い墨線による草花模様の描絵にあったといっても過言ではない。昭和五―十二年にかけて次々と刊行されていった古裂の画集の中に掲載されるコレクターの辻が花裂のほとんどに描絵が施されていたこと、また、当時製作された表具用の辻が花の「写し」にも描絵が施されていたことを考慮すれば、その価値観の形成には、画家を中心とする古美術コレクターの嗜好も一役買っていたと見るべきであろう。

縫い締め絞りに描絵を施した中世の古裂は、このようにして近代に「辻が花」として生まれ変わることとなった。庶民女性が着用した「極めて雅なもの」[73]として価値付けられたのである。

（1）『御殿女中』（春陽堂、一九三〇年）のうち、第一章「御殿女中の研究」、第二章「御殿女中の髪飾・服装」は、徳川第十三代将軍家定の御台所の中臈を務めた御殿女中・村山ませ子からの聞書であり、大正十三年に雑誌『中央公論』に掲載されたものの再録である。

（2）佐藤道信『〈日本美術〉誕生――近代日本の「ことば」と戦略』（講談社選書メチエ92、講談社、一九九六年）五四―六六頁。

（3）クリストフ・マルケ「明治の画家たちと『美術』・『工芸』のヒエラルキー」（北澤憲昭、木下長宏、イザベル・シャリエ、山梨俊夫編『美術のゆくえ、美術史の現在――日本・近代・美術』所収、平凡社、一九九九年）。

(4) ラザフォード・オールコック著／井谷善恵訳『日本の美術と工藝』(小学館スクウェア、二〇〇三年) 二七頁。
(5) 最初に博物館の所蔵となった辻が花裂は、昭和十六年に購入された「草花車模様描絵絞裂」一枚である(列品番号I—二七八八)。
(6) 山本六三郎編『國華』一号(國華社、明治二二年〈一八八九〉)、二頁。
(7) 『国史大辞典』(吉川弘文館)「関保之助」の項(鈴木敬三)を参照。
(8) 『関保之助氏所蔵売立目録』京都美術倶楽部、昭和二年(一九二七)十一月二八日入札。
(9) 現在、東京国立博物館に所蔵される生人形は「歴代服装人形」として戦前の歴史展示に用いられたものである。四〇体のうち、十四体は臨時博覧会事務局(セントルイス博覧会出品)、五体は白木屋呉服店・大村彦太郎、十八体は日英博覧会事務局(ロンドン・日英博覧会出品)からの寄贈であり、関の考証によることが明らかとなった。恵美千鶴子「東京国立博物館の生人形(東京帝室博物館歴史部の歴代服装人形)」(『MUSEUM』六一〇号所収、東京国立博物館、二〇〇七年十月発行)を参照。
(10) 恵美前掲論文、「三、東京帝室博物館での展示」六〇頁上段—六四頁上段参照。
(11) 大槻如電は、もともとは仙台藩の漢学者で、本名は清彦、通称修二と名乗った。邦楽に詳しく、明治期以降は文部省の「新撰字書」の編纂にも関わっていたが、明治八年に隠居し、以後は僧籍に入り、自適の生活を送った。三越呉服店での講演記録は、同呉服店が明治三二年(一八九九)に発行した『花衣』、国学院大学江戸時代文化研究会機関誌『江戸文化』(昭和四—五年〈一九二九—三〇〉)に掲載されている。吉田豊編『江戸服飾史談　大槻如電講義録』(芙蓉書房出版、二〇〇一年)「解説」一七三—一七六頁参照。
(12) 長崎巌「染織の至宝第四回　東京友禅の名門『大彦』旧蔵コレクションに見る　今に生きる小袖の意匠」(世界文化社編『美しいキモノ』二〇二号所収、二〇〇二年冬) 四四頁。
(13) 野口眞造「父大彦野口彦兵衛を語る」(今永清士編輯・解説『大彦コレクション　染繍の美』所収、芸艸堂、一九七四—七五年)。
(14) 例えば、東京国立博物館に収蔵される「小袖　萌黄縮緬地流水秋草垣模様」(列品番号I—三九二八)にはその背裏に和紙製の紙縒りが結い付けられ墨書きで「享保頃加賀染／腰模様／唐縮緬地松葉色のしはなの丸伊達紋／腰籬に菊水」と記されている。時代、染色技法など、雛形本や絵画資料を元に考証したと考えられる。

(15) 染色に携わる職工・図案家や、三井・白木屋・大丸・伊勢丹など呉服店の指導者などで、斯業の発展を図るために明治三四年頃に組織された。
(16) 読売新聞(東京版)明治三五年十月七日付第二面および同三五年十月八日付第二面。
(17) この小袖は「白地竹文辻ヶ花染小袖」の名称で昭和四〇年に重要文化財に指定されている。
(18) 『読売新聞』明治四〇年十二月十八日付第三面参照。
(19) 「江戸初期の花街風俗」(『風俗研究』四・五号所収、大正五年〈一九一六〉)。
(20) 『風俗研究』五号、大正五年十一月。同年九月五日に、江戸中期廓通いの扮装写生撮影会のために、衣裳を貸し出している。また、同日、会の事業拡張のために評議員を委嘱され、風俗研究会が「扮装」による実演研究を重視する方針を立てたことをうかがわせる。
(21) 丸山伸彦「近代の造形としての小袖屏風」一八五頁下段。また、本書第一章註5参照。
(22) 本書第一章註4参照。
(23) 丸山前掲論文、一八六頁下段。
(24) 丸山前掲論文、一八六頁上段。
(25) 『風俗研究』四号、大正五年九月。
(26) 野村正治郎の『友禅研究』については第一章第一節「戦前における在野の研究者による見解」で詳しく紹介した。本書第一章三―四頁参照。
(27) 拙稿「風俗研究活動における吉川観方コレクション――特にその染織資料に注目して」(『奈良県立美術館紀要』十二号所収、一九九八年三月)。
(28) 切畑健『ワイド版染織の美 辻が花』(京都書院、一九八三年)七〇―七一頁、図版五四図参照。現在は奈良県立美術館に所蔵されている。
(29) この小袖裂は二枚現存し、そのうちの一枚であった旧吉川観方コレクションは、平成十九年(二〇〇七)九月の古裂会のオークションに出された。『古裂会』入札カタログ第三八巻、二一一頁参照。
(30) 吉川観方のコレクションについては京都文化博物館編『吉川観方と京都文化』展図録(京都文化博物館、二〇〇二年)を参照。肉筆浮世絵をはじめ、錦絵、幽霊画、大和絵、近世風俗図、肖像画、装身具、人形など多岐にわたっている。また、自らも若い時に、錦絵の復興を目指し、『観方創作版画集』を刊行したのは大正十四年（一九二五）のことであった。

（31）『目で見る大世界史』十二巻（国際情報社、一九六八年）初出。また今和次郎『服装史』（今和次郎集、第七巻、ドメス出版、一九七二年）所収、三二七頁。

（32）家永三郎『日本人の服装観の変遷』（ドメス出版、一九七六年）「国粋主義のもとで」（四一―四八頁）の項を参照。

（33）『川勝コレクション特選集』（平凡社、昭和四六年〈一九七一〉）参照。川勝堅一は高島屋百貨店の重鎮であったが、その傍ら、西アジアの絨毯の蒐集や、河合寛次郎・棟方志功といった現代作家を後援しその作品のコレクターでもあった。岡田三郎助からは小袖裂コレクションのうち百数十点を譲り受けている。そのコレクションが埼玉・遠山記念館に寄贈され現在にいたっている。

（34）戦前における主な著書は以下の通り。『埃及コプト染織工芸史』（戦前）、『日本染織史』（雄山閣、昭和三年〈一九二八〉）、『染織史考』（磯部甲陽堂、昭和二年〈一九二七〉）、『染織文様史の研究』（萬里閣、昭和六年〈一九三一〉）、『名物裂の研究』（名物錦繡類纂刊行会、昭和八年〈一九三三〉）、『日本染織工芸史』（一條書房、昭和十八年〈一九四三〉）。例えば『日本染織史』においては「第一章　原始時代」「第二章　古代染織史」「第三章　飛鳥時代史」「第四章　寧楽時代史」「第五章　中古以後の染織史」という構成だが、第五章の平安時代以後の一二〇〇年あまりの記述は全五二六頁のうちわずか二〇頁にすぎない。日本の染織の中では、特に上代裂に関心があったことがうかがえる。

（35）本書第一章七頁。

（36）江馬務編『風俗研究』十四号所収（一九一八年）。「友禅に就て（下）」の中で「京都では、上代奈良に行はれた﨟纈、纐纈の遺骸を亞いだと称する木辻染＝奈良木辻で始めて染出したと云ふ＝の染風を伝へて葦手絵風のものを初めた即ち茶屋染若くは茶屋辻染がそれである」とある。

（37）岡田三郎助「裂の蒐集に就いて」（『中央美術』十一巻二号所収、一九二五年）五九頁。

（38）加藤一雄「波光讃辞」（山種美術館編『入江波光展』図録所収、昭和五三年〈一九七八〉）八頁参照。

（39）竹田道太郎編『安田靫彦――清新な美を求め続けた日本画家』（中央公論社、一九八八年）七六頁。

（40）そのうち、現在田畑喜八家が所蔵する共裂は、昭和四〇年（一九六五）に刊行された『大和文華』四二号、三五頁に安田靫彦所蔵となっている。また昭和四五年（一九七〇）に刊行された田畑喜八編『色と文様　辻が花編』（六七図）では、田畑家の所蔵となっていることから、昭和四〇年から同四五年の間に安田靫彦が田畑喜八に譲ったことがうかがえる。

(41) 二〇〇九年六月、京都・岡墨光堂の岡興造氏からの聞き取りによる。
(42) 二〇〇九年八月、前田青邨の孫娘・中村まり子氏からの聞き取りによる。
(43) 明治三九年(一九〇六)「豊公詣白旗宮」「聚楽茶亭」、昭和三一年(一八九八)「伏見茶亭」など。
(44) 安田靫彦も前田青邨も、実際に辻が花裂を参考に画中に描いたのは昭和四〇年代のことである。それについては、第五章二四八―二四九頁を参照。
(45) 以下、山中定次郎の活動については、故山中定次郎翁傳編纂会『山中定次郎傳』(故山中定次郎翁傳編纂会、一九三九年)を参照した。また、佐藤正男「鐘紡繊維美術館の開設まで」(カネボウファッション研究所編『カネボウコレクションガイド』鐘紡コレクション全5巻別冊所収、一九八八年)を参照。
(46) 野村は大正八年(一九一九)に刊行した同書を、昭和五年(一九三〇)に再版しており、野村の先見性がうかがえる。なお、出版社は『誰が袖百種』と同じ芸艸堂で、この出版も芸艸堂の働きかけによるものである。
(47) 山中商会は明治二八年(一八九五)にニューヨーク、明治三二年(一八九九)よりボストンに支店を持っており、ボストン美術館はそれらの支店を通して辻が花裂を購入したとも考えられる。
(48) 山中定次郎と根津嘉一郎とは、個人的にも親しく『山中定次郎傳』には、根津が山中との生前の交流を回顧する一文が寄せられている(「私が山中君を知ったのは」)。
(49) 長尾は滋養剤「わかもと(若素)」によって一財を築き、昭和六年(一九三一)以降、集中的に古美術の蒐集を始めた。中国考古・仏教美術・陶磁器・刀剣・人形などのほかに古染織の蒐集もしている。
(50) 田畑喜八『色と文様　辻が花編』(光村推古書院、一九七〇年)の第一図に同図が掲載され、前田青邨所蔵となっている。
(51) 『故実研究会　例会案内』のうち、例えば昭和八年《十二月例会案内》の室町時代女房物詣姿の「新たに考察模造」、昭和九年《二月例会案内》の女房十二単の「新たに考証調製」など、特に、伝存しない古い時代の装束は、模造を用いたことがうかがえる。
(52) かつて大道弘雄が所持していた裂は、大道の死後、京都・西陣の織屋が買い取ったが、平成十八年(二〇〇六)四―五月の古裂会のオークションに出品された。古裂会入札カタログ『特集　古染織』七五頁参照。
(53) 拙稿前掲論文(註27)および京都文化博物館編『吉川観方と京都文化』展図録(註30)参照。
(54) 吉川観方コレクションを着用した女性像を描いた、伊藤小坡「十三詣での装ひ(母と子)」(木下美術館、一九三六年)、伊東深水「髪」（一九四九年）といった画を見ると、ただ単にキモノの模様や色といった資料が必要だったのみではなく、髪型・帯の締め方など着装の仕方や着用した際にキモノの模様や衣紋がどのように人の目に映るかが、画家にとって重要だったことがうかがえる。風俗考証に基いた写生会は、絵画にリアリティーを求める画家にとって必要であった。

(55) ご子息であり染色作家である小倉淳史氏からの聞き取りによる（二〇〇九年八月）。

(56) 松坂屋の染織コレクションは昭和六年（一九三一）から十四年の間に蒐集され、京都にある染織参考館に保管されていた。その蒐集の経緯、概略については掛谷誠三「染織参考館から生まれた意匠」（サントリー美術館他編『小袖――江戸のオートクチュール　松坂屋京都染織参考館』展図録所収、東京・サントリー美術館他、二〇〇八―二〇〇九年）十二―十四頁を参照。なお、現在は愛知・松坂屋に保管されている。

(57) 今和前掲書（註31）、三二七―三二八頁。

(58) 玉蟲敏子『生きつづける光琳』（吉川弘文館、二〇〇四年）、「三　近代によみがえる光琳」七三―八六頁。

(59) 『京都日出新聞』昭和六年四月十一日。

(60) 前掲記事（註59）参照。

(61) 関保之助・猪熊浅麻呂・出雲路通次郎・猪飼嘯谷編修『歴代服装図録　染織祭篇』（歴代服装図録刊行会、昭和八年〈一九三三〉）の序文によれば「明治二十八年以来毎年十月には平安神宮の時代祭が行はれ、〔略〕然るにそれは男子のみによって行はれるものである。今この染織祭のは、すべて婦人のみである。一は柳桜の錦を象徴するものとせば、一は菊紅葉のあやを表現するものといふべく、実に平安京の春と秋の二大美観であり、また歴史上文学上最も参考とすべきものであるとおもふ」とある。

(62) 『歴代服装図録』解説二六頁。

(63) 糸込みは経糸四七―五三本／センチメートル、緯糸三〇―三三本／センチメートルあまりである。

(64) 藤本恵子「翻刻――風俗研究家・吉川観方の日記（昭和八年分）」（京都府立京都文化博物館編『京都文化博物館紀要　朱雀』十五集所収、二〇〇三年）八六―八八頁。

(65) 昭和十二年当時、東京帝室博物館の研究員であり、戦後は東京国立博物館学芸部工芸課染織室の室長となった山辺知行氏から二〇〇二年に聞き取った記憶による。

(66) 金春絵城「続今昔物語（一）」（『雑誌金春』第八巻二号所収、一九三三年八月五日）七頁。

(67) 金春前掲文（註66）、七頁参照。なお、筆者の金春絵城は栄次郎のペンネームである。
(68) 以下、金春座伝来能装束の管理に関しては拙稿「奈良金春座伝来能装束の調査から――能装束の形態に見る芸能の特質」『文化資源学』二号所収、二〇〇三年三月）四二―四五頁を参照。
(69) この裂は、現在、ボストン美術館、女子美術大学美術館に所蔵される裂（旧鐘紡コレクション）と共裂で、旧鐘紡コレクションの裂類は、もともと、長尾欽弥が所蔵していた裂を戦後に鐘紡が購入したものである。
(70) 京都の染色作家、小倉淳史氏からの聞き取りによる（二〇〇九年八月）。
(71) 以下は、京都・岡墨光堂・岡興造氏からの聞き取りによる（二〇〇九年六月）。それらの辻が花裂の写しは昭和十五年（一九四〇）の新聞にくるまれて保存されており、同年が下限と考えられる。
(72) 旧加賀藩前田家に伝わる名物裂は、現在、東京・前田育徳会に所蔵される他、東京国立博物館、京都国立博物館に所蔵される。東京国立博物館に所蔵される裂については、山辺知行監修『名物裂』（毎日新聞社、一九七七年）でその一部が紹介されている。京都国立博物館に所蔵される裂については京都国立博物館編『京都国立博物館蔵前田家伝来名物裂』上下巻（一九七八年）を参照。
(73) 江馬務『日本服飾史要　増訂版』（星野書店、一九四三年）一五八頁。

第五章　辻が花「神話化」の現代

一　辻が花裂の変容

国の文化財保護政策に見る「辻が花」

第四章の冒頭で概観したように、戦前における古染織の国宝の指定件数は他の工芸に比較して格段に少なく、染織文化財の保護という観点からはまさに「冬の時代」であった。昭和二四年（一九四九）、法隆寺金堂壁画が焼失したことがきっかけとなって、昭和二五年（一九五〇）、文化財保護法が公布される。文化財保護委員会が発足すると同時に、国立博物館はその附属機関となった。文化財保護委員会の主要な事業の一つが国宝・重要文化財の指定であった。

戦前、旧国宝に指定されていた染織のほとんどは重要文化財に移行され、その一部は国宝に指定された。新たに国宝となった主だったものをあげれば昭和二六年の「四騎獅子狩文錦」（奈良・法隆寺）、昭和二七年「天寿国繡帳残闕」（奈良・中宮寺）、「刺繡釈迦如来説法図」（奈良国立博物館）、「葡萄唐草文染韋」（奈良・東大寺）、「懸守」（大阪・四天王寺）、昭和二八年の「犍陀縠糸袈裟・横被」（京都・教王護国寺）、昭和二九年の広島・厳島神社古神宝類、昭和三〇年の和歌山・熊野速玉大社古神宝類、和歌山・阿須賀神社伝来古神宝類（京都国立博物館）、昭和三一年の神奈川・鶴岡八幡宮古神宝類などである。いずれも寺社に伝わる仏具・神宝類で、戦前における価値観は依然として継承されている。また、飛鳥時代から室町時代における織物や刺繡の作品が中心となっている。織物がもっとも重視されるという視点もまた、平安時代以来の日本の伝統的な価値観に倣っている。

その一方で従来の価値観とは異なり、桃山期の服飾類の指定も進められた。昭和二八年にはペルシャ産の絨毯で作られた「綴織鳥獣文陣羽織」（京都・高台寺）とともに「桐矢襖文辻ヶ花染道服」（指定名称。もと個人蔵、現・京都国立博物館、口絵8）が重要文化財に指定されたのである。いずれも豊臣秀吉所用と伝わる衣服であるが、この胴服は辻が花における最初の文化財指定となった。従来、寺社関係の織・繡が重視されてきた染織文化財において、戦国の武将が着用した衣類で、しかもこれまで軽視されてきた染物が文化財に指定されることは異例であったと言えよう。昭和三〇年には「鶸櫻菊文辻ヶ花染小袖」（指定名称、図3-6）が指定されるが、この作品は、昭和二六年頃に新たに発見された「延年」の芸能衣裳であった。調進された際の年紀が入っている稀少な文化財という点から、後に辻が花の基準作の一つとなる衣裳である。昭和二九年に東京国立博物館により購入され、東京国立博物館の染織列品台帳Ⅰ―三四五五の品名には「辻ヶ花染小袖」と明記されている。昭和二六年頃に発見された際、すでに辻が花として認識されていたことがうかがえる。翌年には、重要文化財に指定されることとなった。第四章で概観した限り、戦前における「辻が花」は全てが小裂で、衣裳の形状をしたものは一点も見られなかった。なぜ、文化財保護法が制定されて間もないこの時期に、完全な衣服の形を遺した二つの衣裳が「辻ヶ花」という名称で重要文化財に指定されることとなったのであろうか。戦前と戦後で「辻が花」の定義が大きく変化したことを、この文化財指定は物語っている。

その後、昭和三一年には岐阜県関市春日神社で発見された室町時代後期―桃山時代にかけての能装束四〇領が、昭和三六年には伝上杉謙信・上杉景勝所用と伝わる服飾類八二件がそれぞれ一括して重要文化財に指定され、昭和三八年には、長尾美術館、林原美術館が所蔵する桃山時代の能装束、厳島神社に所蔵される桃山時代の狂言装束などが順次重要文化財に指定された。いずれも室町時代後期から桃山時代にかけての衣服の形をした染織品である。一方、辻が花の指定は、昭和三一年以後、しばらく行われないが、昭和四〇年代に入って再び目立ってくる。昭和四〇年には、野口彦兵衛が明治期に蒐集した家康所用の小袖［図4-1］が「白地竹文辻ヶ花染小袖」として重要文化財に指定された。さらに、昭和四三年には徳川黎明会が所蔵する「槍梅葵紋散小袖」「雪持笹文散小袖」「楓文散葵紋小袖」「楓文散葵紋小袖」「地紙形散葵紋小袖」（以上、指定名称）の五領が、一括して「辻ヶ花染小袖」として指定されたのである。この指定においては、徳川黎明会が所蔵する辻が花衣服のうち「紫地葵紋付葵葉文様辻が花染羽織」「浅葱地葵紋散文様辻が花染小袖」は、桃山時代の特質を示す形状を持った縫い締め絞りの染物であったにもかかわらず、尾張徳川家二代吉通着用の衣服と伝えられていたために指定されなかった[1]。当時は、その技法や形状、デザインといった美術工芸としての価値よりも、徳川家康所用であるという伝来の方が指定の要件として重んじられていたということであろうか。同年には島根・清水寺が所蔵する「辻ヶ花染丁子文道服」（指定名称、図5-1）も指定されるが、本品もまた徳川家康から石見銀山の見立師・安原伝兵衛が拝領したと伝えられるものであった。昭和四八年には、同じく石見銀山の見立師・吉岡隼人が家康から拝領したと伝えられる「銀杏葉雪輪散辻が花染胴服」（指定名称、東京国立博物館、図3-1-1）が重要文化財に指定される。こうして、昭和四〇年代にはほぼ、徳川家康所用と伝わる辻が花と称される小袖・胴服が重要文化財に指定され、桃山時代の能装束と並行して指定が進められていたことがうかがえる。戦前には全く文化財として評価されてこなかった桃山時代の染物が、戦後、重要文化財として異例の扱いで評価されてきたのである。しかも、圧倒的に多いのは「辻が花」と称される豊臣

図5-1　◎胴服 染分段丸亀甲丁字模様（島根県・清水寺蔵）

秀吉、徳川家康所用の衣服である。やはり、すべてが衣服の形をしており、戦前における辻が花の概念とは大きく異なっている。

重要文化財の指定の過程を追っていくと、上代裂や寺社関係の染織が重視されるという、戦前の価値観が継承される一方で、戦前には文化財として認識されていなかった室町時代後期—桃山時代の能装束や武家服飾、やはり室町時代後期—桃山時代にかけて製作された染物である辻が花が文化財として認められていった事実が浮かび上がる。しかも、指定される辻が花の大半は、戦前にはまったく辻が花として展覧会で紹介されることもなければ、コレクションの対象でもなかった中世末期の武将の衣服であった。そこには、明らかに昭和二〇年代後半から四〇年代にかけて、武将が着用した縫い締め絞りの衣服が「辻が花」としてにわかに評価されていった様相がうかがえるのである。

『広辞苑』に見る語義

戦後の辻が花の語義をうかがう一例として『広辞苑』に掲載された「辻が花」の項を第一版から第六版まで追ってみよう。昭和三〇年（一九五五）の第一版によれば、

> 帷子（かたびら）の染模様の名。白地に藍と紅で、紅の花・青葉を一面に染めたもの
> ↓辻③

とある。「白地に藍と紅で、紅の花・青葉を一面に染めたもの」という記述は山崎美成の『海録』で引用された伊勢貞丈の説である（第二章五三頁参照）。第一版では「辻」の第三項を参照するように促しているので、それも参考までにあげると、

③縦横筋違の筋をうちちがえた染模様。

とある。ところが、昭和四四年（一九六九）に刊行された第二版では、以下のように変更されている。

室町時代中期から江戸時代初期にかけて盛行した絵模様染。技法は主として縫い締め絞りを用い、描絵・摺箔の加わることが多く、時には刺繡も施された。

第一版とは全く異なる記述が、第二版に現れるのである。その大きな違いは、

一、「帷子」ではなくなっている
二、時代が室町時代中期から江戸時代初期に限定されている
三、縫い締め絞りという技法が特定されている
四、その他の技法として、描絵・摺箔・刺繡が加わっている

以上の四点である。第二版の語義は、第一版の語義とは全く異なり、同じ言葉を説明しているとは思われない記述内容となっている。第二版による大幅な変更は、昭和五一年（一九七六）に出された第二版補訂版、昭和五八年（一九八三）の第三版、平成三年（一九九一）年の第四版まで、変更されることはなかった。

ところが、平成十年（一九九八）に発刊された第五版では、第一版と第二版との語義の溝を埋める内容へと変更されている。以下、引用すると、

> 室町中期から江戸初頭にかけて盛行した絵模様染。草花文様を紅色に染めたもので、麻布の単物（ひとえもの）のかたびらに行われ、女性や子供が着たという。現今は縫い締め絞りによる絵文様染めの称。

とある。「草花文様を紅色に染めた」は『日葡辞書』による記述（第二章三五―三六頁参照）、「麻布の単物（ひとえもの）のかたびら」は「三十二番職人歌合」、「女性や子供が着た」は伊勢流の故実書である『宗五大艸紙』（第二章三〇頁参照）や『河村誓真聞書』（第二章三二頁参照）に記された内容を元にしている。記述内容はより詳しく書き加えられているものの、端的に言えば、第一版で説明された帷子に染めた染模様という記述と、第二版の時代的内容をすり合わせた語義の説明となっている。しかし、第二版で説明されていた「縫い締め絞り」という技法的な内容については「現今」による名称である、と訂正しているのである。つまり、「辻が花」には二つの語義があり、室町中期から江戸初期にあった「辻が花（染）」と現今における辻が花は全く別のモノであることが、この第五版によって初めて指摘されている。[2] 第五版の改訂にあたったのは、高田装束研究所の所長・高田倭男であった。[3]

以上にみる『広辞苑』の語義変化は、実は、戦後における辻が花研究の動向を如実に反映しているように思われる。昭和二〇年代後半から昭和四〇年代に広げられた辻が花の語義の変化と重要文化財指定に見られる新たな価値観はどのようにして生まれたのであろうか。戦後における染織史研究の動向を追いながらその要因を見ていくことにしたい。

博物館における「辻が花」の定義

昭和十六年にはじまった太平洋戦争によって、戦時体制下、東京帝室博物館に保管されていた文化財は疎開を余儀なくされた。同年には、戦禍から美術品を保護するため分散移出についての協議会が開催され、翌十七年には、南多摩郡横山村に建造された疎開倉庫に貴重美術品の移送を行った。さらに、本土空襲に伴い、昭和二〇年から岩手・福島・京都などに収蔵品の疎開を行ったが、その移送をようやく終えた八月の十五日に終戦を迎える。十二月には各疎開場所に分散赴任していた職員に帰任が命じられ、美術品は還送された。昭和二二年には博物館は開館し、東京・奈良の帝室博物館は国立博物館に、昭和二七年には京都恩賜博物館は京都国立博物館に再編される。東京国立博物館は当初、その組織を陳列・事業・調査・保存修理・資料・管理・附属研究所の六課一所制に編成された。昭和二六年に国立博物館組織規程がきまり、それに伴って、庶務部、学芸部の二部となって、学芸部はさらに考古・美術・工芸・資料の四課が置かれた。さらに美術課は絵画・彫刻室と書跡室に、工芸課は陶磁室、染織室、漆工室、刀剣室、金工室に細分化された。ここにおいて染織・服飾・近代染織は染織室が一括して保管することとなる。

一方、戦禍を逃れた京都恩賜博物館では、戦後まもない昭和二三年、十月十五日―十一月二二日まで「桃山時代美術綜合展」が開催された。桃山時代に注目した展覧会としては、昭和四年（一九二九）に東京帝室博物館において「桃山時代障屛画特別展」が開催されており、昭和初期に桃山文化に対する関心が高まりつつあったことをうかがわせるが、桃山時代を絵画のみならず、工芸や書、芸能なども含めて大々的に評価した展覧会はこれが最初であろう。絵画・書蹟・漆工・能衣裳、能面並びに染織品・金工・陶磁が展示された総数二九一件にわたる大規模な展覧会であった。そのうち染織は能衣裳とその他の染織品に分類され、桃山時代の特色としてまず能装束があげられる[(4)]。能衣裳二一領は、片身替や肩裾模様といった桃山時代特有の意匠形式を持つ縫箔で、神社に伝わる衣裳のほか、奈良金春座がかつて所用し諦楽舎が保管する能装束が五領出品されている。また、奈良・天川神社の能装束については、豊臣秀吉が吉野の花見の際に立ち寄って寄進されたという伝承が特記され、新発見の装束約一〇〇点、能面三一点のうち、桃山時代に属する数点が紹介されている。縫箔を中心とする桃山時代の能装束が美術的価値の高いものとして評価されていることが本展においてうかがえる。

その他の染織品については、裂類が八件、陣羽織と称される衣裳が二領、裲襠と称される衣裳が一領と決して数は多くないが、中に「辻ヶ花」として紹介される作品が四件ある。まず「椿文様辻ヶ花裂（衿ニ淀様云々ノ墨書アリ）」（目録記載名称、口絵6）は小袖の衿の部分と考えられる二枚の小裂で画家・入江波光の収蔵品である。大雲院所蔵「松川菱松櫻文様辻ヶ花裂」（目録記載名称）は、縫い締め絞りに金の摺箔で模様を表した打敷であろう。屏風に仕立てられた「辻ヶ花裂張付屏風」はどのようなものなのか現在では不明である。唯一、衣服の形状で展示された作品が「桐箭文辻ヶ花染陣羽織」（目録記載名称、口絵8）であった。陣羽織という名称が付くが、本来胴服とも呼ばれる。おそらく、戦国武将の衣服が辻が花として紹介された最初であろう。縫い締め絞りのみで桐紋と矢を染め出した、藍・浅葱・濃萌黄を基調とする染め模様で描絵は加わっていない。これが、昭和二八年（一九五三）に豊臣秀吉所用の辻が花胴服として、辻が花では最初に重要文化財に指定される作品である。同じ年に重要文化財に指定された高台寺の綴織陣羽織は「秀吉所用陣羽織」として出品目録に並列されているが［口絵8］の胴服の方はまだ十分に調査がされていなかったのか、伝来には触れられていない。本展では絵画・染織・茶陶・初期洋風画・蒔絵の各分野において列品講座が行われているが、「桃山時代の染織」の講座を受け持ったのが明石染人（国助）であった。本展の作品選定にも明石が関わっていたと考えられる。明石はまた昭和二五年に発行された『日本美術工芸』一三六号においても「辻ヶ花染」という小論を発表しており、その中で「豊臣秀吉所用辻ヶ花染羽織」として［口絵8］の胴服を図版で掲載している。そこには「これは天正十八年三月（一五九〇）南部信直が家臣北左衛門尉信愛（入道松齋）を使者として鷹五〇羽馬百匹を曳かせ、折から小田原城を圍む秀吉に献じた時、秀吉は長春の労を犒ひ、盞をとらせ、その羽織を信愛に与えたもので、その顚末を廿数年経た慶長十七年六月（一六一二）に記録したものが現に盛岡市の中村紫艸園に蔵されている」と、その由来も紹介されている。(5) もう一点は「花鳥文辻ヶ花衣裳」と称して岐阜県白山神社所蔵の延年衣裳［図3-6］を紹介している。この衣裳もまた昭和二九年に東京国立博物館に所蔵され、その翌年に重要文化財として指定されることとなった作品である。肩と裾の部分を縫い締め絞りで州浜形を紅色に染め分け、紅地の部分には草花の摺箔を、白地の道明き部分には赤茶系の濃淡で花鳥模様が描き表されている。岐阜の白山神社に伝わった小袖で永禄九年（一五六六）の銘がある。これが出版物において完全な衣裳の形をした「辻が花」が紹介された最初であろう。

東京国立博物館が昭和二六年（一九五一）に発刊した研究機関誌『ＭＵＳＥＵＭ』で初めて辻が花を紹介したのは、新聞記者であり大阪の古裂コレクターでもあった大道弘雄であった。(6) その十三号において大道は辻が花について「最近に至りやっと芸術家（殊に日本画家の如き）などが始めてその存在を認識して、にわかに讃美驚嘆し出したのは、ほゝ笑ましいが当然のことである」と述べているのは興味深い。安田靫彦や前田青邨のコレクションを意識して述べているのであろう。ここで大道は二つの作品を紹介しているがそれは「辻ヶ花染の衣裳として現存しているものは、今のところ僅かに一二点しかないが、その片々たる残欠品は多少遺っており、又肖像画などによってもその一端を窺知することができる」としている一―二点しかないうちの二例である。それは、明石が『日本美術工藝』で紹介したものと同じ「雲取花鳥文辻ヶ花染衣裳」（記載名称、図3-6）と胴服［口絵8］であった。大道が文章の中で「僅か一二点」と述べているように、その後、数多く「辻が花」の遺品として掲げられていく戦国武将の胴服や小袖は、この時期にはまったく意識されていなかったことがうかがえる。ほどなくして、昭和二八年に「桐矢襖文辻ヶ花染道服」（指定名称、口絵8）が、昭和三〇年には「鶉桜菊文辻ヶ花染小袖」（指定名称、図3-6）が重要文化財に指定されることを考えると、明石や大道が『ＭＵＳＥＵＭ』で衣服の形をとどめた数少ない辻が花の遺例としてこの二点を紹介したことの意味は大きい。

なぜ、戦後になって衣服の形をしたものが「辻が花」としてにわかに採り上げられるようになったのであろうか。それを考えていく上で重要なのは、戦後最初に［口絵8］の胴服を辻が花として京都で展示した明石の視点であろう。昭和十一年（一九三六）に刊行された『桃山慶長纈繡精華』の冒頭文において明石は辻が花を「描繪と絞染の結合」

としていた。ところが京都恩賜博物館で初めて「桐箭文辻ヶ花染陣羽織」の名称で展示された［口絵8］の胴服を見ると、模様を表すのに縫い締め絞りの技法しか用いられておらず、描絵は見られないのである。つまり、戦中を経て、明石の辻が花を判断する定義が変化したものと察せられる。その理由は明石が戦後遺した文章からはうかがえないが、描絵のないものであっても縫い締め絞りで模様を表していれば辻が花とした明石の戦後の姿勢が、その後の辻が花に対する視点を大きく変えていくことになったことは確かである。

戦後における明石の辻が花を見る視点とはまったく対照的な視点から辻が花に注目していたのは、戦前は東京帝室博物館にも在籍し、奈良帝室博物館を経て奈良国立文化財研究所に移った守田公夫であった。守田が昭和三一年に刊行した『日本の染織』は、従来の上代裂を偏重した染織史概説ではなく、鎌倉から江戸時代にかけての染織の図版を多数用いながら歴史的に紹介した初めての染織史概説書であった。そこでは、桃山時代の「纐纈染すなわち絞染」として「辻ヶ花」をあげているが、昭和二八年および三〇年に重要文化財に指定された二件はまったく紹介されていない。「辻ヶ花」として紹介されているのは、大道弘雄が所蔵していた「蓮文様辻ヶ花裂」（『日本の染織』記載名称、図4-17）と安田靫彦が所蔵していた「草花文様辻ヶ花裂」（『日本の染織』記載名称、図4-5、4-8の共裂）の二例である。この二例はいずれも昭和十三年の東京帝室博物館復興記念で展示されていた裂そのものであり、戦前より研究者の間で通っていた辻が花裂のプロトタイプであったことがうかがえる。しかも、守田は描絵のない「蓮文様辻ヶ花染裂」に対し「描絵の部分は現存していないが、製作当初はあったと思われ、この裂も小袖などに使用されたものではあるまいか」と述べている。(7) 守田にとって「辻が花」といえば描絵が入っていることが通説であり、描絵のない作例については伝存する作品を通説にしたがわないように「現存してはいないが、製作当初はあった」と補足説明しているのである。しかし、この裂は他にも共裂が三例伝存しており、いずれにも描絵模様は見出せない。守田の言及には戦前にコレクターや研究者の間で形成され、明石が提示していた「描繪と絞染の結合」という「辻が花」の概念に現物を当てはめようとする姿勢がうかがえるのである。

このように戦後間もない美術史研究において、一方では、戦前における辻が花の概念が定着して、縫い締め絞りに描絵を加えたものを辻が花としているが、他方では、描絵がなくても縫い締め絞りを用いた戦国武将の衣服が辻が花として初めて紹介されるようになり、それが「辻が花」の完全な形を残したものとして台頭し始める動きが見られるのである。そのような矛盾をかかえた戦後すぐの染織史研究において、東京国立博物館染織室長、山辺知行が「辻が花染に対する一考察」(『美術史』十二号、昭和二九年)で辻が花の定義を明示したことの意義は大きい(8)。まず、縫い締め絞りを施した中世の染物が「辻が花」であり、描絵・刺繡・摺箔といった他の技法は付加的な扱いとし、辻が花の適用範囲をかなり大幅に広げることになったのである。もちろん、山辺が以上のような定義をかかげるに至ったのは、それ以前における明石の京都恩賜博物館における［口絵8］の胴服の展示や、昭和二八年における同じ胴服の重要文化財指定を受けたものと推察されよう。以後、辻が花研究は山辺の定義を元に展開され、縫い締め絞りで模様を染めた中世の染物が辻が花であるという基準がここに生まれたのである。そして、辻が花の着用者や帷子という形態については定義からはずされ、縫い締め絞りという技法へ特化されていくこととなる。

中世染織の新発見

昭和三〇年代から昭和四〇年代にかけては、戦国時代から桃山時代にかけての染織が次々と発見され、にわかに活気付いた時期でもあった。戦前にはほとんど目を向けられることがなかった古染織が美術工芸として認識されたことが、これまでにない「新発見」につながったのである。

昭和二九年四月、当時、東京国立博物館の染織室長だった山辺知行は、人づてに聞いた岐阜県関市にある春日神社の能装束を悉皆調査した。その結果、三八件の装束が室町時代後期から桃山時代の作品であることが明らかとなった。

山辺はこの発見を『MUSEUM』四一号（一九五四年）の「新資料紹介」に執筆している。人知れず能舞台の軒下に所蔵されていたために、保存状態が良好なままに四〇件あまりもの中世の染織が遺されていたという事実は、完形では残りにくい染織資料という性格からすると大発見であった。関市春日神社の能装束には、縫い締め絞りで模様を表した辻が花の作例は見られないが、辻が花にも見られる描絵と摺箔で模様を表した小袖は二件伝存し、辻が花の関連作品として後にしばしば紹介されるものである。この発見を受けて早くも昭和三一年に、一括で重要文化財に指定されることとなった。

同年、東京都内のデパートでは米沢の上杉神社に保管されていた上杉謙信・景勝所用と伝わる服飾品が数点展示された(9)。それによって初めて、上杉神社に戦国時代の服飾品が所蔵されていたことが公にされたのである。さっそく、昭和三〇年に山辺知行が上杉神社の悉皆調査を行い、さらに、昭和四〇年には東京国立文化財研究所の神谷栄子が上杉神社に所蔵される胴服を詳細に調査し、その成果を公開することとなった(10)。胴服・小袖・帷子といった普段着から、陣羽織・鎧下着・直垂・袴といった武家の正装にも用いる装束類、袈裟など、当時の当主であった謙信が用いたとされる装束が上杉神社に奉納されていたのであった。中世の武家装束類がまとまって遺されているということは異例であり、昭和三六年に、室町時代後期から桃山時代のものを中心に八二件が一括して重要文化財に指定されることとなった。辻が花に関連する衣服は、辻が花裂が衿に用いられた胴服のみであったが［図3-10］、紅地に扇面模様や洲浜形を縫い締め絞りとし、やや太い墨線による草花の描絵や刺繡の模様が施された華やかな武家女性の小袖裂で、その後、辻が花裂の代表的な作例の一つとしてしばしば紹介される例の一つである。

重要文化財指定案件は上代裂や仏教関係の古染織から室町時代後期から桃山時代の服飾へと大きくシフトしていくが、その変化は、中世染織への関心によって引き出された新発見に伴うところが大きい。昭和三〇年代後半から昭和四〇年代にかけては、特に辻が花の武家男性の服飾がつぎつぎに見出されるのである。昭和三六年（一九六一）には

「葵紋梶葉散し模様辻が花小袖」（川崎市・明長寺所蔵）が川崎市の指定文化財となり、東照宮の「葵紋桐散し模様胴服」（東京・東照宮所蔵）もまた、同時期に発見された。いずれも、徳川家康所用と伝わる衣服である。さらに、昭和四六年（一九七一）には、石見銀山に伝わった「胴服　染分地銀杏雪輪模様」［図3-1-1］が新たに発見された。時を同じくして、水戸徳川家に保管されていた「辻が花」の衣服が三件、やはり、新発見の資料として『大日光』三六号で紹介される。これらの衣服もまた徳川家康所用と伝わるものであった。

戦後、室町時代から桃山時代にかけての能装束や服飾が新たに発見されたことにより、中世の染織に対する関心が高まっていった。そのような動きの中で、特に目立ってくるのが家康所用と伝わる「辻が花」衣服への顕彰であった。戦前における辻が花裂の範疇には全くなかった視点であり、この昭和三〇年代から四〇年代という時代は辻が花の従来の概念を変える大きな転換期であったと考えられる。その最初のきっかけとなったのは、前述した明石による［口絵8］の豊臣秀吉所用と伝わる胴服の展示であったが、戦国武将の衣服が辻が花として大々的に採り上げられるようになった戦後の染織史研究の動向を、さらに詳しくこの時期に開催された展覧会や出版から探ってみることにしたい。

大和文華館における二つの展覧会

最初に辻が花をテーマとした本格的な展覧会が開催されたのは昭和三九年（一九六四）三月の奈良・大和文華館における「辻が花染」展である。本展を企画したのは、大和文華館の学芸員・伊藤敏子であった。彼女が辻が花を研究するきっかけとなったのは、館長の矢代幸雄が伊藤に「疑問符が非常に多いらしい」辻が花の研究を勧めたことであった。(11)大和文華館には矢代が収蔵品として購入した辻が花裂が五件と、辻が花の衣裳を着用しているということで知られていた像主不明の重要文化財「婦人像」があり、それもまた、伊藤にとって研究の導入となったようである。展覧会の内容は翌年に刊行された『大和文華』第四二号「辻が花特輯」において概観できる。先年に重要文化財に指定された二領の胴服・小袖のほか、田畑喜八、安田靫彦、入江波光、前田青邨といった作家が収蔵する辻が花裂を中心に、風俗研究家・吉川観方の小袖裂〔図4-4〕も展示された。また、本展の特色は、衣服の形を留めた縫い締め絞りのキモノを数多く紹介していることであった。明治期に日本橋の常盤倶楽部で展示され読売新聞で紹介された野口彦兵衛旧蔵の小袖〔図4-1〕は、本展において「松皮菱に竹模様辻が花小袖」として展示されることとなった。第四章で述べたように、明治期には辻が花とはされていなかった徳川家康より拝領と伝わる小袖である。[12] また、徳川美術館に所蔵される徳川家康所用と伝わる小袖を二領、家康所用の小袖や胴服であった縫い締め絞りの断片を貼り付けた裂帖を一件展示した。また、新発見の資料として掲載されたのが「葵紋梶葉散し模様辻が花小袖」（川崎市・明長寺所蔵）および「葵紋桐散し模様胴服」（東京・東照宮所蔵）であった。いずれも徳川家康所用と伝えられるものである。辻が花の衣服として、ここまで大きく徳川家康所用の縫い締め絞りの服飾を採り上げたのは本展が最初である。

さらに、中世の文献を裏付ける資料として「辻が花染の後期のもの」として紹介されたのが、桂女が着用したという伝承のある「横縞に草花模様摺箔小袖」（『大和文華』第四二号記載名称、口絵7）であった。「横縞」や円模様を縫い締め絞りで白く染め残し、刺繍や摺箔で草花の模様を細密に表した縫箔である。これまで見てきたように、中世の史料「三十二番職人歌合」の桂女は「辻が花（染）」を着用していた。ところが、たまたま、代々桂女を務める京都の旧家に伝わった小袖が縫い締め絞りで染め分けをした縫箔の小袖であったことからこの縫箔が「辻が花染の後期のもの」として位置付けられることとなったのである。第三章において③のデザインに分類されたこの様式の裂は、本来は慶長期の武家女性が着用した縫箔の様式である。

実は、この桂女の衣裳は、戦後の発見ではなくすでに昭和六年に京都恩賜博物館で展示されたことのあるものであった。[13] しかしその展示では「辻が花」と称されていなかった。前年の昭和五年に風俗研究家・江馬務は『風俗研究』第一二〇号で「桂女の新研究」を発表しており、昭和四年に桂女の世襲家であった小寺繁太郎家において伝来の文書や桂包とともに、この衣裳を調査したことを記している。戦前より知られていた衣裳ではあったがやはり「辻が花」とは称されていなかった。確かに「三十二番職人歌合」には桂女が「辻が花（染）」を着用していたと詠われてはいるが、全ての桂女が辻が花を着用する慣わしがあったわけではなかったであろう。練緯でできた小袖であるから「三十二番職人歌合」に記されているような「布のひとえきぬ」の帷子でもない。それにもかかわらず、本展において初めて、この小袖は縫い締め絞りが入っている桂女の衣裳であることから「辻が花染の後期のもの」と位置付けられることとなったのである。本展以降、［口絵7］の小袖に見るようなタイプの、これまで辻が花とはみなされていなかった慶長期の武家女性の縫箔裂が「辻が花染の後期のもの」として認知されるようになるのである。

本展の成果として『大和文華』第四二号では、伊藤敏子が初めて網羅的に中世の史料を、年代を追って整理し紹介している。[14] 同じ『大和文華』第四二号には、東京国立博物館染織室長であった山辺知行が「辻が花染覚書き」という一文を寄稿している。山辺は同年に京都書院から『辻が花』という図版集を出版しており、当時の辻が花研究の第一人者がこの展覧会に関わっていたことになる。この二人が深く関わることとなった本展の展示内容は、今日の辻が花観を形成する上で重要な役割を果たしていたことがうかがえよう。

伊藤敏子は、その七年後、昭和四六年（一九七一）四月に再び辻が花の展覧会を企画した。奈良・大和文華館で開催された「〈辻が花〉と戦国の女性像」では、展示の中心は昭和三〇年代後半から昭和四〇年代にかけて新たに見出された徳川家康所用の小袖・胴服類であった。実は、前回の展覧会との間に、昭和四三年には徳川家康所用と伝わる衣服がまとまって重要文化財に指定されていた。重要文化財指定に伴い、徳川美術館館長であった徳川義宣が『大日光』（日光東照宮）で、六回にわたり「家康公の辻ヶ花衣服」を掲載し、家康所用の縫い締め絞りの衣服を順次紹介したのである。本展は、そのような過去数年間における染織史研究の動向を踏まえて開催された。まさに本展において、辻が花は戦国時代から江戸時代初期にかけて活躍した武将――実際には徳川家康と言ってもいいが――が着用した衣服として明示されることとなるのである。研究者は、「辻が花（染）」が中世の史料の上では武家の若い女性や若年が着用する帷子であり、中世における辻が花と戦後における辻が花とでは、いくつかの矛盾を孕んでいることを知らないわけではなかった。むしろ、本展の展覧会カタログを詳細に読んでいくと、その矛盾を十分承知の上でそれをどう解消していくかが本展の課題でもあったと考えられるのである。

まず、展覧会カタログに寄せた、大和文華館館長・石澤正男の冒頭文に本展の趣旨をうかがうことにしよう。

辻が花染の新資料を出来るだけ数多く御紹介し、それに加えて、辻が花染が世に現われ、次第に流行していった時代の流れと、あたかも符合するかのように制作されるようになった戦国時代の女性の画像——その多くは辻が花染裂か、またはその他の染小袖を身に纏っている——の代表的な作品を展示し、さらに職人歌合や職人尽絵等の中から辻が花染の技法解明の参考になるものなども併せ展示して、それによって辻が花染の行われた時代の世相の一端を狭いながらも窺いうるように、という意図の下に今回の特別展を企画したのであります。

とある。[15] 近代以降、辻が花は縫い締め絞りであるということを前提としているために、中世の史料と現在における「辻が花」との食い違いが生じているのであるが、本展ではそのような矛盾を「次第に流行していった時代の流れ」として捉えている。つまり、辻が花が戦国時代の女性が着用するキモノに染められるようになった理由を「時代の流れ」と解釈しているのである。次に伊藤敏子による解説を一部引用しよう。

辻が花という名称がはじめて文献にみえるのは三十二番職人歌合である。〔略〕この歌合が成立したと思われる応永年間頃は室町幕府の政策も安定して全国的な貨幣経済の流通から商工業が著しく栄えた。〔略〕辻が花は生活の向上から経済的に余裕をもった庶民がより華やかな服装を需めることから、その需要に応じて作り出されたものということが出来るのである。庶民の小袖である辻が花は、身分や仕来りに拘束される武家では女房、児、若衆などにのみ着用されて成人の男子には用いずと宗五大艸紙や河村誓真聞書などの武家故実書には記されている。このような仕来りはやがて応仁の乱後の下克上の社会になると身分の上下をとわず簡略な小袖形式が多く用いられるようになると次第に破られて、辻が花は武家の男子にも用いられるようになってくる。(16)

重要なのは当時の解釈では「三十二番職人歌合」の成立年代を応永年間頃としていた点である。そこでもっとも時代をさかのぼる中世の辻が花史料がこの「三十二番職人歌合」とみなされた。同歌合に登場する桂女が辻が花を着用していたという記述から、初期の辻が花は「庶民の小袖」であったとするのである。中世の故実家・伊勢家の故実書にならい武家の女性や子供、元服前の若者が使用していたとしている。しかし、その後の展開を語るにあたり、いつの時点か史料を離れて伝存する辻が花裂に「辻が花」の概念がすり替わっており、下克上により武家の男子にも用いられるようになったとしている。以上のような「すり替え」は、研究者たちの間で強く認識されることはなかった。辻が花が中世の縫い締め絞りであるという定義はあまりにも「常識」的な通説として定着しており、史料上の「辻が花(染)」がどのような技法をもちい、どのような色と模様で、どのような形態を持つ衣類であったのか、ということについて向き合う姿勢はなかったのである。

「〈辻が花〉と戦国の女性像」展では、女性の肖像画に描かれた小袖と同様のデザインの裂は断片しか展示されていない。むしろ、戦国時代に生きた女性たちの服飾がほとんど遺されていないという事情から、その代用として近代以降「辻が花」と称されるようになった美麗な小袖を着用した女性や子ども、元服前の少年たちの肖像画が展示されることとなったのであろう。展示される肖像画の女性や少年が着用する小袖は展示される「辻が花」裂と同様に「辻が花」であるかのように見える。しかし、描かれた小袖はいずれも中世の史料にあるように夏の単仕立の「帷子」を描いていないことは、その季節や形状から明らかである。流行、時流、下克上といった理由付けによって、この展覧会において「辻が花」として紹介されることとなった縫い締め絞りの衣服は、武家の成年男子である家康が所用していたと伝わる戦国武将の衣服が中心となった。展覧会の成果は『大和文華』第五五号「家康所用辻が花特輯」（一九七二年）にまとめられる。そこには徳川義宣が「尾張・水戸両徳川家収蔵辻ヶ花染衣服の伝来について」、伊藤敏子が「家康所用辻が花衣服について」を寄稿し、辻が花が武将の服飾であるという認識を強く打ち出すこととなったのである。

出版事業

昭和四〇―五〇年代にかけて日本染織に関する大型美術本が相次いで刊行されるが、おそらく戦後初めて編集された染織専門の画集が、昭和三九年（一九六四）に刊行された山辺知行の『辻ヶ花』（京都書院）であろう。本書では、入江波光、前田青邨、安田靫彦、小野竹喬ら画家が蒐集していた辻が花裂や、コレクターである大道弘雄のコレクション、根津美術館が所蔵する根津嘉一郎のコレクションなどが掲載されている。しかし、本書では、辻が花裂の主要なコレクターとして知られていた前田青邨や安田靫彦は自らの所蔵であることを公にはしていない。その他、徳川美術館に所蔵される家康所用の小袖や断片となった小袖裂が六件展示され、戦国武将の縫い締め絞りが「辻が花」として認識されつつある状況を示している。また［口絵7］に見るような様式の縫箔も記載されている。本書で紹介された染織資料は、同年に開催された大和文華館での展覧会「辻が花染」展と共通し、伊藤敏子が企画した展覧会の内容には、実際にはかなり大きく山辺の意見が反映されていたのであろう。本書の序文は国語学者の新村出（一八七六―一九六七）が昭和三三年に寄せている。このことからも辻が花が単に、古染織の資料として関心が高まりつつあっただけではなく、言語学においても未だ解明されていない語義として関心が持たれていたことをうかがわせる。昭和四四年（一九六九）に再版された『広辞苑』第二版では「辻が花」の語義が大きく変化し、新村と山辺との交流が反映されている。『広辞苑』における「辻が花」の語義もまた、中世における史料の「ことば」よりも近代以降の染織技法に近づくこととなった。(17)

昭和四四年には京都の友禅染作家である四代田畑喜八が『色と文様　辻が花編』（光村推古書院）を編集した。田畑は作家であると同時に、三代田畑喜八が蒐集した古裂の所有者でもあったが、彼が辻が花裂の画集を編集した理由は、その序文によれば「外観の美しさもさることながら、内面的精神的な味わいを、染め物にまで求めた先人達の美意識の高さ」を感じさせるためだという。ここには、辻が花裂に対する染色作家としての個人的な思い入れが感じられる。さらに田畑は「残存する資料とその名称の一致点等に不明な点もあるが、ともあれ現在、艶に優しいその名『辻が花』と通称されている染織品をここに採り上げた」と述べ、現在における辻が花の語義と中世の史料上に現れる「辻が花」との語義の違いを認識した上で、現在における辻が花裂を採り上げていることがうかがえる。本書では、全一〇〇図のうち、前田青邨所蔵の裂が十九図、安田靫彦の裂が十四図、記名で掲載されている。その他にも、小野竹喬や入江波光の所蔵裂、型染の作家で人間国宝であった稲垣稔次郎のコレクションなども紹介されている。家康関係については東照宮が所蔵する「葵紋に桐散らし」の胴服、徳川黎明会（徳川美術館）が所蔵する「花重に葵紋」小袖、「雪に笹」小袖、「葵」胴服、「葵紋散らしに草花」小袖、「葵紋と扇地紙散らし」小袖など、小袖形の形を遺した衣裳、「千鳥と丸に三葉葵紋」裂、「葵紋と波に兎」裂など断片も紹介され、やはり家康所用の服飾が「辻が花」として多く採り上げられている。大和文華館で開催された「辻が花染」展や前年における重要文化財指定の影響であろう。また、本書においても［口絵7］に見るような様式の縫箔裂も掲載されている。なお、本書においては、小袖や胴服においても部分の拡大図しか掲載されず、本書の目的があくまで中世の縫い締め絞りや描絵といったような技法や模様を手

図 5-2　安田靫彦「森蘭丸」，昭和 44 年（広島・ウッドワン美術館蔵）

鑑のように鑑賞することであることがうかがえる。これもまた、友禅染作家ならではの視点といえるであろう。

この二つの画集はいずれも、辻が花裂を鑑賞することを目的として出版されたものである。いずれの編集においても画家や染色作家たちによって蒐集された裂が大半を占めている。なかでも安田靫彦や前田青邨といった歴史画家たちの蒐集は戦前から知られていたが、彼らの先見性は、戦後、指摘されることとなった。例えば、伊藤敏子は『辻が花』（講談社、一九七二年）の末尾に「辻が花染は衣料であるが一幅の絵をみるような絵画的な美しさと深い味わいをたたえている。その故か近年に辻が花染の美を発見し、それを愛蔵したのは画家たちである」と述べている(18)。この一文からは、辻が花が一つの歴史的な染織資料を超え、画家の間で芸術作品としての「神話化」が始まったことをうかがわせる。彼ら日本画家が蒐集した辻が花裂は、戦前にはその画中に描かれることはなかった。制作の参考に蒐集したというよりもむしろ、当時、画家たちの間で一つのたしなみのように広がっていた古美術蒐集の一環としてなされた向きがある。ところが、昭和四〇年代になると、辻が花裂を蒐集していた画家たちが自ら制作する作品の中に辻が花をデザインした小袖を着用した歴史的人物を登場させるようになるのである。昭和四四年（一九六九）の安田靫彦「森蘭丸」〔図5-2〕、昭和四九年（一九七四）の前田青邨「細川ガラシャ」〔図5-3〕はいずれも、戦国時代の歴史的人物を描いた作品である。前田はこの絵を描く時、キモノを着用した孫娘の友人を前に、傍らに辻が花裂を置いて制作にあたったという(19)。また、みずから辻が花裂を蒐集したのではないが、京都の吉川観方の扮装写生会に参加していた美人画家・伊東深水も昭和四一年に江戸時代初期の有名な遊女「吉野太夫」（東京・山種美術館所蔵）を描き、その衣裳に辻が花の打掛を着用させている。昭和四〇年代における以上のような画家の動きからは、展覧会や重要文化財指定といった文化財事業を通して、研究者以外にも次第に辻が花への関心が高まりつつあり、それが、画家たちに辻が花を描かせる動機となったと考えられる。

図5-3　前田青邨「細川ガラシャ」，昭和49年（ローマ・ヴァチカン近代美術館蔵）

その一方で、前述した伊藤敏子著『辻が花』（講談社）では本文の「はじめに」において『辻が花』は、最近では一部の人に興味をもたれるようになったが、一般にはまだ名称さえ馴染まれていない。それが故に辻が花とはいったいどういうものかという質問が多く聞かれる」とその冒頭で記している。そこには、大和文華館で開催された二回の展覧会を通して、識者の間ではかなり知られるようになった辻が花が、一般にはまだ知られていない状況が指摘されている。本書もまた、一般に向けた鑑賞を目的とする大型本であるが、単に辻が花裂を大きく図版で紹介するのみにとどまらず、縫い締め絞りが誕生した歴史的背景、中世における辻が花関連史料、肖像画に描かれた人物が着用する衣服の紹介など、辻が花への理解を深める内容が盛り込まれている。伊藤のこれまでの研究成果の集大成と言え、辻が花の初めての研究書でもあった。二〇〇頁あまりにわたる原色図版の後に、五〇頁あまりの伊藤敏子の論考が続く大型本である。本書においては、戦前より辻が花として知られていた中世の縫い締め絞り裂を「室町時代末期における辻が花染」「桃山時代の辻が花染」として紹介するが、それらの裂よりもむしろ、戦国武将の衣服に重点が置かれている。それは「本文」において「武将の辻が花遺品」という一項を設け、上杉謙信、豊臣秀吉、徳川家康のそれぞれが所用していたと伝えられる遺品に分けて詳しく解説していることからもうかがえる。伊藤が大和文華館で開催した二つの辻が花をテーマとした展覧会が、この画集にも反映されていたのであった。

二 「辻が花ブーム」下における染織史研究

キモノ専門雑誌に見る「辻が花ブーム」

昭和五四年（一九七九）十月、京都書院は『染織の美』という季刊誌を創刊した。全三〇巻からなる染織の専門誌で、第一章において「古典美の探求」という趣旨で毎回特集を組み、古染織を特集で紹介する内容を本誌の核としている。その創刊記念となった特集が「辻が花」であった。以後、第二巻が「更紗」、第三巻が「友禅染」、第四巻が「能装束」と続き、第七巻においてようやく「上代裂」、第八巻に「名物裂」が特集される。染織工芸における古美術としての価値観が明治―大正期と比較して大きく入れ替わっていることが『染織の美』の刊行順を見てもうかがえるが、その創刊号として「辻が花」を採り上げていることは、当時、辻が花がかなり一般に知られるところとなり、市場に迎えられる題材であったのであろう。同誌に寄稿した友禅染作家・田畑禎彦(四代田畑喜八)がその「友禅染──その一」の中で、「現代ではいろんな情報を通じて一般の方の染織への認識も深まり、友禅染ブームで加賀友禅を知り、更に辻が花ブームでまぼろしの裂辻が花染に関心を持ち、自分のきものが友禅染か他の染ものであるかという区別が出来る人もかなり増えてきた事は喜ばしいことです」と述べているように「辻が花ブーム」と呼ばれる時代が到来したのであった。田畑が辻が花を「まぼろしの裂」と称している点も興味深い。

本誌には巻頭四八頁に五五点の辻が花裂がオールカラーで掲載され、当時、京都国立博物館の研究官であった切畑健が「概説　辻が花染」という論文を寄稿している。論文の内容は、辻が花の語源に関する新しい説を発表し「幻の染」と呼ばれる辻が花に対して解明を試みるものであった。中世の文献史料と現在辻が花と称される縫い締め絞りの裂との矛盾を解決するために彼が提示した説は「辻が花」という言葉そのものに縫い締め絞りの意味を付加することであった。辻が花の「ツジ」について、模様を縫い締めた時にできる「ぼうし」(突起)の部分が「ツムジ」(旋毛)=「ツジ」(辻)に当たるのだという説である。「花」には「模様」という意味があるから「旋毛の模様」すなわち「辻が花」という意味である、というのである。中世の史料において本来は縫い締め絞りではないのであるから、「辻」ということばに引き寄せられて縫い締め絞りの意味を付加することは、中世の史料に対する問題点の解決にはならない。しかし、この説は決して突飛なものではない。「辻が花(染)」が行われていた中世から時代は下るが、井原西鶴は『好色一代女』(貞享三年〈一六八六〉)において「世になき物時花物人よりはやく調へける。野風秋の小袖聴色にて惣鹿子此辻をひとつびとつ紙燭にてこがしぬき」と述べ、鹿の子絞りの糸で絞った小さな粒の先を実際に「辻」と称しているからである。この論文は、ほぼ同じ内容で、京都書院が昭和五八年(一九八三)に刊行した『ワイド版染織の美　辻が花』にも掲載されることとなった。辻が花がブームとなり、一般にも広く知られる一方で、曖昧な語源や文献史料と現物資料との不一致といった辻が花の問題点に関して、切畑は研究者として真摯に解決を試みようとしたのである。昭和五〇年代前半に興った「辻が花ブーム」は、中世の縫い締め絞りとして学界で知られていた辻が花を改めて見直す機会を、期せずして研究者に与えたと言えるかもしれない。

キモノ専門雑誌『美しいキモノ』（婦人画報社刊）は、戦後、復興のきざしを見せる昭和二八年（一九五三）に発刊された季刊誌である。また、『きものサロン』（世界文化社刊）は日本経済がバブル期を迎えた昭和六二年（一九八七）に発刊された同様のキモノ専門雑誌である。キモノへの日本人の関心は常にその経済成長と深く関連するが、それら一般向けのキモノ雑誌の中でも、「辻が花ブーム」に伴って「辻が花」は中世に製作された辻が花裂という文脈の中で紹介されている。以下、その紹介文を見てみよう（以下、傍線は筆者による）。

室町から桃山時代にかけてのごく短期間に現れ、幻のごとくに消滅した辻が花のきものが、再び好まれるようになってきました。光沢のある金通し地に辻が花染めを施した、個性的な振袖。

『美しいキモノ』一九八五年秋号、二三九頁

本疋田辻が花模様振袖／大きく流れのある辻が花模様と、蝶を重ねて描いた総絞り振袖です。辻が花は縁起のよい模様として人気があり、室町時代中期に現れて、桃山時代に女性から武人にまで着られるほど、大流行となりました。

『きものサロン』一九九〇—九一年冬号、一三五頁

戦国時代から桃山時代のほんの十数年間に花開いた辻が花染めは、どこか枯れた幽玄な美しさを持つ染めです。時

『きものサロン』一九九二年春号、二八頁

の権力者、秀吉や家康にも愛されたものですから、気品のある着こなしをすると、あたりを払う美しさが醸し出されます。

『美しいキモノ』一九九八年冬号、十七頁

辻が花／戦国武将の小袖や胴服に大らかな絞り染が見られ、上級武家の嗜好が分かります。現在も辻が花に憧れる方は多く、沙羅双樹を中心とした象徴的な草花模様は染色に多用されます。このきものは結城紬を染め下地に絞りと描き絵のみで仕上げた、辻が花染の香り高い一枚。

『美しいキモノ』二〇〇〇年春号、二〇頁

染繡辻が花模様／桃山時代に華やかにその全盛期を迎えた「辻が花」は、おおらかな模様の表現とその後忽然と消えた歴史のロマンが、女心を魅了してやみません。これは、サラリとした紬地に特徴のある花模様をカチン描きと繊細な手刺繡で仕上げた、洗練された趣味の訪問着です。

『美しいキモノ』二〇〇三年秋号、五七頁

染め疋田・辻が花（墨描き）／辻が花も友禅染創始以前の染色で、絞り染と墨描きで表します。絞りは木綿糸で括り、薄い色から染色します。墨描きは本墨に少量の豆汁を混ぜた墨液で直接生地に模様を描きます。

『美しいキモノ』二〇〇五年秋号、二七八頁

桃山期の幻の染め・辻が花が現代的にアレンジされた一点。絞り染の白上げの場に素描きで花模様が描かれて。生

紬地。

『きものサロン』二〇〇五―〇六年冬号、付録、四六頁

辻が花絞りは、絵画性の豊かな絞りと描き絵を併用した染色方法です。この染めが作り出された経緯は不明で、桃山時代に忽然と姿を現したことだけがわかっています。豊臣秀吉、徳川家康などが着用した薄絹の胴服や紋所、同時代の女性の小袖などに、辻が花絞りは盛んに染められました。鹿の子絞り、疋田、帽子絞りなど数多くの絞りを用いて、辻に咲く花や踊り桐、矢羽根、檜垣、松皮菱などの模様を絞り上げ、それに墨描きで椿、銀杏、蘭、藤、葵の草花を描き足しているのが特徴です。しかも絞りは一色ではなく、朱、緑、紫、黄土、藍などの色分けがされ、刺繡や箔に劣らない美しい染めです。

『美しいキモノ』二〇〇七年冬号、一一八頁

辻が花とは、絞りを主に描き絵や刺繡、摺り箔などを加えた気品の高い染め模様で、室町時代から桃山時代の末期にかけてわずかな期間に現れたため「幻の染」とよばれることでも知られています。

この一連の文章からは「辻が花ブーム」以降現代の辻が花が中世の伝統を引き継いでいる模様であることが述べられ、特に「幻の染」といった文言によってキモノ愛用者の心を捉えようとする意図が読み取れる。ところが、一九九二年前後からは、豊臣秀吉や徳川家康など武家に好まれた格式のある模様であることが強調され始める。

以上のように、一九八〇年代から現代のキモノの模様に辻が花が流行したことがうかがえる。京都書院『染織の美 辻が花』が刊行された昭和五四年以後、辻が花をテーマとする展覧会がいくつか開催されている。その内容を紹介し

ながら「辻が花ブーム」と染織史研究との関わりを見ていくことにしたい。

三つの「辻が花」展

昭和五五年、辻が花に関する企画展が二つの会場で別々に開催されたことは、まぎれもなく「辻が花ブーム」の影響とみてよいであろう。まず、三月八日から三月三〇日まで神戸市立南蛮美術館で開催された「特別展　辻が花・繡箔・唐織――桃山時代の染織美」展は、南蛮美術とも関係が深い桃山時代の染織美術を通して、桃山時代の風俗美を紹介する展覧会である。その「桃山時代の染織美術」の一つとして辻が花が採り上げられており、「辻が花ブーム」の背景に古美術における「桃山ブーム」があったことをうかがわせる。本展は当時、京都国立博物館の研究員であった切畑健が監修し、解説も手がけている。辻が花は四件展示され、いずれも京都国立博物館所蔵品およびその寄託品で構成された。豊臣秀吉所用の「桐と矢襖文様胴服」〔口絵8〕、徳川家康所用の「丁子と段に紋尽し文様胴服」〔図5-1〕、桂女の家に伝わった「段と円に草花文様小袖」〔口絵7〕、「段替りに草花と紋円に割付文様小袖」（京都・高津古文化館旧蔵）の四件で（以上、同展図録記載名称）、まさに現代の定義における辻が花のエッセンスを展示したといえる。切畑の解説には「最初は一般庶民に用いられていた麻布に用いられていた技法」と紹介され、のち「上層の人々も絹帛に採用した」と説明されている。中世の史料に現れる「辻が花（染）」と現在の辻が花裂との関係については、以下のように述べている。

ところでこの染が何故このようによばれるのか、すでに江戸時代から考証が行われているが現在なお解決にはいたらない。さらに文献にあらわれるこの名が、はたして今そうよんでいる染にあたるのかどうかさえも確かでないのである。しかしどのようによばれてもよいと言わんばかりに、この染はすばらしく現在もなお人々を魅了しつづけ

るのである。(20)

中世の文献と現代との不一致に触れながらも「どのようによばれてもよい」と言う背景には、実際には中世の縫い締め絞りが「辻が花」としてすでに定着しており、そう呼ぶことに異論のない染織史研究の現状がうかがえる。

一方、四月一日から五月十一日にかけては東京・サントリー美術館において「辻が花と織部」展が開催された。「桃山を代表する二つの世界を組み合わせた斬新な企画」と謳われるように、桃山時代の工芸に焦点を絞ったこれまでにない企画展示であったといえる。本展では縫い締め絞りによる裂を中心に七二件が展示され、徳川家康や豊臣秀吉所用の小袖や胴服は展示されなかった。同展の図録に寄稿された林屋晴三の解説「辻が花と織部」からうかがえるように、本展では桃山時代に盛行した辻が花裂と織部焼との関連性をうかがうことを目的としていた。同文中に「桃山時代に至ると時代の衣裳として秀吉や家康のような天下人が『辻が花』の小袖を着用していたことが知られている」と指摘しながら展示されなかったのは、こういった武将の衣服と織部との間にはあまり関連性が見られないことも一因としてあるだろう。『辻が花』と呼ばれる中世に始まった染物は、近年大いに脚光をうけるようになった」と冒頭で述べ、近年における「辻が花ブーム」を受けて開催された展覧会であることをうかがわせる。本展の図録には「辻が花染」と題する解説が、当時東京国立博物館の染織室長であった今永清士によってなされている。今永は、まず、歴史上の「辻が花（染）」と現在の辻が花裂との違いについて述べ、その上で何故、現在、中世の縫い締め絞りを辻が花と称するようになったかについて、以下のように述べている。

文献上の辻が花という語が後世誤って桃山を中心として開花した絹縫絞染にすり代わって加冠された可能性が強いとする論考が提起されているのも一理あることと云えよう。最近辻が花染を幻の染とミステリーめいた形容が流布するのは一にはこの実体の把握し難い点に由来するものと思われる。
しかしながら仮に以上のような用語誤用があったにしても、今ではもはや辻が花染は桃山を中心とする絹縫絞染に定着してしまっているので、それを是認しての観照をとらざるを得ないわけである。(21)

史料上の「辻が花」と現在言うところの辻が花とが異なることを指摘しつつも、すでに定着してしまっているためそう呼ぶしかないと述べている。この二つの展覧会では、いずれも中世における「辻が花(染)」と現代における「辻が花」の語義の違いについて触れており、中世の縫い締め絞りが「辻が花」として定着した現代においても、染織史研究者として無視できない矛盾であったことを示している。

従来、辻が花は知識層には知られていたものの、それだけで展覧会が企画されるような大きなテーマではなかった。唯一の例外が、辻が花を研究していた伊藤敏子が所属していた大和文華館だった。そのような経緯を振り返ってみるとき、昭和五五年における二つの展覧会は、同時期に起こった「辻が花ブーム」を受けて改めて中世の辻が花に注目することになった企画と考えるべきであろう。

その後、「辻が花」関連の展覧会はしばらく行われてはいない。しかし、昭和五六年(一九八一)に刊行された伊藤敏子『辻が花染』(講談社)や、昭和五八年(一九八三)に刊行された切畑健『ワイド版染織の美 辻が花』(京都書院)は、「辻が花ブーム」を受けて中世の辻が花を見直し、公に広く普及させる意義があったと言えるであろう。この二冊の刊行本は多くのカラー図版を掲載した大型美術本でありながら、伊藤敏子が昭和四七年に執筆した『辻が花』(講談社)のような染色作家による手染め布装特装本のような愛蔵版ではなく廉価版であり、英訳も同時に出版されている。切畑健の著書についてはソフトカバーでの出版であった。一般にも手にしやすい仕様での出版であった点において、ブームによって広く知られるようになった中世の辻が花を、さらに普及させる意味があったと考えられる。それらの出版物においてそれぞれの研究者が辻が花の語義についてとった立場は、すでに述べた通りである。[22]

平成二年（一九九〇）には、戦後、最大というべき辻が花の展覧会が企画された。十月五日から十一月四日まで徳川美術館において開催された「開館五十五周年記念特別展　辻が花――英雄を彩った華麗な絞り染め」展である。本展には、大和文華館から大谷女子大学に移った伊藤敏子、徳川美術館館長・徳川義宣、徳川美術館学芸員・佐藤理恵（森理恵）が関わり、[23]いわば、これまでの辻が花に対する見解をまとめた集大成といえるものであった。展覧会のサブタイトルにもあるように、その核を成すのは徳川家康所用の一連の辻が花衣服であったが、それら「英雄を彩った」辻が花と、それ以外の辻が花を歴史的にどう位置づけるかを明示した展覧会であったといえる。展覧会の構成は「第一章　辻が花の源流」、「第二章　辻が花の誕生」、「第三章　辻が花の展開」、「第四章　辻が花の完成」の四部構成となっており、その「第四章　辻が花の完成」が家康所用のものを中心とした武将の衣服となっている。これは、おおむね筆者が第三章において六つのうち④に分類した浅葱色またはそれに紫・白の染め分けで地色を表し、模様を散らしたデザインで「秀吉・家康タイプ」ともいうべき、衣服としての形が残る武将が着用した辻が花である。「末期辻が花」と称される［口絵7］の縫箔（③のデザイン様式）も第四章に入る。「第三章　辻が花の展開」に分類されるのは①②に分類した武家の少年や武家女性が着用する小袖の断片である。二色程度の素朴な縫い締め絞りによって染められたタイプ①ダッシュや主として下着の小袖として使用されることの多かったタイプ⑤のデザインは、おおむね「第二章　辻が花の誕生」に分類された。

本展では、徳川義宣が史料における「辻が花」と現在の辻が花との違いについて「室町時代から江戸時代の文献に見られる一種の染物の衣服で、その表記法」を「辻が花・つじがはな」と記載し、一方「昭和期以降に発生した新たな称」を史料上の名称と区別する目的で「辻ヶ花」と記し分けている。また、「付言『重要文化財』指定について」で、国が重要文化財に指定した辻が花関連衣服の指定基準の曖昧さを指摘している。重要文化財指定の基準が、家康の下賜品か遺品であること、即ち製作年代の確認支証の有無に置かれているのではないことを指摘し、重要文化財の指定の有無によって鑑賞や価値観を左右されることのないよう、注意を喚起している。これは逆に、指定の有無にかかわらず、完全な衣服の形で遺された家康所用と伝来のある衣服の重要性を指摘するものであった。本展において、徳川家康や豊臣秀吉が着用した戦国武将の衣服を「辻が花の完成」としたことは、辻が花が武将の衣服であるというイメージを決定的に定着させたと言えるであろう。『美しいキモノ』や『きものサロン』といったキモノ専門雑誌において、辻が花が武将の衣服であることを強調するようになったのも、この展覧会が開催された一九九〇年以降のことだからである。

家康伝来「辻が花」の復元・模造

歴史的な美術品として画家を中心に愛好されてきた辻が花という染織への関心の広がりは、もちろん昭和五四年にはじまった「辻が花ブーム」によるが、それはまた、中世の辻が花裂の制作技術や素材といった「モノ」への関心にまで裾野を広げていった。現代における復元・模造にその内容を見ていくことにしよう。

東京国立博物館には徳川美術館が所蔵する、徳川家康着用と伝える「桐文散葵紋小袖（本名称は列品名称の誤記で本当は「楓文散」である）」の模造が保管されている。和裁を軸とする服装史を専門とした共立女子大学教授の山本らく（一八八八―一九七九）が制作し、昭和四五年（一九七〇）に寄贈したものである。おそらく、武将が着用した「辻が花」の全形を忠実に写した、早い時期のものである。しかし、和裁の専門家であった山本の関心は、桃山時代のキモノの形状や寸法にあって、辻が花に用いられる技法や素材、色や模様ではなかったと考えられる。

文化財として認識されるようになった「辻が花」の復元にもっとも多く関わってきたのが、京都の染色作家・小倉淳史であろう。彼が最初に手がけた復元は、昭和五九年（一九八四）、ＮＨＫ大阪が企画した番組「家康からの贈り物

――謎の辻が花小袖」による絞り染の記録番組であった。慶長九年（一六〇四）、尾張で鉄砲鍛冶をしていた国友家が徳川家康から拝領したと伝わる「亀甲模様辻が花小袖」の復元である。この小袖は、近年の新発見で注目を集めていた作品であった。学術的な考証に関しては当時、京都国立博物館で染織を研究していた切畑健が監修にあたった。小倉への依頼も直接切畑から来たという。すべて天然染料で染めるという素材にまでこだわった復元で、天然染料の染めには京都の染色家・吉岡常雄があたった。その費用はすべてNHKが出したという。

次に復元したのは平成元年（一九八九）、NHKの「ジャパン・ブルー――家康小袖再現」という番組企画であった(24)。徳川美術館所蔵の「葵紋散らし辻が花小袖」と「檜梅文様辻が花小袖」は、いずれも徳川家康所用と伝えられてきた小袖で、「檜梅文様辻が花小袖」は昭和四三年（一九六八）に重要文化財に指定された五領の辻が花小袖の一つであった。監修には、徳川美術館館長の徳川義宣があたったという。これもまた天然染料による復元で本藍は四国で染めた。天然染料を使った復元は費用がかかるが、それもまた、NHKが負担した。以上二つのNHKの企画による復元は、いずれも日本の伝統的な技法や素材での製作過程を記録するという目的があり、だからこそ、経費のかかる天然染料による復元が実現したと言える。

平成十六年（二〇〇四）には、CBCテレビ（中部日本放送）の依頼で、京都の友禅染技術団体であった染技連を通して「波に兎文様辻が花胴服」（徳川美術館所蔵）が復元された。これは、愛知万国博覧会関連企画として制作された。復元の監修には、やはり徳川美術館館長の徳川義宣があたった。この胴服も家康所用と伝わるものであるが、焦茶色地の鉄媒染が酸化して断片化しており、現在は裂帖に貼り付けられている裂類のうちの一つを胴服の形に復元したのである。復元にあたっては、徳川美術館に所蔵される実物の断片を元に染料分析がなされ、科学的な根拠を元に復元に採用する色彩が選定された。しかし、保存上の問題から、天然染料で復元することを断念し、実際には化学染料による復元がなされた。復元に至るまでの行程については、佐々木良子・佐藤昌憲・小池富雄・池本夕佳・矢野俊昭・

佐々木健共著「徳川美術館所蔵『辻ヶ花染衣服残缺帖』より「兎二立波文」裂地断片の科学分析と「葵紋兎二立波文辻ヶ花染羽織」の復元」(『文化財保存修復学会誌』五二号所収、二〇〇七年)に記されている。

平成十九年(二〇〇七)には、石見銀山世界遺産センターの展示のために「胴服 染分段丸亀甲丁字模様」[図5-1]が復元された。[25] 同年、石見銀山が世界遺産として登録された記念として世界遺産センターが設置され、その関連資料として、昭和四三年(一九六八)に重要文化財に指定された胴服が復元されることとなったのである。この胴服は、慶長八年(一六〇三)八月五日に、伏見城で石見銀山の見立師・安原伝兵衛が家康から拝領したと伝えられ、島根県大田市の清水寺に奉納されて現在は京都国立博物館に寄託されている。石見銀山の世界文化遺産登録に伴い、現地で常設展示するためにディスプレイ業者を通して依頼されたという。この胴服は、家康所用と伝わる作品の中でも縫い締め絞りでのみ模様が染められた特に精巧な作例で、これまでも二度くらい見積もってくれといわれたものの、採算があわずに見送られた作品であるという。これも、化学染料による復元であった。

これら戦後の復元には三つの特色が見える。第一に、戦前の復元は、時代行列や風俗研究のための扮装写生会などに用いられる、いわば道具としての復元であった。しかし、戦後の復元は、むしろ「辻が花」=縫い締め絞りという染織技法の技術記録としてとらえられている。第二に、復元に深く関わってきたのが主として技術記録を映像で残すことを企画したテレビ局であった。第三の特色は、復元される作品はすべて徳川家康所用の小袖や胴服である。この選択には、国の文化財保護政策である重要文化財の指定が強く影響していることは明らかであろう。戦前の復元は、庶民女性用と考えられてきた絞り染の小袖の断片から全体を復元した辻が花であったことと比較すると、復元の意図の違いが見え興味深い。伝来が明確である徳川家康が着用した小袖や胴服が文化財として高く評価され、社会的にも辻が花の典型的な作例として定着した様子が、この復元からもうかがえるのである。

以上、新発見や展覧会、刊行図書、復元などの成果を通じて、辻が花がどのような背景のもとに文化財として認識され、その定義付けがなされてきたか、また、戦前に形成された「辻が花」の概念が戦後、どのように変化し、価値付けがなされていったのかを概観した。戦前は「庶民女性の衣服」として捉えられ、縫い締め絞りに描絵を施した小裂が辻が花であったが、昭和三〇年代から四〇年代の間に、その形状や定義が大きく変化したことがうかがえる。縫い締め絞りのみで模様を染め出した戦国武将の服飾を辻が花とする兆しは昭和二三年に開催された京都恩賜博物館での「桃山時代美術綜合展」において見られるが、それを定義付けたのは昭和二九年に発表された山辺知行の『美術史』論文や、同年に開催された大和文華館での展覧会であった。昭和三九年の「辻が花染」展で徳川家康や豊臣秀吉所用と伝わる縫い締め絞りの衣服が展示されたことは、伝来が明らかな辻が花染が衣服の形で存在することを大きくアピールする結果となり、昭和四〇年代における重要文化財の指定基準となった。さらに、昭和四六年に大和文華館で開催された「〈辻が花〉と戦国の女性像」展では、新発見を含む徳川家康所用衣服が辻が花の完成された作品として展示され、戦国武将の縫い締め絞りの衣服が「辻が花」であるというイメージを強く押し出すこととなった。昭和五〇年代以後も、徳川家康所用の縫い締め絞りの衣服はほぼ網羅的に指定されていくが、それら「新たな」辻が花遺品を評価し文化財関係者に認識させるという意味において、昭和三九年および昭和四六年の大和文華館での「辻が花染」展は大きな役割を果たしたといえる。

「辻が花」を採り上げた大型美術本が大和文華館での展覧会以後に出版されるのも、本展がきっかけとなって愛好家が増え、辻が花を美術品として鑑賞する動きの現れともいえる。戦前より辻が花裂を蒐集し、あるいはよく見知っていた日本画家たちの間で、実際に辻が花のキモノを描くようになる傾向も昭和四〇年に入ってからのことである。昭和三九年に開催された「辻が花染」展の反響や重要文化財の指定の影響によって、辻が花への価値が高まった様子がうかがえるのである。その一方で伊藤敏子が『辻が花』（講談社、一九七二年）で述べたように、辻が花は一部の識者には知られるようになったが、一般にはまだ、現代のようには馴染みが持たれていなかった。しかし、昭和五四年に「辻が花ブーム」と称される現象があらわれ、それに伴って再び辻が花が注目され、展覧会や画集などで一般に広く知られるようになるのである。テレビ局が中心となって進められた辻が花の復元事業が、昭和五〇年代半ばから始まる理由もまた、一般への認知度と深く関わってくると思われるのである。

三　現代「辻が花」作家の誕生

季刊誌『染織の美』「辻が花」（一九七九年）の第二章は「現代のきもの」と題して、現代作家を紹介する内容となっており「辻が花に挑む現代作家」として三人の作家へのインタビューが掲載されている。京都の小倉建亮（当時八二歳）、東京の久保田一竹（当時六二歳）、京都の大脇一心（当時四〇歳）である。久保田一竹のインタビューにはその文末に「氏をして昨今の辻が花ブームを呼び起こした」とあり、「辻が花ブーム」の火付け役は久保田一竹であると指摘している。現代における「辻が花」作家としては久保田一竹のほか、同じく季刊誌『染織の美』「辻が花」に採り上げられ日本工芸会で活躍した小倉建亮、国画会で活躍した古澤万千子の活動が同時代作家としてあげられよう。現代において辻が花に強い影響をうけた三人の染色作家の活動や制作工程などを概観し、ブームの背景を見ていくことにしたい。

久保田一竹と「一竹辻が花」

久保田一竹は、大正六年（一九一七）、東京・神田に生まれた。父は古美術商であったが、一竹は十四歳で友禅染作家・小林清に入門、昭和十年（一九三五）には友禅染作家・荒尾忠雄に入門し、昭和十一年、十九歳で独立した。歌舞伎や舞台衣裳の仕事などを手がけていたという。

一竹が辻が花に興味を持ったきっかけとしてしばしば語られるのは、昭和十二年、二〇歳のとき、上野の帝室博物館（現・東京国立博物館）で辻が花の小裂に出会ったというエピソードである。まずは、一竹本人の言葉からその「出会い」をうかがうことにしたい（以下〔　〕内は筆者による）。

私が初めて辻が花を見たのは、独立して一年目、二十歳のときであった。

寒い冬の日で、上野の帝室博物館内は深閑としていた。ここへは染色の勉強のため、毎日のように通っていたのである。

いつものように、順路に従って古代衣裳、能衣裳などを見ながら歩いていくと、小さなガラスのケースがあった。特に注意もせずその前を通り越したが、何かしら私を引き付けるものがあった。ふと、「今のは何だろう」と思い振り返ると、黒いケースの中に一枚の古裂が入っていた。四十五センチに二十センチほどの大きさのものだったが、

「ああ、何ときれいなんだろう」

と、思わず溜め息をつくほど、それは精緻を尽くした微妙な美しさを放っていた。

まるでかげろうのように薄い絹で、ところどころが傷んでおり、色は褪せ、すり切れてはいたが、その布にはびっしりと細かい絞りがしてあった。

この小裂こそが幻の染め・辻が花であった。

〔略〕

染色に従事する者にとって、とにかくそれは魅力的な小裂であった。私はつきものに憑かれたように端から端まで丹念に見ていった。絞られ、そしてその上に墨による手描きが加えられ、刺繡が施され、金箔もしてあった。絞

りがほどきれず、麻糸のようなものが残されているのも見えた。年代が経っているため、絞りも刺繡も全部焼けて、その焼けた色合いも部分的に異なり、さらに金箔がわずかに残っているさまは、異様な美しさで見る者に迫った。荘厳で、しかもわびともさびともつかぬ凜とした風格のなかに、中世の美の結晶を感じさせるものがあった。[26]

一竹の履歴にはしばしば昭和十二年と記されているが、昭和十二年、帝室博物館では関東大震災でつぶれた本館に代わる復興博物館の建設中であった。唯一観覧できた表慶館では時代衣裳や能装束といった古染織の展示は行われていなかった。また、一竹の見学の記述から見ても、昭和十三年十一月十日に開館した、新館（現在の本館）の展示を見たのであろう。同じ裂は翌昭和十四年五―六月にも展示されているが、一竹が展示を見たのは「寒い冬の日」であったから、[27]やはり、昭和十三年の復興記念展だった可能性が高い。彼は、本館第三室に展示される鶴岡八幡宮の神服や桃山時代の能装束を見た後で、第四室の小さなのぞきケースの中に展示された上代裂や名物裂の展示の片隅に、辻が花裂を見たと考えられる。[28]この復興博物館で展示された辻が花裂は日本画家・安田靫彦が持っていた「絞入描繪草花文裂」（［図4-5、4-8］の共裂）と古代裂のコレクターとして知られていた大道弘雄の「蓮文様辻ヶ花染裂」［図4-17］であった。第四章で述べたように、この展示で「辻が花」と題簽が付されていたのは、絞りのみで模様をあらわした大道のコレクションのみであった。一方、安田靫彦のコレクションには縫い締め絞りによって、松皮菱の内に石畳模様が紫色で、草花模様が紅色であらわされ「びっしりと細かい絞り」がなされていたともいえる。また、たしかに「その上に墨による手描きが加えられ」ているが、刺繡や金箔は施されていないので、記憶違いであろう。この裂には、縫い締め絞りに用いられた麻糸がかなり残っており、一竹の記述に合う。

その後、出兵、シベリア抑留を経て、昭和二三年（一九四八）に帰国した一竹は、三一歳にして辻が花の制作に人生を賭ける決心をする。そして、研究に没頭するため、五年分の生活資金を稼ぐと、昭和三二年（一九五七）、四〇歳になったのを機に、辻が花の研究を始めるのである。

ところが中世に作られた縫い締め絞りの風合いを再現することは不可能に近く、研究は二〇年間におよび、資金は底をつき、極貧の生活の中で研究を続けたという。そして、五九歳になったある日、ついに、化学染料の特性を生かした、独自の「辻が花」を完成させたという。しかし、無名の一竹の作品はなかなか評価してもらえなかった。そこで「古代染織研究の権威で、とりわけ辻が花研究においては第一人者と称されるほどの碩学であった」[29]山辺知行に直に作品を見てもらおうと思い立ったのである。山辺は一竹に会い、展覧会のために推薦状を書いた。その推薦状のおかげで、ついに、昭和五二年(一九七七)、銀座のミキモトホールで最初の個展が実現した。一竹を世に出したのはかつて東京国立博物館の染織室長であった山辺だったのである。

この展覧会は大成功をおさめ、一竹の活動とともに「辻が花」という縫い締め絞りは広く一般の人々に知られることとなる。昭和五三年にはおなじミキモトホールで二回目の個展を開催、昭和五四年には東京・大阪・名古屋・京都のホテルを回る、初めての巡回展が開催され、同九月にはフジアート出版から『久保田一竹作品集　一竹辻が花』が刊行された。本書は八〇点あまりの一竹作品をオールカラーで紹介したハードカバーB四判豪華図録であったが、作家・宇野千代、女優・杉村春子、地唄舞神崎流宗家・神崎ひで、歌舞伎俳優・澤村藤十郎が賛を寄せ、山辺知行のほか、文化庁文化財鑑査官であった北村哲郎が巻末に辻が花に関する一文を寄せている。昭和三〇年代末から四〇年代にかけて、山辺知行と北村哲郎は『小袖』(昭和三八年)『続　小袖』(昭和四一年)『小袖模様』(昭和四三年、いずれも三一書房)といった古いキモノの図版集を共著で出版するなど、並び称される染織史研究の権威であった。先述した京都書院の季刊誌『染織の美』創刊号で「辻が花ブームの火付け役」として採り上げられたのは、ちょうど、久保田の作品が全国的に知られるようになったこの時期にあたる。

当時の一竹の作品は絞り染に墨の細線による草花の描絵を施したデザインをさまざまな構図に落とし込んだ意匠で、

その模様のモティーフは、中世の縫い締め絞りに描絵を施した古染織における辻が花裂から採用されたものである〔図5-4〕。安田靫彦が所持していた辻が花裂（〔図4-5、4-8〕の共裂）や、藤田美術館が所蔵する細密な鶴の描絵が入った辻が花裂、徳川美術館が所蔵する家康所用の縫い締め絞りの裂帖に絞られた模様、東京国立博物館に所蔵される永禄六年銘のある肩裾の小袖〔図3-6〕などから、部分を抜き出してさまざまに組み合わせた作品を制作しており、素材や技法はまったく異なるものの、一竹の初期の作品は、中世の辻が花裂に表される縫い締め絞りと細い墨線による描絵の意匠が特色であった。

図5-4　久保田一竹作「清姫　幻」，昭和51年

その後、一竹は次第に伝統的な辻が花裂の模様からは離れ「自然の美」をテーマにした制作を行うようになったという。昭和五五年（一九八〇）、日本経済新聞社が主催、アメリカ大使館が後援した銀座のシグナスホールで開催された個展では、新作「落陽」五連作を発表する。本作は今後の一竹の制作の方向性を決定付ける特色を持った作品であったが、入場を待つ人の列が銀座四丁目近くまで続き、一竹辻が花の人気を決定的にしたという。また、同年九月には西宮市大谷記念美術館で、初めて公立の美術館での個展を開催する。昭和五六年、朝日新聞社主催で開催された銀座松屋の展覧会では一週間の会期で延べ六万五〇〇〇人、つ

づく玉川高島屋ショッピングセンターの展覧会では十三日間で延べ四万五〇〇〇人が来場したという[30]（有料）。この展覧会は引き続き昭和五七年（一九八二）に、全国二三会場を巡回した。この頃が、一竹辻が花ブームのピークであったと考えられる。同年には平凡社から大型美術本で『一竹辻が花』が刊行され、本書にも山辺知行と北村哲郎が寄稿している。

一竹の活動は、海外においてもめざましかった。昭和五五年、ロサンジェルスでの個展（フィラトン美術大学）を最初に、昭和五八年にはパリ・チェルヌスキ美術館、昭和五九年にはニューヨークおよびダラスで、昭和六〇年にはブリュッセルで「一竹辻が花　光・風・音展」を開催する。平成元年から二年にかけてはヨーロッパ巡回展が開催され、五か国七都市を回った。最終会場であったパリでは、フランス政府から「フランス芸術文化勲章シュヴァリエ章」[31]を受章している。

若い時に博物館で見た辻が花裂の記憶から出発したという一竹であるが、その制作は、本人が「今まで世の中に無かった地染めの方法[32]（一竹染）」と述べているように、本来の縫い締め絞りとは全く異なる工程を経ている。通常、絞りの模様をはっきりと表すためには練緯のように薄い布帛を用いることが適しているが、一竹は縮緬や金通し・銀通し[33]など、かなり厚手の生地を用いている。それを可能にした主な理由は二つある。一つは、縫い締め絞りに用いる糸が通常用いられる木綿糸ではなくビニール糸で、縫い締める際に、相当強く締め上げることが可能であること、第二に、絞染の特色は、絞った布帛を染料に浸して染める浸染にあるが、一竹の場合、浸染ではなく、友禅染のように色を刷毛で挿していく方法を採っていることである。そのほかに二点、一竹辻が花の特徴としてあげておきたい。まず、「化学染料の分離作用を利用して斑点染めにする」点である。絞った布帛に刷毛で細かく暈しや斑点を入れることによって「平面に奥行きや厚みが出る」という。もう一点は、墨で描絵や隈取を行う際、絞りによって生じたシボを伸ばさなくてはならない。絞り特有の凹凸のある状態では描絵や隈取はできないのである。しかし、一竹辻が花の場合は絞ったシボを一つの特色とするため、シボを伸ばして描絵を施した後、仕上げとしてわざわざシボを出すために、再度、糸入れをして縫い締め絞りのシボを出す。つまり、一竹辻が花に現れるシボは、縫い締め絞りによって結果的に生じたものではなく、造形の一つとしてつけ加えられたものである。浸染ではなく刷毛染であること、化学染料を重ね染にすること、シボをつけ加えること、以上三点が大きな特色と言えよう。[34]「私の辻が花は復元でも模倣でも有りません。一竹辻が花なのです」[35]と本人が主張し、中世の辻が花との違いを強調しその差別化を図るために自らの作品を「一竹辻が花」と称した。しかし、中世の辻が花裂とは異なるとは言いながらも、そこからスタートした一竹の作品から「辻が花」という言葉が消えることはなかった。

一竹は平成六年（一九九四）に山梨・河口湖畔に久保田一竹記念館（後、久保田一竹美術館）を建て、展覧会に出品されたほとんどの作品は同館に所蔵されていた。

小倉建亮と「小倉辻が花」

小倉家は、三代続く染色工房である。初代は万延元年（一八六〇）、建具師の次男として生まれたが、明治初期に友禅染の丁稚となった。[36]明治二五年頃には京都の小川通に工房を持ち、友禅染師として仕事を始めた。当時は、三井呉服店（一九〇四年より三越呉服店）、伊藤呉服店（松坂屋の前身）、飯田屋呉服店（高島屋の前身）などが近接し、それぞれから仕事を請けていたが、ある時期から口約束で伊藤呉服店の専属の友禅師となった。当時は、老舗の呉服店にとって大きな転換期であった。明治二八年（一八九五）は、三越呉服店が従来の帳場座売りを廃止し、陳列して来客が自由に商品を見られるように店内を改装、さらに明治三三年（一九〇〇）には店内をガラス貼りのショーケースにし、その中に商品を陳列するというアメリカの百貨店モデルを採用しはじめた頃である。一方、飯田屋呉服店が京都南店にショーウインドーを設置したのが明治二九年（一八九六）、伊藤呉服店が同じ百貨店方式を採用したのが明治四〇年

（一九〇七）のことであった。そのような改革期の中で、百貨店は専属の染色作家を確保して、衣裳や技術の意見交換をしながら商品開発を進めていたことがうかがえる。

建亮は、明治三〇年（一八九七）に生まれた。幼少の頃より絵を描くことが好きだったため、それを職に生かすべく初代に弟子入りして丁稚奉公を務め、その腕を見込まれて小倉家の養子となった。当時の小倉家は、友禅界で五本の指に入るほどの名門で「有職友禅の小倉家」と称されていたという。建亮は、小倉家の長女と結婚し小倉家を継ぐこととなった。

建亮の父は釜座通りにある岡尾家という大きな絞り染問屋から嫁を迎えたことから、小倉家はその絞り染問屋と親戚関係であった。岡尾家では京鹿の子絞りが中心であったが、それだけではなく、「ぼうし」と称される縫い締め絞りなども少し入れたキモノを作っていた。当時の問屋は、店頭で製品を扱うだけではなく、実際にその家内の一部で、絞り職人たちが仕事をしているようなところであった。鹿の子絞りだけではなく、ぼうし絞りを中心とする商品も製作したいということで、図案が得意であった建亮にそのデザインを依頼したという。しかし、図案を持っていくと「これでは絞れない」といって付き返される。それを何度も繰り返すうちに「なぜ絞れないのか」と疑問に思った建亮は、絞り職人と向かい合って半年間ほど試行錯誤をして、ようやく「絞れない」ということの意味がわかったという。絞りには糸入れをして浸染をするという過程があることから友禅染にはない制約があり、その制約の限界を超えると絞れないというのである。それがわかってからは、絞りに適したデザインを考案できるようになった。建亮が四〇代の頃である(37)。ぼうし絞りは今でいう辻が花裂と同じ縫い締め絞りの技法である。建亮は早くからこの技法に関わっていたことがうかがえるが、当時は辻が花という縫い締め絞りの裂のことは知られていなかった。

大正―昭和の初め頃、老舗の呉服店から発展した百貨店では意匠部を設け、市場のニーズにあったデザインを専属の染色作家に依頼する方式が採られるようになった。そこには、悉皆屋(38)の介入を避け、価格を下げる目的もあったといわれている。また、松坂屋や高島屋などでは、江戸時代の古い小袖や能装束などを熱心に蒐集して古典意匠の参考としたり、京都の風俗史家が主催する研究会などにも積極的に参加したりした。旧松坂屋染織参考館や大阪・高島屋史料館に所蔵された古染織は、そのような過程で蒐集されたモノである。建亮は松坂屋が所蔵する「古代衣裳」の中から、初めて本物の辻が花と対面したという。[39] 昭和初期に松坂屋意匠部の依頼で、友禅染の一部に二割くらいの割合で縫い締め絞りをいれた作品を制作するようになった。友禅染に絞りをいれたキモノは当時珍しかったため、需要の高い商品の一つとなった。第二次世界大戦中は友禅染をすることはほとんど不可能で仕事といえば手持ちの服を国防色に染めるだけの毎日であったが、[40] 戦後は、再び松坂屋から注文を受けて制作を続けた。どうすれば、自分の世界に「辻が花」を引っ張りこめるのか、自分の作品を作れるのか。戦後は毎日そのことばかり考えていたという。[41]

稲垣稔次郎は、昭和二七年（一九五二）型絵染技法で第一回の人間国宝に指定された染色作家で、日本工芸会の監査員であったが、戦前は松坂屋の図案部長をしていた。その関係で二〇年来建亮と親交があり、建亮に日本工芸会に作品を出すことを勧めたのである。伝統工芸展の研究会で縫い締め絞りのみで染めた試作品を出品した所、稲垣は建亮に「これは辻が花だよ」と言ったという。稲垣にとって、辻が花は未知のものではなかった。稲垣には辻が花裂のコレクションがあり、それは田畑喜八が昭和四四年に刊行した『色と文様　辻が花編』（光村推古書院）に掲載されている。「松坂屋にも数点はあるけれど、もっとちゃんと辻が花を見ておくといいよ」と稲垣に言われ、染織史研究家・明石染人を紹介されて、鐘紡が蒐集した辻が花裂を見る機会を得た。明石は建亮の作品を立派な「現代の辻が花だ」と言い、「こりゃ辻が花やらにゃいかん。私がいくらでも参考になるものを見せたげるからやってみなさい。」と勧めたという。これが大きなきっかけとなって本格的に辻が花に取り組むことになった。昭和三三年（一九五八）に初めて日本工芸会に出品することとなる。普段、商品として制作する作品は、友禅染と絞りとを併用したキモノが中心であったが、日本工芸会への出品は、自分の思うままの作品を作ってみようということで、縫い締め絞りだけの作

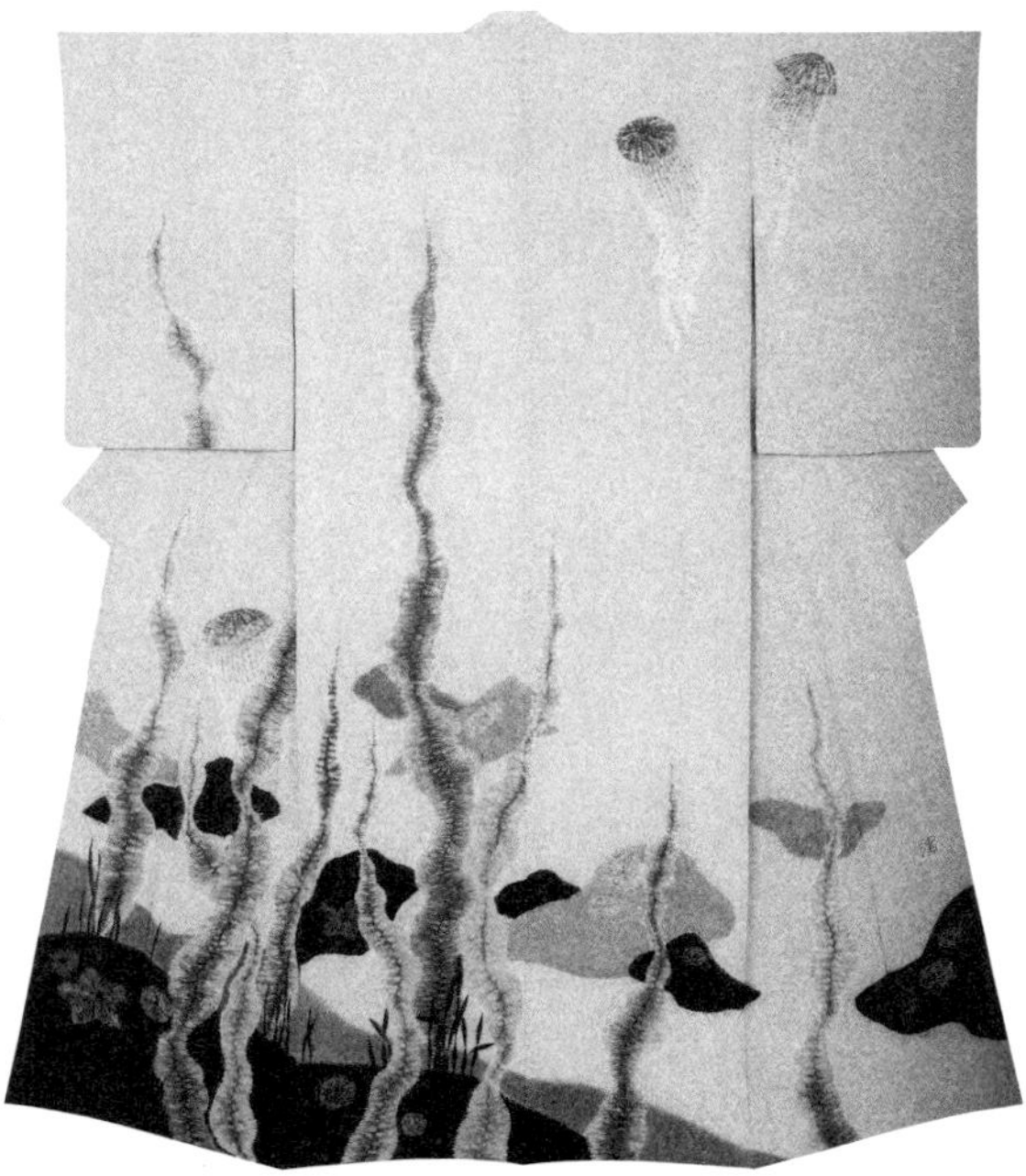

図 5-5　小倉建亮作「海の幸」，昭和 33 年（京都国立近代美術館蔵）

品「海の幸」を出品した［図5-5］。建亮によれば、「それからの十年間は、毎日模写ばっかりでした。それで大体の根本をつかんで、やっと自分のものを始めたんです」という。[42] 以後、展覧会に出品する作品は、縫い締め絞りしか作らなくなった。

日本工芸会が主催する「伝統工芸展」には二〇年間、ほぼ毎年二点ずつ出品し、それらはすべて絞りの作品であった。中には、有松鳴海絞に勉強に行き、その技法を取り入れた作品もある。建亮は、工芸会の作品には、自分が思い描く作品のイメージに近づくために、さまざまな新技法を取り入れていた。それは素人眼にはわからない新しい技であった。「海の幸」［図5-5］の時には、中心線を濃くして周囲を淡い色に染めた海草を表現するために、染液の温度や、絞り加減を調節して、細くやわらかく染める方法を考え出したという。九〇―一〇〇度で染めると、濃く深く染液が入り込むため、絞ったあとが鋸歯状になり、中心部分が濃く染まりすぎる。しかし、海草の中心部分の絞りを弱く、輪郭部分を強めに絞って、三〇―四〇度からゆっくりと中心部から染め始めると、中心線がシャープに、周囲に広がるにしたがって淡い色調に染まるのである。そのほか、筆を使って染液をたらすような方法も生み出した。このような染色技法は化学染料だからこそ可能であり、もともと友禅染作家であったからこそ思いついた発想であった。

建亮が伝統工芸展に出した作品は、絞りだけあるいは少し友禅を入れる程度で、墨の細線による描絵は全く入れてなかった。ところが、個人から注文を受けた昭和五〇年前後の作品には、今で言う辻が花の描絵と刺繡が取り入れられている。建亮が、昭和五四年（一九七九）に京都ロイヤルホテルで開催された久保田一竹の個展を訪れた際のエピソードが、一竹の著書に記されている。(43) 一竹辻が花がきっかけで辻が花という染織が世間に広まり、注文が建亮のもとへも殺到したというのである。しかし、もともと、建亮は墨の描絵は好きではなかったという。一竹の辻が花が話題になったこの頃、キモノの注文を受ける中で描絵を入れてほしいという要請が高まったのではないだろうか。本来、建亮が重視していたのは、染めであった。建亮が試みた辻が花もまた、縫い締め絞りの染めの技量に重点が置かれたのである。日本工芸会に出品された作品の多くは展覧会用でほとんど売れなかった。売れたのは四領だけであったという。

昭和五四年（一九七九）九月、伊勢丹新宿店に伊勢丹美術館がオープンした。その柿落としは小倉健亮の個展であった。伊勢丹ではオープン記念にはキモノの現代作家の展覧会を望んでいた。当時、最大手であった呉服商・市田株式会社は日本工芸会の重鎮であった小倉建亮を推薦したのである。本展と同時期に大型の作品集も刊行された。B四判ハードカバー帙入りの特装本で一竹と同じくフジアート出版から出された。解説はフジアート出版と関係の深かった北村哲郎が担当、序文は京友禅で人間国宝に指定され、やはり日本工芸会の重鎮であった森口華弘であった。(44) 京都書院『染織の美』で一竹とともに現代辻が花作家として紹介されたのもこの年のことである。その後、昭和五八年には「小倉建亮　染の世界」、昭和六〇年には一月十三日—二月二一日まで「小倉建亮　辻が花の美」展（日本経済新聞社、大阪・ナビオ美術館）が開催された。

建亮の死後、十五—十六領は京都国立近代美術館に寄贈された。その他、東京国立近代美術館に四領、京都府京都文化博物館に一領収められている。

古澤万千子の「即興の詩」

昭和八年（一九三三）、東京・浅草に生まれた古澤万千子は、もともと画家志望であった。東京芸術大学の教授であった国画会の久保守（一九〇四―九二）にデッサンを習っていたが、ある時、帯に描絵をして久保に見せたところ大変に褒められ、画家よりも染色の方面に行った方が良いと勧められて、国画会の森義利（一八九八―一九九二）に型染を習うことにした。昭和三二年（一九五七）に国画会に初出品するが、師であった森が一九五七年の東京国際版画ビエンナーレをきっかけに染色から版画へと転向し国画会を退会したため、その後は、同じ国画会の芹澤銈介（一八九五―一九八四）に型染を習うことになった。民藝運動の柳宗悦（一八八九―一九六一）と知り合ったのもこの頃である。

型染と絞染を併用するようになったきっかけは、一枚のインド綿との出会いであった。染色作家であった岡村吉右衛門（一九一六―二〇〇二）が見せてくれた裂の中に、シャープなロウケツによる型染と、柔らかな線で表された絞りとを併用したインド綿があり、それに触発された、という。[45] 初期の古澤万千子は、国画会を通して民藝運動に関わった人々の間で制作を行っていたことがうかがえる。その影響は万千子の制作姿勢――型彫りから自分で行い、植物染料で染めるという――からもうかがえる。

昭和三五年頃、たまたま国画会の展覧会に訪れた白洲正子が、沖縄のおぼろ型によって制作された古澤の作品を見た。その時の印象を彼女は以下のように述べている。

手法は沖縄の紅型でも、雰囲気はまるで違っていた。写真を見て下さればわかると思うが、それはきわめて個性的な染めもので、紅型を完全に自分のものとして自由に駆使している。このような作家なら、伝統的な友禅でも、辻ヶ花風の絞りでも、みな自分自身の染めものに変えてしまうことができるに違いない。私はそういう可能性を古澤さんの中に見た。それこそ正に私が――というより、日本の染色が望んでいたものであった。(46)

その頃、白洲正子は銀座で染織工芸の店を経営しており、店頭に置く染物を探していた。「辻ヶ花は、簡単にいうと、まだ友禅の糊が完成していなかった時代に、しぼりで模様の輪郭をとり、あとで手描きをほどこしたものであるが、技術がむつかしいのと手間がかかるので、誰も試みようとしない」という不満を抱いていた白洲は、「辻ヶ花の復元ではなく、その気分を現代に生かすこと」を古澤に託したのである。(47) 以後、白洲は古澤を連れて「古い作品」を見せるために小袖の展覧会や個人の蒐集を見に行ったという。個人コレクターの所や名古屋の徳川美術館に白洲とともに古い辻が花裂を見にいったことは、古澤自身も白洲正子『夕顔』(48)の「解説」の中で語っている（古澤万千子「こうげいのこと」）。折しも、大和文華館で開催された昭和三九年「辻が花」展や昭和四六年の「〈辻が花〉と戦国の女性像」展、また山辺知行の『辻が花』や田畑喜八の『色と文様　辻が花編』などで、中世の辻が花裂を見る機会が増えてきた時期でもあった。

古澤万千子と辻が花との縁を結んだ白洲正子が、何をきっかけに辻が花に興味を持ったのはわからないが、辻が花への関心は白洲のエッセイ『よびつぎ』と辻ヶ花」(49)でも語られている。昭和三五年前半にすでに関心を持っていたとすれば、戦後京都国立博物館で開催された「桃山時代美術綜合展」をみていたか、昭和二八年、同三〇年に重要文化財に指定された辻が花と称された胴服や小袖を認識していたか、あるいは当時次第に注目を集め始めていた画家たちの辻が花裂コレクションを個人的に見ていたということになるだろう。昭和三九年（一九六四）には奈良の大和文華館で「辻が花染展」が開催される。古澤が国画会に辻が花を意識した作品を発表するのはその翌年のことである。

古澤の制作の特徴は、まず、自ら型紙を彫り、絞りも自分でくることで、型染と絞り染の併用は「なかなか言葉

図 5-6　古澤万千子作「蝶と芍薬紋」，昭和 43 年（東京・日本民藝館蔵）

では説明のできない制作」であるという。マテリアル（マチエール）を重ねるという意味では、油絵の経験からきているとも言える。型と絞りを併用するには、染の工程が難しく、その意味では「とてもできない」と「なんとかできる」の間で制作している、という。[50] しかし、彼女の制作が難しい本当の理由は、古澤の作品の特徴の一つでもある、天然染料と顔料に限っていることであろう。久保田一竹や小倉建亮と大きく異なる点である。

型染と絞り染を併用するには、染料の限界がある。染料は高い温度から温度を下げる過程で布地に定着するが、型染に用いる蠟や糊は染料に浸すと、染料の熱で溶けてしまう。[51] 染料を刷毛で引けば蠟や糊は溶けないが、そのかわり、刷毛染だと、絞り染は染まらない。[52] 藍染めならば、熱を加えずに染められるため、型染と絞り染との併用が可能である。古澤の作品に藍地のものが多いのはそのためである［図5-6］。藍と絞り染の相性がいいのは、染料の中でも藍がもっとも粒子が粗く、布に一番入りにくいからである。そのため、絞りのアシ（きわ）が美しく出る。絞りの模様をしっかりと染めるには、糸で絞りあげた布を水に三、四日浸し、水分を十分に入れておくことが必要である。その後、温度を上げた染料に入れると絞りの部分に水は入ってくるが、水より粒子の粗い染料は絞った先には入ってこない。先に水を入れることによって染料が浸透するのを防ぐのである。特に撚りの甘い糸で絞ると染料が入りにくい。括り糸には甘撚りの糸が適しており鳴海から取り寄せているという。鳴海のものは他の木綿糸と比べると太さや粘りが違い、絞り染に適している。古澤万千子は、辻が花のときには、それに描絵を加えると述べており辻が花の特色を「描絵」としている。(53) その一方で、白洲が述べているように、型染・絞り染・描絵を併用した自分の作品を「辻ヶ花」と呼ぶことを避けて「辻ヶ花風」と呼んでいたようである。(54)

古澤万千子の作品の特徴は、中世の辻が花裂にも若干用いられている、紬を用いる点にある。昭和三〇―四〇年代の作品には国画会の会員で柳宗悦の甥であった柳悦博の手織り紬を用い、佐賀に移って以降は地元で紬を織る作家のものを用いたようである。(55)

『染衣　古澤万千子作品集』を見る限り、古澤の作品の大半は個人の所蔵で、所蔵が明記されている四四点の作品のうち、三点は東京・日本民藝館、一点は大阪日本民藝館の所蔵である。また、ヴィクトリア・アンド・アルバート美術館に所蔵される作品は一九九五年に同館で開催された展覧会 'Japanese Studio Crafts: Tradition and the Avant-Garde' のために、同美術館が日本のギャラリーを通して、古澤万千子に依頼した作品である。現在も国画会作家として作品を出品している。

現代における辻が花作家の活動や技法の特色について概観すると、小倉建亮と久保田一竹は、いずれもキモノ制作の出発点は手描き友禅であった。三人の中では、昭和五二年以降、一竹が目立った活動を展開することになるが、実は、小倉建亮や古澤万千子の方が、一竹よりも先に辻が花の作家として世に出ていた。また、三人が「辻が花」の特色について、それぞれ異なった認識を持っていた点も興味深い。三人の制作の背景にある古い辻が花裂からの影響は、一見、一個人によるささやかな経験から始まったかのように見える。しかし、辻が花作家たちは、その制作の工程の中で辻が花の展覧会の図録を用いたり、図版を拡大して用いたりしており、[56]実際には、大和文華館で行われた昭和三九年、同四六年の展覧会や、同時期に出版された山辺知行や伊藤敏子、田畑喜八らが手がけた辻が花の画集を参考にして制作を行っていたことも想像に難くない。中世の辻が花裂とは異なると主張しながらもその出発点は「辻が花」であった。特に一竹については、展覧会活動や大型画集の出版などを通して「辻が花」という名称をいわばブランドのようにして用い続けることによって、中世の縫い締め絞りとして高く評価されつつあった古裂と同様の技法を用いた作品であることをアピールしていたともいえる。しかし、先に見てきたように、久保田一竹の作品は縫い締め絞りをしているかのように加工し文化財としての辻が花裂にしばしば見られる草花模様の描絵を取り入れた作品であって、実際の辻が花裂のように縫い締め絞りをして浸染を施したものではなかった。

大規模な展覧会活動を繰り広げた久保田一竹には、常に、山辺知行や北村哲郎といった戦後の染織史研究のパイオニアというべき研究者が作品をオーソライズする立場として関わっていたことが、当時の図録や画集に掲載された文章からうかがえる。特に山辺は辻が花研究の第一人者として知られていたこともあったことから、権威による後ろ楯によって一竹の制作活動が「現代の辻が花」として大々的に認知され、評価されていったことは確かである。しかし、山辺も北村も、中世の辻が花が文献上では現代の定義である「縫い締め絞り」ではないことについては特に言及することがなかった。研究者としての立場から、中世の辻が花と現代作家の作品との相違を述べることはあっても、中世の裂にも現代作家の作品にも縫い締め絞りの作品という意味で「辻が花」という名称を用いてきた。その点において、現代辻が花作家と一線を画してきた伊藤敏子や切畑健といった染織史研究者とは異なる立場に立っていたと言える。

久保田一竹の「辻が花ブーム」で一般に広く知られるようになった辻が花は、絞りと細い墨線と墨の暈しによる繊細な描絵の模様（前出［図3-2-3］描絵の例③）が辻が花であるという概念をも広めることになった。久保田一竹のデビューに伴って注目を集めるようになった縫い締め絞りによる模様染のブームが起こるのであるが、偶然に中世の辻が花裂と同じ縫い締め絞りの技法を用いて制作していたことが小倉建亮という作家の「発見」に繋がった。建亮の「現代辻が花作家」としての出発点にもまた、染色作家で辻が花裂を所持していた稲垣稔次郎や染織史研究の重鎮である明石染人が関わっていた。しかし、もともと親戚家の「ぼうし絞り」から始まった建亮にとって、自分の本来の「辻が花」は描絵ではなく縫い締め絞りであった。「辻が花ブーム」以後の一竹と建亮の活動の背景には常に、山辺知行や北村哲郎といった当時における染織史研究の第一人者が関わり、二人の研究者は縫い締め絞りによって模様を染めた化学染料の特色を生かした彼らの作品を「現代の辻が花」としてむしろ積極的に評価していたのである。

その一方で、柳宗悦が率いる民藝とその周辺にいた文化人の間でも、辻が花が認知されていたことは見逃せない。古澤万千子の師であった芹澤銈介が辻が花に多少なりとも関心があったことは、そのコレクションから間接的にうかがうことができる。静岡県立芹澤銈介美術館に所蔵される「松皮取に菊楓模様辻が花裂」や辻が花の描絵と絞りの模様の下絵を描き写した桃山―江戸時代初期の「ゑほん」などは、芹澤が生前に蒐集したものである。古澤万千子を辻が花に導いた白洲正子は辻が花の「思わぬところにできたにじみやずれ」を評価し(57)、古澤の作品の「型がずれたり、染め残したところが白く空いていたりしても構わず自由に色ざしを行った」素人っぽさを「逆に生き生きした動きや厚味を与えている」と評価した(58)。「風の吹くままに任せている」「理屈っぽいことを考えない」といった評価には、民藝運動に通じる思想が垣間見えるのである。有名作家が率いる美術界のみでなく民藝運動のような「裏街道」においても愛好されていた点には、「辻が花」が近代から現代にかけて大きな価値変換を経て評価されるようになった歴史の動きと同じものを感じさせる。「下手物」であった民藝品もまた、昭和初期から戦後にかけて柳宗悦によって先導された民藝運動によって評価が高まり、はからずも高級品へと向かっていったからである。古澤万千子の作品は、そのような民藝派にも受け入れられる現代版辻が花であったといえよう。ただ、古澤万千子自身は自分の作品の中で縫い締め絞りだけではなく、それに描絵を加えたものを辻が花と認識していた。「辻が花風」といい「辻が花」とは呼ばなかったという姿勢にも、民藝派らしい謙虚さがうかがえる。

「辻が花ブーム」は確かに久保田一竹による作品発表により始まったといえるが、「辻が花ブーム」のもう一つの意味には一般女性が着用するキモノや帯や緞帳といった織物にも広がった「辻が花模様」ともいうべきデザインの流行がある。次に、キモノのデザインの中に辻が花がどのような形で受け入れられていくのかを概観し、辻が花ブームの要因をより深く掘り下げてみることとしたい。

現代版「辻が花」の流行

婦人画報社が出す季刊誌『美しいキモノ』は、昭和二八年（一九五三）に創刊の、キモノ専門のファッション雑誌である。その創刊号の目次には「辻の花文様の訪問着」とあり、写真の掲載はないが、辻が花裂をモティーフにしたキモノのデザインがあったことをうかがわせる。「辻が花」を「辻の花」と誤記しているように、辻が花という名称が友禅染のようにはまだ普及していなかったのであろう。さらにページをめくっていくと、本吉春三郎「きもの読本」の「優れた技術と意匠」という項に「豊太閤の着た辻ヶ花羽織」というキャプションとともに、この年に重要文化財に指定された「桐矢襖文辻ヶ花染道服」（『美しいキモノ』記載名称、口絵8）が写真で紹介されている。[59] キモノのファッション業界でも、重要文化財に指定された辻が花に関心の目を向けていたことがうかがえる。しかし、実際にキモノのデザインの中に取り入れられる傾向は現れていない。一九六七年秋号（五四号）の付録『図解　キモノ用語事典』には「つじがはなぞめ（辻が花染）」で用語解説があり「現在、きものの流行が盛大となり、変化をもとめられる要求もあってか、訪問着などに辻が花らしいものが散見されるが、その質は昔のものにはるかおよばない」[60]と記され、辻が花に挑戦する染織作家がいるものの商品として広く流通するものではなかったようだ。ただ、辻が花染を試みる動きが呉服業界の中にもあった点には注意が必要であろう。昭和三九年（一九六四）三月に奈良・大和文華館において「辻が花染」展が開催され、辻が花の認知度は戦後まもなくよりも高かったはずである。

ところが、一九八五年秋号（九五号）以降になると「辻が花模様」「辻が花」と称するデザインのキモノが頻繁に掲載されるようになる。その多くには「金通し」（註33参照）と呼ばれる全面に金糸を織り込んだ華やかな絹地が用いられているのが目に留まる。[61]金通し地を用いて模様を染める方法は、もともと久保田一竹の創案であった。昭和五五年（一九八〇）、銀座カネボウ・シグナスホールで開催された一竹の個展で発表された「落陽」五連作が「金通し」を用いた最初の作品である。一竹自身が「絞りなどできるはずがないとされた金通しの生地まで素材の範疇に入れることができた」[62]と述べているように、もともと金通し地は地厚で絞り染には向かない。それを可能にしたのは、一竹が用いるビニール糸による縫い締め絞りと化学染料による刷毛染であった。その技法が以後五年間でキモノ業界に普及しているのである。

昭和六二年（一九八七）に創刊される世界文化社の『きものサロン』にも、辻が花の流行が見られる。しかし、そこに掲載される辻が花は、辻が花裂に特徴の縫い締め絞りによる染模様ではない。一九八八年秋号に掲載された「松皮菱取辻が花文様」は「辻が花の図柄を小紋型に彫り起こし、型絵染めの手ざしと摺りを併用して染め上げ、疋田菱を金箔で要所要所に置いた新しい感覚の小紋です」[63]とあるように、辻が花裂に表される草花模様を型紙に彫り起こして手彩色で色を挿し、刷毛で引き染をしたもので、縫い締め絞りはまったく用いられていない。一九八九年春号に紹介された「水色地螺鈿辻が花訪問着」は「辻が花染めを濡れ描きで表現、絞りをひと柄ずつ糸入れしました」[64]とあり、模様は縫い締め絞りではなく、友禅染の技法の一種である「濡れ描き」で表し、その後、模様の周りに「糸入れ」することによってあたかも縫い締め絞りをしたかのような立体感を表面に出している。染め上がり後に糸入れし、故意に絞り染特有のシボを出す方法もまた、久保田一竹の作品の特徴である。[65]辻が花を技法ではなく模様の一種と捉え、辻が花裂に表された草花模様を縫い締め絞り以外で表現するデザインは、型染や友禅染だけではなく、大島紬による絣[66]や帯地の錦[67]といった織物にもあり「辻が花」の意味に歪みが生じていることがうかがえる。

以上のようなキモノ雑誌には、辻が花ブームを引き起こした久保田一竹はほとんど登場しない。一方、興味深いのは、著名な辻が花作家以外の染色家や従来友禅染や鹿の子絞りを手がけてきた呉服会社が辻が花を売り物として一九九〇年頃から頻繁に登場することである。そういった動向の中でも特に「辻が花ブーム」を象徴する一例として、新潟・十日町にある桐屋／翠山工房の経緯を見ることとしたい。『美しいキモノ』二〇〇三年秋号（二〇五号）に五ページにわたって紹介されている桐屋／翠山工房の特集記事である[68]（以下、傍線は筆者による）。

幻の染に魅せられて

雪国の里が育んだ「夢幻辻が花」

時代を素早く読み取り邁進する、十日町の雄

「桐屋」は当主・田村憲一氏で九代目を数え、江戸・寛永年間の創業とされる、大変歴史ある店です。明治十四年には、第二回内国勧業博覧会において「数奇屋縞」という織物を出品し、産地としてももっとも古い褒賞を国から受けています。当時の主人、五代目・久平は明治初年に工房を開き、その雅号・翠山より「翠山工房」と名付けました。

十日町は数多くある産業のなかでも、時代を早く読み、その時々のニーズに合わせたものを作ることで成功してきました。その十日町でも「桐屋」は時代の動向に敏感でした。

古くは麻織物から絹織物への移行、そして戦後三十年代に産地が織物から後染め中心に大転換する際にもその技術をいち早く取り入れました。ことに濃地の引き染技術は他のメーカーを凌駕しており、「濃地の翠山工房」とし

て東京や京都のきものの集積地でその名を轟かせたといいます。

その後、さらなる転換が昭和五四年に訪れます。辻が花模様のデザインをもとに訪問着を製作。これが空前の大ヒットとなり、それをきっかけにそれぞれの職人たちが研鑽・研究を重ね、現代的で個性を感じる「夢幻辻が花」を構築していったのです。

図 5-7　桐屋／翠山工房（新潟・十日町）の「夢幻辻が花」振袖（個人蔵）

桐屋／翠山工房を紹介する一文からは、現代の洋服と同様に流行に左右される呉服産業界の内情がうかがえる。麻織物から絹織物への変換には機を取り替えることが不可欠である。昭和三〇年代といえば、『美しいキモノ』が増刊号から季刊誌へと変わる時期と重なり、経済成長とともにキモノの需要が増え始めた時期と考えられるが、この織物から後染めへの転換にも、友禅染や絞りといった染色技術の導入という大きな投資が必要であった。そして、昭和五四年には、後染めから辻が花模様へと大きく転換するのであるが、その主な特徴は「華やぎや高級感を与えるために、金や銀通しのオリジナルの生地を使い、糊置きにも通常のもち糊に特殊なロウ糊を併用し、模様に立体感を出して」いるという。また「絞り染は一般に白生地を糸で括ってから染めますが、こちらでは染めた後、絞りを施」すという。同誌の中で田村社長が「絞り染というより、友禅染に手縫い絞りで立体感を加えたような感覚です」と述べているように［図5-7］、その技法は中世に製作された辻が花裂の縫い締め絞りとは全く異なる技法であった。桐屋／翠山工房が製作する「金や銀通し」の生地や、染めた後に糸入れをして立体感を出す技法は久保田一竹の作品と共通するが、これは偶然ではない。

久保田一竹が銀座のミキモトホールで二回目の個展を開いた昭和五三年三月、新潟県の十日町で絞りをつくっているあるメーカーの社長が個展を見てしばらくして、会社の役員や職人を連れて一竹を訪ねてきたという。京都と違って伝統がない十日町ではファッションに力を入れざるを得ず、次の狙いを検討していたときに、一竹辻が花を見て感動したというのである。その時、一竹は、自分の辻が花の技法について、「取り立てて教えるというわけでもないが話をした」という。それから四か月ほど経って、その社長から十日町に招待されて出かけていくと、十日町に行くまでにその社長が経営するキモノの工場である大きな建物を次々と車窓から紹介され、その規模の大きさにびっくりさせられたという。

工場の中に入ると、どこを見ても、絞り、絞り、絞り。日本中の絞りが、すべてここでつくられるのかと思うほど、絞りで埋め尽くされていた。二階へ上がってまたまた驚いた。広い室内で大勢の人々が、白く抜いた絞り染の生地に辻が花風の柄を墨で暈していたからである。

むろん私の作品とは全然違うものだったが、絞りの回りに墨書きをし、荒っぽさはあるものの、昔の辻が花の方法で仕上げたものであった。私と会ってからわずか四か月後、この大規模な辻が花の製造に切り替えた社長の手腕には舌を巻いた。そして、来年あたりから辻が花ブームが起こるだろうと直感した。(69)

以上のエピソードに語られる十日町の会社とは、桐屋／翠山工房のことであろう。久保田自身は「私の作品とは全然違うもの」だと述べてはいるものの、金通し地に仕上げに糸入れしシボをつけ加えた「辻が花」は、一竹の創案である。

かつて白洲正子は、辻が花は「技術がむつかしいのと手間がかかるので、誰も試みようとしない」と述べた。また、山辺知行も「辻が花などというものは、昔のままに作ろうとすれば、膨大な費用をかけて、博物館か美術館で模造でも企てるならともかく、これを今日のきものに生かそうなどということはまず、不可能という外ない」[70]とデビュー前の久保田一竹に諭そうとした。しかし、久保田一竹がブームを引き起こした「現代辻が花」は、これまで容易にはできなかった辻が花を、染色技術を持つ作家ならば可能な「辻が花」へと変換したのである。

「辻が花ブーム」は、久保田一竹によって引き起こされたキモノのデザインにおける一大流行であったとされる。しかし、辻が花を試みようとする動きは久保田一竹が有名になる以前の昭和三〇年代半ばから見られた。辻が花をコレクションしていた日本画家や染色作家、あるいは一部の知識者層の間で次第に高まり始めた中世の辻が花裂に対する評価を背景に、不可能と言われてきた中世の縫い締め絞りと描絵のデザインに取り組む染色作家が現れ始めていた。有識者による辻が花への関心は、戦後の桃山芸術を称賛する美術史上の動向とも関わりがあると考えられるが、国の重要文化財の指定や新発見などに伴って高まっていったのであろう。そのような美術史における文化財としての評価を背景に開催された大和文華館における二つの辻が花展もまた、知識者層の関心を高めることとなった。

「辻が花ブーム」は、一般に難しいと言われていた辻が花と呼ばれる縫い締め絞りを、縫い締め絞り以外で染めることが可能な染織技法、あるいは「辻が花デザイン」へと一変させ、友禅染作家を中心とする染色作家によって一竹辻が花を模倣したキモノの流行を生み、縫い締め絞りで模様を表したキモノだけではなく、縫い締め絞り風に加工されたキモノ、型染で辻が花裂の模様を表したキモノ、中世の辻が花裂の模様を模した織物までをも「辻が花」と称するようになった。その一方で、辻が花ブームは、中世の辻が花裂に関する一般の関心を呼び起こすこととなった。ブームの到来を告げた昭和五四年以降に企画された展覧会や図版を多数収録した美術本の出版は、中世に製作された文化財としての辻が花裂への関心を知識者層から一般大衆へと広げる役割を果たしたといえる。伝統技法の記録を目的とした映像番組として、家康所用の辻が花衣服が復元されるのも「辻が花ブーム」以後のことである。逆に、久保田一竹の制作する「一竹辻が花」と中世の辻が花との模様や技法上の違いもまた、広く認識されざるを得なくなった。久保田一竹がその著書の中で「辻が花といえば皆さまはあの、あえかに美しい古びた絞りの衣裳を連想なさると思いますが、一竹辻が花は昔の辻が花とは次元が違うのです(71)」と殊更、中世の辻が花裂と自分の作品との違いを強調せざるを得なくなったのも、その違いについて周囲から指摘を受けていたからであろう。

「辻が花ブーム」によって染織史研究者が中世の辻が花研究を改めて見直す機会を与えられたのもまた事実である。昭和五四年以降の展覧会や出版物には、中世の史料上に現れる「辻が花(染)」と現代において文化財として知られる辻が花裂とは同一のものであるかどうかについて、研究者が一様に疑問を投げかけている。それでも中世の縫い締め絞りに「辻が花」という名称を用いることは定着しており、それをあえて変えようとする動きはなかった。むしろ、切畑健によるつむじ説や、伊藤敏子による歴史的変遷による解釈など、縫い締め絞りが中世の「辻が花(染)」であると説得する方向へと考証が進められたのが「辻が花ブーム」以後における染織史研究者の傾向とも言えるのではないか。それは、すでに一般にまで浸透していた縫い締め絞り=辻が花という概念に対して、研究者が取った責任の表れとも言えるであろう。「辻が花」の意味が中世の辻が花から、現代作家の作品、さらに現代のキモノのデザインへと大きく広がった背景には、中世の「辻が花(染)」と現代における辻が花裂との矛盾を解決しないままに中世の縫い締め絞りを「辻が花」という詩的な名称を伴うことによって評価し、「幻の染」の復活という形で一般に認知させることとなった、辻が花の「神話化」があったのである。

（1）伊藤敏子著『辻が花』（講談社、一九七二年）「本文」二六一頁下段—二六二頁下段参照。なお、この二領の衣服は同じく徳川黎明会が所蔵する「白地葵紋腰替辻が花染小袖」とともに平成十五年（二〇〇三）になってようやく重要文化財に指定された。
（2）第五版の記述は第六版にも継承され、現在に至っている。
（3）高田倭男氏からの聞き取りによる（二〇一一年十一月）。高田氏によれば、岩波書店から約三〇〇項目の改訂を依頼され、「辻が花」の項目は従来の解説を改める必要性を感じたと述べている。
（4）以下、染織の展示内容については恩賜京都博物館・都新聞社主催『桃山美術総合展覧会目録』（一九四八年）十二—十四頁を参照。
（5）明石染人「辻ヶ花染」（『日本美術工藝』一三六号所収、一九五〇年）二八頁。
（6）東京国立博物館編『ＭＵＳＥＵＭ』十三号「特集　日本染織美術」（一九五〇年）所収、大道弘雄「辻ヶ花染」二八—二九頁。
（7）守田公夫『日本の染織』（創元選書、創元社、一九五六年）八〇頁。また、図版五九図解説参照。
（8）第一章八—九頁参照。
（9）山辺知行「上杉神社の服飾品」（『ＭＵＳＥＵＭ』五六号所収）東京国立博物館、一九五五年十一月。
（10）神谷栄子「伝上杉謙信所用胴服八領」上中下（『美術研究』二四二—二四四号所収、東京国立文化財研究所、昭和四〇—四一年〈一九六五—六六〉）。
（11）矢代幸雄「序文」（伊藤敏子『辻が花』講談社、一九七二年所収）四頁。
（12）第四章一八一—一八二頁参照。
（13）京都恩賜博物館『染織名品図録』（芸艸堂、一九三一年）図三二参照。
（14）伊藤敏子「辻が花の資料について」第一項「文献上にあらわれた辻が花資料」（『大和文華』第四二号所収）八—十三頁。

(15) 大和文華館編「〈辻が花〉と戦国の女性像」展図録(大和文華館、一九七一年)。
(16) 前掲図録の最初の解説文を参照。
(17) 本章第一節「『広辞苑』に見る語義」参照。
(18) 伊藤敏子『辻が花』(本章註1参照)「本文」「おわりに」二九四頁下段参照。また、大道弘雄が「辻ヶ花染」で述べたことは(本章註6参照)本章で触れた。
(19) 前田青邨の孫娘・中村まり子氏からの聞き取りによる(二〇〇九年八月)。なお、青邨はコレクションを傍らにおいて絵の参考にはしたものの、自らの絵にそっくりそのまま写すことはなく、自分の創意を入れて描いたという。吉川観方の扮装写生会に参加していた伊藤小坡や伊東深水とは対照的である。本書第四章註54を参照。
(20) 切畑健「概説 桃山時代の染織」(『特別展 辻が花・繡箔・唐織の名品——桃山時代の染織美』展図録所収、神戸市立南蛮美術館、一九八〇年)三七頁上段。
(21) 今永清士「辻が花染」(『辻が花と織部』展図録所収、サントリー美術館、一九八〇年)。
(22) 伊藤敏子については、第一章の十頁、切畑健については第一章十五頁ならびに第五章二五一頁を参照。
(23) 本展の図録には伊藤敏子が「中世の模様染『辻が花』」、徳川義宣が「辻ヶ花と徳川家康の衣服」、佐藤理恵が「辻が花——中世絞り染めの終焉」を寄稿している。徳川美術館編『辻が花——英雄を彩った華麗な絞り染め』展図録(一九九〇年)一一七—一四八頁。
(24) この番組の詳細は、NHK名古屋放送局編『ジャパン・ブルー——青の文化と家康小袖の再現』(NHK放送出版協会、一九八八年)にまとめられている。
(25) ちなみに、石見銀山世界遺産センターではこれを「再現品」と称して、二〇〇九年六月に公開した。
(26) 以上、久保田一竹『命を染めし一竹辻が花』(一竹辻が花、二〇〇三年)四一—四三頁。
(27) 久保田不二子『一竹辻が花の妻』(文園社、二〇〇三年)でも「館内は寒く、コンクリートの足元からジンジンと冷えがはい上がっていた」と記されている。三六頁。
(28) 以上、博物館の一部休館および復興博物館の展示については東京国立博物館編『東京国立博物館百年史』(一九七三年)本編、第五章第一節「復興博物館の開館」五二六—五三〇頁を参照。また、展示内容については、本書第四章第三節の「展示」で詳しく触れた。

(29) 久保田一竹前掲書、一〇九頁。

(30) 北村哲郎「絞り染の歴史と一竹辻が花」(久保田一竹『一竹辻が花』平凡社、一九八二年所収)三八八頁。

(31) 一九五七年に制定されたフランスの制度で、芸術文化勲章評議会と評議会長の助言に基づき、文化大臣の布告により授与される。三つの階級に分かれ、毎年、コマンドゥール(騎士団長)五〇名、オフィシエ(将校)一四〇名、シュヴァリエ(騎士)四五〇名が選ばれる。外国人が選ばれる場合には、芸術文化への貢献の他、フランス文化の普及に対して評価される場合もある。日本人受章者は、例えば、洋画家の梅原龍三郎(コマンドゥール)、女優の岸恵子・音楽家の坂本龍一(オフィシエ)、映画監督の北野武・能楽師の観世清和(シュヴァリエ)など。

(32) 久保田一竹「一竹辻が花」(『一竹辻が花』所収、フジアート出版、一九七九年)七段落目。

(33) 縮緬や地紋のある綸子など、高級着物に用いられる生地の全面に、金糸の緯糸を織り込んだ華やかな織物。全体に金のラメがちりばめられたような輝きがある。

(34) 以上、久保田一竹の技法については、久保田一竹前掲書(註30)巻末の「一竹工房」、山辺知行編集・解説『一竹辻が花 OPURENCE オピュレンス』(講談社、一九八四年)一二〇―一二四頁、久保田一竹美術館編『大富士山展』(一竹辻が花、二〇〇一年)、久保田一竹前掲書(註26)一〇〇―一〇七頁を参照。

(35) 『染織の美』創刊号(京都書院、一九七九年)七八頁下段。

(36) 以下、小倉家の歴史および小倉建亮の履歴については、小倉建亮のご子息であり染色作家である小倉淳史氏からの聞き取りである(二〇〇九年八月および二〇一一年十一月)。

(37) 『染織の美』創刊号(京都書院、一九七九年)七七頁中段。

(38) 呉服業界で季節ごとに新商品を売り出す場合、問屋や呉服屋、あるいは百貨店などと染工場や染色作家たちの間を取り持ち、意見を調整して進行係を務める業者を、俗に悉皆屋と称した。京都や大阪では染屋の通称としても用いられ、染めに関する様々な仕事を請け負った。板倉寿郎・野村喜八・元井能・吉川清兵衛・吉田光邦監修『原色染織大辞典』(淡交社、一九七七年)、「しっかいや　悉皆屋」の項を参照。

(39) 小倉建亮「『辻が花』からの出発」(小倉建亮監修『小倉建亮作品集　飛翔』所収、フジアート出版、一九七九年)三頁目。

(40) 『染織の美』創刊号(京都書院)七七頁上段。

(41) 註39参照。

(42) 以上、註37参照。
(43) 久保田一竹前掲書（註26）、一七七―一七八頁。
(44) 北村哲郎解説・森口華弘序文（『小倉建亮作品集　飛翔』所収、フジアート出版、一九七九年）。
(45) 古澤万千子氏からの聞き取りによる（二〇〇九年十二月）。
(46) 白洲正子「風の吹くままに――古澤さんの仕事」（古澤万千子『染衣　古澤万千子作品集』所収、求龍堂、一九八九年）一頁目。また、白洲正子「即興の詩――古澤万千子」（『白洲正子全集』第九巻所収、新潮社、二〇〇二年）二五〇頁参照。
(47) 以上、「　」内引用は前掲、白洲正子「風に吹くままに――古澤さんの仕事」（註46）。二頁目。
(48) 新潮文庫、一九九七年。
(49) 白洲正子『風姿抄』（世界文化社、一九九四年）所収。十九頁。その中で、以下のように語っている。
　辻ヶ花には今でも多くの小袖や断片が遺っているが、盛んに作られたのは戦国時代から徳川初期にかけての比較的短い期間であったのをみると、やがて便利な友禅にとって代わられたのだろう。幻のように現れて、幻のように消えていった辻ヶ花には、ほかの染織にはない美しさがある。それは不自由な手法が生んだ豊かさともいえるが、糊を使った型とは違って、手でくくった絞りを、藍瓶や紫草の汁に何度もつけて染めたため、思わぬところににじみやずれができて、面白い効果をあげている。それはまた織部の焼きものに似た風合いを想わせるが、戦乱にあけくれた時代にこのような染めものが生まれたことは、人間にはある種の緊張と覚悟のようなものが、物を作る上にも必要なのではないだろうか。

白洲正子による以上の記述には、織部と辻が花の関係、辻ヶ花から友禅染への変遷など、戦後における桃山文化や美術史の研究に造詣があったことがうかがえる。
(50) 以上は、古澤万千子氏からの聞き取りによる（二〇〇九年十二月）。
(51) 古澤氏によれば、植物染料は三六度以上、五〇度以下で染める。
(52) 糸入れした裂を刷毛や筆で染める技法は、久保田一竹が化学染料でやっていた技法である。
(53) 以上、技法については古澤万千子氏からの聞き取りによる（二〇〇九年十二月）。
(54) 「よびつぎと辻ヶ花」（白洲正子前掲書（註49）所収）二〇頁。
(55) ロンドンのヴィクトリア・アンド・アルバート美術館に所蔵される古澤万千子の作品は、同美術館に保管されている古澤万千子自身が記した制作工程によれば、佐賀県在住作家の賤機織とある。

(56) 一竹は昔の辻が花裂が、自分が試作する縫い締め絞りとどう違うかを比較するために「昔の辻が花の図録の写真を撮って、それを大きく引き伸ばしてみた」という(久保田不二子前掲書(註27)一五三頁)。
(57) 註49参照。
(58) 白洲正子「風に吹くままに――古澤万千子」(白洲正子『衣匠美』所収、世界文化社、二〇〇〇年)一〇二頁。また白洲正子「即興の詩――古澤万千子」(前掲書(註46)参照)二五一頁。そこでは「彼女の魅力は、あえていうならその素人っぽさにあり、いくら技術が巧くなっても、素人のうぶさを失わないところにある。そういう資質が、初期の小袖の雰囲気と一致したのであって、それはもはや技術ではなく、芸の域に達している」と評している。
(59) 『美しいキモノ』第一号(一九五三年)、一二七頁。
(60) 『美しいキモノ』第五四号(一九六七年)別冊付録『図解　キモノ用語辞典』五九頁。
(61) 例えば、『美しいキモノ』第一三三号(一九八五年秋号)に掲載される四領の辻が花キモノには、すべて金通し地が用いられている。九四・九八・一一八・二三九頁参照。
(62) 久保田一竹前掲書(註26)一二四頁。
(63) 『きものサロン』一九八八年秋号、五五頁。
(64) 『きものサロン』一九八九年春号、一一九頁。
(65) 本章二六八頁を参照。
(66) 『美しいキモノ』二〇〇五年夏号(二一二号)、二四四頁。
(67) 『美しいキモノ』一九九八年夏号(一八四号)、六〇頁。同二〇〇五年秋号(二一三号)、一一六頁。
(68) 以下の引用文については、『美しいキモノ』二〇〇三年秋号、一四四―一四五頁。
(69) 以上のエピソードは久保田一竹前掲書(註26)一七四―一七六頁に記載されている。
(70) 山辺知行「久保田一竹さんのこと」(朝日新聞社『一竹辻が花染』展図録所収、一九八二年)二三頁。
(71) 久保田一竹「一竹辻が花に新しい光を」(前掲書(註30)所収)冒頭の一文。

むすび

中世の史料の中に夏の帷子として記された「辻が花（染）」という「ことば」は、和歌や俳句に詠われた雅やかなイメージを纏いつつ、五〇〇年の時を経て伝えられてきた。その「ことば」からは具体的で実用的な衣服のイメージは浮かんでこない。しかし、「辻が花（染）」が衣服として実際に用いられていたと考えられる室町時代中期以降慶長期の史料を改めて読み直し、『日葡辞書』に見られる「lavore」という単語に着目すると、本来「辻が花（染）」は型紙あるいは糊を用いて防染し、植物によって摺り染をする赤い色を特色とした帷子、あるいは帷子の模様であったという実像が浮かんでくる。武家や公家階級の女性や子ども、元服前の少年が着用する華やかなものであったが、元服後の男性においても、若ければ、犬追物や馬揃えといった若やいだ格好での登場を許された場では着用を許された衣服である。同様に、「辻が花（染）」が実際に衣服として用いられていた室町時代後期に描かれたとされる「三十二番職人歌合」絵巻において桂女が着用する「辻が花（染）」は、地色が赤で薄く染められ、その上に赤い牡丹と青や緑の葉を付けた模様であった。そこには江戸時代以降にも連綿と伝えられる「赤き帷子」としてのイメージが具体的に例示されている。

「辻が花（染）」が実際に用いられる記述は江戸時代前期になると史料上には現れなくなるが、江戸時代前期以降も、特に俳諧の夏の季語として言葉は伝えられた。江戸時代中期から江戸時代後期にかけては有職故実研究や考証文学において「辻が花（染）」は考証されるようになるが、そこでは「帷子」という意味合いは失われ、「辻が花（染）」は模様の形態を示す言葉として捉えられるようになった。故実家・伊勢貞丈や国学者・山岡浚明は遺された中世の史料や「三十二番職人歌合」に描かれた「桂女図」を元に堅実な考証を展開させるが、喜多村信節や柳亭種彦といった考証学者たちは「辻」という言葉に注目して新奇の説を提唱し、近代へとその「ことば」をつなげていく。一方「辻が花」という「ことば」は、本来の意味を無視して、幕末には俳諧だけではなく歌舞伎の演題や戯作の題目にも用いられることもあった。しかし、江戸時代には「辻が花」に縫い締め絞りという技法上の意味は全く付加されていなかった。

その一方で、中世に製作された染織としての縫い締め絞り裂は、もともとは、室町時代後期から江戸時代初期に着用されていた絹製の小袖や胴服などであった。それらは、有名武将が用いた由緒ある拝領品として、あるいは先祖の遺品として大切に守り伝えられた。古格を重んじる能においては、芸能の特質によって、仕立替えられながら用い続けられてきた。また、死者の遺品として肖像画の表具に仕立てられ、寺院に奉納されて袈裟や打敷、幡などに仕立てられて、形を変えながら江戸時代を超えて近代に伝えられていく。小袖や小袖裂、能装束や袈裟といった古染織は海外において高く評価されて海外市場に多数流出することになるが、そうした海外での評価を反映して、日本においても古染織を蒐集するコレクターが現れはじめるのである。

現代における辻が花の語義——中世の縫い締め絞り——については、野村正治郎の著書『友禅研究』において初めて具体的に語られることとなった。近代における染織史研究においては野村正治郎の影響が非常に大きかったが、それは、野村がただ古染織のコレクターだったばかりではなく、古い染織品を古美術として売買する古美術商であったことも大きく作用したと考えられる。大正末期から昭和初期にかけて、古美術蒐集の一環として古染織を蒐集するコレクターたちは、女性が着用したと考えられる美しい模様を施した小袖裂や能装束の裂を好んだ。そのような時代の風潮の中で、大正期半ばには辻が花と称されるようになった断片でしか遺されていない中世の縫い締め絞りは、野村正治郎というディーラーを通してさらに分断されて、それぞれのコレクターの元へ渡ったのである。小さな裂を分断して所有するという考え方は、近世における茶の湯の名物裂や近代における古筆切に共通する。しかし、辻が花裂の蒐集という動向の背景には大きな価値観の変換があった。古代より、織物が貴重視され、特に舶来物の名物裂が珍重されてきた日本の伝統文化の中で、近代に至って初めて、日本製の染物が古美術品の一つとして価値付けられたのである。「辻が花」は近代における新しい価値観の表象ともいえよう。

辻が花裂の多くは、海外での活動にも比重をおいた古美術商の野村正治郎や山中定次郎からコレクターの手に渡っており、特に大正期後半から昭和初期にかけて画家が好んで辻が花裂を蒐集していたことがうかがえる。一見、画家が歴史画や風俗画の資料としてそれらの裂を蒐集していたかのように思われるが、蒐集を始めた戦前には、安田靫彦や前田青邨、入江波光といった有名な辻が花裂蒐集家たちは、古美術蒐集の一環として個人的な好みで集めたのであって、自らの絵画の中に辻が花裂を描くことはなかった。画家が蒐集する辻が花裂には、細い墨描きによる描絵が施されているものが多く、あるいはその絵画性に惹かれたともいえるのかもしれない。大正期には「ぼうし」つまり縫い締め絞りが辻が花であると語られていたが、コレクターたちの好みに従って、縫い締め絞りに「描絵」を施した裂が辻が花であるという概念に変わっていくのである。吉川観方や野村正治郎がリードしてきた風俗研究における女性の服飾研究においても、昭和初期にはその考証における「辻が花」とは縫い締め絞りに描絵を施した模様で、職人尽絵に描かれるような庶民女性が着用する衣服として捉えられた。庶民女性の服飾であるという解釈はひとえに「三十二番職人歌合」に依拠している。

近代に刊行された辞書では「三十二番職人歌合」以外の文献に依拠した解釈も行われている。しかし、それらは中世の文献にまで遡るものではなく、江戸時代における考証を基にした解釈であった。例えば大正四年に出版された『大日本國語辞典』(松井簡治・上田萬年共著、冨山房)には「(つつじがはなの略)帷子地の名。白地に藍と紅とにて一面に葉を花を染めたるもの。一説、麻の葉の如き模様にて、鹿の子染の目の正しく並びたる形したるもの」とあり、『御傘』『貞丈雑記』『嬉遊笑覧』などを基に辻が花の語義を述べている。また、大正六年に刊行された『広文庫』（物集高見著、広文庫刊行会）にも『貞丈雑記』がそのまま引用されており、語学者の間では、江戸時代に考証された「辻が花」の解釈をある程度尊重していたことがうかがえる。語学者が引用した江戸時代における解釈については、戦前における染織史研究をリードしていた明石染人も、昭和六年の『染織文様史の研究』の中で「辻が花染は『つつじが花染』の略称であるという『貞丈雑記』の説は正しい」と述べている。[1] しかし明石は、同年に刊行された岡田三郎助の『時代裂』の解説の中では『貞丈雑記』や『嬉遊笑覧』の解釈を真っ向から否定しており、[2] 野村が述べた奈良・木辻で創始されたという説に従っている。以上のような研究者の動向には、ディーラーでありコレクターでもあった野村正治郎の影響力の強さがうかがえるのである。こうして、「辻が花」は桂女が象徴するような庶民の女性が着用する縫い締め絞りに描絵を施した衣服というイメージが形成されることとなったのである。

戦後の辻が花研究に新風を吹き込んだのは、戦前より染織史研究に造詣のあった明石染人であった。昭和二三年、京都恩賜博物館で開催された「桃山時代美術綜合展」において、明石は初めて、衣服の形をそのままに遺した豊臣秀吉所用の胴服を「桐箭文辻ヶ花染陣羽織」（同展図録記載名称、口絵7）として展示するのである。豊臣秀吉所用の胴服を「桃山時代の縫い締め絞り」であるという要素によって「辻が花」の一例としたことは、これまでにない新しい観点であった。大正期以降戦前まで、庶民の衣服として紹介され縫い締め絞りに描絵を施したものとして知られていた辻が花が、武将の衣服にも範囲を広げ縫い締め絞りのみの作品にも適用されるようになったのである。

戦後、各地で新発見が相次ぎ、室町時代後期から桃山時代の能装束や、上杉謙信、豊臣秀吉、徳川家康といった有名武将が着用する同時代の衣服に大きな注目が集まることとなった。中世染織の新発見に積極的に関わってきたのは、東京国立博物館で染織室長を務めた山辺知行や、東京国立文化財研究所の神谷栄子らであったが、辻が花にもっとも関心を注ぎ、研究に力を入れたのは奈良・大和文華館の伊藤敏子であった。昭和三九年に大和文華館で開催された「辻が花」展は、当時、辻が花研究の第一人者として知られていた山辺知行が関わり、大和文華館のコレクションを基に辻が花研究を始めた伊藤敏子が企画した展覧会であった。画家が蒐集した辻が花裂とともに、秀吉や家康が所用した縫い締め絞りの衣服を展示した本展は、有名武将の衣服が辻が花であるという戦後に生まれた新しい認識を強くアピールすることとなった。また、桂女に伝来する縫箔衣装［口絵8］を「辻が花染の後期のもの」として公開したことによって、やはり戦前には「辻が花」とされていなかった慶長縫箔のデザインにまで辻が花の範囲が広げられることとなった。昭和四六年にやはり大和文華館で開催された「〈辻が花〉と戦国の女性像」展では、女性が着用する「辻が花」は古裂の断片と肖像画に描かれた衣服での紹介となり、実際に展示作品の中心となったのは成人男性である家康の衣服であった。中世の史料に記録される着用者の中には、年長けた成人男性は含まれていない。そこで中世の縫い締め絞りとして定義された現代においては、成人男性の衣服を含む辻が花を歴史的発展の結果と捉えるのである。

昭和三〇年代になり、展覧会や大型画集などによって辻が花裂が紹介されるようになると、辻が花を志す染色作家が現れ始めた。さらに、昭和五二年の久保田一竹のデビューによって「辻が花」が広く一般に知られることとなった。一竹の用いた技法は、従来、難しいとされてきた「辻が花」を、友禅染を勉強した染色作家であれば誰にでも可能な「現代の辻が花」へと変え、「辻が花」という名称を掲げたキモノがキモノ専門雑誌に頻繁に掲載されるようになるのである。当時の第一人者として知られる染織史研究者は、中世の史料に現れる「辻が花（染）」と近代以降「辻が花」と称される文化財としての中世の縫い締め絞り裂が全く異なるものであるということを認識しながら、その解明を避け、中世の縫い締め絞りに「辻が花」という名称を用い続けた。「辻が花ブーム」によって広く一般の人々に「辻が花」が知られるようになって以後は、中世の縫い締め絞りが辻が花であるという仮説に対し、いかに中世史料との矛盾を解消していくかに焦点が絞られた。切畑健の「つむじ＝つじ」説や、伊藤敏子が提唱した柳亭種彦の「辻＝十字街」説肯定論は、「辻が花は縫い締め絞りである」という定義が一般市民に広く普及するのに伴って言及されるようになった。「辻が花」という「ことば」は、近世の考証学者や俳諧師のみならず、戦前のコレクター、現代の染織史研究者や作家をも魅了し続け、近代になって愛好家たちの蒐集対象となった中世の縫い締め絞りの名称として定着し、その技法的な語義の範囲を変えながら、現代に至るまで中世の縫い締め絞りの模様として知られることとなった。

辻が花を巡る五〇〇年の歴史をたどっていくと、中世に着用された美しい衣服をイメージさせるこの言葉が、時に、ロマンティックなイメージを伴って「神話化」されていることに気付く。現代における桐屋・翠山工房の「夢幻辻が花」はその典型である。実態が不明であるということが「幻の染」と称され「辻が花」という名称を用いつつもそのモノの形態を時代ごとに変容させてきた理由でもある。江戸時代から近代、近代から現代へと移り行くとともにその形態的特徴を変化させてきた「辻が花」は、美しい意匠で彩られた小袖裂を小さな裂になるまで再利用し、愛好し、蒐集するという日本文化の特質を如実に映し出していた。また、その一方で近代から現代にかけて形成された、染織史研究の発展過程をもたどることができた。蒐集家、研究者、染色作家という枠を超えて、古裂に特別なまなざしを注いできた人々が詩的イメージを持つ「辻が花」という言葉に実体を与えようと試みた結果である。

辻が花は江戸時代に忽然と消えた「幻の染」と称されてきたが、果たしてそうなのであろうか。中世の「辻が花(染)」が縫い締め絞りによる模様染ではなく、型紙あるいは糊を用いて防染し、植物染料を摺り染にした模様であるとすれば、その技法はまさに江戸時代に入り型染や友禅染に昇華されていったといえるであろう。文献上では摺り染の一種と考えられる「辻が花(染)」は江戸時代前期には実際に使用されなくなるが、その発展的な技法である型染や友禅染のように堅牢度の高い技法が淘汰に耐えて残っていくのは当然である。一方、中世において模様を染める技

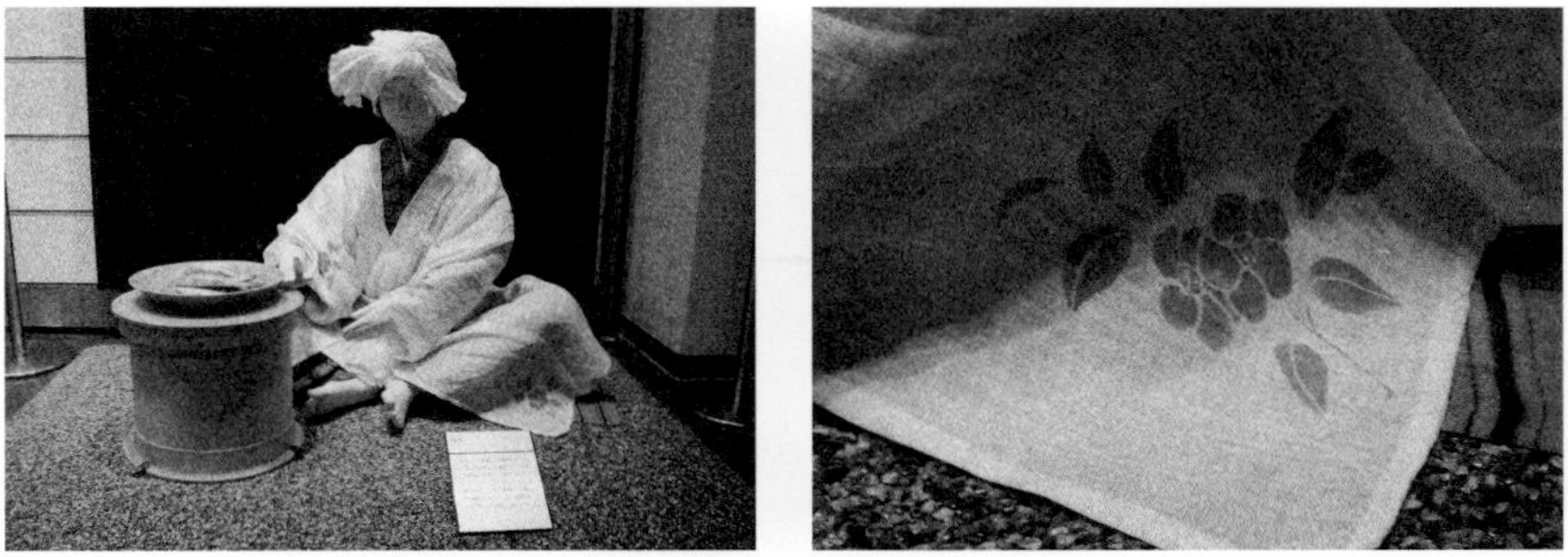

図 5-8　国立歴史民俗博物館，第 2 展示室「職人と芸能」コーナーの「桂女」

法であった縫い締め絞りは、慶長期から江戸時代前期にかけてキモノ全体の地色を染め分ける手段に移行し、模様そのものは刺繡や摺箔が主となる。縫い締め絞りは江戸時代を通じて行われたが、模様を染める主役となることはついになかった。しかし、縫い締め絞りは常に染織技法として存在したことになる。管見の限り、辻が花を「幻の染」と称しはじめた最初の例は田畑喜八が編集した『色と文様　辻が花編』（光村推古書院、一九六九年）あたりからである。(3) おそらく、辻が花が展覧会や文化財指定で採り上げられ、話題になった昭和四〇年代に、識者から出始めた言葉なのではないか。辻が花を「神話化」したのは、染織史研究をリードしてきた研究者たちだった可能性が高い。

平成二年に開催された特別展「辻が花——英雄を彩った華麗な絞り染め」展（愛知・徳川美術館）以降、辻が花をテーマとした大々的な展覧会は開催されていない。今もなお、辻が花は中世の縫い締め絞りとして定着しており、辻が花が戦国時代における有名武将の着用した衣服であるという一般的なイメージは変わっていない。

「辻が花ブーム」後に現れた新しい視点の一つとして、ユニークな「辻が花」解釈を紹介しておきたい。一九八三年にオープンした国立歴史民俗博物館の常設展示室に展示される「桂女」の展示である。歴博の開館前に製作されたこの展示には、幸節本「三十二番職人歌合」［口絵2］に基づいて復元された「桂女」のマネキンが設置されており［図5-8］、以下のように説明がつく。

桂女は、中世に大堰川でとれた鮎を販売した女性で、「三十二番職人歌合」に描かれているとおり、辻が花の美しい小袖を着用し、夜は戦陣や貴族らの宴席にも侍った。近代までその姿は京都府に残っていた。

ここでは、「三十二番職人歌合」に倣ってマネキンが辻が花を着用する桂女の姿を再現している。職人像を復元するという目的で製作されたマネキンでありながら、その職種よりも服装に復元の主眼があることはキャプションの説明からも明らかであり、桂女の着用する「辻が花」に関心が注がれている。そこに着用される上着は、縫い締め絞りではない。白い木綿地の単衣に、型を用いて赤い椿模様を摺り染めにしている(4)。中世には日本では木綿は生産されず、そのほとんどは朝鮮半島からの輸入であったことを考慮すれば、正しくは「木綿」ではなく「麻」か「生絹」でなくてはならないのであろう(5)。しかし、着用する衣服を「辻が花」と断っておきながら当時通説であった縫い締め絞りの模様としていない点に、むしろこの復元の力点が置かれているように思われてならない。このマネキンの衣裳を制作したのは、高田装束研究所（所長・高田倭男）である。高田氏によれば、本来の辻が花染は木型による摺り染であろうが、予算の関係上、型紙を用いて染めたと言う(6)。高田氏の考えによる辻が花染が限定的に反映されたのが、このマネキンの衣裳なのである。

辻が花をめぐる時代の流れは変化しつつある。二〇〇三年に久保田一竹が死去するにおよび「現代の辻が花」のシンボルは不在となり、「辻が花ブーム」の余波も見られなくなった。山梨県・河口湖畔にあった久保田一竹美術館は経営破綻し、久保田一竹の作品一〇四点は二〇一一年にロシアの富豪であるパトック・ショディエフ氏に一括購入されることとなった(7)。久保田一竹に後続する現代辻が花作家や業者たちは、一方では「現代の辻が花」での生き残りをかけ、一方では新しいデザインに移行しつつある。二〇〇六年には京都の織物業者が所持していた辻が花裂のコレクションが「古裂会」の競売にかけられ、散逸した。かつて大道弘雄が蒐集した辻が花裂コレクションである。辻が花と定義される縫い締め絞りを施した武将の衣服の重要文化財指定もほぼ完了し、新発見によって賑わいだ戦後の動向も落ち着いた。辻が花の「神話化」もまた、新たな局面を迎えつつある。今後、辻が花と称される中世の縫い締め絞りはどのように評価され、価値付けられていくのであろうか。

江戸時代、俳諧や考証文学の中で語り継がれてきた「辻が花」という「ことば」は、大正期になって、中世の縫い締め絞りの名称として用いられるようになった。近代における以上のような概念を出発点として始められた染織史研究において、当時大和文華館の学芸員だった伊藤敏子が、展覧会で中世の縫い締め絞りを「辻が花」として展覧したことは当然のことであり、その際に初めて本格的な史料研究を行った結果、予期せぬ結論に導かれることとなったに過ぎない。しかし、これまでの研究で中世の縫い締め絞りが中世の文献上に現れる「辻が花（染）」とはまったく異なるものであるということが明らかとなった現代の染織史研究において、今後も同じ「ことば」を中世の縫い締め絞りに用い続けることには問題があろう。

すっかり定着した「辻が花」を中世の縫い締め絞りに用い続けることは無難な考え方ではある。しかし、「辻が花」という言葉がなくとも、古拙な縫い締め絞りから生まれた優美でぬくもりのある染模様の魅力が損なわれることはないであろう。だからこそ、さまざまに形を変え、数十センチメートル四方の小裂になっても五〇〇年の時を経て伝えられてきたのである。その一方で、ポルトガル語の「lavore」が示唆する特殊な模様染であった「辻が花」とは具体的にどのような帷子であったのか、それを追究することこそ染織史研究の本義であろう。実際に「辻が花（染）」と称された服飾が史料上に明記され、しかもそれが現在称されている縫い締め絞りとは異なる以上、それを「辻が花」と称し続けることは、逆に染織史研究にとって大きな後退なのではないか。辻が花でないものが研究者によって「辻が花」と呼ばれ続ければ、史実にある「辻が花(染)」の研究が進展することはないであろう。そのことを深刻に受け止め、中世の縫い締め絞りが誤って「辻が花」と称された原因を可能な限り追究した点に本書の意義はある。古美術商や呉服業界との関係が密接で研究者としての境界が曖昧であった時代が生んだ誤解は、本書によって明らかにされた。現代染色作家と染織史研究者との牧歌的な時代は「辻が花ブーム」の終焉とともに幕を閉じるべきであろう。

「辻が花」という「ことば」が史上に現れて以来五〇〇年が経った。少なくとも一五〇年の間帷子として用い続けられてきた「辻が花(染)」であるが、それを縫い締め絞りとみなすようになったのはここ九〇年あまり、有名武将の衣服や慶長期の縫箔がそう呼ばれるようになったのは六〇年あまりのことである。「辻が花」といういかにも風雅な名称を元の歴史に返し、本来の姿と向き合う地点に立った時、呉服業界との間で揺れ動くことのない染織史研究の新たな方向性が示されるであろう。本書では、本来の「辻が花(染)」を明らかにすべく、改めて辻が花に関する史料にあたったが、今後、辻が花の実像を明らかにする史料が新たに発見される可能性は低いであろう。しかし「辻が花」の実像が決定的に明らかにされないからといって、中世の縫い締め絞りが誤った歴史的観点から「辻が花」の名前を借りることは明らかに誤りである。すでに定着した辻が花の名称を今後どう扱うべきかは、染織史研究者の倫理と博物館・美術館で展示する意義のあり方にかかっているのである。

(1) 明石染人『染織文様史の研究』(思文閣出版、一九三一年)三四六―三四七頁。

(2) 岡田三郎助監修『時代裂』(座右宝刊行会、一九三一―三三年)「第一輯」解説、六―八頁。

(3) 同書の序文「辻が花について」二頁目。

(4) 澤田和人「衣裳復元製作の問題点――歴博第二展示室『職人と芸能』コーナーの場合」(『国立歴史民俗博物館　国際研究集会――韓国の民俗学・日本の民俗学Ⅱ』所収、二〇〇六年)によれば、シルクスクリーンで染めたとあり(一四〇頁)、復元展示のあり方について問題提起がなされている。むしろ、興味深いのは、すでに常識となっている辻が花=縫い締め絞りという復元を、この展示ではあえて行わなかった点である。

(5) 澤田前掲論文、一四〇、一四四―一四五頁。

(6) 高田倭男氏からの聞き取りによる(二〇一一年十一月)。高田氏はまた辻が花の語義を大きく修正した『広辞苑』第五版(一九九八)の編集委員の一人でもあった。

(7) 二〇一一年七月十三日付『読売新聞』(東京版)六面を参照。

あとがき

最初に「辻が花」に興味をもったのは、雑誌『美術フォーラム21』第六号（二〇〇二年）の特集「越境する美術史学」に寄稿させていただいた機であった。染織史を研究する者がいつも頭を悩ませることは、染織史を辿る上で制作年代を確定する根拠となる銘文や墨書、文書といった文字資料が非常に乏しいという点である。また、古い染織品が「名札」を付けて残るということもまずなく、伝存する染織が制作されていた時代に何と呼ばれ、誰が用いていたのかを同定することも難しい。そこで、通常ならば日本史学に用いられる史料である有職故実に関する文書や、公家や武家が日々の生活を書き記した日記、あるいは、美術史の中でも絵画史が対象とする当時の風俗を描いた絵画などがいわば「越境的」に参考資料として用いられる。しかし、研究者のアプローチの仕方に共通した理論はなく、それらの解釈はいかようにも受け止められるというのが実情であった。なかでも「辻が花」は、中世の染織を考える上で重層的に問題を孕んだテーマであった。中世の史料に記される「辻が花」が現代の研究者や一般に知られている「辻が花」とまったく違うものであるということは当時の研究者たちの共通認識としてあり、「では、中世史料に見られる本来の辻が花はどのような染織なのか」が時に問題とされてきた。しかし、乏しい文献史料の中でその問題が解き明かされることは難しく、すでに出来上がってしまったイメージが発想の飛躍を妨げる。今までと同じアプローチを繰り返していても堂々巡りを続けるだけだという思いがつのるばかりであった。むしろ、私の関心は「辻が花」が現行のような「縫い締め絞り」で模様を表した中世の染物という意味になるまでのプロセスであった。そのことについて最初に触れたのが『美術フォーラム21』第六号に寄稿させていただいた「染織文化史の夢と嘘——言説された、描かれた染織」である。

折しも、当時、私は東京大学大学院人文社会学研究科文化資源学研究室に在籍しており「辻が花」は文化資源学でこそ取り扱うべきテーマであると強く感じるようになった。文化資源学は「美術史」や「考古学」といった既成の学問分野の枠組におさまらない「ことば」や「形態」に対して、それが生まれ、育まれた時代に立ち返ることによって新たな文化的価値を見出すことに野心的に取り組む学問である。やりつくされた感があり大勢としてはもはや根本的に問いただされることは不毛と考えられてきた「辻が花」についても、文化資源学的に取り組むことで新たな布石を打つことができるのではないかという思いがあった。本書はそのような思いを積み重ねた結果、二〇一〇年に東京大学大学院に提出した博士論文（『辻が花』の研究——「ことば」と技法をめぐる形態資料学）である。この博士論文を執筆するにあたり、平成十三年度から十五年度にかけて文部科学省研究助成「若手研究（B）」による調査を実施し、その成果は『東京国立博物館紀要』第四四号（二〇〇八年）に『辻が花』——中世絞り染模様に関する考察」として発表した。それに加筆訂正したものが本書の第二・三章にあたる。また、本書の第四章は『MUSEUM』第六二七号（二〇一〇年）に掲載した「近代染織史研究における『辻が花』の受容について」を加筆訂正したものである。調査にあたっては、各美術館・博物館の研究者・学芸員の皆様、染色作家の諸先生、画家のご遺族の方々などに、お忙しいお時間をさいてご協力を賜りました。誠に有り難く、感謝致しております。

博士論文を執筆するにあたっては、分野違いと承知の上で、社会学的見地の必要性から指導教官になってくださった社会学教授・佐藤健二先生に折々に的を射たご指摘と適切なご教示を賜りました。また、博士論文の審査にあたってくださった諸先生、本書の刊行にあたり後押ししてくださった文化資源学教授・木下直之先生に心より感謝の意を表します。

本書の刊行にあたっては「平成二十三年度東京大学学術成果刊行助成」を受けた。そこで、研究書としての体裁を整えるために博士論文に加筆修正を行った。刊行に際し、原稿の校正に時間のとれない私のペースに辛抱強くお付き合いくださり、細かい校正ミスから本書のタイトル、構成のことまでいろいろとご配慮くださった、東京大学出版会・編集部の笹形佑子さんに厚く御礼申し上げます。

本書の重要な研究データベースとなっている巻末資料「辻が花裂一覧」の基礎は、二〇〇二—〇三年当時、東京国立博物館で非常勤をされておられた大森ゆかりさんに依頼して入力いただいたものである。また、本書の刊行にあたって、共立女子大学大学院生の小島咲さんにさらに、出典などの再確認を依頼し、不足分のデータを補っていただいた。根気よく作業にあたってくださったお二人に改めて感謝申し上げます。また、仕事を続けながら博士論文を執筆することにご理解くださった職場の同僚ならびに上司の方々に、この場を借りて御礼申し上げます。

最後に、遠方にいながら援助してくれた我が父母と、母の勉強に辛抱強く付き合ってくれた息子に、本当にありがとう。

二〇一二年三月

小山弓弦葉

著者略歴
大阪府生まれ．お茶の水女子大学卒業．
東京大学大学院博士課程修了（人文社会系研究科文化資源学）．日本東洋染織史専攻．博士（文学）．
奈良県立美術館学芸員を経て，
現在，東京国立博物館主任研究員．

主要著書・論文
『光琳模様』（日本の美術 524 号，ぎょうせい，2009）
「染織文化史の夢と嘘——言説された，描かれた染織」（『美術フォーラム 21』6 号，2002）
「初期唐織の編年に関する考察——金春座伝来装束を中心に」（『MUSEUM』585 号，2003）
「辻が花——中世絞染模様に関する考察」（『東京国立博物館紀要』44 号，2009）
「近代染織史研究における『辻が花』の受容について」（『MUSEUM』627 号，2010）など．

「辻が花」の誕生
〈ことば〉と〈染織技法〉をめぐる文化資源学

2012 年 3 月 27 日　初　版

［検印廃止］

著　者　小山《おやま》 弓弦葉《ゆづるは》

発行所　財団法人　東京大学出版会
代 表 者　渡辺 浩
113-8654 東京都文京区本郷 7-3-1 東大構内
http://www.utp.or.jp/
電話 03-3811-8814　Fax 03-3812-6958
振替 00160-6-59964

印刷所　株式会社精興社
製本所　牧製本印刷株式会社

ISBN 978-4-13-086041-3　Printed in Japan

索　引

あ　行

か　行

さ　行

た　行

な　行

は　行

ま　行

や　行

ら・わ　行

主要参考文献

[染織文化財関連書籍等]

野村正治郎『友禅研究』芸艸堂，1920 年
山辺知行，北村哲郎編『小袖』三一書房，1963 年
山辺知行『辻ヶ花』京都書院，1964 年
大和文華館編『大和文華』42 号「辻が花特輯」1965 年
山辺知行，北村哲郎『続　小袖』三一書房，1966 年
山辺知行『染』(『日本の美術』7 号) 至文堂，1966 年
山辺知行，北村哲郎『小袖文様』三一書房，1968 年
山辺知行，神谷栄子『日本伝統衣裳　上杉家伝来衣裳』講談社，1969 年
田畑喜八『色と文様　辻が花編』光村推古書院，1970 年
北村哲郎『絞』(日本染織芸術叢書 1) 芸艸堂，1970 年
神谷栄子『小袖』(『日本の美術』67 号) 至文堂，1970 年
伊藤敏子『辻が花』講談社，1972 年
大和文華館編『大和文華』55 号「家康所用辻が花染特輯」1972 年
今永清士『辻ヶ花』(『日本の美術』113 号) 至文堂，1975 年
板倉寿郎，野村喜八，元井能監修『原色染織大辞典』淡交社，1977 年
伊藤敏子『辻が花染』講談社，1981 年 (英訳も刊行)
切畑健『ワイド版染織の美　辻が花』京都書院，1983 年
鐘紡繊維美術館監修『鐘紡コレクション全 5 巻別冊　鐘紡コレクションガイド』毎日新聞社，1988 年
シーグ社出版株式会社編『時代装束 —— 時代祭資料集成』京都書院，1995 年
丸紅株式会社編『復元　淀君乃小袖 —— 400 年の時を越えて』丸紅株式会社，1997 年

[展覧会図録・目録等]

東京帝室博物館編『東京帝室博物館復興開館陳列目録　服飾・染織』および『東京帝室博物館復興開館陳列案内』東京帝室博物館，1938 年
東京帝室博物館編『染織　陳列目録　自昭和 14 年 5 月至昭和 14 年 6 月』東京帝室博物館，1939 年
東京帝室博物館編『染織　陳列目録　自昭和 14 年 7 月至昭和 14 年 8 月』東京帝室博物館，1939 年
東京帝室博物館編『染織　陳列目録　自昭和 14 年 8 月至昭和 14 年 9 月』東京帝室博物館，1939 年
恩賜京都博物館・都新聞社主催『桃山美術総合展覧会目録』1948 年
大和文華館編『〈辻が花〉と戦国の女性像』大和文華館，1971 年
切畑健構成・解説『辻が花・繡箔・唐織の名品 —— 桃山時代の染織美』神戸市立南蛮美術館，1980 年
サントリー美術館編『辻が花と織部』展図録，サントリー美術館，1980 年
朝日新聞東京本社企画部編『一竹辻が花染　久保田一竹』展図録，朝日新聞社，1982 年
切畑健監修『かがやける小袖の美 —— 田畑家コレクション』展図録，朝日新聞社，1990 年

徳川美術館編『開館55年記念特別展　辻が花――英雄を彩った華麗な絞り染め』展図録，徳川美術館，1990年
久保田一竹美術館編『大富士山展』一竹辻が花，2001年
京都文化博物館編『日本最大級の風俗収集品　吉川観方と京都文化』展図録，京都文化博物館，2002年
Edited by Miyeko Murase, *Turning Point: Oribe and the Arts of Sixteenth-Century Japan*, The Metropolitan Museum of Art, New York, Yale University Press, New Haven and London, 2003.
古裂会編『古裂会 Auction Catalogue――特集　古染織』古裂会，2006年
サントリー美術館他編『小袖――江戸のオートクチュール　松坂屋京都染織参考館』展図録，サントリー美術館他，2008-09年

[辻が花に関する論文]

明石染人「辻ヶ花染」(『日本美術工藝』136号所収) 1950年
大道弘雄「辻ヶ花染」(『MUSEUM』13号所収) 1952年
山辺知行「辻が花染に対する一考察」(『美術史』12号所収) 1954年
山辺知行「白地花鳥肩裾模様辻ヶ花染小袖」(『MUSEUM』48号所収) 1955年
山辺知行「上杉神社の服飾品」(『MUSEUM』56号所収) 1955年
桜井清香「辻が花染について」1956年発表(『大和絵と戦記物語』〈木耳社，1969年〉所収)
山辺知行「紙本着色婦人像の服飾覚え書き」(『大和文華』24号所収) 1957年
日野西資孝「初期の小袖模様について」(『MUSEUM』82号所収) 1958年
守田公夫「『辻ヶ花染』試論――日本文様染研究の一環」(『大和文化研究』6巻9号所収) 1961年
今永清士「辻ヶ花染陣羽織と波兎模様羽織」(『MUSEUM』134号所収) 1962年
山辺知行「辻が花染覚書き」(『大和文華』42号「辻が花特輯」所収) 1965年
伊藤敏子「辻が花資料について」(『大和文華』42号「辻が花特輯」所収) 1965年
今永清士「紫白染分竹模様辻ヶ花小袖」(『國華』882号所収) 1965年
神谷栄子「伝上杉謙信所用胴服八領　上」(『美術研究』242号所収) 1965年
神谷栄子「伝上杉謙信所用胴服八領　中」(『美術研究』243号所収) 1965年
神谷栄子「伝上杉謙信所用胴服八領　下」(『美術研究』244号所収) 1966年
徳川義宣「家康公の辻ヶ花衣服」(『大日光』30号所収) 1968年
北村哲郎，神谷栄子「辻ヶ花染小袖併びに道服(上)」(『MUSEUM』210号所収) 1968年
北村哲郎，神谷栄子「辻ヶ花染小袖併びに道服(下)」(『MUSEUM』213号所収) 1968年
伊藤敏子「『辻が花』考」(『日本美術工芸』4月号〈367号〉「特集　辻が花」所収) 1969年
徳川義宣「家康公の辻ヶ花衣服[続編1]」(『大日光』32号所収) 1969年
北村哲郎「近世初期の染色技術――部分的彩色法の出現」(『MUSEUM』237号所収) 1970年
徳川義宣「家康公の辻ヶ花衣服[続編2]――付　黒漆沈金葵沢瀉流水文盃」(『大日光』35号所収) 1970年
徳川義宣「家康公の辻ヶ花衣服[続編3]――付　家康公自筆小倉色紙」(『大日光』36号所収) 1971年
徳川義宣「家康公の辻ヶ花衣服[続編4]」(『大日光』37号所収) 1971年
伊藤敏子「家康所用辻が花染衣服について」(『大和文華』55号「家康所用辻が花染特輯」所収) 1972年

伊藤敏子「小袖意匠の展開――女性肖像画を中心として」(『大和文華』56号所収)1972年
徳川義宣「尾張・水戸両徳川家襲蔵辻ヶ花染衣服の伝来について」(『大和文華』55号「家康所用辻が花染特輯」所収)1972年
徳川義宣「家康公の辻ヶ花衣服[続編5]」(『大日光』38号所収)1972年
伊藤敏子「平安時代における衣裳の描絵について」(『古代文化』26巻9号所収)1974年
切畑健「概説　辻が花染」(『染織の美』創刊号「特集　辻が花」所収)1980年
山辺知行「白地草花石畳模様辻が花裂」(『國華』1042号所収)1981年
佐藤泰子「小袖染織における『辻』の解釈について」(『文化女子大学紀要』13集所収)1982年
切畑健「辻が花　その本質・名称・展開についての試考」(切畑健『ワイド版染織の美　辻が花』所収)1983年
早川久治「『辻ヶ花』のくくり技法について」(『日本服飾学会誌』2号所収)1983年
河上繁樹「銀杏葉雪輪散辻が花染胴服」(『國華』1073号所収)1984年
河上繁樹「桃山小袖の彩――辻が花と繡箔」(『月刊文化財』289号所収)1986年
山辺知行「あいくち」(『月刊文化財』289号所収)1986年
今永清士郎「縫箔,辻が花にみる桃山染織成立の條件」(『國華』1120号所収)1989年
河上繁樹「山形・紅地蜀江文黄緞狩衣　裏　白地草花文辻が花染」(『学叢』11号所収)1989年
河上繁樹「黒川能に伝わる辻が花染小袖」(『國華』1123号所収)1989年
佐藤泰子「染織よりみた近世帷子の考察」(『文化女子大学紀要』20集所収)1989年
伊藤敏子「中世の模様染『辻が花』」(『開館55年記念特別展　辻が花――英雄を彩った華麗な絞り染め』展図録所収)徳川美術館,1990年
切畑健「辻が花――文様の特色と展開」(『古美術』96号所収)1990年
佐藤理恵「辻が花――中世絞り染めの終焉」(『開館55年記念特別展　辻が花――英雄を彩った華麗な絞り染め』展図録所収)徳川美術館,1990年
佐藤理恵「特別展『辻が花――英雄を彩った華麗な絞り染め』」「『辻が花』の成立と展開」(『古美術』96号所収)1990年
徳川義宣「辻ヶ花と徳川家康の衣服」(『開館55年記念特別展　辻が花――英雄を彩った華麗な絞り染め』展図録所収)徳川美術館,1990年
森理恵「室町時代末期における庶民の服飾――『辻が花』を中心に」(『金蘭短期大学研究誌』26号所収)1995年
森理恵「雁金屋『慶長7年御染地之帳』にみる衣服の性別」(『風俗史学』9号所収)1999年
丸紅株式会社編『復元　淀君乃小袖――400年の時を越えて』丸紅株式会社,2000年
森理恵「上杉神社所蔵『雪持柳模様胴服』の制作時期と着用者をめぐる考察」(『美術史』148号所収)2000年
小山弓弦葉「染織文化史の夢と嘘――言説された,描かれた染織」(『美術フォーラム21』6号所収)2002年
河上繁樹「『ふしみ殿』銘辻が花裂をめぐって」(『美学論究』17編所収)2002年
Terry Satsuki Milhaupt, *Flowers at the crossroads: the four-hundred-year life of Japanese textile*, Washington University, 2002, Saint Louis, Missouri.
テリ・サツキ・ミルハプト「〈辻が花〉裂400年の伝歴――世俗の衣服から博物館の収蔵品へ」(東京文化財研究所編『うごくモノ:時間・空間・コンテクスト:文化財の保存に関する国際研究集会』所収,2002年)

長崎巌「東京国立博物館所蔵・水浅葱練緯地三葉葵紋付辻が花染胴服について」(『MUSEUM』585号所収) 2003年
澤田和人「モノが語るヒトの営み　中世の模様染　幻の辻が花」(『日経サイエンス』日本版 2006年7月号所収) 2006年
澤田和人「衣裳復元製作の問題点――歴博第2展示室『職人と芸能』コーナーの場合」(『国立歴史民俗博物館　国際研究集会――韓国の民俗学・日本の民俗学Ⅱ』所収) 2006年
河上繁樹「《研究余滴》『淀君の小袖』顚末記――『ふしみ殿』は誰か」(『服飾美学』45号所収) 2007年
山内麻衣子「染織担当新人研究員の日々――雛まつりと，届かなかった鷹五十居」(清風会編集・発行『清風会報』所収) 2008年
山内麻衣子「桃山武将の伊達なる装い――天正18年と下賜された辻が花」(京都国立博物館監修『国宝との出会い』展図録所収) 国宝との出会い展実行委員会，2008年
小山弓弦葉「辻が花――中世絞染模様に関する考察」(『東京国立博物館紀要』44号所収) 2009年
小山弓弦葉「近代染織史研究における『辻が花』の受容について」(『MUSEUM』627号所収) 2010年

[明治期以降近現代の染織業界・染織コレクターに関する文献]

野村正治郎所蔵『誰が袖百種』芸艸堂，1919年
吉川観方編(野村正治郎賛助)『衣服と文様』京都原色版印刷社，1931年
岡田三郎助監修『時代裂』座右宝刊行会，1931-33年
関保之助，猪熊浅麻呂，出雲路通次郎，猪飼嘯谷編『歴代服装図録1』歴代服装図録刊行会，1933年
大道弘雄編(山中定次郎序文)『時代裂名品集』芸艸堂，1935年
明石染人編『桃山慶長纐纈精華』田中平安堂，1936年
岡田三郎助監修『時代裂拾遺』座右宝刊行会，1936年
故山中定次郎翁傳編纂会『山中定次郎傳』故山中定次郎翁傳編纂会，1939年
京都国立博物館編『京都国立博物館60年史』京都国立博物館，1957年
京都国立博物館編『京都国立博物館70年史』京都国立博物館，1967年
吉川観方編『日本女装史』全日本人形師範会，1968年
川勝堅一編『川勝コレクション特選集』平凡社，1971年
今和次郎『服装史』(今和次郎集第7巻) ドメス出版，1972年
今永清士編輯・解説『大彦コレクション　染繡の美』芸艸堂，1973-74年
田中日佐夫「戦後美術品移動史」⑭消えた美術館，⑮長尾美術館(『藝術新潮』1974年2-3月号所収) 1974年
家永三郎『日本人の服装観の変遷』ドメス出版，1976年
久保田一竹「辻が花＝久保田一竹　美の世界」(『季刊「銀花」』34号所収) 1978年
山辺知行，北村哲郎『一竹辻が花　久保田一竹作品集』フジアート出版，1979年
小倉建亮監修『飛翔――小倉建亮作品集』フジアート出版，1980年
久保田一竹『一竹辻が花』平凡社，1982年
山辺知行編集・解説『OPURENCE オピュレンス――一竹辻が花』講談社，1984年
切畑健，市田ひろみ著／吉岡幸雄編『写真でみる日本の女性風俗史――京都染織まつり記念図録』紫紅社，1985年

久保田一竹『命を染めし一竹辻が花』一竹辻が花，1986年
大脇一心『幻の染め　大脇一心の世界』私家本，1987年
NHK名古屋放送局編『ジャパン・ブルー —— 青の文化と家康小袖の再現』日本放送出版協会，1988年
佐野正男「鐘紡繊維美術館の開設まで」（鐘紡繊維美術館監修『鐘紡コレクション全5巻別冊　鐘紡コレクションガイド』所収）毎日新聞社，1988年
竹田道太郎編『安田靫彦 —— 清新な美を求め続けた日本画家』中央公論社，1988年
白洲正子「風の吹くままに —— 古澤さんの仕事」（古澤万千子『染衣　古澤万千子選集』所収）求龍堂，1989年
古澤万千子『染衣　古澤万千子選集』求龍堂，1989年
丸山伸彦編著『野村コレクション　小袖屛風』（国立歴史民俗博物館資料図録2）国立歴史民俗博物館，1990年
京都服飾文化財団編『モードのジャポニズム』展図録，京都服飾文化財団，1994年
久保田不二子『一竹辻が花の妻』文園社，1994年
白洲正子「よびつぎと辻ヶ花」（『風姿抄』所収）世界文化社，1994年
深井晃子『ジャポニスム イン ファッション —— 海を渡ったキモノ』平凡社，1994年
「古裂夢幻 —— 奈良時代〜江戸初期の断片裂」「古裂会の胎動」（『古美術緑青』15号所収）1995年
佐藤道信『〈日本美術〉誕生 —— 近代日本の「ことば」と戦略』（講談社選書メチエ92）講談社，1996年
一竹辻が花編『久保田一竹作品集』便利堂，1998年
小山弓弦葉「風俗研究活動における吉川観方コレクション —— 特にその染織資料に注目して」（『奈良県立美術館紀要』12号所収）1998年
北澤憲昭ほか編『美術のゆくえ，美術史の現在 —— 日本・近代・美術』平凡社，1999年
吉田豊編『江戸服飾史談 —— 大槻如電講義録』芙蓉書房出版，2001年
白洲正子「即興の詩 —— 古澤万千子」（『白洲正子全集』9巻所収）新潮社，2002年
長崎巌「染織の至宝第4回　東京友禅の名門『大彦』旧蔵コレクションに見る　今に生きる小袖の意匠」（『美しいキモノ』202号所収）2002年
藤本恵子「翻刻：風俗研究家・吉川観方の日記（昭和7年分）」（京都府立京都文化博物館編『京都文化博物館紀要　朱雀』14集所収）2002年
切畑健『写真で見る日本の女性風俗史』（紫紅社文庫）紫紅社，2003年
藤本恵子「翻刻：風俗研究家・吉川観方の日記（昭和8年分）」（京都府立京都文化博物館編『京都文化博物館紀要　朱雀』15集所収）2003年
藤本恵子「翻刻：風俗研究家・吉川観方の日記（昭和11年1-3月分）」（京都府立京都文化博物館編『京都文化博物館紀要　朱雀』16集所収）2004年
藤本恵子「翻刻：風俗研究家・吉川観方の日記（昭和11年4-12月分）」（京都府立京都文化博物館編『京都文化博物館紀要　朱雀』18集所収）2006年
小山弓弦葉「海を渡った『江戸解き』『御所解き』 —— 流転する武家女性の小袖」（『江戸と明治の華 —— 皇室侍医ベルツ博士の眼』展図録所収）大広，2008年

[その他の参考文献]

曲亭馬琴著／歌川豊国画『阿讃茂平浮名色揚　襲褄辻花染』（明治大学中央図書館）文政7年（1824）

『辻花七化粧』（明治大学中央図書館）天保3年（1832）
曲亭馬琴著／瀧村弘方画『阿讃茂平浮名色揚　襲褄辻花染』（明治大学中央図書館）共隆社，1885年
名取壌之助『桂女資料』大岡山書店，1938年
土井忠生解題『日葡辞書 ── Vocabvario da lingoa de Iapan』岩波書店，1960年
二木謙一「伊勢流故実の形成」（『国学院雑誌』68巻6号所収）1967年
二木謙一「伊勢流故実の成立」（『国学院雑誌』68巻12号所収）1967年
大武和三郎『葡和新辞典』大武信一，1969年
浜口乃二雄，佐野泰彦編『ポルトガル語小辞典』大学書林，1970年
東京国立博物館編『東京国立博物館百年史』東京国立博物館，1973年
梅津次郎，岡見正雄編『新修日本絵巻物全集18』角川書店，1979年
小松茂美編『日本絵巻大成25』中央公論社，1979年
土井忠生，森田武，長南実編訳『邦訳 日葡辞書』岩波書店，1980年
高取正男編『京女 ── そのなりわいの歴史』中央公論社，1982年
岩崎佳枝『職人歌合 ── 中世の職人群像』（平凡社選書114）平凡社，1987年
喜多川守貞／朝倉治彦，柏川修一校訂編集『守貞謾稿』東京堂出版，1992年
森理恵「『真如堂縁起』にみる16世紀初期の服飾の諸問題」（『仏教藝術』222号所収）1995年
大塚光信解説『エヴォラ本 日葡辞書』清文堂出版，1998年
三田村鳶魚／朝倉治彦編『御殿女中』（鳶魚江戸文庫17）中央公論社，1998年
生谷吉男，藤井健三『京友禅　摺り染 ── 歴史と技法』京都友禅協同組合，2001年
長崎巌「再考　茶屋染」（『MUSEUM』571号所収）2001年
遠藤貴子「『茶屋染』考 ── その名称の由来と豪商茶屋家をめぐって」（『野村美術館研究紀要』11号所収）2002年
小山弓弦葉「初期唐織の編年に関する考察 ── 金春座伝来能装束を中心に」（『MUSEUM』585号所収）2003年
澤田和人「帷子の基礎的研究 ── 室町時代から江戸時代初期に於ける材質の変遷について」（国立歴史民俗博物館編『国立歴史民俗博物館研究報告』125集所収）2006年
澤田和人「［染］と［織］の肖像 ── 日本と韓国・守り伝えられた染織品」（国立歴史民俗博物館編『［染］と［織］の肖像 ── 日本と韓国・守り伝えられた染織品』展図録所収）2008年
山田慎也「奉納される死者のキモノ」（国立歴史民俗博物館編『［染］と［織］の肖像 ── 日本と韓国・守り伝えられた染織品』展図録所収）2008年
山川曉「つなぎとめられた縁 ── 円照寺蔵　葡萄棚文様小袖地打敷からみる世界」（『皇女たちの信仰と御所文化　尼門跡寺院の世界』展図録所収）産経新聞社，2009年

掲載図版一覧

（●は国宝，◎は重要文化財）

第四章　辻が花「誕生」の近代

図 4-12　梶原緋佐子「いでゆの雨」，昭和 6 年（1931），京都市美術館，『MUSEUM』（627 号，2010）より
図 4-13　染織祭復元「機織の小袖」着装姿，公益社団法人　京都染織文化協会，『歴代服装図録①』（歴代服装図録刊行会，1933）より
図 4-14　染織祭復元「紺掻の小袖」着装姿，公益社団法人　京都染織文化協会，『歴代服装図録』（同上）より
図 4-15　染織祭復元「絞師の小袖」，公益社団法人　京都染織文化協会，『写真でみる日本の女性風俗史』（紫紅社，2003）より
図 4-16　「裂 染分地松皮取石畳椿藤女郎花模様」12 枚を繋ぎ合わせて復元した図，テリ・サツキ・ミルハプト氏作成，Terry Satsuki Milhaupt, *Flowers at the crossroads: The four-hundred-year life of Japanese textile*, Washinton University, 2002, Saint Louis, Missouri より
図 4-17　裂 白地蓮葉模様，神奈川・女子美術大学美術館
図 4-18　共裂共有の例，著者作成

第五章　辻が花「神話化」の現代／むすび

図 5-1　◎胴服 染分段丸亀甲丁字模様，島根県・清水寺，京都国立博物館寄託
図 5-2　安田靫彦「森蘭丸」，昭和 44 年（1969），広島・ウッドワン美術館
図 5-3　前田青邨「細川ガラシャ」，昭和 49 年（1974），ローマ・ヴァチカン近代美術館
図 5-4　久保田一竹作「清姫　幻」，昭和 51 年（1976）
図 5-5　小倉建亮作「海の幸」，昭和 33 年（1958），京都国立近代美術館
図 5-6　古澤万千子作「蝶と芍薬紋」，昭和 43 年（1968），東京・日本民藝館
図 5-7　桐屋／翠山工房（新潟・十日町）の「夢幻辻が花」振袖，個人蔵
図 5-8　国立歴史民俗博物館，第 2 展示室「職人と芸能」コーナーの「桂女」，千葉・国立歴史民俗博物館

辻が花裂一覧

※本一覧に記載される辻が花裂のうち，自らが調査した資料の番号と名称を**ゴシック**で示した.
※「色と模様のタイプ」の列にある①〜⑥の分類は，本書第三章第一節および第三節にあるタ
※千葉・国立歴史民俗博物館所蔵のうち，1983 年に東京国立博物館から移管された作品につ
※所蔵者のうち，かつて鐘紡株式会社に所蔵されていた作品は 2009 年に東京・女子美術大学
※資料は以下のように省略し，また各資料中の図版番号を各欄に記した.

- 京：切畑健『辻が花』京都書院，1983 年
- 至：今永清士『日本の美術』113 号「辻が花染」至文堂，1975 年
- 講イ：伊藤敏子『辻が花染』講談社インターナショナル，1981 年
- 山辺：山辺知行『辻ヶ花』京都書院，1964 年
- 田畑：田畑喜八『色と文様 辻が花編』光村推古書院，1970 年
- 松坂：日本経済新聞社他編『小袖 江戸のオートクチュール』展図録，2008 年
- 河上：河上繁樹『日本の染織 2 辻が花』京都書院，1993 年
- 講：伊藤敏子『辻が花』講談社，1972 年
- 古裂：古裂会編『古裂会 Auction Catalogue —— 特集　古染織』古裂会，2006 年

※伝来の欄に記される「大和」とは奈良・大和文華館が発行する『大和文華』記載であること

通番	名称	材質	形状	色と模様のタイプ	寸法（cm）
1	**表紙裂 萌黄地椿芝露草花模様**	練緯	裂帖の表紙	①	24.0×38.5
2	**表紙裂 萌黄地椿芝露草花模様**	練緯	裂帖の表紙	①	29.3×39.6
3	裂 萌黄地藤菊模様			①	11.8×29.0
4	**裂 染分地椿藤模様**	練緯		①	46.6×35.6
5	**小袖屛風 染分地石畳草花模様**		小袖屛	①	丈 110.0
6	裂 萌黄地椿草花模様	練緯	(元)表具裂	①	
7	裂 染分地松皮取石畳椿藤模様	練緯	小袖→裂	①	24.5×27.2
8	**裂 染分地石畳花藤模様**	練緯		①	
9	裂 染分地石畳花藤模様	練緯		①	
10	裂 萌黄地菊藤露模様	練緯	(元)表具裂	①	
11	裂 萌黄紫段椿藤立波模様			①	
12	裂 濃萌黄地草花模様	紬		①′	
13	裂 萌黄地鹿の子椿模様			①′	27.6×50.0
14	裂 萌黄地枝垂桜桐模様		表具裂(軸装)	①′	91.0×38.6
15	幡 紺地楓竹模様裂	紬	幡	①′	

なお，調査は平成 13-15 年における文部科学省研究助成「若手研究（B)」によるものである.
イプ①〜⑥に準拠する.
いては「東京国立博物館→国立歴史民俗博物館」と記した.
に移管されたため「鐘紡株式会社→女子美術大学」と記した.

を示す.

所蔵者	京	至	講イ	その他掲載	伝来
山口県立山口博物館	18	92	76	河上 9／講 78	毛利家旧蔵(毛利輝元の衣裳裂と伝えられる). 昭和 27 年に毛利家より一括寄贈された歴史資料の一つ.
山口県立山口博物館	19		75		毛利家旧蔵(毛利輝元の衣裳裂と伝えられる). 昭和 27 年に毛利家より一括寄贈された歴史資料の一つ.
	20				
東京・根津美術館	24				
東京国立博物館→国立歴史民俗博物館	25	5	82	河上 7	野村正治郎旧蔵
京都市立芸術大学				田畑 33	
鐘紡株式会社→女子美術大学					神奈川・長尾美術館旧蔵
京都・松坂屋染織参考館→愛知・松坂屋				松坂 202-1,2	
			78		
京都・松坂屋染織参考館→愛知・松坂屋				松坂 208	
	15		44	田畑 3	上村六郎旧蔵
	77				
		81	101	田畑 7／講 3	共裂との関連から, 享禄 3 年 12 月 21 日付けの附属文書にある, 根来寺の長禅坊が享禄元年(1528)から同 3 年(1530)にかけて製作し奉納した幡と同時期のものと考えられる. 安田靫彦旧蔵.

通番	名称	材質	形状	色と模様のタイプ	寸法（cm）
16	裂 萌黄地立涌葵桜模様			①′	
17	裂 萌黄地立涌葵桜模様			①′	
18	裂 紺地楓竹模様	紬		①′	
19	裂 萌黄紬地藤草花模様	紬		①′	
20	**裂 萌黄地藤波桶模様**	練緯		①′	35.5×17.0
21	**裂 萌黄地藤波桶模様**	練緯		①′	39.0×16.0
22	**幡 萌黄地藤波桶模様裂**	練緯	幡	①′	83.0×32.0
23	**幡 紅筋模様裂（紺地楓竹模様裂）**	紬	幡	①′	83.0×32.0
24	幡 萌黄地藤波桶模様裂	練緯	幡	①′	
25	幡 紺地楓竹模様裂	紬	幡	①′	93.0×33.0
26	裂 紺地楓竹模様	紬		①′	73.1×41.0
27	裂 染分地草花松皮菱模様			①＋②	
28	裂 萌黄地草花に波模様			①＋②	
29	裂 青緑地島取藤葵模様	紬		②	31.0×39.0
30	裂 青緑地島取花葉模様			②	15.0×21.4
31	裂 青緑地島取柳花葉模様			②	15.0×21.4
32	裂 青緑地島取紅葉花葉模様			②	15.0×26.5
33	**◎小袖 白地洲浜形水辺花鳥模様**	練緯（諸羽）	小袖	②	裄 60.5 丈 130.0

所蔵者	京	至	講イ	その他掲載	伝来
		86	99	田畑15／講74	
				田畑55	前田青邨旧蔵
			100	講71	共裂との関連から，享禄3年12月21日付けの附属文書にある，根来寺の長禅坊が享禄元年(1528)から同3年(1530)にかけて製作し奉納した幡と同時期のものと考えられる．
				田畑5	前田青邨旧蔵
	1	1	97	田畑54／河上1／講1	享禄3年12月21日付けの附属文書にあるように，根来寺の長禅坊が享禄元年(1528)から同3年(1530)にかけて製作し奉納した幡．入江波光旧蔵．
	2	1	96	山辺1／田畑54／講1	享禄3年12月21日付けの附属文書にあるように，根来寺の長禅坊が享禄元年(1528)から同3年(1530)にかけて製作し奉納した幡．入江波光旧蔵．
	3	35		河上2／講2	享禄3年12月21日付けの附属文書にあるように，根来寺の長禅坊が享禄元年(1528)から同3年(1530)にかけて製作し奉納した幡．入江波光旧蔵．
	4			河上3	共裂との関連から，享禄3年12月21日付けの附属文書により，根来寺の長禅坊が享禄元年(1528)から同3年(1530)にかけて製作し奉納した幡と同時期のものと考えられる．
					共裂との関連から，享禄3年12月21日付けの附属文書により，根来寺の長禅坊が享禄元年(1528)から同3年(1530)にかけて製作し奉納した幡と同時期のものと考えられる．安田靫彦旧蔵．
	5			河上4	共裂との関連から，享禄3年12月21日付けの附属文書により，根来寺の長禅坊が享禄元年(1528)から同3年(1530)にかけて製作し奉納した幡と同時期のものと考えられる．
	6			山辺5／田畑89	共裂との関連から，享禄3年12月21日付けの附属文書により，根来寺の長禅坊が享禄元年(1528)から同3年(1530)にかけて製作し奉納した幡と同時期のものと考えられる．安田靫彦旧蔵．
京都・松坂屋染織参考館→愛知・松坂屋				松坂179	
京都・松坂屋染織参考館→愛知・松坂屋				松坂203	
田畑家コレクション	7	83	77	山辺3／田畑41／河上8	安田靫彦旧蔵
	8			山辺23／田畑96	安田靫彦旧蔵
	9			田畑96	安田靫彦旧蔵
	10			田畑96	
東京国立博物館	16	2・38	98	山辺40・41／田畑52／河上	裏地にある墨書銘によれば，岐阜県郡上郡の白山神社神宮寺に永禄9年(1566)に寄進されたもの．

通番	名称	材質	形状	色と模様のタイプ	寸法（cm）
34	裂 染分地島取藤竹斜格子模様			②	86.5×25.5
35	裂 染分地斜取(松皮取カ)菊と葵模様			②	9.5×27.6
36	裂 染分地松皮取菊桔梗椿藤模様		表具裂(軸装)	②	41.5×62.5
37	裂 染分地松皮取菊桔梗椿藤模様		表具裂(軸装)	②	
38	裂 萌黄地松皮取松皮菱桜藤杜若模様			②	45.0×37.0
39	裂 萌黄地松皮取松皮菱桜藤杜若模様			②	46.5×38.7
40	裂 染分地松皮取石畳椿藤女郎花模様	練緯	小袖→裂	②	36.6×22.7
41	**裂 染分地松皮取石畳椿藤女郎花模様**	練緯	小袖→裂	②	29.3×23.2
42	**裂 染分地松皮取石畳椿藤女郎花模様**	練緯	小袖→裂	②	22.7×68.5
43	裂 染分地松皮取石畳椿藤女郎花模様	練緯	小袖→裂	②	
44	裂 染分地島取菊桐模様			②	36.5×38.2
45	裂 染分地島取菊桐楓模様			②	39.0×40.0
46	裂 染分地松皮取短冊草花模様			②	73.8×39.0
47	裂 染分地松皮取島取椿桐紅葉扇面模様	練緯		②	38.0×34.5
48	裂 染分地松皮取草花桐模様	練緯	(元)表具裂	②	47.0×18.6
49	裂 染分地松皮取松皮菱菊楓模様			②	16.4×31.6
50	裂 染分地松皮取桜菊芒模様	練緯		②	14.2×31.0
51	◎裂 染分地島取松皮菱柳桜扇面模様		胴服の衿	②	襟幅 8.5
52	裂 染分地松皮取松皮菱草花扇面散模様			②	38.5×63.0
53	**裂 染分地島取松皮菱襷草花模様**	練緯	小袖の衿	②	55.0×16.5
54	**裂 染分地島取松皮菱襷草花模様**	練緯	小袖の衿	②	69.7×16.3

所蔵者	京	至	講イ	その他掲載	伝来
				5／講5・6・7	
愛知・普済寺	17		70	河上10	
田畑家コレクション	21		74	山辺11／田畑58	前田青邨旧蔵
京都・瑞泉寺	26	74・75	68	山辺9・10／田畑57／河上20／講79	京都・瑞泉寺に祀られている豊臣秀次の妻妾たちが着用していた小袖の一つと伝えられる．文禄4年(1595)三条河原で処刑されたが，慶長16年(1611)に角倉了以が瑞泉寺を建立し，彼女たちが着用していた小袖の裂で婦女の遺詠の和歌を表装して奉納し，彼女らを祀ったと伝えられる．
京都・瑞泉寺				田畑56	京都・瑞泉寺に祀られている豊臣秀次の妻妾たちが着用していた小袖の一つと伝えられる．文禄4年(1595)三条河原で処刑されたが，慶長16年(1611)に角倉了以が瑞泉寺を建立し，彼女たちが着用していた小袖の裂で婦女の遺詠の和歌を表装して奉納し，彼女らを祀ったと伝えられる．
	27			田畑43	安田靫彦旧蔵
	28			河上11	
田畑家コレクション	30			田畑67／河上22	安田靫彦旧蔵(大和42号)
東京・根津美術館	31				野村正治郎旧蔵
埼玉・遠山記念館	32		83		岡田三郎助旧蔵
	33				
	34				
	35			河上21	
京都府立総合資料館	36			田畑87	小野竹喬旧蔵
	37	84	88	山辺48／田畑36／講83	入江波光旧蔵
	38	77	84	山辺25／田畑78／講81	入江波光旧蔵
静岡市立芹沢銈介美術館	39				芹沢銈介旧蔵
京都市立芸術大学	40		103	山辺12／田畑40	
山形・上杉神社	41	21	105	山辺32／講10・11・12	上杉謙信所用か
	43			河上24	
	44		71	山辺2／田畑38a／講67	入江波光旧蔵．伝淀殿所用．同模様の別裂に「ふしみ殿御あつらへ」の墨書銘がみられる．伏見城築城の文禄3年(1594)以降，大坂城へ移る慶長4年(1599)の間にあつらえたものと考えられている．
	45		72	山辺13／	入江波光旧蔵．伝淀殿所用．同模様の別裂に「ふしみ

通番	名称	材質	形状	色と模様のタイプ	寸法（cm）
55	**裂 紅地雲襷松皮菱薄花丸模様**	練緯（捺文）		②	53.5×36.0
56	**縫箔 紅地島取草花色紙散模様**	練緯	小袖→能装束の縫箔	②	裄 66.0 丈 141.5
57	裂 紅地扇面と枝垂桜桐紋散模様			②	12.5×30.0
58	裂 紅地松皮島取と草花模様			②	73.0×38.0
59	裂 紅地松皮島取と草花模様			②	14.1×47.2
60	裂 紅地松皮島取と草花模様			②	7.1×47.2
61	裂 斜格子草花模様		(元)表具裂	②	
62	**裂 松皮菱雪持柳檜垣菊椿模様**	練緯（諸羽）	(元)表具裂	②	① 61.0×7.4 ② 58.4×7.5 ③ 15.1×7.5 ④ 20.4×7.5 ⑤ 21.6×7.4 ⑥ 25.8×7.4 ⑦ 7.3×32.2 ⑧ 7.5×22 ⑨ 24.5×22.6 ⑩ 9.6×7.4
63	裂 島取笹模様			②	
64	裂 染分地松皮菱短冊草花模様			②	
65	裂 染分地松皮菱短冊草花模様			②	
66	裂 萌黄地菊藤模様			②	
67	打敷 染分地雲取松皮取菊片輪車模様	練緯	打敷	②	
68	裂 染分地松皮菱短冊草花模様			②	
69	裂 青緑地松皮取斜格子草花立波模様		(元)表具裂	②	
70	裂 染分地島取松皮菱襷草花模様		(小袖の)前身頃	②	133.8×39.2
71	裂 染分地島取松皮菱襷草花模様		(小袖の)前身頃	②	
72	裂 染分地松皮菱菊花模様			②	
73	**裂 白地松皮取草花短冊模様**	練緯		②	
74	裂 染分地松皮取楓菊桐模様			②	
75	裂 染分地松皮菱藤菊模様			②	
76	**裂 染分地斜縞松皮取草花模様**			②	

所蔵者	京	至	講イ	その他掲載	伝来
				田畑 38b／講 67	殿御あつらへ」の墨書銘がみられる.伏見城築城の文禄3年(1594)以降,大坂城へ移る慶長4年(1599)の間にあつらえたものと考えられている.
東京国立博物館	107			田畑 71	
東京国立博物館	112	3	132	山辺 45／田畑 99／講 68	
京都・誓願寺	116				
	120		149		
京都・株式会社タクマ本社	121				
京都・株式会社タクマ本社	122				
千葉・国立歴史民俗博物館					
		69			
		76	87	講 82	前田青邨旧蔵
				田畑 12・62	前田青邨旧蔵
		88	81	田畑 1／講 75	前田青邨旧蔵
			86		
		22	69	田畑 6・10／講 73	前田青邨旧蔵
大阪・丸紅株式会社					伝淀殿所用.耳の部分に「ふしみ殿御あつらへ」の墨書銘がみられる裂と共裂.伏見城築城の文禄3年(1594)以降,大坂城へ移る慶長4年(1599)の間にあつらえたものと考えられている.
			86	田畑 34	前田青邨旧蔵
鐘紡株式会社→女子美術大学			90		神奈川・長尾美術館旧蔵
			91		
			92		
鐘紡株式会社→女子美術大			93		神奈川・長尾美術館旧蔵

通番	名称	材質	形状	色と模様のタイプ	寸法（cm）
77	裂 紅地雪持柳松皮菱草花模様			②	
78	**裂 青緑地波藤葵模様**	練緯（緯糸紬）		②	30.9×28.5
79	**裂 染分地雲取草花松皮取波桐菊模様**	練緯		②	45.5×24.2
80	裂 染分地松皮菱草花模様	練緯	(元)表具裂	②	① 42.8×13.2 ② 37.2×3.2 ③ 39.6×3.0 ④ 37.5×4.9
81	裂 青緑地草花模様	平絹	(元)表具裂	②	
82	裂 染分地松皮取石畳椿藤女郎花模様	練緯	小袖→裂	②	
83	裂 染分地松皮取石畳椿藤女郎花模様	練緯	小袖→裂	②	
84	裂 濃萌黄地松皮取草花貝模様	練緯	(元)表具裂	②	
85	裂 染分地島取松皮取桐草花模様	練緯	(元)表具裂	②	
86	裂 白地島取草花模様		表具裂(軸装)	②	
87	裂 染分地松皮菱草花模様		(元)表具裂	②	
88	裂 染分地松皮菱桔梗草花模様		(元)表具裂	②	
89	裂 白地立涌島取草花模様			②	
90	裂 染分地松皮取柳草花模様			②	
91	裂 染分地松皮取石畳椿藤女郎花模様	練緯	小袖→裂	②	
92	裂 紅地扇面模様			②	
93	裂 白地菊模様			②′	16.0×11.5
94	裂 白地菊模様			②′	16.0×11.5
95	**裂 紅筋白段鶴草花桐藤模様**	練緯	裂帖	②′	43.5×36.5
96	裂 染分地松皮菱海部草花模様			②′	
97	裂 茶地鹿の子霞取草花貝模様			②+③	
98	裂 紫地花菱桜藤模様			②+⑤	28.8×22.5
99	裂 紅白染分地色紙扇面散草花模様		表具裂(軸装)	②+⑥	
100	打敷 紅地松皮島取松枝垂桜亀甲花菱唐草模様		打敷	②+⑥	
101	裂 紅地松皮島取松枝垂桜亀甲花菱唐草模様			②+⑥	42.2×35.0
102	◎小袖 茶地段円草花模様	練緯	小袖	③	裄 56.5 丈 141.0
103	**裂 茶地段扇面短冊草花模様**	練緯		③	58.5×38.7
104	**裂 茶地段扇面短冊草花模様**	練緯		③	70.2×38.5

所蔵者	京	至	講イ	その他掲載	伝来
学					
			131		
東京・根津美術館					
東京・根津美術館					
京都市立芸術大学					
ハワイ・ホノルル芸術大学					野村正治郎→ Robert Allerton 旧蔵
				山辺 14	
				田畑 16	前田青邨旧蔵
				田畑 18	前田青邨旧蔵
				田畑 48	安田靫彦旧蔵
				田畑 64	安田靫彦旧蔵
					安田靫彦旧蔵(『時代裂』第 38 図に掲載)
				松坂 204-1	
	22				
	23				
大阪・藤田美術館	42	12	貼	山辺 16／田畑 88／河上 23／講 100	
			123	講 94	
		70		山辺 37／田畑 46	安田靫彦旧蔵
	11			河上 12	
石川・妙法寺			111		肖像画「圓智院(篠原一孝夫人)像」の表具裂の中廻し.
京都・大雲院			120	田畑 81／講 93	打敷の裏に墨書銘あり,「右志者為宗和童子井也元和十年今月日」. 現状は打敷であるが,もともとは紅地に松皮菱模様を島取りにし,草花模様を表した肩裾模様の小袖と思われる.
京都・大雲院	115				
静岡・平野美術館	98	79	133	河上 31／講 89・90	桂女の世襲家,小寺家旧蔵
東京国立博物館	99	80			
鐘紡株式会社→女子美術大	100		135		神奈川・長尾美術館旧蔵

通番	名称	材質	形状	色と模様のタイプ	寸法（cm）
105	小袖 茶地段草花円梅模様	練緯	小袖→能装束の縫箔	③	裄 73.5 丈 138.9
106	裂 茶地段扇草花模様	練緯		③	48.0×33.5
107	裂 茶地段扇草花模様	練緯		③	
108	**裂 茶地藤女郎花遠山丸紋散模様**	練緯		③	42.5×37.7
109	**裂 茶地丸紋散模様**	練緯		③	40.5×38.4
110	◎小袖 茶地流水扇散模様		小袖	③	裄 60.0 丈 145.0
111	裂 紅地扇面と枝垂桜桐紋散模様			③	12.5×41.5
112	裂 黒地扇模様			③	幅各 24.5
113	袈裟 茶地雲扇団扇草花模様		袈裟の田相	③	丈 135.0
114	**裂 茶地雲楓桐樹模様**	練緯		③	25.0×39.2
115	裂 茶地紫陽花桜模様			③	
116	裂 茶地団扇冊子模様			③	
117	裂 茶地丸模様			③	
118	裂 黒地扇面巴草花模様			③	
119	裂 黒地段松皮菱丸紋模様			③	
120	裂 茶地段扇面短冊草花模様	練緯		③	
121	裂 茶地丸紋散菊模様			③	
122	**裂 茶地竹草花鞠挟模様**	練緯		③	
123	裂 茶地竹草花鞠挟模様	練緯		③	
124	裂 茶地扇面草花模様			③	
125	**裂 茶地連珠円文松皮菱模様**	練緯	(元)表具裂	③	43.5×5.3
126	裂 茶地段扇面短冊草花模様	練緯		③	
127	裂 茶地扇面散模様			③	
128	裂 茶地鞠挟草花模様			③	
129	裂 茶段菱楓雪輪模様			③′	70.0×34.0

所蔵者	京	至	講イ	その他掲載	伝来
学					
	101		136		京都・高津古文化会館旧蔵
鐘紡株式会社→女子美術大学	104		140		神奈川・長尾美術館旧蔵
				田畑 60	安田靫彦旧蔵
鐘紡株式会社→女子美術大学	105		139		神奈川・長尾美術館旧蔵
鐘紡株式会社→女子美術大学	106		138		神奈川・長尾美術館旧蔵
鐘紡株式会社→文化庁	110		110		神奈川・長尾美術館旧蔵
京都・誓願寺	117				
	118				
福岡市美術館	119	4	145	講 92	紅地摺箔を縁とし,条葉を茶地扇面模様の縫箔とした九条袈裟.裏地に墨書銘「寄進羽田筑後守殿御内室,為□世□黄路通,正蓮社伝与(花押)」.秀次事件の際に連座して追放された羽田正親長門守と同一人物か(伊藤敏子『辻が花染』〈講談社,1981〉158 頁,『川角太閤記』参照).
東京・根津美術館		71			
			114		
			124		
			125		
			126		
			127・128	講 98	
			134	講 91	
			137		
鐘紡株式会社→女子美術大学			141		神奈川・長尾美術館旧蔵
				山辺 44	入江波光旧蔵
			144		
鐘紡株式会社→女子美術大学					神奈川・長尾美術館旧蔵
京都・松坂屋染織参考館→愛知・松坂屋				松坂 207	
				田畑 47	安田靫彦旧蔵
京都・松坂屋染織参考館→愛知・松坂屋				松坂 206-1	
	63			河上 32	

通番	名称	材質	形状	色と模様のタイプ	寸法（cm）
130	裂 茶地霞丸紋散草花模様	練緯		③′	49.0×35.5
131	裂 茶地雲楓模様			③′	56.0×33.0
132	裂 染分段円草花葡萄模様			③′	52.0×34.0
133	裂 染分段扇海松貝桐紋散模様	練緯		③′	48.0×30.0
134	裂 花籠藤草花模様	綸子		③′	85.6×30.5
135	打敷 染分段海貝扇楓桐紅筋模様	練緯	打敷（引解）	③′	56.7×72.8
136	裂 黒地秋草雲扇面模様	練緯		③′	54.0×33.8
137	裂 紫地雲梅花模様			③′	
138	裂 茶地冊子扇面模様			③′	
139	裂 茶地冊子丸紋模様			③′	
140	裂 紅地扇面桜模様			③′	
141	裂 紫地梅花模様	練緯	（元）表具裂	③′	① 26.5×2.2 ② 26.6×3.7
142	裂 染分段海貝扇楓桐紅筋模様	練緯		③′	
143	裂 染分段海貝扇楓桐紅筋模様	練緯		③′	
144	裂 茶地椿立木模様			③＋⑤	
145	◎胴服 白地桐矢襖模様	練緯（諸羽）	胴服	④	丈 115.8 裄 57.6
146	小袖屏風 浅葱地草花唐草雲文扇面散模様	練緯	小袖屏風	④	丈 107.5
147	裂 水浅葱地丸紋散模様	練緯		④	① 38.5×34.3 ② 68.7×34.3
148	◎胴服 染分地銀杏雪輪模様	平絹	胴服	④	裄 63.0 丈 121.0
149	胴服 紫地葵葉模様　三つ葉葵紋付	平絹	胴服	④	裄 58.0 丈 112.0
150	◎胴服 白地檜草花模様　三つ葉葵紋付		胴服	④	裄 62.5 丈 116.0
151	胴服 紫地桐紋散模様　三つ葉葵紋付		胴服	④	裄 61.0 丈

所蔵者	京	至	講イ	その他掲載	伝来
東京国立博物館	64			田畑70／河上33	
京都・株式会社タクマ本社	65				
鐘紡株式会社→女子美術大学	102				神奈川・長尾美術館旧蔵
鐘紡株式会社→女子美術大学	103		142		神奈川・長尾美術館旧蔵
京都・株式会社一ノ橋	109				
ドイツ・リンデン博物館					
東京国立博物館					
			107		
			108		
			109		
京都・誓願寺			143		
鐘紡株式会社→女子美術大学					神奈川・長尾美術館旧蔵
京都・松坂屋染織参考館→愛知・松坂屋				松坂201-1・206-2	
				古裂62	大道弘雄旧蔵→浅野織物旧蔵
			57		
京都国立博物館	48	8	2	河上15／講17	明石隆子旧蔵(大和42号).豊臣秀吉所用と伝わる.天正18年(1590)に,秀吉の小田原征伐の際,南部信直の家臣,松斎北左衛門尉信愛が主命により鷹50羽,馬100匹を秀吉の陣中に贈ったときに拝領.
東京国立博物館→国立歴史民俗博物館	66		66	河上35	野村正治郎旧蔵
奈良・大和文華館	74		61・62	田畑13／河上36	
東京国立博物館	78	78	110	河上25／講18・19・20	徳川家康所用.慶長6年(1601)11月,石見銀山の見立師・吉岡隼人が江戸にて家康から拝領(『吉岡家文書』).
愛知・徳川美術館	80	18	7	田畑82／河上27／講45・46	尾張徳川家4代吉通(正徳3年〈1713〉没)が幼少時に着用していたと伝えられるが(『御大切御道具帳』明和4年〈1767〉),慶長初期の家康のものか(伊藤敏子『辻が花染』〈講談社,1981〉28-29頁参照).
茨城・水府明徳会	81	16・65	48・49	河上28／講26・27・28・29	
東京・上野東	82	62	18	田畑39／	徳川家康所用

通番	名称	材質	形状	色と模様のタイプ	寸法（cm）
					114.0
152	**陣羽織 紫白段葵紋散模様**	練緯	陣羽織（半身）	④	裄 66.5 丈 98.0
153	**◎小袖 水浅葱地花重模様　三つ葉葵紋付**	平絹	小袖	④	裄 60.5 丈 129.5
154	**◎小袖 水浅葱地葵紋散模様**	練緯	小袖	④	裄 61.0 丈 135.0
155	**◎小袖 紺地檜梅葵紋散模様　三つ葉葵紋付**	練緯	小袖	④	裄 64.5 丈 138.0
156	**◎小袖 水浅葱地雪持笹模様**	平絹	小袖	④	裄 60.6 丈 131.0
157	**◎小袖 水浅葱地扇地紙模様　三つ葉葵紋付**	練緯	小袖	④	裄 61.0 丈 132.5
158	◎小袖 染分地葵梶葉散模様　三つ葉葵紋付		小袖（熨斗目）	④	裄 58.0 丈 125.0
159	◎小袖 紺地菊唐草散模様		小袖	④	裄 49.0 丈 132.0
160	小袖 水浅葱地花菱亀甲散模様	綾	小袖	④	裄 57.7 丈 139.5
161	**◎小袖 白地松皮菱竹模様**	練緯（諸羽）	小袖（狂言装束）	④	裄 66.0 丈 138.5
162	裂 白地扇面葵唐花唐草模様	練緯（諸羽）		④	60.8×40.2
163	裂 白地扇面丸葵散模様	練緯（諸羽）		④	72.0×40.5
164	**小袖屏風 白地葡萄松皮菱模様**	練緯（諸羽）	小袖屏風	④	丈 107.0
165	裂 白地葡萄松皮菱模様	練緯（諸羽）		④	92.5×40.5
166	裂 白地葡萄松皮菱模様	練緯（諸羽）		④	
167	裂 黄地竹模様（三つ葉葵紋付）	練緯（捺文）		④	① 44.8×19.6 ② 52.7×11.5

所蔵者	京	至	講イ	その他掲載	伝来
照宮				講58・59	
東京国立博物館	83	67	54	田畑24／講60・61	徳川家康所用. 越後高田藩の家臣祐徳が家康より拝領と伝わる.
愛知・徳川美術館	84		8	山辺21／田畑95／講35・37	徳川家康所用
愛知・徳川美術館	85	61		講43・44	徳川家康所用
愛知・徳川美術館	86	59	10	田畑91／講32・33・34	徳川家康所用
愛知・徳川美術館	87	60	53	田畑79／河上29／講41・42	徳川家康所用
愛知・徳川美術館	88	63・64	11	田畑93／講39・40	徳川家康所用
神奈川・明長寺	91	56	55	田畑11／講62・63	徳川家康所用. 元和元年(1615), 大坂の役で戦功を立てた結城秀康の家臣・萩田主馬が家康より拝領の御肌着とある. 子孫幸之助が延享5年(1748)に大師河原村の百姓となり, 家宝を明長寺に預けた(『明長寺文書』『萩田主馬助覚書』).
茨城・水府明徳会	92	14・66	19	講30・31	徳川家康所用
愛知・国友家	93				徳川家康所用. 由緒書に「一　権現様御代大坂御陣前慶長九辰年〔1604〕国友四人之／年寄共駿府江被為召　御免見被　御付難有／御諚共其上御呉服一重宛頂戴仕」. 国友家は鉄砲鍛冶の家柄である. 綾地綾文で三つ葉葵紋が織り出された綾地を用いる.
東京国立博物館	94	17	50	田畑100／河上42／講66	徳川家康所用. 鷺流16世の狂言師定賢が文政4年(1821)に書き記した文書によると, 10世正次が慶長15年（1610）に家康からこの小袖と紅練緯地菊桐菱繋模様摺箔帯を拝領した. 野口真造旧蔵(大和42号)
京都・株式会社一ノ橋	123			河上44	
			146	講103	
東京国立博物館→国立歴史民俗博物館	124				野村正治郎旧蔵
田畑家コレクション	125	93		山辺15／田畑35／河上37／講102	
				田畑80	前田青邨旧蔵
田畑家コレクション	127			田畑25／河上43	田畑喜八蒐集

通番	名称	材質	形状	色と模様のタイプ	寸法（cm）
168	**◎小袖 水浅葱地楓重模様(三つ葉葵紋付)**	平絹	小袖	④	丈 129.0 裄 60.5
169	**鎧下着 紫白藍段模様**	練緯	鎧下着	④	丈 74.5 裄 54.6
170	**鎧下着 浅葱練緯桐模様(三つ葉葵紋付)**	練緯	小袖 or 胴服→鎧下着	④	丈 97.0 裄 56.5
171	胴服 白地蝶模様(三つ葉葵紋付)		胴服	④	
172	**◎小袖 染分地腰替葵紋散模様(三つ葉葵紋付)**	練緯	小袖(熨斗目)	④	
173	裂 白地葵紋散模様			④	
174	裂 染分段薄橘模様			④	
175	裂 白地葡萄松皮菱模様			④	
176	**胴服 浅葱地蔦模様(三つ葉葵紋付)**	練緯(捺文)	胴服	④	丈 109.5 裄 60.2
177	**裂 白地草花扇面模様**	練緯		④	
178	**裂 白地扇面葵唐草唐花模様**	練緯(諸羽)		④	33.8×27.3
179	**裂 白地扇面葵唐草唐花模様**	練緯(諸羽)		④	66.8×37.6
180	**裂 白地扇面葵唐草唐花模様**	練緯(諸羽)		④	56.8×27.3
181	**裂 白地菱葡萄模様**	練緯		④	① 20.5×41.5 ② 23.5×22.0 ③ 20.5×21.0
182	裂 白地菱葡萄模様	練緯		④	① 18.5×26.5 ② 41.0×8.0
183	**裂 白地扇面葵唐草唐花模様**	練緯(諸羽)		④	9.1×39.7
184	**裂 白地雲菊鉄線花唐草模様**	綸子		④	92.0×37.0
185	裂 白地扇面葵唐草唐花模様	練緯(諸羽)		④	32.7×26.7
186	胴服 浅葱地葵散模様 三つ葉葵紋付		胴服	④	
187	◎胴服 染分段丸亀甲丁子模様	練緯	胴服	④′	裄 57.0 丈 120.0

所蔵者	京	至	講イ	その他掲載	伝来
愛知・徳川美術館		15・68	9	田畑73／講36・38	徳川家康所用
京都国立博物館					
京都国立博物館			3・4	河上16	天正18年(1590),徳川家康が関東へ入国の際,直臣に加えられた稲垣長茂が家康から拝領.
京都・松坂屋染織参考館→愛知・松坂屋			5	田畑19／松坂222／講23・24・25	伝徳川家康所用
愛知・徳川美術館					徳川家康所用.慶長4年(1599),家臣の佐枝種長に与える.
			56		
			59	山辺6／田畑44／講99	安田靫彦旧蔵
			67		
東京国立博物館					鷹師・荒井源左衛門威忠が徳川家康より拝領.
東京国立博物館					昭和16年(1941)に購入(列品番号I-2788).
東京・根津美術館					
ロサンジェルス・カウンティ美術館					野村正治郎より購入.
千葉・国立歴史民俗博物館					野村正治郎旧蔵
鐘紡株式会社→女子美術大学					神奈川・長尾美術館旧蔵
				古裂54	野村正治郎旧蔵→大道弘雄旧蔵→浅野織物旧蔵
鐘紡株式会社→女子美術大学					神奈川・長尾美術館旧蔵
鐘紡株式会社→女子美術大学					神奈川・長尾美術館旧蔵
田畑家コレクション					
茨城・水府明徳会					徳川家康所用
島根・清水寺	79	13	6	田畑8／河上26／講21・22	徳川家康所用.慶長8年(1603)8月5日,伏見城にて石見銀山の見立師・安原伝兵衛が家康から拝領(『石見銀山文書』『東照宮御実記』).貞享元年(1684)銀山の代官より拝領品差し出しのお触れがあり,その翌

通番	名称	材質	形状	色と模様のタイプ	寸法（cm）
188	裂 紫地木葉模様			④′	31.0×36.3
189	**裂 青緑地唐花円露芝模様**	平絹		④′	50.9×38.8
190	◎小袖 濃萌黄地菱唐草散模様	小袖		④′	
191	◎小袖 紺地菊唐草紋散模様 三つ葉葵紋付		小袖	④′	
192	胴服 淡紅地 三つ盛三つ葉葵紋付		胴服	④′	
193	裂 紫地丸模様			④′	
194	裂 染分地松皮菱萩模様			④′＋⑥	
195	裂 染分地栗木模様			④′＋⑥	
196	胴服 紫地円模様		胴服	④＋⑤	裄 58.0 丈 98.0
197	裂 松桔梗模様			④＋⑥	31.5×38.5
198	裂 染分地柳蔦模様	練緯		④＋⑥	33.0×15.3
199	裂 染分地松皮取萩栗模様			④＋⑥	77.1×16.0
200	裂 染分地松皮取萩栗模様			④＋⑥	77.1×23.0
201	裂 白地波梶葉散模様			④＋⑥	
202	裂 白地立波梶葉模様			④＋⑥	
203	**裂 染分地柳蔦団扇模様**	練緯		④＋⑥	34.9×16.2
204	裂 紫地藤模様	（捺文）		⑤	36.3×16.0
205	**小袖屏風 紫地桜藤模様裂**	平絹	小袖屏風	⑤	丈 110.0
206	小袖屏風 紫地桜藤模様裂	平絹		⑤	18.5×18.0
207	裂 紫地草花模様			⑤	
208	**裂 濃茶地葵紋波兎模様（三つ葉葵紋付）**	練緯	胴服→裂帖	⑤	裂帖 32.5×28.5
209	**裂 濃茶地葵紋千鳥模様（三つ葉葵紋付）**	平絹	小袖→裂帖	⑤	裂帖 32.5×28.5
210	**裂 茶地葵紋千鳥模様**	練緯	小袖→裂帖	⑤	裂帖 32.5×28.5
211	**裂 金茶地葵紋雁模様**	平絹	小袖→裂帖	⑤	裂帖 32.5×28.5
212	**裂 茶地葵紋松葉松毬模様**	練緯	小袖→裂帖	⑤	裂帖 32.5×28.5

所蔵者	京	至	講イ	その他掲載	伝来
					年代官由比長兵衛が清水寺(大田市大森町)へ奉納.
田畑家コレクション	95			田畑26	
東京・根津美術館	111	87	112	山辺39／河上17／講76	
和歌山・東照宮			20		徳川家康所用
茨城・水府明徳会					徳川家康所用
茨城・水府明徳会					徳川家康所用
京都市立芸術大学				田畑98	
			41	田畑37	前田青邨旧蔵
			42・43	田畑32・85	前田青邨旧蔵
奈良県立美術館	54				伝豊臣秀吉所用. 吉川観方旧蔵
京都市立芸術大学	51		29	田畑65	
	55			田畑31	稲垣稔次郎旧蔵
	56			山辺8／田畑61	
	57			山辺7／田畑61	
		85			吉川観方旧蔵
			60	田畑9・59／講87	吉川観方旧蔵
東京・根津美術館					
	12				
東京国立博物館→国立歴史民俗博物館	13			河上7	野村正治郎旧蔵
				古裂61	野村正治郎旧蔵→大道弘雄旧蔵→浅野織物旧蔵
		53	26	講70	
愛知・徳川美術館	89	10	17	山辺31／田畑84／河上30／講47	徳川家康所用
愛知・徳川美術館	90	55		講51	徳川家康所用
愛知・徳川美術館		11	16	講49	徳川家康所用
愛知・徳川美術館		54	15	講48	徳川家康所用
愛知・徳川美術館			12	講55	徳川家康所用

通番	名称	材質	形状	色と模様のタイプ	寸法（cm）
213	**裂 濃茶地葵紋松葉松毬模様**	練緯	小袖→裂帖	⑤	裂帖 32.5×28.5
214	**裂 濃茶地葵紋輪宝模様**	平絹	小袖→裂帖	⑤	裂帖 32.5×28.5
215	**裂 濃茶地葵紋双葉葵散模様**	平絹	小袖→裂帖	⑤	裂帖 32.5×28.5
216	**裂 金茶地葵紋双葉葵散模様**	練緯	小袖→裂帖	⑤	裂帖 32.5×28.5
217	裂 紫地桜藤模様	平絹		⑤	① 32.0×12.1 ② 32.5×12
218	裂 紫地桜藤模様	平絹		⑤	
219	裂 紫地枝垂桜桐紋模様			⑤′	52.5×40.5
220	裂 紫地石畳菊模様			⑤′	32.5×48.0
221	裂 茶地萩模様			⑤′	
222	旗 紅地三階菱紋		旗	⑤′	
223	旗 紅地十文字紋		旗	⑤′	
224	**裂 紫地花菱模様**	平絹		⑤′	12.0×19.0
225	**小袖屏風 染分段椿桔梗模様**	練緯	(元)幡→小袖屏風	⑥	丈 131.0
226	裂 染分段椿桔梗模様	練緯	(元)幡	⑥	
227	**幡 染分段椿桔梗模様**	練緯	幡	⑥	80.0×24.3
228	**◎胴服 白地若松模様**	練緯（諸羽）	胴服	⑥	裄 75.0 丈 115.0
229	**裂 白地荷葉模様**			⑥	23.2×37.5
230	**裂 白地蓮花葉模様**	練緯		⑥	50.0×38.0
231	裂 白地蓮花葉模様	練緯		⑥	① 88.5×14.0 ② 36.0×33.2 ③ 18.0×14.0
232	**裂 白地松皮菱花菱雲模様**	練緯（捺文）		⑥	① 46.1×32.2 ② 8.5×

所蔵者	京	至	講イ	その他掲載	伝来
愛知・徳川美術館			13	講 54	徳川家康所用
愛知・徳川美術館			14	講 57	徳川家康所用
愛知・徳川美術館				講 52	徳川家康所用
愛知・徳川美術館				講 53	徳川家康所用
田畑家コレクション				田畑 30	
京都・松坂屋染織参考館→愛知・松坂屋					
	14		23	河上 13	
	29		45	田畑 49／講 85	安田靫彦旧蔵
			34	田畑 2	前田青邨旧蔵
			39		
			40		白洲正子旧蔵
埼玉・遠山記念館					
東京国立博物館→国立歴史民俗博物館	46		33	河上 19	野村正治郎旧蔵
京都・松坂屋染織参考館→愛知・松坂屋				松坂 204-2	
京都国立博物館	47			田畑 28	金島桂華旧蔵
鐘紡株式会社→文化庁	49	9	46・47	講 15・16	豊臣秀吉所用と伝わる．秀吉の家臣古田大善大夫重治は天正年間(1573—91)に戦功を立て，秀吉からこの胴服を拝領する．元和元年(1615)，石見国に封じられた．浜田城の造営にあたった際，功績をたてた今村一正にこの胴服を与えた．一正はのち高松藩につかえ，以後，子孫である今村一俊の時代まで，家宝として伝えられた(『讃岐名勝図会』)．神奈川・長尾美術館旧蔵
大阪・藤田美術館	50			山辺 35	裂帖のうちの 1 葉
鐘紡株式会社→女子美術大学	52	7	32	河上 18	神奈川・長尾美術館旧蔵
田畑家コレクション	53			田畑 68／山辺 22	
東京国立博物館	58			田畑 23	

通番	名称	材質	形状	色と模様のタイプ	寸法（cm）
233	裂 白地松皮菱花菱雲模様	練緯（捺文）		⑥	32.5 33.0×32.2
234	裂 染分段草花扇雪輪模様			⑥	59.0×35.0
235	裂 茶地雲雪輪草花誰が袖模様			⑥	63.5×36.3
236	裂 茶地雲雪輪草花誰が袖模様			⑥	65.5×36.3
237	裂 白地扇蔦桐紋散模様			⑥	33.2×16.8
238	裂 白地扇蔦桐紋散模様			⑥	20.6×18.7
239	裂 白地扇蔦桐紋散模様			⑥	20.6×16.7
240	**裂 白地扇面散模様**	練緯		⑥	17.1×21.8
241	**裂 白地霞草花風景模様（紫陽花と山里）**	練緯		⑥	32.0×29.0
242	裂 白地霞草花風景模様（流水と鶺鴒）	練緯		⑥	17.8×16.8
243	裂 白地霞草花風景模様（雁と御所車）	練緯		⑥	27.0×21.5
244	**裂 水浅葱地円文散花模様**	練緯		⑥	61.5×37.0
245	裂 水浅葱地板屋貝模様			⑥	59.0×36.5
246	**裂 白地立木模様**	平絹		⑥	53.0×38.0
247	裂 水浅葱地紫陽花模様			⑥	39.0×64.5
248	**裂 染分地蜻蛉獅子草花模様**	練緯（捺文）		⑥	幅各 34.0
249	帯 白地雪輪草花模様	綸子		⑥	幅 13.0
250	**小袖 檜垣亀甲松皮取雪輪草花模様**	練緯	（打敷→）小袖	⑥	丈 127.7 裄 55.9
251	幡 染分段取椿折枝模様		幡	⑥	
252	裂 浅黄地紅筋竹雪輪模様			⑥	
253	裂 白地松皮菱花菱雲模様	練緯（捺文）	（小袖の）衽	⑥	
254	裂 染分地蓮模様裂		（小袖の）衽	⑥	
255	**裂 白地蓮葉模様**	練緯		⑥	① 20.9×26.1 ② 23.1×37.5 ③

所蔵者	京	至	講イ	その他掲載	伝来
京都・株式会社一ノ橋	59				
	60			山辺 24／田畑 45	安田靫彦旧蔵
	61				
	62			河上 34	
	67			田畑 4	稲垣稔次郎旧蔵
	68				
	69				
奈良・大和文華館	70		64	田畑 14	
鐘紡株式会社→女子美術大学	71	73	51		神奈川・長尾美術館旧蔵
田畑家コレクション	72	94		山辺 17／田畑 63／河上 40／講 101	
京都市立芸術大学	73	72	52	山辺 18／田畑 76／河上 39	
東京国立博物館	75			田畑 21	
	76				
鐘紡株式会社→女子美術大学	96		28		神奈川・長尾美術館旧蔵
京都・誓願寺	113		116・117	河上 38／講 96	
奈良・大和文華館	114		118	田畑 20／河上 41／講 97	
仙台市博物館	128		95	講 104・105	
京都国立博物館					
		82		山辺 4／講 4	安田靫彦旧蔵(大和 42 号)
京都府立総合資料館		89	21	山辺 19／田畑 83	小野竹喬旧蔵
			27	田畑 53	前田青邨旧蔵
京都・松坂屋染織参考館→愛知・松坂屋			31	講 77	
大阪・藤田美術館			35	田畑 42	裂帖のうちの 1 葉

通番	名称	材質	形状	色と模様のタイプ	寸法（cm）
					20.0×37.0 ④ 22.0×34.9
256	裂 淡黄地桔梗模様			⑥	
257	裂 紅白段花菱若松竹雪輪模様	練緯（諸羽）		⑥	31.2×29.8
258	裂 白地遠山扇面散模様			⑥	
259	裂 白地草花水玉扇面散模様	練緯	（元）表具裂	⑥	
260	裂 白地松皮菱秋草模様			⑥	
261	摺箔 白地檜垣立涌草花模様	練緯（諸羽）	小袖（能装束の摺箔）	⑥	
262	◎小袖 白地肩裾模様		（小袖→裏地→）小袖	⑥	
263	裂 浅黄地紅筋竹雪輪模様	練緯		⑥	37.8×53.0
264	裂 白地扇面紫陽花模様			⑥	
265	裂 白地松皮菱扇面散模様			⑥	
266	裂 白地紫陽花桜模様			⑥	
267	裂 染分地蜻蛉獅子草花模様	練緯（捺文）		⑥	
268	裂 白地花籠雉羽模様	練緯		⑥	
269	裂 白地草花鳥模様			⑥	
270	裂 染分地松皮菱山形草花模様	練緯		⑥	26.5×77.6
271	裂 白地薄葡萄藤丸模様	練緯		⑥	39.0×39.0
272	裂 白地花籠雉羽模様	練緯		⑥	92.5×36.2
273	裂 白地蓮花葉模様	練緯		⑥	110.7×38.5
274	裂 染分地鋸歯段草花模様	紗綾		⑥	50.3×22.5
275	裂 白地洲浜形目結模様	紗綾		⑥	38.5×10.5
276	裂 白地草花紅葉亀甲模様	練緯	（元）表具裂	⑥	32.5×2.7, 2.7, 3.9, 3.0, 3.1, 3.4, 3.0
277	裂 白地扇面桐芝模様	練緯		⑥	37.8×16.0

所蔵者	京	至	講イ	その他掲載	伝来
			36・37	田畑 50	安田靫彦旧蔵
奈良県立美術館			58		吉川観方旧蔵
			65	講 88	
奈良・大和文華館					
鐘紡株式会社→女子美術大学			94		神奈川・長尾美術館旧蔵
岐阜・春日神社				講 8・9	
山形・黒川能保存会				河上 6	「◎紅地蜀江文黄緞狩衣」の裏地であった.
東京国立博物館				田畑 22	
			104	講 95	
			106	講 86	
			115		
川島織物研究所			119		
鐘紡株式会社→女子美術大学			130		神奈川・長尾美術館旧蔵
鐘紡株式会社→女子美術大学			147・148		神奈川・長尾美術館旧蔵
埼玉・遠山記念館					岡田三郎助旧蔵
神奈川・円覚寺					
ボストン美術館					
ボストン美術館					Cherls B. Hoyt 旧蔵
鐘紡株式会社→女子美術大学					神奈川・長尾美術館旧蔵
鐘紡株式会社→女子美術大学					神奈川・長尾美術館旧蔵
鐘紡株式会社→女子美術大学					神奈川・長尾美術館旧蔵
東京・根津美					

通番	名称	材質	形状	色と模様のタイプ	寸法（cm）
278	裂 白地扇面桐芝模様	練緯		⑥	18.0×20.0
279	**裂 水浅葱地円文散花模様**	練緯		⑥	30.0×37.5
280	小袖屛風 染分段椿桔梗模様	練緯	（元）幡	⑥	
281	**裂 紅白段扇面笹はつれ雪模様**	練緯		⑥	
282	裂 白地桐花模様	綾（石畳文）	表具裂（軸装）	⑥	
283	裂 白地木の葉模様			⑥	
284	裂 染分地斜取松皮取草花模様			⑥	
285	打敷 白地草花模様		打敷	⑥	
286	裂 紅地桐模様			⑥	
287	裂 白地桔梗模様			⑥	
288	裂 染分地草花松皮菱模様		表具裂（軸装）	⑥′	
289	帷子 染分斜段短冊散模様		帷子	⑥′	肩幅 64.5

所蔵者	京	至	講イ	その他掲載	伝来
術館					
				古裂 55	大道弘雄旧蔵→浅野織物旧蔵
東京・根津美術館					
京都・松坂屋染織参考館→愛知・松坂屋					
ニューヨーク・メトロポリタン美術館					
				山辺 34	大道弘雄旧蔵
				山辺 36	大道弘雄旧蔵
				山辺 43	神奈川・長尾美術館旧蔵
京都・大雲院				田畑 74	
				田畑 90	安田靫彦旧蔵
京都・松坂屋染織参考館→愛知・松坂屋				松坂 205-1	
京都・松坂屋染織参考館→愛知・松坂屋				松坂 180	
	126				裂端に墨書,「文禄癸巳〔2年,1593〕秋寄付／高松月照尼」上坂伊賀守拝領.

辻が花研究史年表

年	事　項（＊ゴシックは現代作家関連事項）
万治 2（1659）	俳諧師・松永貞徳が著書『御傘』の中で「辻が花」の語源は「躑躅が花」であると述べる．
1784 以前	故実家・伊勢貞丈が『貞丈雑記』の中で「辻が花」は紅で染めた模様のことであると述べる．
1842 以前	戯作者・柳亭種彦が『柳亭筆記』において「辻が花」は十字の形に花を繋いだ模様であると述べる．
1856 以前	喜多村信節が『嬉遊笑覧』において「辻が花」は麻の葉紋であると述べる．国学者・山崎美成が『海録』において「辻＝斜め十字」を並べた傍に花模様を配した模様が「辻が花」であると述べる．
大正 8（1919）	江馬務解説『誰が袖百種』が刊行され，野村正治郎の蒐集品が紹介される．その中で，縫い締め絞りについて江馬が「ぼうし」つまり「辻が花染」と述べる．
大正 9（1920）	野村正治郎が『友禅研究』（芸艸堂）に「21　辻ヶ花染と『ぼうし』」という項を執筆する．
大正 12（1923）	鐘紡の山科工場長・明石国助（染人）が山中商会よりフランスの地質学者フーケ博士のコレクションであったエジプトのコプト織物 80 点を購入．これが鐘紡コレクションの始まりであった（ただし，明石染人によれば，大正 13 年の「埃及希臘波斯支那古代美術展観」の後，200 点あまりを一括で，2 万円で購入したとある）．
大正 13（1924）	大阪美術倶楽部で山中商会が「埃及希臘波斯支那古代美術展観」を開催．
昭和元（1926）	大阪美術倶楽部において山中商会が「古代染織工藝品展覧会」を開催．
昭和 5（1930）	野村正治郎編『続誰が袖百種』が刊行される．
昭和 6（1931）	吉川観方編『衣服と文様』（野村正治郎賛助，原色版印刷社刊）に吉川観方が蒐集した「小袖裂」として辻が花裂が 4 点掲載される．その 2 年後には豪華本として再発行される． 4 月，この年以降昭和 9 年まで，京都恩賜博物館において「染織古名品展覧会」が毎年開催される． 12 月－翌年 11 月，岡田三郎助監修『時代裂』（座右宝刊行会）が発行され，「辻ヶ花染」と称される裂が 4 点掲載される．
昭和 8（1933）	11 月，京都で染織祭が行われ，古代から近代にかけての女性風俗が再現された時代行列が行われる．室町時代の女性の服飾に「辻が花」が復元される（『歴代服装図録 1』歴代服装図録刊行会，1933 年）．
昭和 9（1934）	ニューヨーク・メトロポリタン美術館で山中商会が「能衣裳展」を仕切る．
昭和 10（1935）	大道弘雄編『時代裂名品集』（芸艸堂）が刊行され，山中定次郎が蒐集した裂 100 点が掲載される．そのうち，「辻ヶ花」と称される裂は 7 点ある． 5 月，東京・日本美術協会において山中商会が「時代錦繍・人形・蒔絵展」を開催．
昭和 11（1936）	岡田三郎助監修『時代裂拾遺』（座右宝刊行会）が発行され，「辻ヶ花染」と称される裂が 1 点掲載される．明石染人編『桃山慶長纐纈精華』（田中平安堂）が刊行され，長尾欣弥収集品の中から「辻ヶ花染裂」が 3 点掲載される．

年	事　項（＊ゴシックは現代作家関連事項）
	5 月，大阪美術倶楽部において山中商会が「時代錦繍・古代人形・蒔絵物・肉筆浮世絵展」を開催.「時代裂」が主であった.
昭和 12（1937）	8 月，愛知・徳川美術館所蔵の徳川家康所用小袖類が松坂屋裁縫部の大井徳造，森島さと，加藤ふさによって修復される.
昭和 13（1938）	11 月，東京国立博物館本館において安田靫彦所蔵「絞入描繪草花文裂」および，大道弘雄所蔵「蓮文様辻ヶ花染裂」が陳列される（第 4 室染織【第 4 函】鎌倉・室町・桃山時代）（『東京帝室博物館復興開館陳列目録　服飾・染織』）（『東京帝室博物館復興開館陳列案内』）.
昭和 14（1939）	5-6 月，東京国立博物館本館において安田靫彦所蔵「絞入描繪草花文裂」および，大道弘雄所蔵「蓮文様辻ヶ花染裂」が陳列される（第 4 室染織【第 4 函】室町・桃山時代）（『染織　陳列目録　自昭和 14 年 5 月至昭和 14 年 6 月』より）.
	7-8 月，東京国立博物館本館において大道弘雄所蔵「桐樹短冊文様縫箔裂」が陳列される（第 4 室染織【第 4 函】桃山時代）（『染織　陳列目録　自昭和 14 年 7 月至昭和 14 年 8 月』より）.
	8-9 月，東京国立博物館本館において大道弘雄所蔵「茶地蓮沢瀉紋散シ文様縫箔裂」が陳列される（第 4 室染織【第 4 函】桃山時代）（『染織　陳列目録　自昭和 14 年 8 月至昭和 14 年 9 月』より）.
昭和 23（1948）	10-11 月，京都恩賜博物館において「桃山時代美術綜合展」が開催され，「桐箭文辻ヶ花染陣羽織」が出品される.
昭和 27（1952）	4 月，『MUSEUM』13，大道弘雄「辻ヶ花染」.
	この頃，鐘紡が神奈川・長尾美術館より日本染織コレクション（豊臣秀吉所用「若松文様胴服」を含む）を福寿庵より購入.
昭和 28（1953）	11 月，「桐矢襖文辻ヶ花染道服」（京都国立博物館）が重要文化財に指定. 当時は明石隆子所蔵.
昭和 29（1954）	3 月，『美術史』12，山辺知行「辻が花染に対する一考察」. 東京都内のデパートで山形・上杉神社所蔵の服飾品が数件展示される.
	8 月，『MUSEUM』41，山辺知行「岐阜県関市春日神社の能装束」.
昭和 30（1955）	2 月，「鶉桜菊文辻ヶ花染小袖」（東京国立博物館）が重要文化財に指定.
	3 月，『MUSEUM』48，山辺知行「白地花鳥肩裾模様辻ヶ花染小袖」.
	6 月，山辺知行による上杉神社所蔵服飾品調査（一次）.
	8 月，山辺知行による上杉神社所蔵服飾品調査（二次）.
	11 月，『MUSEUM』56，山辺知行「上杉神社の服飾品」.
昭和 31（1956）	桜井清香「辻が花染について」（『大和絵と戦記物語』所収，昭和 44 年 3 月）.
昭和 32（1957）	10 月，『大和文華』24，山辺知行「紙本着色婦人像の服飾覚え書き」.
昭和 33（1958）	1 月，『MUSEUM』82，日野西資孝「初期の小袖模様について」.
	小倉建亮，伝統工芸展に初めて縫い締め絞りのキモノを出品する.
昭和 35（1960）	**この頃より，古澤万千子が白洲正子から辻が花の指導を受け始める.**
昭和 36（1961）	9 月，『大和文化研究』6-9，守田公夫「『辻ヶ花染』試論 —— 日本文様染研究の一環」.
	「紫地肩裾葵紋辻ヶ花小袖（三ツ葉葵紋刺繡）」（神奈川・明長寺）が川崎市指定文化財に指定される.
昭和 37（1962）	5 月，『MUSEUM』134，今永清士「辻ヶ花染陣羽織と波兎模様羽織」.
昭和 38（1963）	山辺知行，北村哲郎『小袖』（三一書房）.

年	事　項（＊ゴシックは現代作家関連事項）
昭和 39（1964）	3 月 17 日-4 月 12 日，奈良・大和文華館で「辻が花染展」開催． 山辺知行『辻ヶ花』（京都書院）刊．
昭和 40（1965）	3 月，『大和文華』（42 号，辻が花特輯）刊行，山辺知行「辻が花染覚書き」，伊藤敏子「辻が花資料について」．新資料として，以下 2 領を紹介．「葵紋梶葉散し模様辻が花小袖」（明長寺），「葵紋桐散し模様胴服」（東京・東照宮）． 5 月，「白地竹文辻ヶ花染小袖」（東京国立博物館）が重要文化財に指定．当時は，野口真造所蔵． 9 月，『國華』882，今永清士「紫白染分竹模様辻ヶ花小袖」．『美術研究』242，神谷栄子「伝上杉謙信所用胴服 8 領　上」． 11 月，『美術研究』243，神谷栄子「伝上杉謙信所用胴服八領　中」． **この頃より，古澤万千子が辻が花風の縫い締め絞りを用いた作品を発表し始める．**
昭和 41（1966）	1 月，『美術研究』242，神谷栄子「伝上杉謙信所用胴服八領　下」． 山辺知行，北村哲郎『続　小袖』（三一書房）． 11 月，山辺知行『染』（至文堂）．『日本の美術』7．
昭和 42（1967）	鐘紡が長尾美術館旧蔵の染織コレクション（辻が花裂を含む）を青山の古美術・商伸美堂より一括購入する．
昭和 43（1968）	4 月，徳川美術館所蔵「檜梅葵紋散小袖」「雪持笹文散小袖」「楓文散葵紋小袖」「楓文散葵紋小袖」「地紙形散葵紋小袖」の 5 領が「辻が花染小袖」として重要文化財に指定．島根県大田市清水寺所蔵「辻ヶ花染丁子文道服」が重要文化財に指定． 5 月，『大日光』30，徳川義宣「家康公の辻ヶ花衣服」． 9 月，『MUSEUM』210，北村哲郎，神谷栄子「辻ヶ花染小袖併びに道服（上）」． 12 月，『MUSEUM』213，北村哲郎，神谷栄子「辻ヶ花染小袖併びに道服（下）」．山辺知行，北村哲郎『小袖文様』（三一書房）．
昭和 44（1969）	4 月 1 日，『日本美術工芸　4 月号（通 367 号）』で「特集　辻が花」，伊藤敏子「辻が花」考． 5 月，『大日光』32，徳川義宣「家康公の辻ヶ花衣服［続編 1］」． 7 月，田畑喜八『色と文様　辻が花編』（光村推古書院）． 10 月，山辺知行，神谷栄子『日本伝統衣裳　上杉家伝来衣裳』（講談社）．
昭和 45（1970）	11 月，『大日光』35，徳川義宣「家康公の辻ヶ花衣服［続編 2］――付　黒漆沈金葵沢瀉流水文盃」． 12 月，『MUSEUM』237，北村哲郎「近世初期の染色技術――部分的彩色法の出現」．北村哲郎『絞』（日本染織芸術叢書 1，芸艸堂）．神谷栄子『小袖』（日本の美術 67）．
昭和 46（1971）	4 月 28 日-5 月 30 日，大和文華館で「〈辻が花〉と戦国の女性像」展を開催，「紫白浅葱斜染分地雪輪銀杏模様胴服」（吉岡家所蔵）が新資料として紹介される． 5 月，『大日光』36，徳川義宣「家康公の辻ヶ花衣服［続編 3］――付　家康公自筆小倉色紙」において，水戸・水府明徳会所蔵の以下の新資料紹介．「白地ニ梶ノ木・四季草花模様葵紋辻ヶ花染綿入胴服」「紫地白段襟白葵紋繍取綿入胴服」「紺地菊唐草ノ丸散匹田絞葵紋辻ヶ花染綿入胴小袖」． 6 月，「白地若松模様辻が花染胴服」（文化庁・旧鐘紡コレクション）および「葵梶葉文染分辻が花染小袖」（明長寺）が重要文化財に指定． 10 月，『大日光』37，徳川義宣「家康公の辻ヶ花衣服［続編 4］」．

年	事　項（＊ゴシックは現代作家関連事項）
	この頃，京都の大脇一心が辻が花染の研究を始める．自らの作品が小田章株式会社のブランドとして「西洞院辻が花」と名づけられる．
昭和 47（1972）	『大和文華』（55 号，家康所用辻が花染特輯）刊行．
	3 月 1 日，徳川義宣「尾張・水戸両徳川家襲蔵辻ヶ花染衣服の伝来について」，伊藤敏子「家康所用辻が花染衣服について」．
	5 月，『大日光』38，徳川義宣「家康公の辻ヶ花衣服［続編 5］」．
	9 月，『大和文華』56，伊藤敏子「小袖意匠の展開 —— 女性肖像画を中心として」．
	11 月，伊藤敏子『辻が花』（講談社）．
昭和 48（1973）	6 月，「銀杏葉雪輪散辻が花染胴服」（東京国立博物館）が重要文化財に指定．当時は文化庁保管．
昭和 49（1974）	**大脇一心，各地で辻が花個展・講演活動を行う．**
昭和 50（1975）	10 月，『日本の美術』113，今永清士「辻ヶ花」．
昭和 51（1976）	**久保田一竹，山辺知行を訪ね，作品を披露．山辺の推薦状を手にする．**
昭和 52（1977）	3 月，**久保田一竹，初の個展で成功をおさめる（銀座・ミキモトホール）．**
	前田青邨歿．その辻が花裂コレクションは売りに出される．
昭和 53（1978）	**『季刊　「銀花」』34 において「特集①　辻が花　久保田一竹美の世界」が組まれる．**
	安田靫彦歿．その辻が花裂コレクションは売りに出される．
昭和 54（1979）	6 月，「紫地段花菱円文散草花模様縫箔小袖　附鬘巻」が重要文化財に指定される．桂女の家系に伝わった小袖であった．
	9 月，**新宿にオープンした伊勢丹美術館で小倉建亮の展覧会が開催される．**
	10 月，『染織の美』創刊号「特集　辻が花」，切畑健「概説　辻が花染」．
昭和 55（1980）	3 月 8-30 日，神戸市立南蛮美術館で「特別展　辻が花・繡箔・唐織 —— 桃山時代の染織美」展を開催（切畑健解説）．
	4 月 1 日-5 月 11 日，東京・サントリー美術館で「辻が花と織部」展を開催（林屋晴三・今永清士解説）．
	7 月，**大型図録『飛翔——小倉建亮作品集』刊行（フジアート出版）．フジアート出版から『一竹辻が花　久保田一竹作品集』を刊行．**
	9 月，**西宮市大谷記念美術館「辻が花の美」展で久保田一竹の作品 40 余点を展示．**
昭和 56（1981）	5 月，伊藤敏子『辻が花染』（講談社，英訳も刊行）．
	10 月，**銀座松屋にて朝日新聞社主催「一竹辻が花染・久保田一竹展」（玉川高島屋にても同展開催．有料．翌年より全国巡回展）．**
昭和 57（1982）	3 月，**久保田一竹『一竹辻が花』（平凡社）．「一竹辻が花染」展の全国巡回展が始まる（朝日新聞社主催）．**『文化女子大学紀要』13，佐藤泰子「小袖染織における『辻』の解釈について」．
昭和 58（1983）	『ワイド版染織の美　辻が花』（京都書院），切畑健「辻が花　その本質・名称・展開についての試考」．
	3-5 月，**パリ・チェルヌスキ美術館で「久保田一竹展」を開催．**
昭和 59（1984）	3 月，**山辺知行編集・解説『OPURENCE オピュレンス——一竹辻が花』（講談社）．**
	6 月，『國華』1073，河上繁樹「銀杏葉雪輪散辻が花染胴服」．
昭和 60（1985）	6 月 6 日，山形県櫛引町黒川能の「紅地蜀江文黄緞狩衣　裏　白地草花文辻が花

年	事　項（＊ゴシックは現代作家関連事項）
	染」が重要文化財に指定される．
昭和 61（1986）	10 月，『月刊文化財』289，山辺知行「あいくち」，河上繁樹「桃山小袖の彩 ── 辻が花と繍箔」．
昭和 62（1987）	**大脇一心が日本学士会の「アカデミア」文化賞を受賞．**
昭和 63（1988）	6 月，「紫地葵紋付桐文散辻が花染胴服」（東照宮）が重要文化財に指定．
昭和 64（1989）	1 月，『國華』1120，今永清士郎「縫箔，辻が花にみる桃山染織成立の条件」．
平成元（1989）	3 月，『学叢』11，河上繁樹「山形・紅地蜀江文黄緞狩衣　裏草花文辻が花染」．
	5 月，『國華』1123，河上繁樹「黒川能に伝わる辻が花染小袖」．
平成 2（1990）	10 月 6 日-11 月 4 日，徳川美術館で「開館 55 年記念特別展　辻が花 ── 英雄を彩った華麗な絞り染め」開催．伊藤敏子「中世の模様染『辻が花』」．徳川義宣「辻ヶ花と徳川家康の衣服」．佐藤理恵「辻が花 ── 中世絞り染めの終焉」．
	10 月，『古美術』96 で「特集　辻が花」が組まれる．切畑健「辻が花 ── 文様の特色と展開」．佐藤理恵「特別展『辻が花 ── 英雄を彩った華麗な絞り染め』」「『辻が花』の成立と展開」．
	久保田一竹がフランス政府より「フランス芸術文化勲章シュヴァリエ章」を受章．
平成 14（2002）	テリ・サツキ・ミルハプトがワシントン大学の博士論文 “Flowers at the crossroads: The four-hundred-year life of Japanese textile”, Washington University, 2002, Saint Louis, Missouri，を発表する．
	久保田一竹『一竹辻が花 25 周年記念　大富士山展』が開催される．
平成 15（2003）	5 月，「白地葵紋腰替辻が花染小袖」，「紫地葵紋付葵葉文様辻が花染羽織」，「浅葱地葵紋散文様辻が花染小袖」，以上 3 件（愛知・徳川黎明会）が重要文化財に指定．
	久保田一竹歿．
平成 16（2004）	5 月 22 日，美術史学会第 57 回全国大会研究発表（於東京・慶應義塾大学），澤田和人「辻が花再考」．
平成 18（2006）	4 月，古裂会にて「特集　古染織」入札が行われ，京都・西陣の織屋が所蔵する大道弘雄旧蔵の辻が花裂コレクションが出品される．
	7 月，澤田和人「モノが語るヒトの営み　中世の模様染　幻の辻が花」（『日経サイエンス』日本版 2006 年 7 月号所収）．
	9 月，同「衣裳復元製作の問題点 ── 歴博第 2 展示室『職人と芸能』コーナーの場合」（『国立歴史民俗博物館　国際研究集会 ── 韓国の民俗学・日本の民俗学 II』所収，国立歴史民俗博物館）．
平成 23（2011）	**山梨・久保田一竹美術館は経営破綻し，久保田一竹の作品 104 点はロシアの富豪であるパトック・ショディエフ氏に一括購入される．**